# 欧米留学の原風景　福沢諭吉から鶴見俊輔へ

# 欧米留学の原風景

## ――福沢諭吉から鶴見俊輔へ――

安酸敏眞著

知泉書館

# 欧米留学の原風景　目次

# 欧米留学の原風景

——福沢諭吉から鶴見俊輔へ——

# プロローグ

文部科学省が数年前から打ち出した大事業に、「スーパーグローバル大学創成支援」(Top Global University Project) というものがある。わが国の高等教育 (大学) の国際競争力を向上させ、海外の卓越した大学との連携や大学改革により徹底した国際化を進める、世界レベルの教育研究を行う大学 (トップ大学) と国際化を牽引する大学 (グローバル化牽引大学) に対して、重点的な資金援助を行うことを目的とした事業のことである。現代社会のグローバル化は大学をも急襲して、いまやわが国の大学は上記の事業 (通称 SGU) に象徴される、グローバル化の荒波に弄ばれている。

昨年の秋、イギリスの Times Higher Education (略称 THE) の最新の「世界大学ランキング」(World University Rankings) が公表されたとき、わが国の大学関係者の間に衝撃が走った。シンガポール国立大学 (二十六位)、北京大学 (四十二位)、香港大学 (四十四位)、清華大学 (四十七位)、南洋理工大学 (五十五位)、香港科技大学 (五十九位)、ソウル大学 (八十五位) と、アジアの大学の躍進が著しいのに比べて、わが国の大学でランキングの上位百位以内に入ったのは、東京大学

（四十三位）と京都大学（八十八位）のわずか二校であり、しかも前年から大きく順位を下げていたからである。これまでアジアのなかで圧倒的優位に立っていた東大と京大ですら、グローバル化が進行する世界の潮流に大きく後れを取り始めていることは、もはや歴然たる事実なのである。文部科学省が躍起になってSGU事業を推進しようとするのもよく理解できる。(1)

現代は、まさしくモノ、カネ、情報が国境を越えてひっきりなしに行き交うグローバル化の時代である。異なる文化圏に属する人間同士の触れ合いや、組織による国際的な交流はますます盛んとなって、今日グローバル化の潮流を逃れることはほぼ不可能である。グローバル化の時代の共通言語は英語であるので、グローバル言語としての英語の修得は、いまやわが国にとって至上命題となっている。先に紹介した「世界大学ランキング」でも、上位に入っているのは圧倒的に英語圏の大学である。文部科学省や経済諸団体による外国留学、とりわけ英語圏の国々への留学の奨励は、かくしてグローバル化が必然的に生み出す、時代的な要請にほかならない。

しかしグローバル化の時代だから英語の修得、英語圏への留学が必須である、と短絡的に考える前に、われわれはもう少し冷静に事態を分析する必要がある。今日のようなグローバル化の波が押し寄せる一四〇〇年以上も前から、わが国にとって海外留学は、外国の進んだ学問や文化を習得するための最も重要な手段であった。遣隋使、遣唐使は言うに及ばず、幕末から明治・大正・昭和の時代を貫いて、留学は異文化交流のさまざまな方策や形態のなかでも、とりわけ高度の学問・文化を現地で具体的に修学する方法として、最も効果的な方途だったのである。それゆえ、海外留学の意義については、グローバル化論議とはひとまず切り離して、一四〇〇年の長い歴史のスパンで考察する地道な研究が必要であろう。

しかしわれわれはここで、奈良時代や平安時代にまで射程を広げて留学の意義を考察しようというのではない。(2) われわれがここで問題にするのは、近代日本の学問形成や発展に果たした海外留学の役割とその歴史的意義である。もとよりその全体像を描き出すことは不可能である。(3) われわれがなし得るのは、その裾野の広大さを考慮に入れつつも、近代の代表的な知識人たちがそれぞれの留学によって何を学びとり、その後の人生において留学の成果をどう活用し発展させたかということである。

もちろん、わが国の文化的発展や学問の形成・発展を考える上で、日本から外国に学びに行った留学生の重要性と並んで、外国からわが国にやって来て先進国の学問・文化を根づかせてくれた外国人の働きにも、あらためて注意を向けるべきであろう。そのような来日者として、鑑真（六八八—七六三）、無学祖元（一二二六—八六）、ザビエル（Francisco de Xavier, c.1506-52）、フロイス（Luis Frois, 1532-97）、三浦按針ことウィリアム・アダムズ（William Adams, 1564-1620）、シーボルト（Philipp Franz Balthasar von Siebold, 1796-1866）、クラーク（William Smith Clark, 1826-86）、ベルツ（Erwin von Bälz, 1849-1913）、リース（Ludwig Riess, 1861-1927）、フェノロサ（Ernest

Francisco Fenollosa, 1853-1908)、小泉八雲ことラフカディオ・ハーン(Patrick Lafcadio Hearn, 1850-1904)、ケーベル(Raphael von Koeber, 1848-1923)などの名前がすぐに思い浮かぶ。しかしいわゆる「お雇い外国人」の系譜については、これはこれで別の機会に独立したテーマとして扱われなければならない(4)。

以下においては、われわれは福沢諭吉から鶴見俊輔に至るまでの合計二十八名の日本人留学生を取り上げる。この留学生群像は、筆者がその生き方や思想に深く共感しているか、あるいは異質感をもちながらも敬意を表するのに吝かではない、そういう人物を厳選したものである。この人選は筆者自身の価値観と思想を反映しており、したがってきわめて主体的な選択に基づいている。しかし主体的・選択的であるからといって、大筋ではそれほど一面的に偏ったものではなく、一定の客観的基準を満たしているものと信じている。というのも、ここに選び出された人物は、いずれも押しも押されもせぬ代表的知識人であり、多くの日本人留学生たちの異文化体験を、刮目すべき仕方で代表しているからである。筆者は大学に身を置いているので、取り扱われる人物の過半数はいわゆる大学人である。しかしそれ以外に啓蒙家や実業界で活躍した人物も含まれている。時代的には幕末から太平洋戦争の終結前までの時期とし、専門分野としては人文科学が中心となっている。しかし社会科学や自然科学の分野からも何人かの人物を取り上げた。全体の約半数が何らかの仕方でキリスト教に関わっていることは、筆者自身の専門にもよるが、しかし幕末から昭和にかけて、キリスト教がわが国の知識人に大きなインパクトを与えたことの証左でもあろう。留学先としてはドイツとアメリカが過半数を占めているが、イギリス、フランス、オランダ、スイスの場合も若干含まれている。

叙述の仕方としては、第三話と第四話――ここでは「トリオ」と呼ばれる三人組が取り上げられる――を除いて、基本的に「ドッペル・ポートレート」(Doppelportrait)(5)――二人同時の人物描写――の方法をとることにする。一組《ペア》にして叙述される二人の人物たちは、実際に密接な関係を有している場合もあれば、間接的に連関している場合もあり、また筆者の主体的な問題関心によってはじめて結びつけられている場合もあって、必ずしも一様ではない。しかしこのような仕方で叙述することによって、意外な関係や繋がりが明らかになったり、その時代や時代精神が浮かび上がってきたりする効果もあろう。そしてこの叙述方法が、本書のきわめてユニークな特色の一つであると考えている。

上記の人物たちの留学に関して、詳細な記録が残っていたり、信頼に足る研究がすでに何冊も存在していたりするケースもあるが、逆にその実態についてほとんど知り得ないようなケースもある。先行研究が利用できる場合には、可能なかぎりそれを活用させていただき、そうでない場合には、独自の追跡調査を実施して、できる範囲内での調査や資料収集を試みた。専門の歴史家ではない筆者にとって、第一次史料を探索してそこから過去を再構成する作業は、もとより不可能である。筆者にとって可能なことは、入手可能な資料や情報に基づいて、できるだけ客観的な心象を描き出した上で、自分なりの感想ないし評価を提示することである。利用できる資料にかなりのバラツキがある以上、叙述の中身には相当の不均一が生じざるを得ない。にもかかわらず、自分なりの視点から、全体として筋の通った物語《ストーリー》を紡ぎ出す努力をしてみた。以上のような次第であるので、純粋な歴史研究としての価値は主張できないが、わが国の知識人の欧米留学体験の意義を、著者独自の視点と問題関心から、根本的に問い質す思想史的研究として、それなりの意義はあるだろう。本書は厳密な意味での「欧米留学史」を意図してはおらず、むしろ「欧米留学の原風景」を筆者なりの視点から活写してその意義を考察しようとする、「欧米留学精神史」と呼ばれるべきものである。

　われわれは、以下に合計二十八名の人物を十三のユニットとして構成して叙述することにする。言うまでもなく、渋沢栄一、野口英世、滝廉太郎、河上肇、藤田嗣治……など、興味深い人物はまだ無限に多く存在する。しかし彼らを加えなかったのは、あくまでも筆者の守備範囲を大きく超えるからである。「欧米留学精神史」の裾野は限りなく広く、その代表的人物を網羅することはもとより不可能である。われわれが紡ぎ出すのは、つぎのような十三の物語《ストーリー》である。ここであえて「物語《ストーリー》」という語を用いるのは、筆者も「歴史は物語だ、ヒストリーはストーリーである」(6)という立場に立っているからである。

1　福沢諭吉と西周
2　森有礼と新島襄
3　日本初の女子留学生——山川（大山）捨松、永井（瓜生）繁子、津田梅子
4　北海トリオ——内村鑑三、新渡戸稲造、宮部金吾
5　北里柴三郎と森鷗外
6　芳賀矢一と夏目漱石
7　有島武郎と寺田寅彦
8　原勝郎と西田直二郎
9　波多野精一と石原謙
10　村岡典嗣と阿部次郎
11　九鬼周造と三木清
12　有賀鐵太郎と郷司浩平
13　武田清子と鶴見俊輔

スポットライトを浴びるこれら二十八人の人物は、生きた時代も専門分野も主義信条も、あるいは留学の動機や財政事情もまちまちである。しかし彼らの欧米留学を一続きの近代日本の欧米留学

精神史として紡いでみると、近代日本の知識人たちが歩んできた道程が、鮮やかに浮き彫りになってくる。また通常は表面に現れない意外な関わりや接点が見出される。それは人間関係であったり、あるいは学問分野や方法に関係していたりする。一般的に、今日の研究者は自分の専門領域を狭く限定してしまい、もはや幅広い分野を俯瞰的に見ることができなくなっているが、このように時代縦断的、分野横断的に考察してみると、思いがけない光景が見えてくる。戦後七十年間、欧米留学はますます盛んになり、いまやそこに特別な感慨を寄せることはできないほど陳腐化している。しかしこれによって見えなくなってしまった、欧米留学にまつわる風景がある。本書の表題を『欧米留学の原風景』とした理由の一つは、実はそこにある。

わが国の過去の知識人たちが海外留学を経験することで、いかなる試練やアイデンティティ・クライシスに直面し、どのようにしてそれを克服したのか、またそこからどのような課題を見出し、帰国後にいかにしてその課題を解決したのかを考察することは、「グローバル人材の養成」を目指すのであれば、真っ先に取り組むべき課題ではなかろうか。前に進むために後ろを振り返るというのは、人間の一つの知恵である。昭和の時代ですら遠くなりつつあるいま、幕末から明治・大正・昭和前期の邦人の歩みを、二十一世紀の新しい光のなかで振り返ってみることは、決して単なる知的遊戯ではない。「わが国の知識人と留学」というテーマは、グローバルな時代といわれる今だからこそ、新しい光のもとで再検証されなければならないのである。

なお、具体的な叙述にあたっては、できるだけ原資料に語らせる方法を採用した。引用に際しては、現代の読者に読みやすいように、引用文中の旧字体は当用漢字に改めたが、それ以外は原文のもつ響きを尊重してそのままにした。この点、現代の読者にとって多少読みづらいものとなっているが、このような仕方で日本語の変遷を味わってみることも、やはりそれなりの意義のあることであろう。

本書に綴られたわが国の知識人の留学体験を通して、外国留学に伴う諸問題についての理解が深まり、グローバル化の時代に真に対応した留学のあり方が追求されるようになることを願ってやまない。

# 第一話　福沢諭吉と西周

福沢諭吉（一八三五―一九〇一）と西周《にしあまね》（一八二九―九七）は、加藤弘之（一八三六―一九一六）や津田真道《つだまみち》（一八二九―一九〇三）らとともに、幕末から明治初期にかけて、わが国の近代化のために尽力した先覚者・啓蒙家である。この二人はともに明治維新前に江戸幕府から外国に派遣された貴重な経験をもち、傑出した啓蒙思想家として、明治日本の立役者となった点で共通している。彼らはまた、わが国の教育史・大学史にも不滅の貢献をしている。福沢が慶應義塾大学の創始者であることは万人周知のところであるが、西もまた「獨逸学協会学校」の初代校長として、のちの獨協大学に記念すべき礎石を据えた人物である。

福沢諭吉

福沢諭吉は、一八三五年（天保五年）一月一〇日――旧暦（太陰暦）一八三四年一二月一二日――、

大坂玉江橋北詰の中津藩蔵屋敷に、父百助《ひゃくすけ》と母阿順《おじゅん》の末子として誕生した。生後一年半にして父が病死したため、母子六人（兄一人、姉三人）で藩地中津に帰る。数えの十四歳ごろから漢学を学び始め、めきめき上達する。一八五四年（安政元年）二月、兄三之助に伴われて長崎に行き、砲術家山本物次郎の家に食客として住み込み、蘭学を学び始める。翌一八五五年（安政二年）、大坂の緒方洪庵（一八一〇―六三）の適塾に入門して蘭学修行を継続。二年後には早くも緒方塾の塾長に推される。一八五八年（安政五年）一〇月、藩命により江戸に上がり、築地鉄砲洲所在の藩主奥平家中屋敷に蘭学の家塾を開く。これがのちの慶應義塾の起源である。ここに至るまでの足取りは、六十年の生涯を口述筆記した『福翁自伝』に詳しく記されているが、このとき福沢の蘭学の腕は相当のものになっていた。(1)

江戸に出てきた翌年、すなわち一八五九年（安政六年）のとある日、福沢は開港間もない横浜に見物に行き、店々の看板の横文字もビンの貼紙の文字も一向に理解できず、大きなショックを受ける。

横浜から帰って、私は足の疲れではない、実に落胆してしまった。これはこれはどうも仕方がない、今まで数年の間、死物狂《しにものぐる》いになってオランダの書を読むことを勉強した、その勉強したものが、今は何《なん》にもならない、商売人の看板を見ても読むことが出来ない……あすこに行われている言葉、書いてある文字は、英語か仏語に相違ない。ところで今、世界に英語の普通に行われているということはかねて知っている。何《なん》でもあれは英語に違いない、今我国は条約を結んで開けかかっている、さすればこの後は英語が必要になるに違いない、洋学者として英語を知らなければ迚《とて》も何《なん》にも通ずることが出来ない、この後は英語を読むより他に仕方がないと、横浜から帰った翌日だ、一度《ひとたび》は落胆したが同時にまた新たに志を発して、それから以来は一切万事英語と覚悟を極《き》めて、さてその英語を学ぶということについて如何《どう》して宜《い》いか取付端《とりつきは》がない。(2)

ときあたかも安政の大獄が始まったばかり。日米修好通商条約(一八五八年)が調印され、同年九月までにオランダ、ロシア、イギリス、フランスなども同様の条約が締結され、このいわゆる五ヵ国条約に基づき、江戸に近いところとしては、横浜が開港したところであった。福沢は一八五四年(安政元年)にはじめて蘭学に接し、長崎で一年、大坂で足かけ四年、都合丸四年あまりひたすら修業を積んできて、蘭学にはかなりの自負心をもっていた。ところが、そこまで苦労して身につけた蘭学が通用しない現実を突きつけられたのである。福沢の素晴らしいところは、この現実に愕然として落胆したものの、すぐに気を取り直して新しい現実に果敢に対応する努力をしたことである。蘭学から英学へのこの転向を、福沢は他に先駆けて実行した。ここに福沢の頭抜けた

福沢諭吉とアメリカ人女性（1860年）

進取性が見てとれる。

福沢のたぐい稀な進取性とチャレンジ精神は、一八六〇年（万延元年）の幕府軍艦のアメリカ派遣に、自ら志願してその一行に加えてもらったことにも示されている。軍艦といっても全長たかだか一六三フィート、全幅二八フィートにすぎない三本マストの木造艦で、総積載量は三八〇トン、蒸気機関は備えていてもせいぜい一〇〇馬力で、石炭を焚くのは港の出入り口のみ、あとはただ風を頼りに航行しなければならないものであった。これが有名な咸臨丸である。ペリーの黒船来航からわずか七年そこそこのことであり、オランダ人教師を招いて長崎で海軍の伝習を開始するようになってからまだわずか五年ほどなので、太平洋横断を試みるところまで漕ぎつけたことは、それなりの快挙だったわけである。提督は時の軍艦奉行木村摂津守喜毅、これに随従する艦長は勝麟太郎（勝海舟）、その他総勢九十六名の一行。乗組員のなかにはこの航海にかなりの不安を覚えて尻込みする者もいたが、福沢はアメリカを見聞する絶好の機会ととらえて、この一行に加わるように四方八方手を尽くしたのである。

航海に要した日数は三十七日で、万延元年一月一九日（西暦一八六〇年二月一〇日）に浦賀沖を出発して、二月二六日（現地時間の二五日）にサンフランシスコの港に着いた。途中天候が芳しくなく、船は大揺れに揺れ、船に弱い勝麟太郎などは終始自分の部屋に籠っていたが、福沢は「牢屋に這入《はい》って毎日毎夜大地震にあっていると思えば宜いじゃないか(3)」とすまし顔だったというから、なかなか大したものである。一行はおおむねサンフランシスコとその周辺に五〇日あまり滞在し、その間に福沢はアメリカにおける西洋文明の実態をわが目で確認する機会をもった。日本人の一行はすべてに不慣れで、「例えば馬車を見ても初めてだから実に驚いた。そこに車があって馬が付いて居《お》れば、乗物だということは分りそうなものだが、一見したばかりでは一寸《ちょい》と考えが付かぬ(4)」有様だった。ホテルに敷き詰めてあった絨毯の大きさや、口をあけると恐ろしい音のするシャンパンという酒にもたまげたという。一事が万事このような次第で、「日本を出るまでは天下独歩、眼中人なし怖い者なしと威張っていた磊落《らいらく》書生」の福沢も、「初めてアメリカに来て花嫁のように小さくなってしまった(5)」という。いろいろな工場も見学させてもらい、科学技術の先進性には目を瞠ったものの、理学上のことについては驚かなかった。だが、社会上のことには皆目見当がつかないほどで、建国の父である初代大統領ワシントンの子孫はどうなっているか尋ねたところ、冷淡な答えしか返って来ず、社会慣習的な面における彼我の違いを感じたそうである。

帰りは同年閏《うるう》三月一九日にサンフランシスコを出帆し、ハワイに寄港して、五月五日に再び浦賀に戻ってきた。船中のエピソードとしては、サンフランシスコの写真屋で撮った一枚の写真――十五、六歳の少女と一緒に写ったもの――を皆の者に見せびらかして、福沢は大得意になった。写真そのものがまだ珍しい時代だったので、誰もが写真は写してきたとしても、異国の白人女性とともに一枚の写真に納まるとは、福沢ならではの進取性の表われ以外の何物でもない。さらに言及すべきことは、福沢がこの初めての外遊の際に、英語の辞書を購入してきたことである。彼は「その時に私と通弁の中浜万次郎という人と両人が、ウェブストルの字引を一冊ずつ買ってきた。これが日本にウェブストルという字引の輸入の第一番」(6)であると、後年自慢げに語っている。

帰朝後、福沢は幕府の外国方（いまでいえば外務省）に雇われて、翻訳の仕事に従事するようになった。この幕府への出仕はおそらく木村摂津守の推挙によるものと考えられる。渡米を陣頭指揮した木村は、福沢の人物を高く買って、その才能を幕府に役立てようとしたのであろう。そのころのわが国には、オランダ語の文書を読む者はいても、他のヨーロッパ言語を読みこなす者はいなかったので、諸外国から幕府によせる公文には、必ずオランダ語の訳文を添えることになっていた。イギリスやアメリカからの文書を訳す際も、不明の箇所は蘭文を参照することができるので、随分都合がよかったそうである。このようにアメリカから戻って来てから、福沢はひたすら英書を読むことに努め、新しい時代に対処するためには是非とも英語が必要であると説き、塾生たちにも蘭書ではなくもっぱら英書について教授するようになった。

一八六二年（文久二年）、渡米から帰ってわずか一年半ののちに、福沢は遣欧使節に随行してヨーロッパ巡遊の旅に参加する機会を得た。前回の渡米は木村摂津守に秘かに懇願して実現したものであったが、今回の渡欧は幕府に雇われていてヨーロッパ行きを命ぜられたのであるから、一切は官費で賄われることになり、福沢には手当てとして四〇〇両もの大金が支給された。福沢は親不孝の罪滅ぼしのために、そのうちの一〇〇両ほどを郷里の母親に送っている。実は、福沢はこのヨーロッパ巡遊の少し前に、芝新銭座《しばしんせんざ》に転居し、しかも中津藩士土岐太郎八の次女阿銀《おぎん》（一般には、きん）と婚礼を挙げていたが、国許の母親を引き取るには至っていなかったのである。このように、転居と新婚生活の慌ただしいなかで、福沢はおよそ一年間のヨーロッパ旅行へと出かけた。

それからヨーロッパに行くということになって、船の出発したのは文久元年一二月のことであった[7]。このたびの船は日本の使節が行くというために、イギリスから迎船《むかいぶね》のようにして来たオーヂンという軍艦で、その軍艦に乗ってホンコン、シンガポールというようなインド洋の港々に立ち寄り、紅海に這入《はい》って、スエズから上陸して蒸気車に乗って、エジプトのカイロ府に着いて二晩ばかり泊まり、それから地中海に出て、そこからまた船に乗ってフランスのマルセイユ、そこで蒸気車に乗ってリオンに一泊、パリに着いて滞在およそ二十日、使節のことを終り、パリを去ってイギリスに渡り、イギリスからオランダ、オランダからプロス〔プロシャ〕の都のベルリンに行き、ベルリンからロシアのペートルスボルグ〔サンクト・ペテルブルク〕、そこから再びパリに帰って来て、フランスから船に乗って、ポルトガルに行き、ソレカラ地中海に這入って、元の通りの順路を経て帰って来たその間の年月はおよそ一ヵ年、即ち文久二年一杯、押し詰まってから日本に帰ってきました。[8]

このときの渡欧使節団は、竹内下野守《たけのうちしもつけのかみ》正使、松平石見守《いわみのかみ》副使、京極能登守《のとのかみ》目付役など、総勢四十名足らずで、このなかには翻訳方として、福沢のほかに松木弘安《こうあん》と箕作秋坪《みつくりしゅうへい》も加わっていた。いずれも着物に大小の刀を横たえての外遊であった。外国では食事が不自由であろうからと、白米を箱に詰めて何百箱も持参し、さらに旅中止宿《ししゅく》の用意というので、廊下にともす金行灯《かなあんどん》、提灯《ちょうちん》、手燭《てしょく》、ボンボリ、蝋燭《ろうそく》等を積み込んでいったというのだから、まるで大名が東海道を通行して宿駅の本陣に止宿するような感覚で渡欧したことがわかる。近代ヨーロッパの現状を知らないのであるから仕方がないが、海外渡航とか異文化圏巡遊ということの意味は、自国の伝統や自文化の常識のみに寄りかかる判断の危うさ、あるいはその滑稽さを身をもって悟ることにある。

……無数のガス灯は室内廊下を照らして日の暮るるを知らず、食堂には山海の珍味を並べて、如何《いか》なる西洋嫌いも口腹《こうふく》に攘夷の念はない、みな喜んでこれを味わうから、ここに手持ち無沙汰なるは日本から背負て来た用意の品物で、ホテルの廊下に金行灯をつけるにも及ばず、ホテルの台所で米の飯をたくことも出来ず、とうとうしまいには米をはじめ諸道具一切の雑物《ぞうもつ》を、接待掛りの下役のランベヤという男に進上して、ただ貰って貰うたのも可笑《おか》しかった。(9)

福沢ら一行がヨーロッパを訪れた当時は、欧米諸国の横暴な諸政策に憤って日本国内では攘夷論真っ盛りの頃であったが、ヨーロッパに来て現地の新聞などを読んでみると、まっとうな政府批判や正論の主張も許されているので、福沢は「なるほど世界は鬼ばかりではない、これまで外国政府の仕振《しぶ》りを見れば、日本の弱身《よわみ》に付け込み日本人の不文殺伐《ふぶんさつばつ》なるに乗じて無理難題を仕掛けて真実困っていたが、その本国に来て見ればおのずから公明正大、優しき人もあるものだと思って、ますます平生の主義たる開国一偏の説を堅固にした(10)」と述べている。これも海外渡航や留学体験のもたらす有益な知見の一つである。

しかし福沢は、このヨーロッパ巡遊が彼にとっていかに有益だったかを述べつつも、同時に、そこに不可避的に随伴した自己矛盾的な制約性についても、彼一流の皮肉をこめて報告している。

……私がこの前アメリカに行ったときには、カリフヲルニヤ地方にマダ鉄道がなかったから、勿論《もちろん》鉄道を見たことがない、けれども今度はスエズに上がって初めて鉄道に乗り、それからヨーロッパ各国を彼方此方《あちこち》と行くにもみな鉄道ばかり、到る所に歓迎せられて、海陸軍の場所をはじめとして、官私の諸工場、銀行会社、寺院、学校、クラブ等は勿論、病院に行けば解剖も見せる、外科手術も見せる、あるいは名ある人の家に晩餐の饗応、舞踏の見物など、誠に親切に案内せられて、かえって招待の多いのにくたびれるというほどの次第であったが、ただここに一つ可笑《おか》しいというのは、日本はそのとき丸《まる》で鎖国の世の中で、外国に居ながら兎角《とかく》外国人に会うことを止《と》めようとするのが可笑しい。使節は、竹内、松平、京極の三使節、その中の京極は御目附という役目で、ソレにはまた相応の属官が幾人も付いている。ソレが一切の同行人を目《め》ッ張子《ばりこ》で見ているので、なかなか外国人に会うことが六《むつ》かしい。(11)

福沢、箕作、松木の三名は開明的志操の持ち主なので、当然のことながらヨーロッパ先進国の文明事情をつぶさに観察しようとするのであるが、

……何《なん》でも有らん限りの物を見ようとばかりしていると、ソレが役人連の目に面白くないとみえ、殊《こと》に三人とも陪臣で、しかも洋書を読むというからなかなか油断をしない。何か見物に出掛けようとすると、必ず御目附方《おめつけがた》の下役が付いて行かなければならぬという御定《おさだ》まりで始終

付いて回る。此方《こっち》は固《もと》より密売しようではなし、国の秘密を洩らす気遣《きづかい》もないが、妙な役人が付いて来ればただうるさい。うるさいのはマダ宜《よ》いが、その下役が何か外《ほか》に差支《さしつかえ》があると、私共も出ることが出来ない。ソレは甚だ不自由でした。私はその時に「これはマア何《なん》のことはない、日本の鎖国をそのままかついで来て、ヨーロッパ各国を巡回するようなものだ」と言って、三人で笑ったことがあります。(12)

まさに鎖国中の視察旅行なので、これもまた無理からぬことかと思う半面、そこに幕府の役人たちの時代遅れの知的狭隘性が露呈している。

福沢はさらに一八六七年（慶応三年）、三度目の外国行として、再度アメリカを訪れている。これは幕府がさきに軍艦の購入をアメリカに発注し、あらかじめ二隻分ほどの代金は支払っていたのに、一艘が届いただけで、あとは南北戦争が勃発してそのままになっていたのを、何とか話をつけるための渡米であった。福沢はこの渡米にも自ら志願して同行した。交渉は上首尾に運んでストーンウォールという船を買うことに決まり、これが東艦《あずまかん》となった。

それはさておき、倹約家の福沢はヨーロッパ渡航の際に支給された渡航費用のうち、母親に送った残りの大部分を、英書の購入に充てた。「これがそもそも日本の輸入の始まりで、英書の自由に使われるようになったというのもこれからのことである」(13)が、二度目のアメリカ渡航の際には、最初の渡米のときよりもさらに多くの金をもらったので、福沢曰く、「その金をもって今度こそは有らん限りの原書を買ってきました。大小の辞書、地理書、歴史等は勿論、そのほか法律書、経済書、数学書などもそのとき初めて日本に輸入して、塾の何十人という生徒に銘々その版本を持たして立派に修業のできるようにしたのは、実に無上の便利でした(14)」。

このように、わが国の文明開化を主導した先覚者・啓蒙家としての福沢諭吉にとって、三度にわたる洋行はかぎりなく重要な意義を有していた。彼はアメリカでそしてヨーロッパで、新しい文物・技術・制度に触れて、まさに蒙を啓かれる体験をしたのであり、そしてその貴重な体験に照らして、固陋な同時代人たちを相手に啓蒙活動を展開したのである。しかし福沢とはまったく異なる背景と立場から、西周もまた独自の意義深い啓蒙活動を行っているので、われわれはつぎにこの人物について考察してみよう。

西周助《しゅうすけ》ことのちの西周は、一八二九年（文政一二年）二月三日、石見国鹿足《かのあし》郡津和野（現、島根県）に生まれた。津和野は四万三千石の小藩ではあったが、父時義は食禄百石を賜っていた藩医であり藩儒でもあった。周助は森鷗外の大伯父筋にあたり、のちに鷗外に大きな影響を及ぼす。彼は一八四〇年（天保一一年）、数え年十二歳で藩校養老館に入る。一八四八年（嘉永元年）、養老館句読《くとう》〔漢文の素読を教える人のこと〕を命ぜられる。一八五三年（嘉永六年）六月、アメリカの海軍総督ペリーが、大統領フィルモアの国書を携えて浦賀に来航。国中が大騒ぎとなるが、津和野藩も時代の趨勢に乗り遅れないために、優れた藩士を江戸に派遣することを決定。周助はその一人に選ばれて江戸に出て、江戸御留守詰時習堂講釈を命ぜられる。オランダ語を必死で学んだが、やがてより本格的にオランダ語を学ぶために、一八五四年（安政元年）三月下旬、脱藩を決行。すぐに召し捕らえられ、「永の御暇」（永久の解雇処分）を下される。行き場を失った周助に救いの手を差し伸べたのは、江戸本郷元町に又新堂という洋学塾を開いていた手塚律蔵であった。手塚は周防の出身で、塾生には長州藩やその周辺の藩の出身者が多かったが、周助はこの手塚に拾われて彼の塾の講師をするようになる。周助の才能を見込んだ手塚は、オランダ語だけでは新しい時代に対応できないと考え、周助をジョン万次郎の英語塾にも通わせた。周助はこの英語塾で榎本武揚と知り合いとなった。

オランダ留学時代の西周

　手塚の周助への師弟愛が最もよく発揮されたのは、周助の幕府の蕃書調所《ばんしょしらべしょ》への就職斡旋に関してである。蕃書調所とは、一八五六年（安政三年）、幕府が九段下に創立した洋学の研究機関で、洋学の教授・統制、洋書の翻訳の任に当たった。これは一八六二年（文久二年）、一橋門外に移転して洋書調所と改称し、一八六三年（文久三年）にはさらに開成所と改称されたが、恩師の手塚は弟子の周助がこの研究機関に登用されるよう一方ならず尽力した。彼は津和野藩主亀井茲監《これみ》に掛け合って、周助を復藩の上で幕臣への道を辿れるよう交渉したが、冷たく拒否されるや、今度は周助と義兄弟の契りを結び、元の主家佐倉侯に頼み込んで、佐倉藩士佐波銀次郎の食客に取り立ててもらった。こうして一八五七年（安政四年）五月四日、周助は晴れて「蕃書調所教授手伝並」に任ぜられた。「教授手伝」が現代の呼称で「准教授」に相当するとすれば、「教授手伝並」とはさしずめ「講師」か「助手」というところであろうか。ともあれ、脱藩浪士の身分だった者が「幕臣」となり、「十人扶持」を下されたのであるから、これは稀代の幸運というべきである。ところで、周助の非凡なるところは、「蕃書調所教授手伝並」に採用されて半年も経たぬうちに、のちの第十五代将軍となる一橋慶喜に「蝦夷地開拓建議」を提出していることである。もちろん、慶喜からの返事はなかったが、おそらく彼の記憶に「西周助」の名前が擦り込まれたであろうと推察される。

念願の蕃書調所の教授職に就いた西周助にとって、次なる目標は実際に外国に渡航して見聞を広めることであった。われわれがすでに見たように、西よりも六歳若い福沢諭吉は、一八六〇年（万延元年）一月、すでに咸臨丸に乗って初の渡米を果たし、さらに一八六二年（文久二年）一月に渡欧使節団の一員として洋行していた。西のなかに先を越された悔しさがあったに違いない。一八六二年（文久二年）、幕府がオランダへの留学生派遣を決めたとき、西は何としてもそれに加わりたいと強く希望して、関係者にさまざまな働きかけをした。石附実によれば、洋書調所の西周助と津田真道（真一郎）の両名は、「かねてから強く洋行の希望をもち、万延、文久の使節派遣のさい、これに参加しようとして再三熱心に当局者にはたらきかけたが容れられず、そのねがいをこの機会に実現させようと、上司の御目付、洋書調所掛・伊賀守浅野氏祐（のち美作守）、外国奉行・大久保忠寛（越中守、のち一翁）らに迫ってこれをうごかし、ついに老中・安藤にもこれを認めさせてようやく参加の許可をえた」[15]のであった。今回のオランダへの使節派遣は、オランダに発注していた軍艦「開陽丸」の受け取りが主目的であって、外交使節派遣が目的ではなかった。したがって、榎本武揚、沢太郎左衛門、赤松大三郎、田口俊平らの海軍操練所関係者が中心メンバーであって、洋書調所の西周助と津田真道、あるいは長崎の蘭方医伊東玄伯と林研海らは、いわば付け足しメンバーであった。

西はこの渡欧にあたって、つぎのような希望と抱負を語っている。

「小生頃来西洋の性理之学又経済之学抔の一端を窺候処、実に可驚公平正大の論にて、従来所学漢説とは頗る趣を異にし候所も有之哉と相覚申候。尤彼の耶蘇教抔は、今西洋一般の所奉に有之候へども、毛の生えたる仏法にて、卑陋の極取るべきこと無之と相覚申候。只『フィロソフィア』（Philosophia）之学にて、性命之理を説くは程朱にも軼《す》ぎ、公順自然之道に本づき経済之大本を建てたるは所謂王政にも勝り、合衆国英吉利等之制度文物は彼堯舜官天下之意と周召制典型之心とにも超えたりと相覚申候。実に由斯道而行斯政、国何不富、兵何不強、人民何不聊生、祺福何不可求、学術百技何不尽精微と奉存候。」(16)

ここで「性理之学」といわれているものは、西洋の「フィロソフィー」のことであり、西はのちにこれに「哲学」なる訳語を充てることになるが、(17)西は以前からこの哲学や経済学や政治学に関心を持っていた。そして中国伝来の漢学や儒学と比べてみても、西洋のこうした諸学問に驚くべき正当性を見出していた。西洋人が一般に信じているキリスト教も、東洋の仏教とは異なるが、本質的には仏教の教えと通底するものである。アメリカやイギリスの制度・文物は、東洋的な政治制度の理想を超えたものであって、道義と政治が一体となっている。どうして国が富まず、兵力が強くならず、人民が暮せないことがあろうか。どうして幸福追求や学術技芸全般の発展ができないことがあろうか。西はおおよそこのような西洋観をもってヨーロッパに渡航した。

彼はこのときのオランダ留学の記録を文書にして残しているので、われわれはそこから彼の足取りをかなり詳細に知ることができる。最初に大まかな足取りを摑んでおくと、一八六二年（文久二年）六月一一日、軍艦奉行よりオランダ留学の命を受ける。渡航費用としては二十五ヵ月分の計算で、合計六六〇両二分というから相当の高額である。[18] 六月一八日、津田真道や榎本武揚らとともに咸臨丸に乗って品川を出帆。浦賀、下田、長崎に至り、長崎からオランダ商船カリップス号に乗り換えて東シナ海へ。ところがこの商船はインドネシアのバンカ島とビリトン島との間の海峡で座礁。やむなく近くの小島に上陸。一行は原住民のイスラム的生活を興味深く観察した。[19] やがて迎えの船が来て、バダビア（現ジャカルタ）に到着。ここでは原住民と華僑との生活環境の相違を観察し、またオランダ人が建てた病院や学校などを見学している。バダビアからはオランダ船テルナーテ号に乗り換え、スンダ海峡を越えてインド洋へ出る。船長はオランダのロッテルダムの人。インド洋からマダガスカル島沖を通り、喜望峰の沖合を回って大西洋へ。大西洋では二月二七日、ナポレオン一世（那勃崙）が幽閉されていたセント・ヘレナ島（聖都厄列那嶋）に上陸。留学生たち十五名はナポレオンの墓に参詣した（但し、遺骸は一八四一年にパリに還葬されていることまで付記されている）。[20] 一八六三年（文久三年）五月、オランダのロッテルダム到着。ハーグを経てライデンに到着し、ブレー街《ストラート》の「ホテル・ド・ハウデン・ゾン」に旅装を解いたのは、六月四日（文久三年四月一八日）のことであった。オランダ到着後のそれぞれの足取りと、とくに津田と西の消息については、津田の孫にあたる津田道治の著作や他の近時の研究に比較的詳しく記されているので、詳細はそれに譲りたい。[21] 日本人留学生たちは、「先ず蘭語に熟達するのが急務であるといふので、共同して教師を雇入れて蘭語の稽古を始めることにし」（赤松大三郎『半生談』）、とくに津田と西は一週六時間オランダ語の授業を受け、約三ヵ月間語学の習得に専念した。西は一〇月二〇日、津田は一一月一七日、フリーメイソンリーのライデン支部「ラ・ベルテュー」に入会した。[22] 両人は一一月三日（火）よりライデン大学教授のフィッセリング（Simon Vissering, 1818-88）から五教科の講義を受け始め、毎週火曜日と金曜日の夜、彼の私宅に通って受講した。[23] 講義は一八六五年（慶応元年一〇月をもって終了した。一二月一日（慶応元年一〇月一四日）、二人はライデンを出発し、まずハーグにいる榎本を訪れ、それから榎本・沢・田口・職方の古川庄八ら四名とともにロッテルダムに赴いた。翌二日、同胞四名に見送られてベルギーのブリュッセルに向かった。ブリュッセルまではライデンの書籍商ファン・サンテンが同行したようである。津田はライデン滞在中サンテンの店をよく訪れていたので、彼にとって津田は上客だったのであろう。[24] そこから二人はパリに至ったが、パリでは五代才助、寺嶋宗則、森有礼らと会い、交誼を結んだ。さらに福地源一郎と交わり、一二月一五日の夜パリを発ち、翌一六日にマルセイユに到着した。そして一二月一九日に「サイド・マルセイユ号」に乗りマルセイユを出帆。スエズ、アデン、ポイント・デ・ガール、シンガポール、サイゴン、香港、上海を経て、横浜到着は一八六六年二月一二日（慶応元年一二月二七日）のことであった。[25]

西は往きのテルナーテ号船上で学習の抱負と研究計画をオランダ語でしたため、オランダの日本留学生受入れ局に通告している。この書簡はフィッセリング家に残されていたもので、それによれば、幕府もヨーロッパの学術を移入する必要を感じて、江戸に学校を設立し、諸藩より教師を選任して種々の学問を教授させている。けれども、この学校は設備および教授法において、いまなお幾多の不備欠陥を有し、学問も物理学、数学、化学、植物学、地理学、および蘭語、独語、英語、仏語を、ただ読んだり理解したりする状態にとどまっている。自分としては、統計学、法律学、経済学、政治、外交などの分野と、Philosophie を学びたい、時間があればフランス語も学びたい、英語はとっくに学んでいるが、読めても話せないなどと、述べている(26)。

西周と津田真道がフィッセリングからどういう教科を学んだかは、「五科学習に関するフィッセリングの覚書」にその概要が記されている。

津田真一郎、西周助両君ニ業ヲ授ルニ就テノ書付

余思ハクハ津田真一郎　西周助君ノ来志ト其所望ニ応スルニハ治国学ノ原始ヲ授ルヲ以テ至当トス

此学ニ属スル学科五

其一　天然ノ本分ナツウールレグト　　其二　民人ノ本分フォルケンレグト

其三　邦国ノ法律スタートレグト　　其四　経済学スタートホイスホウドキュンデ

其五　経国論スタチスチーキ
二君ニ此五科ノ要旨ヲ識得セシムル為ニハ成丈務テ簡易明白ニ説クベシ
此五科学ハ大約二年ニシテ成業ヲ期スベシ
両君業ニ就ク前ニ先ツ深ク蘭語ヲ習ヒ能之ヲ解シ又能ク之ヲ言フ明瞭ニシテ且容易ナルベシ
余此治国ノ学ヲ教フルヲ以テ自任セバ今年第十月或ハ第十一月ヨリ始メナン
最初ニハ大学校ノ休日ヲ除ク外毎週二昼夜ヲ之ニ充ン
然レトモ若余教ヘテ益ナキヲ諭リ或ハ他ノ故アリ之ヲ廃セント欲スル時ハ何月日ニ拘ラズ之ヲ廃セン事自在ナラム事要ス
二君右ノ業ヲ受ル者ニハ余ガ家ニ来ルベシ
右ノ数件之ヲ是トスヤ或ハ更ニ他ノ是ニ加ヘント欲ス箇条アリヤ余之ヲ聞ンヲ欲ス
千八百六十三年第六月十六日
大学士　エス　ヒッセリング　自署
右本書ト違フナシ
大学士　イ　ホフマン　自署
津田真一郎　反（訳）(27)

西周と留学生仲間たち（慶應元年，オランダにて）
前列右から，西周助（周），赤松大三郎，肥田浜五郎，沢太郎左衛門，後列右から，津田真道（真一郎），布施弦太郎，榎本武揚，林研海，伊藤玄伯

フィッセリングは津田と西両名が来学した志と希望とその意志に答えるためには、広義の「政治学」（Staatswetenschappen）の根本を教授することが肝要と考え、具体的には、第一に「性法之学」（法哲学）（de kennis van het Natuuregt）、第二に「万国公法之学」（国際公法）（de kennis van het Volkenregt）、第三に「国法之学」（de kennis van het Staatsregt）、第四に「制産之学」（経済学）（de kennis van de Staatshuishoudkunde）、第五に「政表之学」（統計学）（de kennis van de Statistiek）について講義することにしたい。そこで最初に五教科の講義の要点を簡明に示して、両名にその旨趣を理解し

てもらうことにする。しかしこの五教科を習得するためには、ほぼ二年を要するし、そもそもこれを学ぶためには、オランダ語の修得が先決である。講義は今年の十月ないし十一月から開始し、学校の休日以外は毎週二昼夜、自宅にて教えようと思う。だが、もし教えてみてこれは無駄だと判断したとき、あるいは他の理由で講義を中止したいと思ったときは、いつでもこれを中止することは自分の自由である。以上の条件を受け入れるかどうか、あるいは別の条項を加えたいか、自分に聞かせて欲しい。――おおむねこういう趣旨である。

フィッセリングが教授した学問は、必ずしも当時の欧米の最先端の学問とは言えなかったかもしれないが――「レンブラントの世紀」(28)と言われるオランダの全盛期は過ぎ去り、オランダは英、仏、独、米などに後れを取り始めていたので、蘭語はもはや欧米の最新の知識や情報を学ぶのに最適の言語ではなくなっていた――、洋書調所の精鋭二名がライデン大学のこの国民経済学・統計学教授から摂取した学問は、まさに近代日本の哲学や諸学問の基礎となるのである。黒船到来によって二六〇年の鎖国という眠りから目覚めたばかりの日本にあって、実用的技術（軍艦の操縦技術など）の修得を目的とした榎本武揚や沢太郎左衛門などに混じって、欧米の学術や制度の修得を第一義とする留学生二名が使節団の中に加わっていた意味は、きわめて大きいと言わざるを得ない。

国民的人気を博した福沢諭吉と異なって、西周の著作活動は今日のわれわれには馴染みが薄いものとなっているが、明治のその時代に遡ってみれば、西が果たした役割は福沢と肩を並べるものである。帰国後の一八六七年（慶応三年）、西が京都四条大宮西入更雀寺の私塾で講義した内容を、のちに受講生の会津藩士山本覚馬（新島襄の妻八重の兄）の筆写ノートから興した『百一新論』（明治七年三月刊行）(29)は、「人文科学（その中心としての哲学）を先頭に立てての西洋諸学問の意義と位置づけを、当時の好学の青年たちにいち早く伝えたもの(30)」として、今でもその意義を失っていない。「明六社」といわれる結社が日本の近代化に果たした役割と、そこにおける西の働きもまた忘れることができない。

「明六社」とはすなわち、一八七三年（明治六年）欧米視察から帰国した森有礼の呼びかけによって結成された結社であって、西周、西村茂樹、福沢諭吉、津田真道、加藤弘之、箕作麟祥《みつくりりんしょう》らがその同人となった。これはわが国最初の学術団体であり、一八七四年（明治七年）三月から機関誌『明六雑誌』を刊行して、政治・経済・宗教など様々な問題について啓蒙思想を鼓吹した。毎号三千数百部が刷られたというから、当時の雑誌としては大変な部数であったことがわかる。しかしこの雑誌は政府の言論弾圧で、一八七五年（明治八年）一一月には廃刊となり、「明六社」の活動も尻すぼみとなってしまった。「明六社」に集った上記の面々は、開成所グループと翻訳方グループの混成よりなっており、もともと思想的にも政治的にもかなりの温度差があった。それが現実の時局的問題をめぐって、やがて発展的対立を見ることになったのである。その主だった論客の思想傾向を色分けすると、最も保守的で政府寄りなのが加藤弘之、最も反政府的で革新的なのが福沢諭吉と西村茂樹、そして西周はつねにその中間的立場を取っていた。

福沢諭吉と西周は生涯友好関係を保ち、このことは一八七九年（明治一二年）一月に設立された日本学士院の初代会長に福沢が選ばれ、第二代会長を西が引き継いだことにもよく示されている。しかしこの二人の間に対立・論争がなかったわけではない。われわれの関心を引くのは、「学者の職分」をめぐる両者の立場の違いである。論争を仕掛けたのは（といっても、別に西を標的にしたものではないが）福沢である。福沢は驚異的なベスト・セラーとなった『学問のすゝめ』の第四編で、「学者の職分を論ず」という主題について舌鋒鋭い持論を展開した。

一国の独立を保つためには、政府に内的エネルギーがあり、人民にもまたそのエネルギーがあって、相刺激し合わなければならない。しかしわが国では、明治維新以来、政府は専制、人民は無気力が続いている。わが国の文明を押し進めるためには、人民の無気力を一掃しなければならないが、政府の命令や指導によっては埒があかない。ぜひとも、官に依らず民間で事を行なう必要がある、本来、その任に当たるべき人材は洋学者を措いて他にないが、これがまたまるで駄目である。彼らはおおむね官途について、私事（民間事業）に携わる者はごく僅かである。しかも官途にある者は、「ただ利これ貪《むさぼ》るのためのみに非ず、生来の教育に先入して只管《ひたすら》政府に眼《まなこ》を着し、政府に非ざれば決して事をなすべからざるものと思い、これに依頼して宿昔青雲《しゅくせきせいうん》の志を遂《と》げんと欲するのみ」。このようにして、「世の人心益々その風《ふう》に靡《なび》き、官を慕い官を頼み、官を恐れ官に諂《へつら》い、毫《ごう》も独立の丹心を発露する者なくして、その醜体《しゅうたい》見るに忍びざることなり」。たとえば、「新聞紙の面を見れば政府の忌諱《きい》に触《ふ》るることは絶えて載せざるのみならず、官に一毫《いちごう》の美事《びじ》あれば慢《みだり》にこれを称誉してその実に過ぎ、あたかも娼妓の客に媚《こ》びるが如し」(31)。要するに、わが国は政府のみ存在していて、まだ国民は存在しないと言ってもよい。それゆえ、人民の気風を一新して文明を開化するためには、今日の洋学者のやり方に依拠してはならない。福沢は大要以上のようなきわめて急進的かつ批判的な言説を説いたのである。

これに対して、「明六社」の同人たちも口を開いて反撃せざるを得なかった。世の洋学者はおしなべて「あたかも娼妓の客に媚びる」ようなものだと貶されては、洋行帰りの旧幕臣たちも黙っておれなかったであろう。加藤は真っ先に福沢に噛みついたが、森も官の立場から柔らかな批判を加えた(32)。一方、津田は基本的に福沢の主張に賛成しながら、福沢の極端すぎる点を諫めた。それでは西は福沢の問題提起にどのような反応を示したのであろうか。

福沢の「学者の職分を論ず」に対して、西は「非学者職分論」をもって応じているが、その主張はいささか精彩を欠くと言わざるを得ない。福沢のような私塾を欲して、一時期それを試したこともあったが、西は基本的には幕府並びに明治政府の官職について歩んできた人である。それゆえ、西が福沢と同じような私学人の立場には全面的に立てなかったとしても、それは無理からぬことであろう。西は最大限福沢の主張の真理契機を認めつつ、しかもつぎのような弁明を展開する。すなわち、政府の専制、人民の無気力という指摘はその通りだが、この事態は一朝一夕に生じたものではないので、これを改めるにはそれなりの時間と忍耐が必要である。わが国にはまだ西洋の学術の「蘊奥《うんのう》」（奥義）を究めた者はおらず、ようやく研究も緒に就いたところなので、あまり結果を急ぎすぎてはならない。ひとはそれぞれ長所を異にし、また志趣を異にしているのであって、それゆえ洋学者も、政府で仕事をしていようと、私立で仕事をしていようと、その持ち分が発揮できる場で活躍すればよいのではないか。「ただ余のごときは、いささか翻訳の小技《しょうぎ》をもって政府に給仕《きゅうじ》する者。もとより万一に補《おぎない》なきを知るゆえに、久しく先生〔福沢〕の高風を欽慕《きんぼ》す。今いまだ、にわかに決然冠《かんむり》を掛《かく》る能わずといえども、早晩まさに驥尾《きび》に附かんとす」(33)。すなわち、自分は翻訳という取るに足らない仕事で政府に奉仕している者であるが、余人をもって代えがたい福沢先生の高邁な仕事ぶりを、以前から久しく尊敬している。まだすぐに官を辞することはできないが、いずれ近いうちに福沢先生の後について行きたい。これが福沢の問題提起に対する西の返答である。

　ここには学問研究や思想活動をめぐる官民対立という興味深い問題が潜んでいる。われわれはまもなく、この問題が位相を変えて再び現れてくるのを見出す。それは森有礼と新島襄の教育観と大学観の相違という問題である。換言すれば、官学と私学、私立大学と官立大学の相違・対立の問題である。これについては次話で詳しく考察することにして、われわれはここでは、幕末から明治の三十年代にかけて、福沢諭吉と西周が啓蒙思想家として果たした役割と、彼らの思想形成にとって海外留学が有した重大な意義を、もう一度確認しておきたい。儒教的価値観のなかで自己形成し、長じて蘭学を学び、やがて英学を身につけた彼らは、実際に欧米に留学する機会をもち、自分の目で欧米の文物・制度・技術を検証し、それをわが国に紹介するとともに、それを摂取するための工夫をさまざまに講じた。しかし筆者が見過ごしにできないのは、西洋文化・文明の根幹にあるキリスト教に対する彼らの態度である。

西については別の機会に譲るとして、ここでは福沢とキリスト教の関係について一瞥しておきたい。福沢は西洋文明をいち早く取り入れ、文明開化の先覚として活躍したが、西洋文明の基盤をなすキリスト教については、一般にこれを排除したと言われている。例えば、福沢は『通俗国権論』において、つぎのような宗教観を披露している。

……我国の士人は大概皆宗教を信ぜず、幼少の時より神を祈らず、仏を拝せずしてよく其品行を維持せり……今日に在て苟も有智有徳以て社会の実用を為す可き人物はただ啻《ただ》に宗教を信ぜざるのみならず、其これを信ぜざること愈《いよいよ》固ければ、愈以て人品の貴きを表するの証と然す可きに至れり……文明開化は必ずしも宗教の如何に由らず、人文少しく進歩すれば、今の所謂宗教の如きは之を度外視して差支えなきこと明に知る可し。(34)

つまり、福沢は「自ら宗教は信じず、ある意味では蔑視し、……文明開化に宗教は不必要と断言するのであるが、しかも、愚民の徳教には宗教を利用すればよいと云う」[35]のである。実際、彼は臆面もなくつぎのように断言している。

……木造の十字架を戴く者もあらん、蛇を崇む者もあらん、象を念する者もあらん、人々の勝手次第又智慧次第なれば、蛇も甚だ大切なり、十字架も亦甚だ必用なり、之を以て今の愚民の品行を維持するの方便とならば、何ぞ之を棄ることを物んや、余輩は自から今の宗教を度外視すれども、人の為には之を度外視せざるものなり。[36]

……斯る人民を教るには、何でも構はず、神道にても、仏法にても、稲荷様も、水天宮様も、悉皆善良なる教なり。人事はすべて分業に限る。モラルスタンドアルド〔moral standard〕は千段も万段もあるべし。手を分けて教ゆ可し。[37]

要するに、宗教はそれ自体としてはナンセンスなものではあるが、愚かな一般大衆を啓蒙し教化するためには、宗教は方便として役に立つというのである。宗教を見くびった福沢のこのような見解は、宗教の奥深い真理を洞察し得ぬ、浅薄な啓蒙主義的な実用主義のそれにほかならない。[38]ところが、興味深いことに、長男一太郎は、のちにアメリカのキリスト教主義学校のオベリン大学に留学して、そこでキリスト教の洗礼を受けたし、三女の俊、四女の滝もキリスト者となり、とくに滝（嫁して志立タキ）は、東京女子青年キリスト者会（ＹＷＣＡ）の会長を二十年にわたって務めている。その孫の代になるとさらに多くのキリスト者が福沢家から出ている。[39] こうした事実からも裏づけられるように、明治の初年にキリスト教排撃論者であった福沢は、アメリカやイギリスの宣教師たちとの交流を通して、やがてキリスト教に対して好意的になった。一八八四年（明治一七年）六月六日、七日付けの『時事新報』には、「……人間交際上最も有力なる宗旨の如きも、欧米に盛行するものをして我国に行はれしめ、我国をして耶蘇教国の仲間に入社せしめ、東西同一の色相を呈して共に文明の苦楽を与にするの策を定るは、今の経世上に一大要事ならんと信ずるなり」と説くまでに至ったのである。

それゆえ、福沢をキリスト教排撃論者のなかに単純に位置づけることはできないが、しかしまたキリスト教に対する彼の態度は、所詮は文明論や実用主義の域を出ないものであり、実存的意味での信仰の必要性を彼は感じなかったのである。

アメリカ独立宣言の「すべての人は平等に造られ、創造の神によって一定の譲り渡すことのできない権利を授けられていること」（that all men are created equal, that they are endowed by their Creator with certain unalienable Rights,…）云々を、福沢が『学問のすゝめ』において、「天は人の上に人を造らず人の下に人を造らずと言えり」[40] と翻案したことは有名であるが、この「天」と

「創造の神」とはいかなる関係にあるのだろうか。しかしアメリカ独立宣言における「創造の神」(Creator) 自体も、果たして聖書およびキリスト教の神、すなわち旧約聖書の神「ヤハウェ」、新約聖書のイエス・キリストの「父なる神」と同一視できるかどうかという問題もある。[41] いずれにせよ、福沢のいう「天」が新島襄のいう「天上独一真神[42]」とまったく別物のものであることは、疑問の余地がない。後者は明らかに天地創造の神にして、イエス・キリストの「父なる神」を意味しているからである。

ともあれ、キリスト教をその本来の姿で受容・摂取せず、せいぜい文明論および実用主義のレベルで問題とするところに、福沢に代表される明治の啓蒙家たちの問題が潜んでいる。

そうであるとしても、福沢と西の欧米外遊は、わが国の近代留学精神史に画然たる刻印を印している。われわれがこの二人の啓蒙家でもって本書の考察を開始したことは、それなりに正当化されるであろう。明治維新前の幕末に欧米に渡航した彼らは、近代日本が対決しなければならない欧米の文化・文明を実体験し、日本の近代化のために卓越した仕方で尽力したのである。それゆえ、彼らの欧米留学体験とその貢献は、一五〇年以上経った今でも、その輝きを失ってはおらず、われわれが学ぶべき多くの示唆を含んでいる

# 第二話　森有礼と新島襄

森有礼（一八四七―八九）と新島襄（一八四三―九〇）は、わが国の明治初期の高等教育史、とりわけ大学史に不朽の足跡を残した教育界の巨星である。森は一八八六年（明治一九年）、初代の文部大臣として「帝国大学令」を公布して、近代日本の大学制度を確立した政治家であり、一方の新島は他に先駆けて大学設立の夢を抱き、一八七五年（明治八年）、結社としての同志社（のちの同志社大学）を設立した教育者である。

そもそも近代日本の大学制度の設計図を描いたのは、初代総理大臣であった伊藤博文（一八四一―一九〇九）と、そのもとで初代文部大臣を務めた森有礼である。伊藤は幕末期に井上馨などとともにわずか半年ほどではあるが――一八六三年（文久三年）九月二三日から一八六四年（元治元年）三月中旬まで――イギリスに留学した経験をもっていた。しかし彼が近代日本の国家体制のモデルと見なしたのは、立憲君主制国家のイギリスではなく絶対君主制国家のドイツであった。一八八五年（明治一五年）から約一年間、憲法調査のためイギリス、ドイツ、オーストリアなどを歴訪した伊藤は、師事したウィーン大学教授ロレンツ・フォン・シュタイン（Lorenz von Stein, 1815-90）

から、近代国家にとっての大学制度の重要性を教えられる。伊藤がシュタインの話に感化され、新しい大学作りの必要性を痛感したことは、彼を日本に招聘しようとしたことからも窺われる。シュタインから学んで思い描いた伊藤の理想の大学像は、国家官僚の養成を中心に国家に奉仕する大学であった。薩摩出身の森有礼もまた、維新以前に藩命でイギリスに渡航し、さらにアメリカにまで渡った経験をもっていた。森は当然アメリカの私立大学についても十分な知識をもっていたが、彼が理想とした大学もまた国家のための官立大学であった。一八七七年（明治一〇年）、東京開成学校や東京医学校などを改組して、本邦初の大学として東京大学が設立されたが、この大学を厳めしい響きをもつ「帝国大学」に切り変えたのはこの森であった。この名称変更は、国際社会のなかでの日本の地位の低さを憂慮した森が、秘かに感じていた強いコンプレックスの裏返しだったのかもしれない(1)。いずれにせよ、森が主導して公布された「帝国大学令」第一条には、「帝国大学ハ、国家ノ須要ニ応スル学術技芸ヲ教授シ、及其蘊奥ヲ攻究スルヲ以テ目的トス(2)」と明確に規定されている。

一方、同志社大学の創設者の新島襄が抱いた大学の理想は、森のそれとはまさに対極的なものであって、キリスト教信仰に基づくリベラル・アーツを主体とした私立大学であった。一八六四年（元治元年）に国禁を犯して函館から密出国し、南北戦争後のアメリカ社会のなかで自己形成し、アマースト大学（Amherst College）やアンドーヴァー神学校（Andover Theological Seminary）で学んだ新島にとって、伊藤や森が理想とした帝国大学の構想は、近代国家日本にとって不可欠のものだとしても、それだけで事足れりとはいかなかった。新島は徳富蘇峰に執筆を依頼した「同志社大学設立の旨意」（一八八八年）において、以下のような確固たる信念を表明している。

吾人は日本の高等教育において、ただ一の帝国大学に依頼して止むべき者にあらざるを信ず。思うに我が政府が帝国大学を設立したる所以《ゆえん》は、人民に率先してその模範を示したる事ならん。思うに日本帝国の大学は、悉《ことごと》く政府の手において設立せんとの事にはあらざるべし。吾人は豈《あに》今日において傍観坐視するを得んや。吾人は政府の手において設立したる大学の実に有益なるを疑わず。然《しか》れども人民の手に拠《よ》って設立する大学の、実に大なる感化を国民に及ぼすことを信ず。素《もと》より資金の高より云い、制度の完備したる所より云えば、私立は官立に比較し得べき者にあらざるべし。然れどもその生徒の独自一己《いっこ》の気象を発揮し、自治自立の人民を養成するに至っては、これ私立大学特性の長所たるを信ぜずんばあらず。(3)

薩長の軍閥政治の中枢に身を置き、明治政府の要職を担う政治家としての森は、近代日本の教育制度、とりわけ帝国大学の設立のために腐心したが、上州安中藩士の倅として生れた新島は、本場アメリカのキリスト教主義の教育に培われた教育者として、自主自立の精神に貫かれた私立大学の設立を目指した。それゆえ、二人が思い描く大学の理想像はまさに真逆だったといえるが、しかし両者は肝胆相照らして互いを尊重し、相補い合うかたちで近代日本の大学制度の確立に奮闘したのである。この点に照準を絞りながら、以下に森と新島のそれぞれの留学体験を考察してみよう。

森有礼（明治3-6年，米国少弁務使時代，23-26歳）

森有礼は一八四七年（弘化四年）七月一三日、有恕《ありひろ》（喜右衛門）と里《さと》の五男末子として、薩摩藩の鹿児島城下に生まれた。幼名は助五郎、長じて金之丞と名乗った。当時の薩摩藩は開明的藩主といわれた名君島津斉彬《なりあきら》のもとで、西洋的な近代化政策を着々と進めていた。ペリー来航によって対外的な危機感が強まるなか、森も洋学の必要性を痛感し、長崎遊学から帰ったばかりの英学者上野敬介（景範《かげのり》）に弟子入りして、英語を習い始めた。ときに十四歳になったばかりであった。

ところが、一八六二年（文久二年）八月二一日、いわゆる生麦事件が勃発し、これがやがて薩英戦争へと発展した。この戦争で英国との力の差を見せつけられた薩摩藩の内部では、藩士五代才助（友厚）（一八三五—八五）らを中心にして藩政改革の声が高まり、五代自ら建言書をしたためて、そのなかで海外への留学生派遣を進言した。藩の上層部もこの意見書の正しさを認めて、一八六四年（元治元年）、五代を含む視察員四名と、十五名の留学生、総勢十九名の英国派遣を決定した。当時十八歳であった森金之丞もその一人として選ばれた。国禁を犯しての渡航だったので、全員偽名を用いた。森の変名は澤井鐵馬であった。彼らは長崎の英商トーマス・グラヴァー（Thomas Blake Glover, 1838-1911）が手配した蒸気船「オースタライエン号」に乗って、同年三月二二日未明、イギリスへ向けて出帆した。一行にはグラヴァーの右腕ライル・ホームが同行した。(4)

約二ヵ月後の五月二八日の早朝、薩摩藩の査察員と留学生を乗せた蒸気船は、目的地の英国サウザンプトンの港に着いた。彼らはその日のうちにロンドンに移動し、サウスケンジントンのホテルに到着したが、彼らはロンドンの町の壮麗さに衝撃を受けた。翌日から彼らは別のアパートに分宿し、家庭教師を雇って語学の特訓に励んだ。その合間に、彼らは造船所、ロンドン塔、兵器博物館などを見学して歩いたが、興味深いことに、この間彼らは四名の日本人の訪問を受けている。そのうちの三名は長州藩士で、山尾庸三、野村弥吉、遠藤謹助で、この三人は伊藤俊輔（博文）、井上聞多（馨）らとともに、二年前の一八六三年（文久三年）五月、イギリスに密航留学して、このときロンドン大学ユニヴァーシティ・カレッジの学生であった。伊藤と井上は四国連合艦隊の下関砲撃事件を知り、前後対策のために一年ほど前に急遽帰国していた。もう一人は斎藤健次郎で、フランス貴族モンブラン伯爵に雇われて、薩摩藩士に接近するために、パリからロンドンにやって来たのであった。いずれにせよ、長州と薩摩の藩士たちが異国のロンドンでたびたび会い、互いに交歓している姿は興味深い。薩長同盟が成立するのは、一八六六年（慶応二年）正月のことであるが、その背景には異国におけるこのような接触と情報交換があったのである。

七月初旬から、留学生たちは市内七ヵ所に分かれて居住するようになり、森は高見弥一とともに化学教師「ドクトル、グレイン」の家に寄宿することになった。(5) このような手配はすべて、グラヴァーの友人でロンドン大学化学教授のウィリアムソン（Alexander William Williamson, 1824-1904）がやってくれたらしい。「ドクトル・グレイン」がいかなる人物であるかはわかっていないが、森の旧蔵アルバムのなかには、裏に「理学師グレーム　同居仍呼為父」との書き込みのある写真が残っている。(6) 森はロンドンを離れるまでの約二年間を、このグレインの家に寄宿し、そこからロンドン大学に通っていたことになる。森はグレインの家に引っ越してから約一月後の八月七日、国許の兄横山安武に宛てて、つぎのような書簡をしたためている。

私愚考仕《つかまつり》候処いつれ文武は武士の基本と定り居候得共、当時の世体深慮に可及《およぶべき》場合に御座候はんか。武も武に依り剣戟の武は区々の小武に御座候はんか、実に剣は一人の敵にて一身の守戒と愚存仕候、自ら深き御遠略の処は奉察候得共、非常の時節は非常の大見定を据すんは男児の仕業仕遂け難く御座候はんか……。(7)

ここで森は、「武士の基本」たるべき文武について、厳しい批判の目を向けている。剣によって自分の身を守る「武」というものも、所詮は一人の敵に対して一身を守戒する「小武」にすぎず、現下のような国家の緊急時においては、到底それは危機を乗り切ることはできない。ゆえに、「非常の大見定」をもつ必要があるというのである。この「非常の大見定」がいかなるものかはここからは判然としないが、おそらく国家的あるいは国際的な見地からの大局的な判断ということであろう。現代風に言い換えれば、パロキアルな利害を超越したグローバルな視点からの見方とでも言えようか。いずれにせよ、ここには森の非凡な見識の高さがよく示されている。さらにそのひと月後の書簡では、森の意気軒昂はより一層強められて精神の深層にまで及び始める。

何れ《いずれ》人間一度は宇宙を遊観せすんは十分の大業遂け難しと愚存仕居申候、私にも了簡未た頓と据え不申候得共此度渡海以来魂魄《こんぱく》大に変化して自分なから驚く位に御座候、私に於て第一学問する所人物を研究するにありと考ひ(ママ)付始終心を用ひ汚魂《おこん》を洗濯仕居申候、……。(8)

人間たるもの一度は世界を巡り歩いて、各国の有様を視察しなければ、大事業を達成できるものではない。自分はまだそういう「了簡」、すなわち大所高所から物事を考察して判断する力を備えていないが、今回の渡航以来、自分の「魂魄」における精神的な変化にはただ驚くばかりである。自分としてはまず第一に、「人物を研究」しなければならないと考える。そうすることで、因習にまみれた穢れた魂が綺麗に洗浄されるだろう。森はこういう趣旨のことをここで述べている。幕末という時代の薩摩という地方で、武士階級として生まれ育った森は、ヴィクトリア女王治世下のロンドンの繁栄と文明の進歩を目の当たりにして、価値観の大転換を経験したのである。

やがて十月を迎えて、森たち留学生はロンドン大学のユニヴァーシティ・カレッジの法文学部(Faculty of Arts and Laws) に聴講生として通い出した。彼らがとくにユニヴァーシティ・カレッジを選んだのは、「ウィリアムソン博士の存在とロンドンという地理的理由のほかに、宗教上ならびに教育上の大きな理由があったからである」。オックスフォード大学やケンブリッジ大学は、伝統的な人文主義的教育に比重が置かれ、しかも英国国教会の信仰が必須条件となっていた。ところが、ロンドン大学は「無宗教性を特色とする大学であったため、異教徒でも自由に入学できたこと、それに十九世紀の科学的風潮と当時の中産階級の教育要求に即応して、実践的な科学教育を施すことで定評があったことである」。かくして、ロンドン大学のユニヴァーシティ・カレッジは、「西洋の科学技術を習得しようとする『東洋の異教徒』たちにとって、まさに格好の修学場所であったわけである」(9)。

森はこの大学に在学中に、歴史、化学、物理、数学など、自然科学系を中心に学んでいる。また、五代などにも刺激されて、国際政治にも関心をもった。その五代は、三ヵ月にわたるヨーロッパ各国をめぐる視察旅行を終えたあと、ヨーロッパ列強の国力の基本は「インヂストレード」と「コンメンシアール」である、との確信を深めている。五代によれば、「インヂストレード」は、「種々の機械を開ひて、万物を随意に製作して蓄財の基とすること」であり、「コンメンシアール」は「貿易」のことである(10)。しかしヨーロッパ各国の発展ぶりと国力の強さを目の当たりにして、五代ら視察組も森たち留学生も、日本の現状に対して鋭い危機意識を抱かざるを得なかった。森の書簡を引用すると、

謹《つつしみ》て惟《おもんみ》るに即今日本の情形恐多くも天歩殆んと艱難にして皇地已《すで》に外夷の咽を過んと欲す、……恐多くも伏して万慮仕候にいつれ此上は社稷《しゃしょく》を重んし君を軽くするの機予《あらかじ》め着眼仕処に候はんか、……仍《よつ》て勘考仕候に諸共《もろとも》に生死を論せす一度滄浪《そうろう》の濁波《だくは》を鎮静して国家の鋼維《こうい》を伸張し皇威四洋万国に及すの大義、人臣時に当て力を尽すの当然此事に候半《わん》か、……いつれ其力を求めすんは万事施し難く其力如何して之を得ん、実に世界を周遊し其国体は勿論人情風俗を観察仕候儀第一と奉存候、外に二三芸の学を学ひ伝習し……終に青史の上にも名を汚さん事を

偏《ひとえ》に注意仕候……。(11)

日本の現在の情勢はまさに危急の時にあり、外国の脅威は喉元に迫ってきている。あらゆる事態を想定した場合、いまや藩主に忠誠を尽くすよりも社稷《しゃしょく》つまり朝廷を重んずる機会が到来することを、あらかじめ考えておかなければならない。国家の法度を正常化して、「皇威四洋に及すの大義」のためには、「人臣」が一体となって力を尽くす必要がある。では、いかにして「人力」を養成することができるであろうか。まず第一に世界を周遊して回り、各国の国体や人情や風俗を観察研究することが基本であって、学芸の習得はそのあとだ、というのである。

森は英国滞在の二年目の夏、何人かの留学生仲間と一緒にロシアを訪れ、サンクト・ペテルブルクを中心に観光して見聞を広めた。(12) 再びロンドンに戻ったあと、彼はたまたま当地を訪問中のアメリカ人の神秘的宗教家トーマス・レイク・ハリス（Thomas Lake Harris, 1823-1906）と知り合い、彼の強烈な個性と神秘的な教えに強く惹きつけられた。ハリスはスウェーデンボルグ（Emanuel Swedenborg, 1688-1772）の流れをくむスピリチュアリストで、一八六二年以来、ニューヨークの北約七十五マイルに位置するダッチス郡の渓谷の町アメニアに、「新生社」（the Brotherhood of the New Life）と呼ばれるコロニーを組織していた。このコロニーは、農耕と葡萄栽培による労働奉仕を中心に営まれていた、一種の共産的共同体であった。おりしも森たち留学生は学資の欠乏という現実に直面しており、アメリカに来る気があれば学資の援助をするとのハリスの申し出を受けて、森をはじめとする六人の留学生は、一八六七年（慶応三年）七月上旬、アメリカへ向けて旅立った。森は他の留学生とともにこのハリス農園で働き、翌年の四月中旬にそこを発って、一八六八年（明治元年）六月に、三年ぶりの帰朝を果たした。

帰朝後、岩倉具視と大久保利通の口添えで、森は外国官権判事《ごんはんじ》の要職に取りたてられた。ところが一八六九年（明治二年）四月、森は日本の近代化のためには武士が帯刀を廃することが重要だと主張し、所謂「廃刀論」を太政官に建議した。天下の武士はこれに烈しく怒り、森に対する非難の声が轟轟と上がった。岩倉、大久保の両氏も彼をかばい切れなくなり、森は職を免じられ、郷里鹿児島に引きこもらざるを得なかった。しかし決定的な転機は一八七〇年（明治三年）九月二五日に突如として訪れた。至急東京へ出府すべしとの朝礼が知政所から届けられたのである。上京した森に告げられた朝命は、「弁務公使」(13)としてのアメリカ派遣であった。わが国初の外交官がこうして誕生することになった。米国との交際事務と留学生監督が、森に与えられた主たる任務であった。

一八七二年（明治五年）一〇月、中弁務使より代理公使に昇進した森は、条約改正のために奔走したが、それだけでなくアメリカ滞在中には、「日本における宗教の自由」、「日本における教育」など、多くの英文による論文を発表して、内外学識者の耳目をあつめた。「良心の自由」を根幹に据えた宗教的信仰の自由を、明治初年のこの時期にすでに標榜していることは、まさに特筆に値する。教育論に関しては、人民の良心の自由を保障する法律が必要であるとともに、普通教育制度を確立することが必要であり、教育上のことに国家権力が介入してはならないと説いており、後年彼が文部大臣になって推進実行した政策とは、まさに真逆の見解を表明している。森が受洗してキリスト者になったかどうかは判然としないが、少なくともこの時期の森の立場は、セクト的キリスト教のそれにきわめて近い。おそらくハリスの宗教結社に属していた体験がその背景にあると思われる。

一八七三年（明治六年）七月、アメリカから帰朝した彼は、代理公使の任を解かれて外務大丞に就任し、さらに一八七五年（明治八年）六月には外務少輔に昇格し、本省の外交事務に携わることになった。この間、一八七三年（明治六年）には、自ら発起人となって、福沢諭吉、西周、津田真道、加藤弘之、西村茂樹、中村正直、箕作秋坪、箕作麟祥らと啓蒙思想家の団体たる「明六社」を設立し、「明六雑誌」を刊行して、誌上で「妻妾論」を展開した。これはわが国において一般に呼びかけた一夫一婦制の最初のものといっても過言ではない。

一八八〇年（明治一三年）初頭より一八八四年（明治一七年）五月までの足かけ五年間、森はイギリスへの特別全権公使として赴任する。この時期はドイツがビスマルクの指導の下に新ドイツ帝国を作りあげ、ナショナリズムが勃興する時代であるが、森自身の考え方もイギリス在留のこの時期に、大きな変貌を遂げて国家主義的方向に傾いて行った。一八八四年（明治一七年）五月、五年間のイギリスの任務を終えて帰国した森に対して、伊藤博文は文部省御用掛への就任を要請した。翌一八八五年（明治一八年）一二月、第一次伊藤内閣が組閣されたとき、森は初代の文部大臣に任ぜられた。こうしてわが国の文部行政のトップに立った森は、国家主義的な教育方針を次々に打ち出して、国家のために教育を強力に推進していった。その途上の一八八九年（明治二二年）二月一一日、明治憲法発布の式典に参列しようとする朝、森は官邸前で刺客の刃にかかり、翌日四十三歳の若さで不帰の客となった。徳富蘇峰は『国民之友』において、森の死を悼んだ文章を草し、彼の一生をつぎのように評した。

ひそかに君の一生を案するに、……其の前半に於ては米国風の感化を受け、其の後半に於ては大陸風の感化を受け、前半に於ては一個人的の主義を主張し、後半に於ては国家的の主義を主張し、前半に於ては非常なる急進家となり、後半に於ては非常なる保守家となり、前半に於ては自由言論の勇将となり、後半に於ては擅制主義の保護者となり、特に前半に於ては人民より武器を取り去るの廃刀論を主張し、後半に於ては人民に強て武器を授くるの武事教育の断行家たるを見れば、吾人がその一生に於て一正一反の原動反動ありしと謂ふは、敢て過当の品評にあらざるを信ず。(14)

これほど的確に森有礼の一生を言い当てた文章もない。さすが徳富蘇峰というべきであろう。

新島襄は一八四三年（天保一四年）一月一四日、上州安中藩の江戸藩邸で、父民治と母とみの長男として生まれた。上に四人の姉がおり、幼名は七五三太《しめた》といった。民治は安中藩の書道の師匠と祐筆を務めていた。六歳から日本の古典と漢籍を学び始め、一八五三年（嘉永六年）、江戸安中藩邸の学問所で、漢学・剣術・馬術の稽古を始めた。一八五六年（安政三年）、藩主板倉勝明に抜擢され、田島順輔に蘭学を習った。一八六〇年（万延元年）、江戸湾でオランダ軍艦を見て、その威容に驚愕し、幕府の軍艦教授所（軍艦操練所）で数学と航海術を学んだ。一八六三年（文久三年）頃、『ロビンソン・クルーソー』（日本語訳）や『聯邦志略』などを読んで、外国に思いを馳せ、また「天父」を発見した。一八六四年（元治元年）の早春、アメリカへ密航するために函館に行き、そこから七月一八日、アメリカ商船ベルリン号に乗って密出国。上海でアメリカ船ワイルド・ローヴァー号に乗り換え、一路アメリカを目指す。H・S・テイラー船長から「ジョウ」（Joe）と呼ばれる。一八六五年（慶応元年）七月二〇日、約一年を経てボストンに到着。雑記帳には、「七月二四日（月）、今日、波斯頓《ボストン》に上陸せり。魯敏孫《ロビンソン》クルスーの伝を買い得たり。価一元半《ドル》(15)」と記されている。それから約二ヵ月半、新島は前途の当てなく不安な日々を過ごした。一〇月のある日、ワイルド・ローヴァー号の船主、アルフュース・ハーディー夫妻が新島を引きとりにやって来た。こうしてハーディー家に引き取られて、新島のアメリカでの新生活が始まった。

一八六五年（慶応元年）一〇月三〇日、新島はボストンの北、汽車で一時間ほどの小都市アンドーヴァーにある、フィリップス・アカデミーという名門の私立学校に入学した。ハーディーはこの学校の理事をしていたので、校長は英語を話せない新島を生徒として受け入れてくれた。登録名はジョセフ・ニイシマ Joseph Neeshima、かつてテーラー船長によって与えられたジョーという呼び名は、少々野卑な感じがするので、ハーディーが品のある Joseph に変えたのであろう。フィリップス・アカデミーは全寮制の学校なので、本来ならば寮生活をすべきであったが、言葉が通じなくては無理であろうとの配慮から、新島は町はずれの広い家に下宿することになった。この家にはフリントという神学生とその妻も下宿しており、新島はこの夫妻に随分とお世話になった。一八六七年（慶応三年）三月二九日、フィリップス・アカデミーを修了する直前に、新島は非常に長文の書簡を父民治宛にしたためた。

新島襄（アマースト大学時代）

……小子義幸いに天恵を蒙《こうむ》り、万里の波頭を経、恙なく北亜墨利加《アメリカ》合衆国の名港ボストン（地名）へ到着仕り候。さて小子の乗り参り候船の甲比丹《カピタン》は至って深切なる人にして厚く小子を取り扱い、衣服等を求めくれ、海路には小子に航海術を教えくれ、ボストンへ到着仕り候いしかば、小子を導きその船の持ち主にして当港の指折りなるハルディーと申す者に逢わせくれ候。

さてその者、小子に向かい、なんの望みありてアメリカへ参れしかと尋ねしゆえ、小子取りあえず、私義、貴国へ罷り越し候は、別義にござなく候、ただただ種々の学科、かつ聖経《せいけい》〔聖書〕を修行仕り、国家のため万分の力を竭《つ》くさんと存じ、人情棄て難き父母姉弟朋友に別れ、犯し難き国禁をも破り、身の難儀をも顧みず、衣食住の工風もなく、ただ困窮致し候わば、心力を竭くし働くべしと存じ、断然、父母の国を去り、遥々の海路をも厭《いと》わず、成業の事のみを期し、ひとえに天運に任せ貴国へ参上仕り候、と答え候わば、彼《か》の人深く小子の志に感じ、一昨年十月下旬より衣服等をよきに買いくれ、ボストンの東北十里余の一邑《ゆう》アンドワと申す所の大学校へ遣《つか》わしくれ、かつ月俸、筆墨、紙料等も尽《ことごと》く払いくれ候ゆえ、小子今は安楽に学問修行仕り、少しも早く帰錦、海山の恩を報ぜんと楽しみ居り候。

さてこのハルディーと申す人のかく小子を世話致しくれ候は、全く天上独一真神〔後に委しくしるし候〕への勤め、かつ日本のためとて仰山《ぎょうさん》の雑貨を払いくれ、一文一事の報酬をのぞまず、小子を重き客分の通りに取り扱いくれ、その上五年なり十年なりとも小子のために修行料を出してくれ候とかねて約束いたしくれ候間、なにとぞ、ご安心下さるべく候[16]。

ここには日本脱出からアメリカ入国までのひとかたならぬ労苦と、ボストン到着後にハーディーによって示された、信じがたいような善意と愛情が、実に感動的な筆致で描き出されている。過去一年半にわたって住んだアンドーヴァーの町は、ボストンの北部に位置する四季の移り変わりが目に鮮やかな小邑であった。

さてこのアンドワ〔アンドーヴァー〕は至って小さき邑《むら》に候えども、所々に小山流水ありて、春は緑色の野景ひとしおよろしく、種々の見なれぬ野鳥、花林の間に囀《さえず》り、夏は殊《こと》の外《ほか》暑くハーレンヘイト〔華氏〕の寒暖計一百度の上に至り、時々驟雨《しゅうう》雷電を催《もよお》し候……。秋は山林の霜葉、二月の花よりも紅にして、龍田の風景もかくや有りけんと思われ候。……冬は至って寒く、十一月下旬より雪降り続き、今に雪の上を往来いたし候。池の氷厚き事二、三尺に至り候ゆえ、人馬も恙なく往来いたし候。

……

かつこのアンドワは高名なる邑にして聖学校〔神学校〕、大学校〔小子罷りあり候〕、自由学校（この学校は一文も取り申さず候ゆえ、いかなる貧乏人も入門いたし学問修行いたし候ゆえ、この国には目あき目くら、すなわち読み書きのできぬものは一切ござなく候）、婦人学校、その外種々の邑学校、貧院、病院等これ有り（これは邑の人々金を出し薬、衣服、食物等を求め、乞食のごとき者をやしない置くなり。ああ、仁政の支那、日本に勝れる事ここにおいて見るべし(17)）。

新島は前年（一八六六年）の一二月三〇日、アンドーヴァー神学校で洗礼を受けたのであったが、当地が清廉潔癖なピューリタン的な信仰の地であることは、新島のつぎのような叙述からきわめて明白である。新島がここで「大学校」と言っているものは、フィリップス・アカデミーのことであり、これはいわば中学校と高等学校の中間のような学校であった。

さてこの聖学校に罷りあり候書生は、多分に正直信実にして、一切酒、烟草等を用いず、強いて邪淫を避け、決して女色の事抔は談ぜず、ただ天地、人間、草木、鳥獣、魚虫を造りて、永々存在、ここにもかしこにも在らせられ候あらたかなる神、すなわち以前に申せし天上独一真神の道を修め、この世の罪を償《つぐな》える聖人ジイエジュス〔Jesus〕の教えを守り、日夜怠らず祈祷致し、その恩恵扶助をのぞみ、己《おのれ》に克ち欲を禦《ふせ》ぎ、父母に孝を尽し、兄弟姉妹、朋友隣人を愛する事、己に斉《ひと》しく、偽詐佞弁《ぎさねいべん》を辱《は》じ、悪口怒言を嫌い候ゆえ、その風俗の美《うま》し事、なにとぞ、我が朝放蕩の諸生、酒をのみ自ら英雄とか称し、世間の人を見さげ豚犬とか呼び、親兄弟を蹴付《けっ》け、情の知れぬ女郎になじみ、遂に癰毒《ようどく》に染まり、その業を失うのみならず大切なる身を亡ぼし、父母に難儀をかくる輩に見せたくぞんじ候。

小子も昔の七五三太とは大いに違い、深くこの聖人の道を楽しみ、日夜怠らずその聖経をよみ、道を楽しみ善を行い、ひとえに他日の成業かつ国家の繁栄、君父朋友の幸福をのみ神祈《しんき》仕り候。(18)

このような厳格な道徳的生活を重んじる清教徒《ピューリタン》的風土のなかで、新島のキリスト教信仰――「天上独一真神の道」――は培われたのであるが、彼の日々の生活と学業もこの信仰と不可分に結びついている。

さて小子義、日本を去り候いしより、行儀大いに改まり候は、一杯の酒も飲まず、一服の烟草もすわず、万事信実に取り行い、懈怠《けたい》なく学問修行仕り候ゆえ、人々小子を愛敬し、大学校の頭取〔校長〕、聖学校の教師に至るまでも、小子を深切に取り扱い、路上に出逢い候わば手を握り（この国の礼なり）、「今日は如何《いかが》ござあるや」と丁寧に挨拶いたしくれ候。さりながら小子は、ますます謙遜ますます勉強いたし、成業の事をのみ期し居り候。

古語に申し候通り「陰徳ある者は必ず陽報あり」とて、ご老大人の曾て施せし陰徳、今は小子の身に陽報せりと存じ、ひとえに天恩の忝《かたじけな》きを拝し、日夜怠らずご老大人および大人のため、未来の冥福を祈り居り候。……(19)

新島のキリスト者としての人格形成は、このようなニューイングランドの清教徒的風土のなかで緒に就き、彼がフィリップス・アカデミー卒業後に進学した、アマースト大学とアンドーヴァー神学校の教育によって盤石なものになるのであるが、われわれが新島のこの書簡を読んで一目瞭然に悟るのは、彼が幼少時から受けてきた儒教的教育とアメリカで新たに学んだピューリタン的なキリスト教倫理との間の、とくに大きな飛躍を要せぬ接合ということである。明治期にキリスト教が多くの旧武士階級に受け入れられた理由も、おそらく儒教的倫理とピューリタン的キリスト教との間の親和性にあるといっても過言ではなかろう。

一八六七年(慶応三年)九月、新島はアマースト大学に進学し、大いなる願望と情熱をもって勉学に励み、一八七〇年(明治三年)七月一四日、理学士(B.S.)の学位を得て卒業した。同年九月、アンドーヴァー神学校に進み、さらに神学の研鑽を積み、のちに触れる公務による中途の休学を経て、一八七四年(明治七年)七月二日、無事この神学校を卒業した。アマースト大学およびアンドーヴァー神学校時代の新島は勤勉そのものだったようであるが、英語の力がまだ不十分な新島にとって、クラスメートに伍して優秀な成績をとることは、必ずしも容易ではなかったようだ。このことはアマースト大学の記録からある程度読み取ることができる。それによれば、新島は一八六八年に入学し、一八七〇年に卒業したことになっている。[20] おそらく古典語の力が圧倒的に不足していたために、一八六七年にすぐに本科生としては入学が許されず、一年間仮入学（選科生）の扱いとなり、翌年から正規の学生になったものと考えられる。しかも新島が授与された学位は、通常のリベラル・アーツの学士号 B. A.（Bachelor of Arts）ではなく、一人だけ理学士 B. S.（Bachelor of Science）となっている。この点に関して、和田洋一はつぎのような興味深い指摘をしている。

アーモスト〔アマースト〕の学生は、卒業に当たって、すべてバチェラー・オブ・アーツの称号をさずけられるならわしになっているが、新島だけはバチェラー・オブ・サイエンスの称号を受けた。これもまちがいなくギリシア、ラテン語の学力不足があったと思われる。ついでながら、後年、新島の世話でアーモスト大学に入れてもらった内村鑑三も、卒業のときにもらった称号はやはりバチェラー・オブ・サイエンスであった。[21]

アメリカの大学史に不案内な人のために若干補足しておくと、バチェラー・オブ・アーツ（B.A.）

とバチェラー・オブ・サイエンス（B.S.）の相違は、実は大学史的に非常に重要な問題を含んでいる。アメリカ独立革命以前に創設されたアメリカの由緒あるカレッジは、すべてイギリスのオックスブリッジ（オックスフォード大学とケンブリッジ大学）をモデルにしていたので、ギリシア語とラテン語の修得を必須とする、人文主義的な教養教育を理想としていた。ところが、科学技術の目覚ましい進展と産業社会の出現に伴い、一八五〇年代に古典的カリキュラムの見直しの動きが起こり、古典語に代えて自然科学の科目群の履修を認めるコースが一部導入されるようになった。これは伝統的な学位の威厳を守りつつ、新しい時代の要請にも応えようとする試みであった。新設の科学コースを履修した学生に授与される学位は、ハーヴァードではバチェラー・オブ・サイエンス（B.S.）、イェールではバチェラー・オブ・フィロソフィー（B.Ph.）と呼ばれた。たとえば、次話に登場する山川捨松の兄健次郎は、イェール大学のシェフィールド科学校を卒業したので、彼が取得した学位はバチェラー・オブ・フィロソフィー（B.Ph.）であり、これはわが国の「理学士」に相当する。ちなみに、B.A. の学位を得るには通常四年かかったのに対して、B.S. と B.Ph. の学位は三年で取得できたので、科学学部の学生は当初は二流市民と見なされた。(22)

それはともあれ、アマースト大学で新島を特別に優しく遇してくれた人物に、哲学教師シーリー（Julius Hawley Seelye, 1824-95）(23)がいる。彼はのちにアマースト大学の学長となった人物であるが、彼は新島の「アメリカの父」ハーディーの友人であった。新島が在学中に健康を損ねたとき、寮では世話が行き届かないだろうと、シーリー夫妻は新島を自宅に引き取って静養させてくれた。新島は後年、困窮していた内村鑑三をアマースト大学に入学させてくれるように、シーリーに頼んでいる。新島に名誉法学博士（L.L.D.）を授与するという決定は、シーリー学長によってなされた。なお、ここで一言触れておくと、一八七六年（明治九年）、創設時の札幌農学校にやって来たクラーク博士（William Smith Clark, 1826-86）も、アマースト大学の卒業生である。彼は一八四八年アマースト大学を卒業し、ついでドイツのゲッティンゲン大学に留学し、鉱物学と化学を修め、一八五二年に二十六歳で哲学博士の学位を得た。帰国後、母校アマースト大学に十五年間化学の教授として勤務した。一八六七年（慶応三年）、新島が選科生としてアマースト大学に入学したとき、クラークはアマーストの町に創設されたマサチューセッツ農科大学（一八六七年一二月創設）の学長に就任したばかりだったが、アマースト大学の化学の講師を兼ねていたので、新島も一年次に彼から化学を学んでいる。(24) 言うまでもなく、クラーク博士の日本招聘に新島は一役も二役も買っている。(25)(26) こういうことをみると、人の出会いの不思議な縁を感じざるを得ない。新島はまことに友人や知人に恵まれた人であるが、しかもこうした人間関係が、近代日本の学問や文化の発展に直接間接に寄与しているのである。

ところで、神学校卒業の約二ヵ月半前の一八七四年（明治七年）四月一四日、新島はアメリカン・ボード日本ミッションの準宣教師に任命されてもいる。そして同年九月二四日、彼はボストンのマウント・ヴァーノン教会で按手礼を受け、ついに正規の牧師資格を得た。かくして新島は、アメリカン・ボードの牧師・準宣教師として、祖国日本にキリスト教主義の大学を設立する夢の実現に向けて歩み出した。

さて、われわれの興味を引くのは、異なった人生行路を歩んできた森有礼と新島襄が、いつどこで出会ったのかということである。二人の出会いは、一八七一年（明治四年）の欧米使節団の派遣が機縁となっている。当時少弁務使としてワシントンで使節団を迎える準備をしていた森は、アンドーヴァー神学校に在学中の新島に目をつけ、ボストンにやって来て彼にその通訳の仕事を依頼した。当時、森は二十三歳で新島より四歳若かったが、頭が切れる上に欧米留学の経験があり、堂々たる物言いをする男であった。新島はボストンでの森との会見の様子を、一八七一年（明治四年）三月二一日付のフリント夫人（Orilla H. Flint）宛の書簡で詳しく報じている。

先週の水曜日、ボストンで日本国天皇によってワシントンに派遣された日本の公使森氏に会いました。もし私が日本国政府に手紙を書いて、私が何者であるか、アメリカでこれまで何を勉強してきたか、また帰国の意志があるか、などについて簡単に述べれば、氏はその手紙を政府に送って〔公認の在外邦人となるための〕パスポートを取得してあげよう、と言ってくれました。氏はまた、日本国内の上層階級の間に見られる、キリスト教に関する現在の動きについても話してくれました。彼らはプロテスタントとカトリックとの大きな違いも理解し始めています。

政府は国民にキリスト教の真理を信じることをまだ禁じていますが、二、三年のうちにプロテスタントの宣教師には国を開くものと信じます。

これまでハーディー夫妻が私のために費やした費用の全額を日本の公使である森氏がハーディー夫人に支払ってしまうのではないかと懸念します。なぜなら、森氏はハーディー氏に対して私を教育するためにかかった全額のリストを提出するように頼んだからです。

もしハーディー氏がリストを渡し、森氏から支払いを受けるようなことがあれば、そのお金のために私は日本政府に束縛されることになるのではないかと心配です。むしろ私は自由な日本市民のままで、主のご用のために私のすべてを捧げたいのです。

近いうちにハーディー氏にお会いし、このことについて話し合いたいと思っています。決断するにあたって主が私たちに賢明で慎重な思慮を与えてくださいますように。(27)

新島の心配は杞憂に終わった。ハーディーが森の申し出を断ったからである。しかし森がそれで諦めなかったことは、新島のフリント夫人宛の六月七日の書簡からわかる。

三週間前の昨日、私は日本公使〔森有礼氏〕に招かれて、アマーストに行きました。彼は、マサチュセッツ州農科大学〔現マサチューセッツ大学アマースト校〕に入学させて米国の農業方法を学ばせるために日本の一青年を連れてきました。私はアマーストで公使と共に二日過ごして、大変愉快な時を持ちました。彼は甚だ紳士的に私を待遇《たいぐう》し、旅費も一切支払ってくれました。私を招いた主な目的は、母国に米国風の学校を設立しようと計画して、私をその管理《かんり》に当らせようと希望するにありました。私はその計画の遂行は勧めましたが、私が管理に当ることに就いては確答しませんでした。というのは、若し私が主の福音を宣伝することが出来なくなったら、私にとって禍《わざわ》いだからです。(28)

新島は森と肝胆相照らすところはあったが、官に身を投ずる気はさらさらなかった。新島はあくまでも民間の自由な立場での大学設立を望んでいたからである。とはいえ、森から要請された岩倉使節団の通訳の仕事は、新島はこれを喜んで引き受けた。森は国禁を犯して留学していた新島に、一八七一年（明治四年）八月二二日、日本のパスポートと留学免許状を発行した。翌一八七二年（明治五年）三月八日、新島はワシントンで岩倉使節団の田中不二麻呂（ときに不二磨とも表記）文部理事官と面会し、翌日から岩倉使節団に三等書記官心得、理事官随行として協力することが決定した。この場で森は田中文部理事官に、「新島氏は下僕としてではなく好意から、教育に関する助言を閣下に呈するために私の依頼でここに来られているのです」と明確に伝えた。ここには、自分は愛国者ではあるが、「日本政府からはただの一銭も受け取っていないので」、誰も「私を日本政府の下僕として扱う権利はない[29]」、むしろ自分は「自由人、それもキリストによって自由にされた者[30]」であるという、新島のキリスト者としての強い個人的な権利意識と、それを森が快く認めた事実とが見てとれる。またこのとき、新島は日本から来た五人の女子留学生たちにも会っている。

　私の下宿は、日本から来た〔五人の〕少女たち〔留学生〕が今滞在している宿舎に大変近いところにあります。昨日そのうちの二人に会いました。一人〔吉益亮子〕は十五歳ぐらいで、もう一人〔津田梅子〕はわずか八歳〔満七歳〕です。後者は現在祖国で役人として頭角を現している私の古い学友〔津田仙〕の次女です。彼女はこれまで会ったどの少女よりも可愛くて才知に富んでいます[31]。

一八七二年（明治五年）三月二二日、新島は岩倉使節団副使の木戸孝允に初めて会った。お互いに好印象をもったことは、いろいろな資料から確認されている[32]。五月一一日、新島は神学校を休学して、ヨーロッパ諸国の教育視察のために、田中不二麻呂に同行してヨーロッパにわたった。彼がアンドーヴァー神学校に復学するためにイギリスから戻って来たのは、一八七三年（明治六年）九月一四日であるから、約一年四ヵ月の間、新島は田中不二麻呂らとともにヨーロッパを巡察していたことになる。一八七四年（明治七年）七月、新島はアンドーヴァー神学校を卒業した。同年一〇月、帰国を直前に控えた新島は、ヴァーモント州のラットランドで開催されたアメリカン・ボードの第六十五回年次大会に出席し、最終日の総会の席で登壇し、日本にキリスト教主義の大学を設立する宿志を熱く演説した。会場を埋め尽くした聴衆は新島の熱意に感動し、その場で五〇〇〇ドルもの寄付金が寄せられた。一〇月三一日、新島はサンフランシスコを発って、一一月二六日に懐かしの故国に帰国した。

一八七五年（明治八年）一月、新島は大阪で木戸孝允に会って、学校設立の支援を取りつけた。一一月二九日、私塾開業の公許を得、京都に同志社英学校を開設。当初は大阪開設を予定していたが、大阪府知事が宣教師の定住を認めなかったので、やむなく京都に変更することになった。そこには文部大輔田中不二麻呂、京都府知事槇村正直、府顧問山本覚馬などの協力支援があった。一八七六年（明治九年）一月三日、山本覚馬の妹八重子と結婚式を挙げ、同年九月、相国寺門前薩摩屋敷跡に校舎二棟が完成。この前後に熊本洋学校に学んだ生徒たちが次々と京都にやって来て同志社に入校した。いわゆる熊本バンドのメンバーで、このなかには金森通倫、横井時雄、小崎弘道、吉田作弥、海老名弾正、徳富蘇峰などがいた。翌一八七七年（明治一〇年）、同志社女学校（のちの同志社女子大学）が設立された。こうして今日の同志社大学の基礎が据えられたが、基礎はあくまでも基礎にすぎず、同志社大学が正式に誕生するまでには、まだ幾多の困難を乗り越えなければならなかった。

一八八八年（明治二一年）一一月、新島の死に先立つこと一年と二ヵ月、「同志社大学設立の旨意」と題する長文のアッピールが、設立発起人新島襄の名前で公表された。これは新島の求めに応じて、彼の草案に徳富蘇峰が手を入れたものであり、蘇峰が主宰する民友社発行の『国民之友』をはじめ全国の主要な雑誌・新聞に掲載された。冒頭に引用した文章に続けて、「同志社大学設立の旨意」にはつぎのように記されている。

> 教育は実に一国の一大事業なり。この一大事業を国民が無頓着にも、無気力にも、ただ政府の手にのみ任せ置くは、依頼心の最も甚だしき者にして、吾人が実に浩嘆《こうたん》止む能《あた》わざる所なり。凡《およ》そ一国文化の源となる者は、決して一朝一夕に生じたる者にあらず。米国のごときは清教徒《せいきょうと》が寂寞《じゃくまく》人なく、風吼《ほ》え、濤《なみ》怒る、大西洋の海岸に移住してより十五年を出でざるに、はやハーワルド大学の基《もとい》を開けり。而《しか》して今日に至っては、その学校の教員一百十人、書籍十三万四千巻、その資金は一千四百八十五万四千三百七十二弗《ドル》に達せりと云う。思うに米国人が自治の元気に富むも、豈《あに》この大学のごとき者、関わりて力なしとせんや。
> 独逸《ドイツ》のごときは我が邦《くに》足利の時代より続々と大学を設け始め、今は既に三十有余の広大なる

大学あり。伊太利《イタリー》のごときも既に十七個の大学を有せり。而して我が邦においては、唯一の政府の手に依頼して建てたる帝国大学あるに止まるは、国民教化の目的において欠乏する所なきか。国民が教育に注意するの精神において欠乏する所無きか。国家将来の命運を慮《おもんぱか》るにおいて欠乏する所無きか。これ吾人が不肖を顧《かえりみ》ず、我が邦に私立大学を設立せんと欲する所以《ゆえん》なり。(33)

ここにはニューイングランドのピューリタン精神に鍛えられた新島の自主独立の精神が、高らかに謳われている。わが国に帝国大学ただ一校しかなかった時代に、私立大学設立のために尽力した新島の心意気は、いくら高く評価されてもされすぎることはない。長年「専門学校」という位置づけに甘んじてきた私立大学は、一九一八年(大正七年)一二月六日に制定された「大学令」によって、はじめて法的な意味での「大学」に昇格する道が開けた。慶應義塾大学と早稲田大学に遅れること二ヵ月、一九二〇年(大正九年)四月に同志社大学も正式な「大学」として認可された。(34)しかし新島の死後三十年も経過しており、これはあまりにも時間がかかり過ぎている。この遅延が暗示する官尊民卑の悪弊は、いまでも日本の大学行政に根強く残っている。われわれはそろそろ、大学は国家の管轄下にある機関だという、明治以来の隷属的な観念を脱却すべきではなかろうか。中世西欧における大学の誕生に立ち返れば、西欧最古のボローニャ大学もパリ大学も、国家からは独立した自由な機関である。アメリカ最古のハーヴァード大学もイェール大学も、キリスト教の教派的背景はあるにせよ、いずれもプライベートな大学である。[35] もちろん、ヨーロッパにおいても時代が下るにつれて、やがて大学は国家や教会の支配下に置かれるようになり、近代的大学のモデルとなったフンボルト大学（ベルリン大学）は、まさに国民国家に奉仕する人材の育成を前面に押し出している。

したがって、ベルリン大学をモデルとした旧帝大や、戦後各都道府県に設置された国立大学は、すべて官立大学だからそれでよいとしても、はたして私立大学も右倣えでよいのか。私立大学は寄付行為に謳われた建学の精神に応じて、官立大学とは自ずと異なった教育目的を追求すべきであろう。私立大学は国庫からの補助金を当てにせず、財政的に自活する方向でもっと努力すべきではなかろうか。私学人はいまこそ福沢諭吉や新島襄の私学の理念に立ち返るべきではなかろうか。

# 第三話　日本初の女子留学生

## ——山川（大山）捨松、永井（瓜生）繁子、津田梅子——

筆者の住む札幌の大通公園十丁目には、黒田清隆（一八四〇―一九〇〇）とホーレス・ケプロン（Horace Capron, 1804-85）の銅像が並んで立っている。この二体の像は、一九六七年（昭和四二年）、北海道開道百年を記念して建てられたものであるが、実はこの二名によって象徴される北海道開拓は、ここで扱うわが国初の女子留学生の話と深く結びついている。それゆえ、われわれは迂遠を厭わず、まず歴史的背景から話を始めることにしよう。

薩摩藩の下級武士黒田清隆は、戊辰戦争のとき、西郷隆盛のもとで新政府軍の参謀として活躍し、一八六九年（明治二年）の函館五稜郭戦争では官軍を指揮して榎本武揚率いる旧幕府軍を降伏させた（土方歳三は五月一一日戦死）。その後、新政府において外務権大丞《ごんのだいじょう》、兵部《ひょうぶ》大丞を歴任して、一八六九年（明治二年）五月に、北海道と樺太の開拓を任務とする「開拓使」の次官を命ぜられた。長官職は初代を佐賀藩主鍋島直正が、第二代を東久世通禧が務めたが、実務的には黒田がその役目を代行した。(1) 明治新政府は開拓事業の視察調査のために、一八七一年（明治四年）一～五月、黒田次官をアメリカとヨーロッパに派遣した。ところで、われわれが第二話で見たように、その前年の一〇月、弱冠二十三歳の森有礼はアメリカ駐在の少弁務使に任命され、その年の暮れに外山正一《とやままさかず》ら属官三名を連れて渡米していた。彼がワシントン市内に事務所と住居を兼ねた日本最初の弁務使館を開設したのは、翌明治四年一月一二日のことだったので、黒田がこの弁務使館を訪れた日本からの最初の重要な訪問客であった。黒田はこのとき日本から七名の男子留学生を伴って来ていた。そのなかに第三話の主人公の一人となる山川捨松の、六歳年上の兄山川健次郎（一八五四―一九三一）が含まれていた(2)。

黒田は森の斡旋でグラント大統領に謁見し、当時の合衆国農務局長だった農政家のホーレス・ケプロンを開拓使顧問として招聘し、三人の技術者とともに来日するよう要請した。この招聘はのちにマサチューセッツ農科大学学長のクラーク博士の来日に繋がるものであった。このアメリカ視察旅行の際に、黒田は同郷の後輩である森と胸襟を開いて語り合い、近代日本における女性のあり方について意見を交わした。欧米社会における女性の高い地位と社交性に感嘆していた黒田に対して、森は日本の女性を欧米並みに変革するには、年少の日本女性を数名選んで欧米に派遣し、西洋の地に実際に住ませて、現地の文化や社会習慣を体得させるのが一番の早道だと説いた。そして日本から女子留学生を送ってくれれば、責任をもって世話をすることを約束した。

同年六月、欧米視察から帰国した黒田は、一〇月八日に岩倉遣外使節の派遣が正式に閣議決定され、官費・私費の多数の留学生の同行も決まったのをうけて、ただちに開拓使長官と次官の連名でもって、政府につぎのような建議書を提出した。

……欧亜〔欧米〕諸州のごときは、人民挙《あ》げて国を建つるのが智恵にこれあり、右は教えのよって然《しか》らしむるところ、これに加えて彼《か》国〔欧米〕においては婦女学校を設け、児女十歳余におよび候おりは入校、学術教授を請《う》け候は一般のことにて候。小児が母の懐《ふところ》を離さずして教えを母に受け候故、入校の頃にはようやく菽麦《しゅくばく》をも弁し〔物事の区別を知ること〕候よう相なり候儀、じつに国民を保護し人材を教育するの道を整えりというべし。皇国の儀も日々に開花に趣《おもむ》き、追っては女学校お取り建てこれあるべく候えども、……すでに先ごろ以来、〔開拓使においては〕追々人物を相撰《あいえら》び、欧亜諸州へ数人留学生徒差し出しおき候。なおこのたび、幼稚の女子を相撰び、欧亜の内へ留学として差し遣《つか》わし申したき故、学費等の儀は定額〔開拓使の既定の総額予算〕の内をもって取り計らい申すべく候間、この段、相伺《あいうかが》い候なり。(3)

この建議に対して、右大臣の岩倉具視は率先して賛意を表明した（おそらく周到な根回しがあったのであろう）。そしてこの女子留学生派遣事業は、すでに承認された北海道開拓事業の一環であり、その留学費用は承認済みの開拓使の十年間総額一〇〇〇万円の巨額予算内でまかなうということで、大蔵卿などの特段の異議もなくすんなり承認された。このように、日本初の女子留学生が実現する背景には、北海道開拓使次官・長官としての黒田清隆の並々ならぬ尽力があったのである。(4)

さて、一八七一年（明治四年）一〇月、女子留学生海外派遣の募集がなされたが、一人として応募してくる者がいなかった。留学期間は十年とし、政府が旅費、学費、生活費のすべてを負担し、さらに年間八〇〇ドルの奨学金を支給するという条件が提示されていた。岩倉使節団の出発予定は一一月一二日だったので、募集や準備の期間はわずかひと月ほどしかなかった。そこで再度の募集がなされ、ようやく五名の少女が集まった。

静岡県士族　永井久太郎養女　繁《しげ》（繁子）　一八六一年四月一八日（旧暦、文久元年三月二〇日）生まれ　満十歳八ヵ月

東京府貫属《かんぞく》士族　津田仙弥女《せんやむすめ》　梅《うめ》（梅子）　一八六四年一二月三一日（旧暦、元治元年一二月三日）生まれ　満六歳十一ヵ月

青森県士族　山川与七郎妹　捨松《すてまつ》（幼名、咲子）　一八六〇年二月二四日（旧暦、安政七年一月二三日）生まれ　満十一歳十ヵ月

東京府貫属士族外務中録《ちゅうさかん》　上田畯《しゅん》女　悌《てい》（貞子）　一八五五年（安政二年）生まれ（正確な生年月日は不明）　満十六歳

東京府貫属士族同府出仕　吉益《よします》正雄女　亮《りょう》（亮子）　一八五七年（安政四年）生まれ（正確な生年

月日は不明）　満十四歳

明治になってわずか四年、各自の年齢からしても、この五名の少女たちが自ら志願したとは考えにくい。異国に娘を留学させたのは、おそらく親ないし家長の意思だったのだろう。五人には二つの共通点があった。第一に、彼らはいずれも士族の娘であり、彼らの父や兄たちはかつて幕臣かまたは佐幕派の武士であり、戊辰戦争のさいに「賊軍」とされた側にあった。第二に、永井繁子、津田梅子、山川捨松の父や兄たちには海外渡航経験があったし、吉益亮子と上田貞子の父親はともに外務省勤務で、海外事情に明るかった。興味深いことに、勝者となった「官軍」側の諸藩からは一人の応募者もなかった。幼い少女を十年も親元から離れて留学させるという計画に飛びつく親はいな

女子留学生５人組
左から永井繁子，上田悌子，吉益亮子，津田梅子，山川捨松

いとしても（婚期を逸する可能性もある）、この応募結果は明治維新後の藩閥の実態を逆照射してはいないだろうか。

五人の少女たちは、横浜港出帆の三日前の一一月九日に、宮中に招かれて皇后陛下に拝謁した。五人に下された御沙汰書には、「其方《そのほう》女子にして洋学修行の志《こころざし》、誠に神妙の事に候。追々《おいおい》女学御取建《おんとりだて》の儀に候へば、成業《せいぎょう》帰朝の上は婦女の模範に相《あい》成り候様心掛け、日夜勉励いたすべき事」（5）と記されていた。そして各人に緋色絞り縮緬《ちりめん》一匹とお菓子一折が下賜《かし》された。

使節団の顔ぶれは、大使の岩倉具視、副使として参議の木戸孝允、大蔵卿の大久保利通、工部大輔《だゆう》の伊藤博文、外務少輔《しょうゆう》の山口尚芳《なおよし》の四名、政府の各省からは理事官として兵部省陸軍少将の山田顕義《あきよし》、侍従長の東久世通禧《みちとみ》、文部大丞の田中不二麻呂ら七名、ほかに大使・副使の随行者六名、各理事官の随行者十九名、秘書役と通訳を務める書記官など（このなかには『特命全権大使米欧回覧実記』全五巻を編修した太政官少書記官久米邦武もいた）十一名、総勢四十八名の大所帯であったが、これに五人の女子留学生を含む海外留学生五十八名が帯同したのである。官費と私費の両方の留学生たちがおり、行先もアメリカとは限らずヨーロッパに行く者もいた。一八七一年（明治四年）一一月一二日（陽暦一二月二三日）、多くの見送りの人たちが見守るなか、一行を乗せた太平洋蒸気汽船会社の郵便船アメリカ号は出帆の合図の号砲とともに、ゆっくりと波止場を離れていった。

一八七二年一月一五日（旧暦、明治四年一二月六日）、マストに日の丸をかかげたアメリカ号は濃霧にけむるサンフランシスコに到着し、市民たちから熱烈な歓迎と関心をもって迎えられた。ひときわ人目を引いたのは、振り袖姿のいたいけな五人の少女たちであった。使節団一行はゆく先々で連日のように歓迎され、また四十年ぶりの大雪に見舞われて足止めを喰らったりしたため、ワシントンに到着したのはようやく二月二九日（旧暦、明治五年一月二一日）のことであった。日本を発ってちょうど七〇日目であった。国会議事堂近くのユニオン・ステーションには、少弁務使の森有礼、書記官の外山正一らと当地の日本人留学生たち、アメリカ側からは政府の接待役のマイヤーズ将軍と市長らが出迎えた。宿泊するアーリントン・ホテルには、グラント大統領夫人から豪華な花束が届いていた。五人の留学生たちの身柄は森に託されていたので、到着したその日にひとまずジョージタウンにある日本弁務館の書記官チャールズ・ランマン宅に落ち着いた。ランマン夫妻には子どもがなく、彼らの自宅にはほかに独身の妹が一人同居していた。ランマン宅での五人の生活は一週間ほどで終わり、津田と吉益がランマン宅に残り、他の三名は近くの別の家に移った。そのころ女子留学生たちに会うために、ときおり一人の日本人青年がやって来て、彼女らの話し相手となった。それが新島襄である。新島は築地の海軍伝習所で津田仙と知り合いだったので、異国での梅子との出会いをとても喜んだ。(6)

三ヵ所に別れて米人家庭のもとで二ヵ月を過ごしたのち、やがて五人はワシントン市コネティカット街八二六番の一軒家で共同生活をするようになった。しかし彼女たちの「黄金の日々」も長

く は続かなかった。五人でいるとどうしても日本語を使うので英語の上達が芳しくなかったのと、吉益は大陸横断中に傷めた眼が恢復せずふさぎがちになり、また上田も（おそらくホームシックから）身体に不調を覚えたため、年上の二人が一一月末に帰国の途についたからである。そこで三名の少女たちの身元引受人の森は、今後どうすべきかひとしきり頭を悩ませた。最年少の梅子については、チャールズ・ランマンが手記につぎのように記している。

最年少の子供である津田梅をどうするべきかという問題が浮上した。彼女がワシントンに到着して最初に足を踏み入れたのが私たちの家だった。私の妻はこの子にとても関心を抱き、当時、寄宿学校に送るにはまだあまりにも幼すぎると感じられたので、少なくとも一年はわれわれの家庭にきてすごすことが決定された。それで、彼女はワシントンの仮住宅から一八七二年一一月一日に私たちのところにやってきた。(7)

永井繁子と山川捨松に関しては、森はイェール大学留学中の捨松の兄健次郎に相談の上、親日家のコネティカット州教育局秘書官バージイ・ノースロップの斡旋で、ひとまずコネティカット州ニューヘブンのレオナード・ベーコン牧師宅に預かってもらった。(8)捨松はそのままベーコン夫妻の世話になることになったが、繁子は一週間後に隣町のフェアヘブンのジョン・アボット牧師夫妻に引き取られていった。こうして「最初に海を渡った五人の少女」（寺沢龍）[9]は、一年もたたないうちに捨松・繁子・梅子の三人だけ――彼らは自分たちを英語で「ザ・トリオ」と称した――となってしまったのである。

明治33年，女子英学塾設立のため来日したアリス・ベーコンとともに。左から梅子，アリス，繁子，捨松

ここで三人の生い立ちにふたたび簡単に触れておくと、山川捨松は、一八六〇年二月二四日（旧暦、安政七年一月二三日）、陸奥国会津藩の藩士山川重固《しげかた》（尚江《しょうこう》）の末子として生まれた。幼名は咲子といった。父親の尚江は咲子が生まれる直前に病死し、山川家は当時十五歳の長男の大蔵《おおくら》（のちの浩）が家督を継いだ。一八六二年（文久二年）、京都の治安維持のために「京都守護職」が設置されると、大蔵も藩主松平容保《かたもり》に随行して上

洛した。このあと会津藩を襲った悲惨な運命は、とても数頁で語れるようなものではないが、戊辰戦争のさなかに家老に登用された山川浩とその家族の人生は、まさにその歴史的運命の縮図ともいうべきものであった。浩、健次郎、捨松の三兄妹は、それぞれの生涯をかけて会津藩の雪冤《せつえん》を果たすことになる。本州最北端の極貧地に左遷され、いまや「斗南藩《となみ》」の総責任者となった浩が、次男の健次郎とついで末娘の咲子を相次いで留学生に応募させたのは、年少の弟妹に会津復興の悲願を託してのことであった。このとき、母唐衣はお国のために愛する娘を異国に旅立たせなければならない母親の切ない気持ちをこめて、幼名の咲子を「捨松」と改名した。「これがお前との永の別れとなるかもしれない。私はお前を捨てたつもりで遠いアメリカにやるが、お前がお国のために立派に学問を修めて帰ってくる日を毎日心待ちにして待っているよ、という気持ちをこの二つの字にこめたのであった」(10)。

永井繁子は、一八六一年四月一八日(旧暦、文久元年三月二〇日)、幕府の外国奉行に仕える役人の益田鷹之助(のちに孝義)の娘として、江戸は本郷猿飴横丁(現在の東京文京区本郷四丁目)に生まれた。長男の徳之進(のちの孝)は、箱館奉行に勤めていた頃に生まれたが、やがて鷹之助は箱館奉行江戸詰めを命ぜられて、一家は江戸に移住し、そこで繁子は誕生した。一八六三年(文久三年)一二月、鷹之助と徳之進はフランス使節団の一員として、半年余りフランスを訪問した。徳川幕府の崩壊後、鷹之助は家族を捨てて別の女性を妻とし、徳之助は名を孝として改めて、横浜で茶と海産物を輸出する商売を始めた。繁子は五歳のとき、孝の元同僚で軍医の永井玄栄のもとへ養女に出されていた。孝はのちに三井物産の創業者となる人であるが、日本初の女子留学生派遣の話を耳にして、独断で願書を提出した。繁子は当時のことを回想して、「突然横浜の兄から使い［弟の克徳］が馬でやってきて、政府の命令ですぐ東京に戻るよう、私はアメリカという国に送られるということでした。私どもの驚きを想像してください！　何も知らぬ十歳の少女が未知の国に三年（ママ）もの長い年月を過ごさねばならないなんて……(11)」と語っている。

津田梅子は、一八六四年一二月三一日（旧暦、元治元年一二月三日）、外国奉行通弁（通訳）の津田仙の次女として、江戸の牛込南御徒町（現在の東京新宿区東部）に生まれた。男の子を期待していた仙は、お七夜を過ぎても名前をつけようとしないので、母親の初子が枕元の盆栽の梅にちなんで「むめ」（梅）と名づけた。本人の意思で「梅子」と改名したのは、一九〇二年（明治三五年）になってからのことである。一八六七年（慶応三年）一月、軍艦の引き渡し催促のため、小野友五郎を正使とする使節団が派遣されたとき、福沢諭吉などとともに津田仙も通弁として随行した。帰国後、彼は通弁御用翻訳の仕事に携わったが、一八六九年（明治二年）から「築地ホテル館」に勤務した。そののちホテルを辞めて、西洋野菜や果樹の農園経営に専念することになり、農園に近い麻布区新堀町（現在の港区南麻布二丁目）に転居した。仙は子供の教育に熱心で、梅子が五歳になった一八七〇年（明治三年）一月から芝区三田にある私塾三省堂に通わせ、読書と習字を学ばせていた。仙がいかなる動機で満七歳未満の梅子をこの募集に応じさせたのかは、資料が残っていないため憶測の域を出ない。おそらく梅子が人一倍利発でしっかりした子どもだったことから、開明的で風変りな父親は娘に自分の夢を託し、このような無謀な行為に打って出たのであろう。

このように、三人三様の家庭的背景をもつ女子であったが、いずれ劣らぬ頭脳と忍耐力と適応力を兼ね具えた素晴らしい少女であった。それにしてもランマン家に引き取られた梅子は、当時まだ八歳になる少し手前の幼女であった。しかもチャールズ・ランマンはその少し前に、上司の森と不仲になって日本弁務館の職を失っているので、梅子がランマン家でふたたび暮らすようになったことは、奇跡にも近い僥倖であった。ランマン夫妻には子供がなく、遠い異国から来たいたいけな梅子をそのまま放り出すことは、妻のアデリンにはあまりに不憫であった。夫人は森に何度か手紙を書いて、養育費用を自己負担してでも是非引き取りたいと申し出たのであった。森もランマン夫人のこの温情ある申し出に深く感謝して、一年間の約束で梅子をランマン家に託した。こうして梅子はふたたびランマン家に引き取られたが、当初の一年の約束は、結局、梅子が帰国するまで十年間に及ぶことになるのである。

梅子は一八七二年（明治五年）一〇月、ジョージタウンの私立小学校「カレッジエイト・インスティチュート」に入学した。そして一八七三年（明治六年）春、八歳になった梅子がランマン夫妻に突然キリスト教の洗礼を受けたいと言い出した。明治新政府は、一八七三年（明治六年）二月二四日、キリスト教（切支丹宗門）の禁令を解いたので、官費留学生の梅子が受洗することに大きな障害はなくなっていた。一八七三年七月一三日、生後八歳七ヵ月の津田梅子は、ランマン夫妻と数人の立ち合いのなか、ペンシルヴァニア州ブリッジポートのオールド・スウィーズ教会で、いずれの教派にも属さぬ独立教会の牧師ペリンチーフによって洗礼を受けた（梅子の両親の仙と初子は、その二年後に東京のメソディスト教会の宣教師から受洗した）。一八七四年（明治七年）の地元紙は、梅子が学校で二年連続で表彰されたことを報じ、梅子の「東洋人の頭」のなかには「ヤンキーの要素」が入っているにちがいない、というコメントをつけ加えている。(12)

一八七八年（明治一一年）六月、梅子はその私立小学校を卒業して、その年の秋アーチャー・インスティチュートという女学校に入学した。このころ英語はすっかり身につき、明朗快活な少女に成長していたが、日本語はすっかり忘れてしまっていた。新しく入学した学校は、生徒数百名ほどの私立学校で、おもに中流以上の家庭の子女が通っていた。梅子はこの女学校で一般科目のほかにラテン語、フランス語、数学、物理学、天文学、心理学、英文学、音楽、美術など幅広く学び、いずれの科目においても優秀な成績を修めた。とくに文学書を読むのは大好きで、スコット、ディケンズ、シェイクスピア、ワーズワース、バイロン、テニスンなど、実に多くの著作を耽読した。梅子はアーチャー・インスティチュートを一八八二年（明治一五年）六月に卒業したが、実はその前年の春、開拓使より帰国準備の知らせが来て、一年間の延長申請をしてようやくそこに漕ぎつけた

津田梅子（18歳）

ものであった。

一方、捨松と繁子は一人残る梅子に別れを告げ、森有礼に伴われて、一八七二年（明治五年）一〇月三一日、コネティカット州ニューヘブンのベーコン宅にやってきた。前述したように、繁子はほどなくして隣町のフェアヘブンのアボット牧師宅に移ったが、その理由をベーコン牧師はつぎのように記している。「初めの約束では、日本の娘さん二人をわが家で預かることになっていたが、一週間いっしょに生活してみたところ、二人一緒だと英語の勉強にならないことがわかったので、繁をフェアヘブンに住むアボット牧師のところに預けることにしました[13]」。ベーコン家には当時五人の子どもが同居していたが、末娘のアリスは捨松より二歳上で、二人はすぐに大の仲良しになった。捨松はこの家でベーコン夫妻とその子どもたちに囲まれて、大学に入学するまでの六年間を実の家族のように可愛がられて過ごした。同じ町に住む兄の健次郎は、一八七五年（明治八年）五月に帰国するまで毎週、捨松と会って日本語で会話した。それは妹が日本語を忘れないようにとの兄の配慮であった。捨松はベーコン家から近くの公立学校に通い、健次郎が帰国した一八七五年（明治八年）九月に、この町の男女共学の公立高等学校ヒルハウス・ハイスクールに入学した。自由でのびのびした雰囲気のなかで、捨松は熱心に勉学に励み、新しい環境にすっかり順応した。イェール大学のホイットニー教授の家は、ベーコン家の真向かいにあったので、その娘のマリアンとはほとんど毎日のように一緒に遊んだり勉強したりした。マリアンはのちにイェール大学で文学博士号を取得し、母校ヴァッサー・カレッジで教鞭をとった才媛であるが、捨松と過ごした日々を振り返って、同窓会誌『ヴァッサー・クォータリー』のなかで、つぎのような貴重な証言をしている。

> ……ベーコン家は、私の家のちょうど向かいにありました。私より二、三歳年上の小さな外国人の女の子がその家にやってきたことは、私や私の友達にとって胸がわくわくする出来事でした。捨松はすぐに私たちの仲間に溶け込み、それからの数年間は私の級友でもあり、遊び仲間となったのです。
>
> 　捨松は、ほっそりとして優しい感じのする女の子でしたが、いつも元気でどんな遊びにも喜んで入ってきました。かけっこが早く《〔マヽ〕》、木登りもとても上手でした。泳ぎも素晴らしいものでした。私たちが飛び込みを習い始めた頃、捨松はそのしなやかな身体を小さな橋の上から空中に舞いあげ、まるで矢のように真っすぐに水中に飛び込んでいくのです。それにくらべ、私達はただばちゃばちゃと音を立てたり、水の中でもがいたり、水面にお腹を打ってしまうことし

か出来ませんでした。

学力の面でも、語学のハンディや幼い頃の日本での生活環境の違いがあったにも関わらず同い年の女の子達にまったくひけをとりませんでした。ニューヘブン高校に入学し、全科目を取得したのです。(14)

このように、捨松はアメリカの高校生活にすっかり順応して、勉強とスポーツの両面において、アメリカ人顔負けの成績を上げるようになったが、その半面、健次郎がいなくなったあと、急速に日本語を忘れ始めた。一八七六年(明治九年)、捨松はニューヘブンのセンター教会で、ベーコン牧師によってキリスト教の洗礼を受けた。

コネティカット州フェアヘブンのアボット牧師宅に預けられた繁子も、慈愛に満ちた牧師夫妻とその家族に包まれて、捨松と同じように幸せな日々を過ごした。ジョン・アボット牧師は、『賢母論』や『ナポレオン一世』などの著作も書いている著述家でもあったが、また邸内には初等科(一年制)と本科(二年制)、高等科(四年制)を備えた、ハイレベルの私立「アボット・スクール」があり、その経営にも携わっていた。この学校の校長は娘のエレンで、当時三十五、六歳の彼女は両親の家に同居していたが、彼女が繁子の教育を引き受け、自分の子か妹のようにして可愛がった。繁子もエレンを母か姉のように慕い、彼女から実に大きな感化をこうむった。アボット家に寄宿した繁子は、同じ邸内にあるこのアボット・スクールに入って、そこで六年間熱心に勉学に励んだ。興味深い事実を一つつけ加えれば、繁子がアボット家に寄留した当時、コロンビア大学を卒業してイェール大学法科大学院に進学した三浦和夫という日本人留学生が、同じアボット家に下宿することになった。彼は一八八〇年（明治一三年）にイェール大学の学位を取得するが、これが鳩山一郎の父、鳩山由紀夫・邦夫の曽祖父にあたる鳩山和夫（一八五六―一九一一）である。[15]

山川捨松（ヴァッサーカレッジ時代）

ところで、アボット家には一台のピアノがあったが、アボット・スクールには器楽や声楽の教師もいたので、音楽に興味を持ちだした繁子は、家庭でも学校でも熱心にピアノのレッスンを積んだ。このピアノとの出会いが、繁子の後半生を決定することになる。しかし繁子の将来を決定するもう一つの出会いも、アボット家に寄留しているときに起こった。それはのちの夫となる瓜生外吉《うりゅうそときち》との邂逅と恋愛である。瓜生は一八五七年（安政四年）に加賀国大聖寺の藩士の次男として生まれたが、一八七二年（明治五年）九月に東京築地の海軍兵学寮

（海軍操練所の後身で、のちの海軍兵学校）に入学した。外吉は卒業直前の一八七五年（明治八年）六月に、海軍省の指令によって、メリーランド州のアナポリス海軍兵学校に入学するために、世良田亮《たすく》とともに渡米し、フェアヘブンのピットマン家に寄留して海軍兵学校の受験準備をしていた。このピットマン家の娘たちがアボット・スクールに通学していた縁で、ピットマン夫人が外吉に繁子を紹介したのが、二人の交際の始まりであった。

瓜生は海軍兵学寮の学生のときキリスト教に触れ、アメリカに留学してきたときにはすでにキリスト教の信者となっていた。繁子が在米中に大切に持っていた“Autograph Book”と金色で書かれたサイン帖には、三浦和夫（一八七七年一〇月一四日）や他の留学生に混じって、一八七六年九月一一日付の英語で書かれた瓜生外吉の記帳がある。そこには次のように記されているという。

The fear of the Lord is the beginning of wisdom: and the Knowledge of the holy is understanding.

Most truly yours
Fair Haven Conn.
S. Uriu
Sept. 11 the 1876(16)

これは旧約聖書の「詩篇」第一一一篇九―一〇節「御名は畏れ敬うべき聖なる御名。主を畏れることは知恵の初め。これを行う者はすぐれた思慮を得る」にほぼ対応する英語であり、瓜生がこれを書いたということは、彼がいかなる青年かをよく物語っている。このとき外吉は十九歳、繁子は十五歳であった。一八七七年（明治一一年）、瓜生外吉はアナポリス海軍兵学校の入学試験に見事合格した。彼は勇敢にして明朗かつ敬虔なクリスチャンで、やがて彼は兵学校内のキリスト教青年組織ＹＭＣＡの会長にも選ばれた。

それでは、繁子はいつキリスト教を信じるようになったのであろうか。それはおそらく瓜生と知り合うより前だと考えられる。受洗した日付は筆者には定かではないが、一八七五年（明治八年）五月一六日の繁子の日記には、「私はイスラエルの神と神の子イエスと聖霊の三位一体を信じます。……私はイエスが私たちのために死に給うたということを信じます。私たちは全身全霊で自分の生涯をイエスに捧げ、愛さねばと思います。……」と記されているからである。(17) いずれにせよ、梅子、捨松、繁子の「ザ・トリオ」は、悉くキリスト教信仰に入信したのである。

一八七八年（明治一一年）九月、捨松と繁子はともにニューヨーク市郊外ハドソン川東岸のポキプシー（Poughkeepsie）という町にある女子大学ヴァッサー・カレッジ（Vassar College）(18)に入学した。ポキプシーの町は、ニューヘブンから北西方向約五六マイルのところにある。おそらく捨松と繁子は二人で相談して、同じ大学への進学を決めたのであろう。ヴァッサー・カレッジには四年課程の「普通学科」と三年課程の「芸術学科」があり、芸術学科には「絵画専攻」と「音楽専攻」があった。捨松は普通学科、繁子は芸術学科の音楽専攻を志望して受験し、二人はともに合格した。(19) 捨松と繁子はそれぞれ住み慣れたベーコン家とアボット家の家族に別れを告げ、学内の寄宿舎に入寮したが、自分たちが希望してか、あるいは大学側が配慮してか、隣り合わせの部屋で暮らすようになった。

アメリカの大学では、カレッジとユニヴァーシティを問わず、いまでも学部生は学内の寮かアパートメントに住むのが基本であるが、この時代のヴァッサー・カレッジは全寮制であった。ヴァッサー・カレッジの学生の一日のスケジュールは、つぎのように規則正しく決められていた。

| | |
|---|---|
| 起床 | 午前七時 |
| 朝食 | 七時四十五分 |
| 午前の学習時間 | 八時三十分より十二時十分まで |
| 昼食 | 十二時十五分から、あるいは十二時四十五分から |
| 午後の学習時間 | 午後一時五十五分から四時五十五分まで |
| 夕食 | 五時十五分 |
| 祈り | 六時三十分 |

夜の学習時間　七時より八時まで
就寝予告のベル　九時三十分
消灯　十時

月曜日から土曜日までは以上の通りであったが、金曜日だけは夜の学習時間がなく、何をしてもよかった。日曜日は朝食がなくて、午後に正餐があり、六時に夕食である。そして祈りのために教会に向かうようになっていた(20)。

捨松は四年課程の「普通学科」、いわゆるリベラル・アーツのコースに入学し、繁子は三年課程の「芸術学科」の音楽コースに入学したので、おのずから授業内容は異なっていたが、二人ともそれぞれのコースで熱心に勉学に励み、日常的な生活においてはコースの別を超えて親しく交流し続けた。二人の日本人留学生がどのようなキャンパスライフを送っていたかは、繁子が世話になっていたアボット家の知人が、のちに「日本人のヴァッサー大学生」と題して、『ザ・サンデー・アドヴァタイザー』という新聞に投稿した記事によく示されている。

捨松と繁がヴァッサーに入学して一年後の夏、私はヴァッサーを訪問しました。私はアボット博士の義理の娘さんと親友だったため、二人と知り合い興味を持つようになったのです。捨

捨松・繁子・学友のマーサ・シャープ
（ヴァッサー・カレッジ時代）

松はとても聡明で、繁は優しい娘でした。二人共洋服を着ており、捨松は、詩的な雰囲気をもった美しいユダヤ人のように見えましたが、繁はどこから見ても日本人でした。捨松は二年生のクラス委員長に選ばれ、知的レベルの高い生徒だけが入会を許されるシェークスピア・クラブのメンバーでもありました。英文学で賞を取ったこともあり、素晴らしいエッセイもたくさん書いていました。

繁はクラス委員のようなものには一度もなったことはありませんでしたが、皆繁のことが大好きでした。二週間に一度行われるcandy pulls〈訳者注＝この頃の数少ない娯楽の一つで学生寮などでよく行われた。タッフィ〈あめ〉をあたたかいうちに両側から引っ張り合いながら、出来るだけ早くちょうどよい固さにしていく遊び〉には繁はなくてはならない存在でした。そりに乗ることも大変上手でした。自由時間の半分は、診療所で寝ている病気の女の子達の看病に出かけていました。繁が私のために、レモネードの入った水差しを持って寮の廊下を彼女独特のコツコツという足音をたてて歩いてくるのを今でも思い出します。

私は捨松が騒いだり、動揺したのを見たことがありません。時折、頬にうっすらと赤味がさしたり、校内の郵便局で手紙を出す時、手が震えているのを見たことはあります。それにくらべれば繁はいつも騒いでいました。捨松は、あらゆる意味で美しい人でした。日本の女性にしてはほっそりとしていて背が高く、落ち着いていました。チェスが上手でしたし、ホイスト〔訳者注＝四人でするトランプ遊びの一つ〕にかけては、教授達の中でも捨松に勝てる人はいませんでした。

捨松と繁は、一日に一度二人だけの隠れ場所に入り込んで、一時間ほど日本語で話しあっていました。捨松は厳格にこの習慣を守っており、繁にもそれを守るように言いつけていました。捨松は毎日のように手紙を書いていましたが、繁は他の生徒と同じく、手紙を書くのが大嫌いでした。……（『ザ・サンデー・アドヴァタイザー』一八九二年一〇月一日付）(21)

捨松はリベラル・アーツのコースに在学していたので、教養科目としてはフランス語、ドイツ語、ラテン語、英作文、歴史、哲学、化学、植物学、数学を、専門科目としては物理学、生理学、動物学といった自然科学の分野の科目を多く履修している。成績はつねにトップクラスで、二年生のときにはクラス委員長に選ばれている。スピーチもエッセイも上手で、学生の間でも教師の間でも尊敬されていた。一方の繁子も気立てがよくみんなから愛される学生であった。とくに繁子は音楽コースに在学していたので、学内コンサートの折には活躍している。シューベルト、メンデルスゾーン、モーツァルトの曲などをピアノ演奏し、またタウベルトの『子守歌』を独唱している。卒業時の学内コンサートでは、繁子はショパンの『華麗なるワルツ変イ長調、作品三四―一』を演奏した。

二年間の勉学を終えた時点で、ヴァッサー・カレッジの学長S・L・コールドウェルは、一八八〇年四月七日付の書簡で、ノースロップ教育長に次のように報告している。

拝啓　貴方が当カレッジに入学させられました日本からの若い淑女たちは、二学年の終わりに近づいております。彼女たちは引き続きその性格と行動において高い水準を保っております。学業についても、彼女たちのそれぞれの教師たちから、極めて満足すべき報告を受けております。彼女たちはその勤勉さと学業に示した進歩のおかげで、それぞれの教師に気に入られ、またその真摯さと愛らしさで、学友に好かれております。（中略）

彼女たちがこのように幸先よく始めた学業を、もし何かの支障があって完了できないようなことにでもなれば、大変残念です。私は彼女たちが日本に帰った暁には、アメリカの大学が、女子教育で何ができるかをきっと示してくれるものと、期待しております。(22)

この報告を受けて、ノースロップ教育長は、一八八〇年八月九日付で、北海道開拓使長官の黒田清隆宛につぎのような報告書を送っている。

私はミス・ナガイとミス・ヤマカワが引き続き健康を維持し、学業に成功を収めつつあることをお知らせできることを喜んでおります。

彼女たちはクラスでも上位に立ち、その優れた行動と学業によってヴァッサー・カレッジの学長と教授陣に強く気に入られております。

先日私は彼女たちをサラトガ・スプリングズ（ニューヨーク州東部の観光地）とナイアガラへの大変興味ある旅行に連れていきました。彼女たちは大いに楽しみました。(23)

ところが、一八八一年（明治一四年）の春、捨松、繁子、梅子のもとに日本政府から帰国命令が届いた。約束の十年間の留学期限が切れようとしていたのである。繁子は三年制の芸術学科に所属していたので、この六月には無事卒業の運びとなっていたが、捨松は四年制の一般学科の学生だったので、学士号取得まではあと一年在籍して単位を取る必要があった。ワシントンのアーチャー・インスティチュートで学んでいる梅子も、高校卒業まではあと一年かかった。それゆえ、繁子は六月の卒業とともに帰国することにし、捨松と梅子はあと一年の留学期間の延長を願い出た。二人とも優秀な成績を挙げてきていたので、一年のみという条件付きで二人の希望は受け入れられた。(24)

一八八一年(明治一四年)六月二二日、永井繁子は晴れの卒業式を迎えた。この日、捨松、梅子、繁子の第二の母とも呼ぶべきエレン・アボット、いずれ繁子と結婚することになる瓜生外吉、そして彼のアナポリス海軍兵学校の同期生世良田亮らが式典に同席して、彼女の卒業を祝った。一行は式の終了後、ハドソン川を船で下って、思い出の一頁に刻み付けたという。繁子がサンフランシスコからオーシャニック号に乗って横浜港に着いたのは、その年の一〇月三〇日のことであった。十年ぶりに故国の土を踏んだ繁子は、品川御殿山の邸宅に住んでいる兄益田孝のもとに身を寄せたが、彼は繁子が帰国した当時の事を『紀念記』のなかでつぎのように語っている。

帰朝せし時はまったく日本語を忘れ、ただ「猫」という一語を記憶してゐるのみ、発育盛りの十ヶ年を外国にありては、日本語を忘るも無理ならず。余がすべて通訳の労を執り、徐々に日本の言語風俗に馴れしむるやう努めたれども、米国にて受けたる教養が深く身に沁みて、手紙も英文その他何事にても、中年より日本に来たりて育ちたる米国人の如く思はれたり。(25)

繁子が卒業した一年後の一八八二年（明治一五年）六月一四日、捨松も無事卒業の日を迎えた。三十九名の卒業生のなかから十名が選ばれて卒業スピーチを行ったが、捨松もその一人に選ばれて「イギリスの日本に対する外交政策」というテーマで演説した。来賓のなかには、わざわざニューヨークから来た高橋総領事の姿もあった。九番目に登壇した捨松は、見事な刺繍を施した美しい和服に身を包み、流暢な英語で力強く演説した。あまりにも見事な演説だったため、途中しばしば拍手のため中断され、演説が終わったときには暫く拍手が鳴りやまなかったという。その内容は翌日の地元紙「ポキプシー」だけでなく、七月二九日付の「朝日新聞」にも掲載されたほどである。(26)

同年同月、ワシントンにいる梅子もアーチャー・インスティチュートを無事に卒業した。卒業証書には、「ミス・ツダは、学んだすべての科目にはっきりした理解を示し、ことにラテン語、数学、物理学、天文学およびフランス語は、クラスの標準よりずっと進歩していた」とある。ちなみに、梅子が履修した科目は上記のもの以外に、英語学、文学、文法、論理学、地理学、心理学、生理学、歴史、博物学などとなっている。(27)

一八八二年（明治一五年）一〇月、足かけ十二年のアメリカ留学を終えた捨松と梅子は、ニューヨークを発ってシカゴに行き（シカゴまではランマン夫妻が同行した）、そこで同志社に赴任することになっていたディヴィス夫妻と合流し、彼らとともにサンフランシスコから太平洋航路「アラビック号」に乗って帰国の途に就いた。一一月二〇日、彼らが懐かしの祖国の土を踏んだとき、捨松は二十三歳、梅子は十九歳になっていた。

　捨松と梅子の帰国は、首を長くして待ちわびていた家族や友人・知人たち（そのなかにはもちろん繁子がいた）を興奮と感激の渦に巻き込んだが、しかし本人たちは内心大きな不安を覚えていた。二人とも日本語をすっかり忘れてしまっていたからである。一年前の繁子がそうだったように、家族とすら満足に言葉が通じなかったのである。高級官僚の年俸に相当する年額一〇〇〇円もの奨学金を十年以上も支給されて留学を続けてきた二人は、その恩に報いようとの固い決意をもって故国に錦を飾った。しかし皮肉にも日本語という大きな言語の壁にぶつかり、アメリカで学んできたことを活かす場がどこにも見出せなかった。彼らを派遣した大本の北海道開拓使そのものは、すでにこの年の二月に廃止となっており、女子留学生たちを支援し続けてきた黒田清隆も、明治時代最大級の疑獄事件と言われた開拓使官有物払下げ事件で失脚していた。かくして、大きな使命感と奮闘努力によって欧米文化とその言語を身につけてきた捨松と梅子は、激しい焦燥感と失望に苛まれることになったのである。

　捨松、梅子、繁子の帰国後の歩みについては、久野明子『鹿鳴館の貴婦人 大山捨松――日本初の留学生』、吉川利一『津田梅子』、山崎孝子『津田梅子』、生田澄江『瓜生繁子――もう一人の女子留学生』などの優れた伝記的著作に委ねるしかないが、要点だけ述べれば、捨松は大山巌の妻となって「鹿鳴館の貴婦人」として大活躍し、独身を貫いた梅子はやがて津田女子大学を創設し、そして海軍士官瓜生外吉の妻となった繁子は東京音楽学校と東京高等女学校の音楽教授に就任した。ついでに敷衍しておけば、われわれが第六話で扱う芳賀矢一は、一九一六年（大正五年）一二月一一日、欧米視察の一環としてたまたまヴァッサー・カレッジを訪問した。ミス・ファルネルという女性の案内で、広いキャンパスの図書館、食堂、美術館、チャペル、実験室などを見学したとき、「この学校は大山夫人、瓜生夫人等の出身母校なり」との説明があり、そのあと「今日大山侯薨去の報あり」と語られたという。[28] 事実、捨松の夫の満州軍総司令官の大山巌は、その前日の雪の降る一二月一〇日の正午近く、胆嚢炎を起こし眠るように息を引き取ったのであった。このエピソードは、卒業後三十余年経っても捨松と繁子が母校の人々に忘れられずにいた証としてとても興味深い。

わが国初の女子留学生の三人は、それぞれ男子顔負けの使命感をもって留学目的を達成したが、彼らが大いなる達成感と将来への抱負をもって帰国したときに、留学の成果を発揮する場が備わってなかったことは、かえすがえすも残念でならない。音楽を専攻した繁子はまだしも、捨松と梅子は修得した学芸を活かす場がなくて焦燥感に苛まれた。そうした厳しい状況のなかから、捨松は大山巌の妻となって日本の近代化に寄与する道を選び取り、梅子は再度の留学を経て自分の手で女子大学を設立した。彼女らに強いられた試練と苦労に対しては、ただただ頭が下がる思いである。

われわれは日本初の女子留学生たちの米国留学とその後の人生を通して、外国留学が人間に及ぼす重大な影響とその悲劇を、大きな教訓をもって学ぶことができる。外国留学や異文化体験は、それが長期に及べば及ぶほど、自己のアイデンティティに甚大な影響をもたらし、ときにアイデンティティ・クライシスと言われる危機を招来する。とりわけ言語と宗教の問題は、自己のアイデンティティと密接不可分に結びついており、表層的な文化や技術の受容とは異なる人間実存の本質的次元を開示する。その意味でわれわれは、「グローバル人材の養成」などという浮ついた言葉に惑わされずに、いま一度彼女たちの貴重な留学体験に学び直さなければならない。

# 第四話　北海トリオ

——内村鑑三、新渡戸稲造、宮部金吾——

内村鑑三（一八六一―一九三〇）、新渡戸稲造（一八六二―一九三三）、宮部金吾（一八六〇―一九五一）の三人は、ともに札幌農学校の二期生として成績トップを競った仲で、かつクラーク博士の強い感化を受けた一期生のもとでキリスト教に入信し、生涯キリスト教信仰に堅く立ちながら、それぞれ独自の分野で活躍した。世人は彼らを称して「北海トリオ」[1]あるいは「札幌三人組」（The Sapporo triumvirate）[2]と呼ぶが、彼らの活躍こそが札幌農学校とクラーク博士を一躍有名にしたといっても過言ではない。

生まれた順に言えば、宮部金吾は一八六〇年四月二七日（万延元年閏三月七日）、低い身分の幕臣宮部孫八郎と濱（結婚と同時に仲と改名）の五男として、江戸下谷泉橋通御徒町に生まれる。内村鑑三は一八六一年三月二三日（万延二年二月一三日）、上州高崎藩士内村宜之とヤソの長男として、江戸小石川に生まれる。新渡戸稲造は一八六二年九月一日（文久二年八月八日）、盛岡藩士新渡戸十次郎とせきの三男として、陸奥国岩手郡（現在の岩手県盛岡市）に生まれる。幼少時に父が亡くなったので、東京の叔父太田時敏の養子となり、太田稲造を名乗る（のちに再び新渡戸姓に戻る）。

彼らが互いに知り合うのは、東京英語学校（のちの第一高等学校）の学生としてである。一八七七年（明治一〇年）四月、東京英語学校は東京大学予備門と改称され、ここを修了すれば東京大学への進学が認められることとなった。ところが、同年六月一四日、開拓使九等出仕堀誠太郎という人物が学校にやって来て、札幌農学校――前年の一八七六年（明治九年）に北海道開拓に携わる技術者を養成する目的で創立された――の官費生募集の演説をした。いずれ劣らぬ貧乏さむらいの家の出である三人は、雀躍としてこれに応募することを決意した。このときから彼らは生涯にわたる最も親密な友情関係を結んだ。この三人に岩崎行親《ゆきちか》（一八五五―一九二八、のちの鹿児島大学の前身、第七高等学校造士館の初代館長）を加えた四人は、開拓使御用宿舎に集められたとき六畳の間に陣取って四人組を組織し、これを立行社（身を立てて道を行なうの意）と名づけた。四人は身を立てて道を行なうために、「女色、飲酒、煙草、を必ず用いぬ事を約束」(3)した。彼らはそろって笈《きゅう》を負い青雲の志を抱いて、品川から開拓使の御用船玄武丸で札幌に向かった。たまたま宮部と内村は同室になり、四年間部屋は変わっても離れることなく、ルームメートとして平和で楽しい学生生活を共にした。

彼らが札幌農学校に入学したとき、クラーク博士はすでに半年前札幌を去っており、当時の校長は調所廣丈（卒業前には森源三となる）、教頭はホイラーであった。教官はほとんどがアメリカ人で、それもマサチューセッツ州立農学校卒業の新進気鋭の士であった。授業風景はどうだったかといえば、宮部金吾自叙伝にはつぎのように記されている。

講義は勿論終始英語で、特別に教科書を用ひたものもあつたが、これは学校から借（ママ）してくれた。教室では鉛筆で筆記し、帰つてからその日のうちに学校から与えられたノート・ブックにインキで綺麗に浄書した。翌日になると先生により授業の初めに当り、講義の前五—一〇分、復習を兼ねて質問を受けた。それ故語学に長じてゐた者は不便はなかつたが、語学に堪能でないものは一方ならず悩んでゐた。……

教室では英語の演説法が指導された。英米の有名なる士の演説を暗誦して、態度や抑揚は一々批判された。ある時には私は最優等の成績をとり、「どうしてあの訥弁家の宮部が、語学に堪能で且能弁である新渡戸より高点を取つたか」といぶかられた事もある。……(4)

宮部金吾（ハーヴァード大学留学時代）

現在、北海道大学植物園内にある宮部金吾記念館には、当時の宮部の自筆ノートが保存展示してあるが、それを見ると当時の彼がいかに熱心に学んだか、またいかに優秀な学生であったかがよくわかる。

一期生には直接的に、北海トリオを含む二期生には間接的に、絶大な感化を及ぼしたウィリアム・スミス・クラーク（William Smith Clark, 1826-86）は、学者であり教育家であって、宣教師ではない一介の平信徒であった。その彼がかくも熱心にキリスト教の伝道に従事したことは、注目に値することである。しかも官立の学校にあって、ほとんど公然と聖書を用いて学生を教えることは、いかにして可能となったのであろうか。実はこれには裏話が残されている。第一期生の中には品行が悪い学生もあったことから、長官の黒田清隆はクラークに対して、専門知識のほかに学生徳育のために修身も教えてほしいと懇願した。クラークはこれを快諾したが、但し、徳育を施すには聖書を用いないことには不可能だと主張した。黒田は最初これに激しく反対したが、やがてクラークの人格熱誠に打たれて、ついには聖書の使用を黙認したのだという。クラークは札幌に赴任したとき、すでに横浜で購入した聖書数十冊を、学生に配布すべく用意していた。クラークは毎朝授業に先立ち聖書の講義をし、また学生に聖書の章句を暗誦させ、彼らのために祈祷を捧げた。そして一八七七年（明治一〇年）四月札幌を去るに先立って、「イエスを信ずる者の誓約」なるものを起草し、有志の学生に署名を求めたところ、佐藤昌介や大島正健など第一期生は全員これに署名した。そして彼ら第一期生の指導と感化のもとで、その約一年後、第二期生もほとんどの者が署名したのであった。宮部、新渡戸、内村を含む八名の二期生は、一八七八年（明治一一年）、宣教師M・C・ハリスより受洗した。その後、署名者の約半数は信仰を棄てたが、残りの半数は毎週集会を開き、聖書を研究して信仰を堅くし、卒業後、同志相諮って外国の教派とは無関係の「札幌独立基督教会」を設立した。この教会は現在でも札幌市中央区大通西二二丁目に存在している。

第二期生は入学当初は十八名いたが、卒業するときには十名に減っていた。四年間の学業成績を通算して得た成績による卒業の順位は、①内村鑑三、②新渡戸稲造、③宮部金吾、④廣井勇、⑤高木玉太郎、⑥藤田九三郎、⑦南鷹次郎、⑧岩崎行親、⑨足立元太郎、⑩町村金弥であった(5)。一応このような順位になってはいるが、とくに上位の三人はまさに甲乙つけがたい優秀な成績であった。彼らは互いをクリスチャンネームと綽名で呼び合ったが、内村のクリスチャンネームはヨナタン、綽名はロン（long shank 長脛の略）、新渡戸のクリスチャンネームはパウロ、綽名はモンク（僧侶、部屋に籠って読書に耽っていたため）、宮部のクリスチャンネームはフランシス、綽名はカボ（カボチャ頭からだという）であった(6)。三人のなかでは宮部は一番年長であったし、性格も穏やかで温かかったので、北海トリオないし札幌三人組が生涯にわたって友情の絆を維持できたのは、おそらく宮部の存在に負うところ大だったと思われる。彼は三人のうちで一番長生きし、自ら自叙伝をものしているので、まず宮部の自叙伝を資料として、彼の眼に年少の内村と新渡戸がどう映っていたかを見てみよう。

宮部によれば、内村は「日本の生んだ天才の一人」であった。宮部は内村の青年時代（十七歳から二十歳まで）、寄宿舎の同じ部屋で四年間にわたり、彼と寝起きを共にしたので、内村の性格には熟知していた。宮部が伝える札幌農学校時代の内村は、以下の通りである。少し長いが略さずに引用してみよう。

同君は武士の家に生れ、厳格な訓育の中に成長されたので、廉恥を重んぜられ、正直であり且約束は堅く守られた。神仏に対する敬虔の念は確に厚かつた。君は又友誼の徳の嘆美者であり、従つて友情に富み、友人の忠告をよく受入れる雅量をも持つてゐた。然し一方には甚だ烈しい性質があつて多くの人々と衝突喧嘩をしたが、不思議な事には同室に居つたにも拘はらず、私とは四年間一度も喧嘩をした事がなかつた。

ある時の如きは誰かと衝突をして癇癪を起し、ふうふういつて室に入るや否や、「宮部、土瓶を割るぞ」と断り、それを床に叩き附け粉微塵に毀し、あゝこれで気が清々したといひ、後をよく掃除して、それで満足した様子であつた。この癇癪も信仰生活が進むに従ひ段々と薄らいだ。

内村君は頭脳が頗る明断でありその記憶力の強大なる事は実に驚く可きものがあつた。勉強は規則正しくその努力も人一倍であつたが、試験の成績を見るに殆ど各学科に亙り最高点を取らないものはなかつた程で、恐らく札幌農学校開始以来内村君程最優等の成績を取つた者は他に一人もあるまいと思ふ。ある時植物学の試験があつた際、今度こそは僕が最高点を取らねばならぬと一生懸命に勉強したが、試験の成績が発表になつたのを見ると僕は九十三・六点で内村君は一〇〇点ではないか、実に驚かざるを得ないのである。(7)

ここには、われわれがのちに知るようになる内村鑑三の若き日の原像が、一切の誇張もなく等身大の姿で見事に描き出されている。植物学の試験ですら、のちにその分野の権威となった宮部を上回る成績を取ったというのだから、内村がいかに優れた頭脳を持つ努力家だったかがよくわかる。それと同時に、信念の堅固さと気性の烈しさは生来のもので、われわれはここに、のちに有名な不敬事件を起こし、また断固として非戦論を唱えた彼の原風景を見る思いがする。

それでは宮部はもう一人の生涯の友、新渡戸稲造についてはどのように述べているであろうか。最初に記したように、新渡戸は宮部よりも二歳四ヵ月ほど年少であったので、同級生であるとはいえ、宮部は新渡戸に対して兄のような優しさで対している。

君が札幌農学校へ入学した時は僅か十六歳の青年であつたが、年には似合はず思慮分別に富み、頭の働きの機敏さには驚くべきものがあつた。特に弁舌に達して居り、また何となく気取る処もあつた。時に諧謔を弄したり、また人を揶揄《からか》ふことが好きでもあつた。また室内で相撲を取ることを好み、腕節も中々強く、私とは好敵手であつた。……

こんなに快活であつた君が、卒業の二年前頃から憂鬱症に罹り、余り外出もせず、室に籠って益々読書に耽つて居た。それで誰いふとなく「モンク」といふ綽名で呼ぶやうになつた。この憂鬱症の原因は多読の結果、思想に動揺を来たし殊に神学上の懐疑に陥つたためと知られて居つた。

学科の内、最も力をこめて勉強されたものは農学であつた。……

……第一年級第一学期の農学の成績は一番であつたが、学年成績では三番であつた。第二年級の学年の成績は一番で、二番は内村君であつた。この努力は一つには故郷の老母を喜ばせるためだといつて居つた。英語に関する学科の優賞は悉く君の占むる処であつた。[8]

当の宮部については、のちに[9]「君が私と共にいるかぎり、私は妻を必要としない」(I need no wife, so long as thou art with me)とまで書き送った内村に語らせるのが一番であろう。内村は『余は如何にして基督信徒となりし乎』において、無二の親友たる宮部（フランシス）についてつぎのように述べている。

フランシスは我らのうちでもっとも円満な性格をもっていた、『悪意は何人にも懐《いだ》かず、愛心は何人に対しても有す』である。『彼は天性善人である』と我らは言うのをつねとした、『そして彼は善人であろうと努力する必要がない。』彼の存在が平和であった、そして初期の教会が会員間の個人的不和や神学者の憎悪（*odium theologicum*）のためにまさに崩壊しようとしたとき、彼は北極星であって、我々はその周囲をもういちど平和と調和とをもって廻転しはじめたのである。彼は国中第一の植物学者となるようになった、そして基督教平信徒として彼の奉仕はその国人のあいだに神の国を前進せしめるにあたりつねに量《はか》るべからざるものであった。[10]

卒業式は一八八一年（明治一四年）七月九日に執り行われたが、その式典の華ともいうべき卒業演説において、先に列挙した十名の卒業生たちのうち、六名の代表が堂々たる演説を順次邦語あるいは英語で行った。新渡戸は英語で“Principle and Importance of Agriculture”について、宮部と内村は邦語で、それぞれ「農学と植物学との関係」と「漁業も亦学術の一なり」について雄弁に演説した。そのあと内村鑑三が卒業生を代表して告別の辞を述べて式典は幕を閉じた。内村は水産学、新渡戸は農学、そして宮部は植物学を自らの専門分野として選び、それぞれが新しい目標に向かって巣立っていった。三人とも「開拓使御用係准判任」に任官された。宮部は学校の推薦によって、一八八一年（明治一四年）一一月一四日付で、東京大学理学部の生物学科植物学教室に派遣され、二年間そこで植物学の研究に励んだ。北海道開拓使民事局官業課で水産を担当していた内村は、一八八二年（明治一五年）六月に辞表を提出し、一二月から農商務省の役人として水産課に勤めた。新渡戸も一八八三年（明治一六年）九月、学問を志して東京大学文学部に入学した。入学の面接の際に、英文学の主任教授の外山正一が、文科大学に入って何をやりたいかと問うたとき、新渡戸が「太平洋の橋になりたい」と答えたことは、いまやあまりにも有名なエピソードとなっている。今日新渡戸の郷里盛岡の、かつて南部藩の居城であった不来方《こずかた》城址には、「願わくはわれ太平洋の橋とならん」という言葉が石碑に刻まれており、筆者も盛岡時代にしばしば目にしたものである。しかし新渡戸は、札幌農学校に比べ、当時の東大の研究レベルの低さに失望し、間もなく東大を退学してアメリカ留学を決意した。

卒業後は手紙（英文で書いたものが多かった）のやりとりを通じて、互いの動向を頻繁に知らせ合い、喜びも悲しみも分かつ無二の親友であり続けた。金吾は二人からの書簡を含む恩師・学友・知人たちの書簡を丁寧に保存しており、今日ではそれは注釈付きの詳細な一覧表として刊行されている。(11) それを見ると内村からのものは二三九通あり、新渡戸からのものが七三通、宮部から新渡戸宛てのものが二五通である。彼らが生涯にわたって交わした書簡は、それぞれの全集などにも収録されているので、われわれは北海トリオの三名が、その後の人生においていかなる航路を選び取り、どのように考えて生きたかをそこから学ぶことができる。

北海トリオの三名は、札幌農学校を卒業後、それぞれ多少の前後はあるものの、まだ見ぬ師クラークの母国への念願の留学を果たした。新渡戸は一八八四年（明治一七年）九月に渡米し、アレゲニー大学（Allegheny College）に入学したのち、やがてジョンズ・ホプキンス大学（Johns Hopkins University）の大学院コースに進み、そこを卒業すると今度はドイツに渡り、大学院の勉強を続けた。内村は新渡戸に遅れること二ヵ月、同年の一一月に渡米し、しばらく知的障害者の施設で働いたのち、新島襄の助言を容れてアマースト大学に入学した。二年間でB.S.を取得し、さらに一八八七年（明治二〇年）九月、コネティカット州ハートフォードにあるハートフォード神学校（Hartford Theological Seminary）に入学した。しかし神学校の授業に次第に不満を覚え、一八八八年（明治二一年）三月一〇日、ニューヨーク港から帰国の途についた（横浜港到着は五月一六日であった）。宮部は、札幌農学校卒業後すぐに助教となり、留学は二人よりも少し遅れるが、一八八六年（明治一九年）九月、晴れてハーヴァード大学への官費留学をする運びとなり、そこで植物病理学・細菌学・海藻学などの研究をし、一八八九年（明治二二年）、博士論文「千島植物誌」（The Flora of the Kurile Islands）で理学博士号を取得して帰国した。われわれはつぎに望遠レンズを通常のレンズに切り替えて、各自のアメリカ留学（新渡戸の場合は、ドイツ留学も含む）をより詳細に考察してみよう。

先陣を切ってアメリカ留学に旅立ったのは、三人のなかで一番年少の新渡戸稲造であった。「太平洋の橋とならん」との志を抱く新渡戸にとって、折角入学した東京大学の授業は失望ものであった。そこで彼はアメリカへの私費留学を決意し、叔父の太田時敏に資金援助を申し出た。叔父が調達してくれた一〇〇〇円を資金に、新渡戸は一八八四年（明治一七年）九月一日、横浜港から暴風雨のなかアメリカに向けて出帆したが、その日は奇しくも稲造二十三歳の誕生日であった。新渡戸は一〇月五日にアメリカ合衆国からの第一信を宮部に送り、九月三〇日に無事ペンシルヴァニア州のミードヴィル市に到着し、すでに当地のアレゲニー大学に入学して、ドイツ語、哲学史、演説法の授業を履修していることを報告している。[12] しかしこの手紙を投函した直後、新渡戸はこの大学を退学して、メリーランド州ボルティモアにあるジョンズ・ホプキンス大学大学院に入学した。それは札幌農学校の一期生で同郷の佐藤昌介——彼は一八八二年（明治一五年）に渡米し、翌一八八三年（明治一六年）からジョンズ・ホプキンス大学で、歴史学をアダムス（Herbert Baxter Adams, 1850-1901）から、経済学をイーリ（Richard Theodore Ely, 1854-1943）から学んでいた——が、同校に移って来るよう強く勧めたからである。[13] ジョンズ・ホプキンス大学は、「ボルティモア・オハイオ鉄道会社」の大株主であったジョンズ・ホプキンス（Johns Hopkins, 1795-1873）の遺産で一八七四年に設立された、アメリカ初の大学院を有する研究大学で、佐藤が在学していた頃すでに非常に高い評価を得るようになっていた。[14] のちの佐藤昌介の回想によれば、

新渡戸稲造

……余は明治十五年を以て渡米し翌十六年秋よりボルチモール市の新進大学ジョンス・ホプキンスに入り、史学に於てはアダムス先生より、経済学に於てはイレー先生より教を受け、専ら農政経済農史等を研究せるが、新渡戸君も明治十七年と思ふが渡米してペンシルヴニヤ州のアレガネー大学に入ったのである。此の大学はミセス・ハリスの出身せる古き学校であるが、迚も東部の大学ハーバルトやエール又はジョンス・ホプキンスなどと比べて程度の低きものであるから、余は直に書を飛ばして、ボルチモールに来り共に勉強することを勧めたのであった。新渡戸君直に之に応じ旬日を経ずして余の寓居を尋ね来られたが、新渡戸君も余も元より学資には豊かではない、新渡戸君の渡航費は養父の太田氏が君の他日の用に備ふるため虎の子のやうにして仕舞ひ置ける大切な公債証書であって（これは士族の禄の代りに政府より下賜せられたのであると云ふことを後に聞かされたが）それが新渡戸君唯一の財源で、それも殆と尽きんとせる時であったから、新渡戸君は直にボルチモールに来た訳である。部屋は余と一処で、食事は近所の安下宿屋に行き、大学の授業料はアダムス先生の仕事を手伝ってその料金で支弁すると云ふ苦しき学生生活を共に続けたのであった。部屋借りの老夫人はクエッカル派の信者で、新渡戸君もその頃から諸派の教会に行き始めゼーとかザウ〔クエーカー教徒は、信者間でtheeとかthouという二人称代名詞を一般的に用いた〕とか一種の代名詞をその級友の間に使用するのであった。余は明治十九年夏大学院の課程を卒業して、新渡戸君、元良（勇次郎）君等と別れて無事帰朝したのであった。(15)

これを読むと、北海トリオの間だけでなく、札幌農学校の同窓生たちの間で幅広い連帯感が保たれており、とりわけ佐藤と新渡戸はともに南部藩出身の同郷人だったこともあり、相互扶助の精神で強く結び合っていたことが確認できる。このようにしてジョンズ・ホプキンス大学で学び始めた新渡戸は、佐藤と同じくアダムスの指導の下に、歴史、政治学、ドイツ語などを熱心に勉強した。一八八五年（明治一八年）一一月一三日付の書簡では、新渡戸は新しい大学での学生生活に満足した様子で、旧友の宮部に長い書簡を書き送っている。

お互いにしばらくご無沙汰したね。……ぼくは、いつも親しい気持ちと、限りなく楽しい追憶にふけりながら、札幌を心に思い浮かべています。……かつて札幌で、涼しい夕暮れどき家へ帰ったときのように、こちらの〝図書館〟で新しい知識を身につけたり、また、〝体操場〟

で溌溂とした元気を回復し、すがすがしい気分で帰宅する折、「これは札幌の晩秋と同じではないかしら？」と独言《ひとりごと》を言います。〝セミナリー〟（すなわち、〝大学院の演習科〟）に出席して講義をきくときは深い感銘を受け、「札幌にも、こうした制度を創設できないものだろうか」と、自分の耳にささやくのです。先日、アダムス博士がトーマス・アーノルド博士……について講義されたときは、「あー、ぼくは札幌のアーノルド博士になれないものか？」と感情をはげしく掻き立てられました。……

次にカボ君、心から勉強したいと渇望しているのに、それができない気の毒な人々のために、私立の慈善（言いかえれば、授業料をとらない）学校を開設することができると思いませんか？このような学校は、人々を教会に導くためにも、極めて有力な公共的施設であると思います。……未来の〝札幌キリスト教神学校〟の萌芽を今こそ発足させようではありませんか……

この〝大学〟（すなわちジョンズ・ホプキンス）は、この国でもヨーロッパでもますます有名になってきました。イギリスやドイツのいくつかの新聞が、ジョンズ・ホプキンスを激賞しているのを知りました。今年の〝歴史のセミナリー〟には二十人ほどの学生がおりますが、そのうちの一人はベルリン大学を卒業した博士で、二人はこの街の教会で牧師をしておられる白髪《しらが》まじりの老人、他はいずれも大学出の学士です。本年の正規の課程は、一週間のうち〝ローマ制度〟が二時間、〝経済学説〟が二時間、〝行政法〟が一時間、〝国際法〟が二時間、〝ドイツ語〟が二時間です。このほか、〝土地問題〟（〝農業経済〟、農政）の研究に時間を多くあてています。実際、ぼくは〝農業経済〟に重きをおき、それに他のなによりも多くの時間をさいているのです。……

ぼくは日曜日ごとに、〝クエーカーの集会〟に出席しています。あの単純で、真面目なところが非常に気に入りました。……(16)

ここに記されているように、新渡戸とクエーカー（フレンド派）との接触は、ボルティモア定住後ほどなくして始まった。そしてあるとき、フィラデルフィア郊外モリス邸の集会で、彼は将来の伴侶となるメリー・エルキントン（Mary Paterson Elkinton, 1857-1938）と出会うのである。新渡戸のアメリカ留学の一番の収穫は、このフレンド派の由緒ある家門の出の、教養の高い才媛との出逢いと結婚であるが、しかし資金的に難を抱えていた新渡戸のアメリカ長期滞在を可能とし、その出逢いへの道を開いたのは、これまた佐藤昌介のお蔭であった。一八八六年（明治一九年）、ジョンズ・ホプキンス大学よりPh.D. の学位を取得して帰国し、同年一二月、札幌農学校教授に就任した佐藤は、私費留学ゆえに困窮している同郷の後輩を支援するために、ただちにアクションを起こした。

余は帰朝後急に何事も措いて着手せるは新渡戸君の学資の問題であった。それは幾ら倹約しても新渡戸君の学資はクリスマス頃迄続かない。そこで第一番に訪問したのは郷土の先輩で新渡戸君の実家と親戚関係のある菊池武夫氏の処であった。菊池氏は文部省より派遣された開成学校の先輩留学生で米国に五ヵ年も留学して帰朝し今は司法省の行政官となり前途ある人で且その実家は盛岡藩中にても裕福なる家柄である。菊池君は余より新渡戸君苦学の現状を聞かれ直に一諾して援助を与ふることとなったにつき、新渡戸君に一書を飛ばしたが、これは新渡戸君に取りては無上の快報であったそうだ。[17]

このように、佐藤の慈愛溢れる尽力によって、新渡戸のアメリカ留学の継続は可能となった。しかも一八八七年（明治二〇年）に札幌農学校校長事務取扱いとなった佐藤は、新渡戸と宮部を助教に採用することを決し、新渡戸に官費による三年間のドイツ留学を命じた。[18] これによって新渡戸は経済的問題から解放され、ドイツにわたってボン大学、ベルリン大学、そしてハレ大学で農政学の研鑽を積んで、一八九〇年（明治二三年）六月、ハレ大学より博士号を取得した。[19] 論文の表題は“Über den japanischen Grundbesitz, dessen Verteilung und landwirtschaftliche Verwertung”（日本の土地所有、その分配、および経済的利用について）というものであった。日本への帰途、新渡戸はフィラデルフィアに立ち寄って、ジョンズ・ホプキンス大学に提出していた論文に改訂を加え、*The*

*Intercourse between the United States and Japan: an Historical Sketch*（『日米外交史』）として出版した。翌一八九一年（明治二四年）一月一日、新渡戸は新婦の父親の反対を押し切って、ついにメリー・エルキントンと結婚式を挙げた。そして同年二月に無事帰朝し、三月二一日札幌農学校教授に任ぜられ、農政、農史、農学概論、植民論、経済学などを講ずるようになった。

内村鑑三

内村鑑三のアメリカ留学も波乱に満ちた多難なものであった。内村は一八八四年（明治一七年）三月二八日、安中教会員だった浅田たけとM・C・ハリスの司式で結婚したが、その結婚はわずか半年で破局を迎えた（正式な離婚は一八八九年）。深刻な精神的打撃をこうむり、その心の傷が癒されないこともあって、内村の心はこの頃アメリカ留学に急速に傾いたように思える。というのは、同年九月一五日付の宮部宛の書簡において、内村は自分の焦燥感と孤独感を赤裸々に告白しているからである。

親愛なる金吾

親切なお手紙多謝。君がわれわれのエルサレムで無事のよしを聞き喜びに堪えない。太田はアメリカへ去り、僕は非常に寂しい。札幌三人組（The Sapporo triumvirate）は完全に散りじりになってしまった。心を打ち明ける人はいない。札幌に行って「兄弟よりも親しい友」との交わりを楽しみたいと心から願う。人間の本質について――社会的にも家庭的にも、相当に勉強した。今では牧師の資格がかなりできたと信ずる。いつものように、ここで魚類の研究を楽しんでいる。日本産脊椎動物目録の作製を準備している。役所の仕事は非常に少ない。

結婚祝いとして、私たちに素晴らしいプレゼントを贈ってもらい、感謝する。書籍（「古今集遠鏡」五冊、「和歌布留能山不美」）は私たち二人にとってきわめて有益で「食後の時」を過す際、たえず伴侶になってくれるだろう。しかし兄弟よ、われわれが詩人でないことを許してくれたまえ。二人とも無意気階級（*buiki* class）の者で、もし君が僕の「半身」（half-body）に会ったら、君は「二度ビックリ」するだろう。

たくさんの人がアメリカへ行く。今や太平洋を渡ることは非常に安価で、汽船は毎便相当数の日本人（Japs）を運んでいく。巌本君も間もなく行く。大飛躍をさせる一つの動機は、兵役法の強化である。しかし最も信頼すべきその道の権威者の言うところでは、「アメリカ行き」はわれわれが日本で考えるほど利益のあるものではない、とのことだ。現に昨夜も、僕はアメリカの一友人から、僕の野心〔my ambition〕をしばらく抑えるように、と親切にすすめられた。その言うところによれば、日本で知識を獲得する立派な道が開かれている今日では、その得たものに「磨きをかける」以上の目的を「海外留学」にかけてはならない、とのことである。僕自身は太平洋全域にのびひろがっている。身体は日本に、志は――〔ambition in ――〕に。僕はどうすべきだろうか？……(20)

それから二ヵ月余り経った一八八四年（明治一七年）一一月六日、内村はサンフランシスコへ向かうシティ・オブ・トウキョウ号の船中の人となっていた。いろいろと考えあぐねた末、最終的にアメリカ留学に踏み切ったのである。一一月二四日、サンフランシスコに到着したのち、内村はシカゴを経て、ペンシルヴァニア州イリーに到着した。ミードヴィルのハリス夫人宅にしばらく滞在したのち、彼は一八八五年（明治一八年）一月一日よりペンシルヴァニア州、エルウィンの知的障碍児養護院の看護人となった。『流鼠録』に記されているように、内村は慈善事業に深い関心を抱いていたのである。このあと内村は父宜之、宮部、新渡戸に宛てて何通かの書簡を送って、自分の近況と抱負を語っている。三月一日、ボルティモアの新渡戸に宛てた書簡において、内村は繊細な胸の内を吐露している。

親愛なるモン的〔モンク（修道士、新渡戸のあだ名）の略〕
先日二十六日付のお手紙昨夜フィラデルフィアより帰院して正に落手した。今日は非常に淋しく、涙のうちに「過去と将来」の思いにふけっている。恐ろしい過去――失敗と過失だらけの一連の空白！　希望にみちた将来――ただキリストにあって！　この八年間僕がたどった暗い道のま中にあって、時にも境遇にもさびることのない愛情あふれる幾人のハートを想うことは、何たる楽しい思い出であろう。過つことが人の常ならば、僕は極端にそうだ。ああ！　あの狂気じみた頃よ！　あの時僕は、自分からわが「姉さん」と呼んだ一人の姉妹を見出して、彼女を自分の両親以上に愛したのだった！　おお！　サタンの謀略のうちにあったあの恐ろしい頃よ！　あの時僕は、自分の情熱的な愛の奴隷であったのだ！　しかもそれを神のみ心と勘ちがえしていたのだ！……
　あの危機から救って下さった神に感謝しまつる。神が僕のために一人の友を、僕が彼に対してしばしば無情で、冷淡であったにもかかわらず、確保しておいて下さったことを感謝する！[21]

　一八八五年（明治一八年）五月六、七日、ボルティモアのジョンズ・ホプキンス大学を来訪した新島襄は、同大学に留学中の新渡戸から、ペンシルヴァニア州の福祉施設で働いている内村が精神的に参っているので激励してやって欲しいと頼まれた。新島はボストンへ帰る途中フィラデルフィアに立ち寄って、内村の悩みを親身になって聞き、共に聖書を読み、共に祈った。(22) 六月二〇日、内村は新渡戸と再会してフィラデルフィアのフレンド女性外国伝道協会の会合に一緒に出席した。やがて知的障碍児養護院の職を辞し、新島襄の奨めに従って、(23) マサチューセッツ州のアマーストに赴き、九月八日、アマースト大学学長シーリー（Julius Hawley Seelye, 1824-95）と、元札幌農学校校長クラーク博士を訪ねた。シーリーからは、選科生として三年生への編入を認められ、在学する二年間にわたる学費と寮費の免除が確約された。(24) かくして九月一〇日、内村は新島の母校アマースト大学（Amherst College）に選科生として入学した。約二週間後、内村は郷里の父宜之に書簡を送り、アマースト大学での学生生活についてつぎのように報告している。

サテ先日入校以来日々勉学致居リ誠ニ愉快ニ存居候、教頭シーライ先生ノ親切高意謝スルニ言ナシ、博学、多才ニ謙遜ヲ加ヘタル一老先生ナレバ、或ル時ハ伏テ拝シ度思フ程ナリ、氏ハ実ニ新島氏ニ洗礼ヲ授ケシ仁ナレバ、日本人ヲ愛スル事甚ダシ、一夜校堂ニ集会アリ、児、老先生ノ傍ニ座ス、先生黙シテ不言、之集会中ナレバナリ、会終ルニ及ンデ児ノ手ヲ握リ低キ声ニテ云フ様、内村サン僕ノ家ニ来リ林檎ヲ持行テ君ノ房ニ於テ食スベシト、……又博士フ《ヒ》ールド氏ナル仁アリ、毎日児一人ニ哲学ヲ教授致シクレ、其丁ネイナル言ハン方ナシ、氏ノ多識ナル、何ンデモカンデモ神学、哲学上ノ事ハ脳中ニ積ンデアルガ如シ、ソレ故学文ヲ得ルコト実ニ大ナリ、其外、独逸語ヲ学ビ居レリ、又歴史学ノ講義ヲ聞ク、最モ面白シ○「ワシントン」府ニ一婦アリ、ミセス、ベストル、ト云フ、曾テランマン氏ヨリ児ノ事ヲ聞キ先日児ニ贈ルニ金五弗ト甚ダ深切ナル書状フ以テセリ、嗚呼何ノ価アリテ上帝ハカクモ児ヲ恵ミ玉フゾ(25)……

一八八六年（明治一九年）三月八日、内村は回心を体験した。

三月八日　余ノ生涯ニ於ケル甚ダ重大ナル日ナリキ。「キリスト」ノ贖罪ノ力ハ今日ノ如ク明瞭ニ余ニ啓示セラレシコト嘗テアラザリキ。神ノ子ガ十字架ニ釘《つ》ケラレ給ヒシ事ノ中ニ、今日マデ余ノ心ヲ苦シメシ凡《すべ》テノ難問ノ解決ハ存スルナリ。「キリスト」ハ余ノ凡テノ負債《ふさい》ヲ支払ヒ給ヒテ、余ヲ尾堕落以前ノ最初ノ人ノ清浄ト潔白トニ返シ給ヒ得ルナリ。今ヤ余ハ神ノ子ニシテ、余ノ義務ハ「イエス」ヲ信ズルニアリ。彼ノタメニ、神ハ余ノ欲スル凡テノモノヲ余ニ与ヘ給フベシ。彼ハ彼ノ栄光ノタメニ余ヲ用ヒ給フベシ、而《しか》シテ遂ニハ余ヲ天国ニ救ヒ給フベシ(26)。

内村研究家の鈴木範久によれば、内村のこの回心は、「内村、君は君の衷《うち》をのみ見るから可《いけ》ない。

君は君の外を見なければいけない。何故己に省みる事を止めて十字架の上に君の罪を贖ひ給ひしイエスを仰ぎ瞻《み》ないのか」という、恩師シーリーから与えられた言葉が転機となっているのではないかという。[27] いずれにせよ、青年時代、とりわけ渡米以来、内村の心身を苛んできた罪の苦悩は、これによって一気に消滅した。内村のアメリカ留学の最大の成果はこの一点に尽きる、と言っても過言ではない。

一八八六年(明治一九年)一二月三〇日、内村はボストンに赴き、ハーヴァード大学留学中の宮部金吾のもとで年末年始の休暇を過ごした。宮部はこの年の九月二八日に、官費留学生としてマサチューセッツ州ケンブリッジに到着し、当地のハーヴァード大学で学び始めていた。約一週間のクリスマス休暇中宮部の宿に滞在した内村は、その頃宗教熱が絶頂に達していたときであったので、毎日毎日信仰の話で持ちきりだったという。あるとき内村が「君は毎日顕微鏡を覗いているが、君ならば其の中に必ずHumanityを認める事が出来るだろうな」と言ったのに対して、宮部が「そんなものを認める事はない」と答えたので、内村が大いに失望したという愉快なエピソードも伝えられている。[28]

シーリーの特別な配慮にもかかわらず、内村は私費留学生だったので、アメリカ滞在中貧窮との戦いは続いた。それでも一八八七年(明治二〇年)六月二九日、内村はアマースト大学を無事卒業して、理学士(Bachelor of Science)の称号を受けた。[29] そのあと九月、コネティカット州ハートフォードにあるハートフォード神学校（Hartford Theological Seminary）に進んだが、神学教育と神学生の実態に失望して中退し、一八八八年（明治二一年）五月一六日、約三年半ぶりに再び故国の土を踏んだ。振り返って、約三年半のアメリカ滞在が内村に与えたものは、一体何だったのだろうか。渡米前の内村は、アメリカを理想化し、キリスト教国アメリカの幻想に酔いしれていた。彼が『余は如何にして基督信徒となりし乎』で述べているように、「余の基督教的アメリカ観は高潔で宗教的でピューリタン的であった。余は教会堂のある丘、聖歌と讃美をもって響き渡る岩山を夢みた」(30)。しかし到着早々同行者がスリに遭い、その後「詐欺、冒瀆、人種差別」を立て続けに体験した。そのことによって、アメリカは「聖地」であるどころか、非キリスト教国の日本より、もっと多くの悪徳や偏見に満ちた国であることを身をもって知った。しかし同時に、シーリー学長のような素晴らしいキリスト者の存在にも接して、内村はキリスト教の真の贖罪信仰の偉大さにも目が開かれた。こうして伝道者内村鑑三のその後の歩みに、アメリカ留学を通じて、決定的な刻印が記されたのである。

宮部のアメリカ留学は、官費によって三年間の滞在が最初から保証されていたので、新渡戸や内村が味わったような財政的な悩みは経験しなくて済んだ。したがって彼の三年間のアメリカ留学には、新渡戸や内村の留学ほどの劇的なドラマはないが、その代わり博士号取得が至上命令だったので、別の意味のプレッシャーは重くのしかかっていたであろう。宮部はハーヴァード大学では、十九世紀末植物学界の権威的存在であるエーサ・グレー博士（Asa Gray, 1810-88）とその家族に温かく迎えられ、ファーロー（William Gilson Farlow, 1844-1919）やグーデル（George Lincoln Goodale, 1839-1923）の指導の下で植物学の研究に励み、一八八九年（明治二二年）六月二二日、博士の学位 Doctor of Science を授与された。学位授与式の前に懐かしのケンブリッジに別れを告げ、宮部はヨーロッパ経由で帰国の途についたが、途中ベルリンに立ち寄り、当地の大学に留学中の新渡戸と久々の再会を果たしている。そののち七月二一日にベルリンを発って、パリ、マルセイユ、アレキサンドリア、ポートサイド、スエズ、アデン、コロンボ、シンガポール、サイゴン、香港、上海を経由して、宮部を載せた乗客船カルドニイン号がわが国に帰着したのは、夏も過ぎた九月七日のことであった。

米国留学から帰国した一八八九年（明治二二年）、宮部は札幌農学校教授となり、一九二七年（昭和二年）に定年退官するまで、約四十年にわたり、東北帝国大学農科大学（在札幌）、北海道帝国大学の教授を歴任し、植物病理学、細菌学、藻類学などの分野で活躍した。宮部はまた、一九〇〇年（明治三三年）に植物園（現、北海道大学植物園）の初代の園長に就任し、定年退官の前年の一九二六年（大正一五年）まで植物園の一角に建てられた官舎に住んでいた。北大植物園は、もともとはクラーク博士が、開拓使に植物学の教育を施すには植物園が必要だと進言したことに端を発しており、一八七七年（明治一〇年）、農学校構内に小さな樹木園と灌木園とが造られたが、その後、初代園長となる宮部の計画・設計によって現在の形となって、一八八六年（明治一九年）に開園したと言われている。

現在、北大植物園のなかには「宮部金吾記念館」があるが、この建物は宮部が教鞭を執った札幌農学校植物学教室の建物を移設したものである。「宮部金吾記念館」には、遺族から寄贈を受けた宮部の遺品が展示されていて、新渡戸や内村と机を並べて学んだ札幌農学校の学生時代や、ハーヴァード大学留学時代を偲ばせるノートや資料などを閲覧することができる。記念館の正面左には、スミス女学校（現、学校法人北星学園）の創始者サラ・クララ・スミス女史（Sarah Clara Smith, 1851-1947）がアメリカから持参したとされる札幌最古のライラックが植わっている。

稲造・金吾・鑑三（明治16年東京にて）

新渡戸と内村は、札幌農学校卒業後、その活動の舞台を全国そして世界へと拡大させていったが、宮部はあくまでも札幌にとどまって、学問と信仰の道で素晴らしい実績を挙げた。その業績を称えて、一九四六年（昭和二一年）に文化勲章、一九四九年（昭和二四年）には札幌名誉市民の称号が与えられている。

「北海トリオ」あるいは「札幌三人組」と呼ばれた新渡戸稲造・内村鑑三・宮部金吾の三人は、クラーク博士の“Boys, be ambitious!”の言葉を身をもって実践した模範として、われわれが世界に誇ることのできる日本人である。今日、「グローバル人材の養成」というスローガンをよく耳にするが、「グローバル人材」とはまさに彼らの如きをいう。それは「活《い》ける社会に立ち万国《ばんこく》に共通し得べく厳正にして自国自己及び自己の思想に恥じず、実際の人生に接して進み、世界人類に貢献する底《てい》の人物」のことである。かかる人物は「世界の大勢に応じ、なお個人性を失わず、而《しこう》して世界の潮流に先《さき》だちて進む」(31)。新渡戸は、こういう人物を造ることが「教育の最大目的」でなければならないと述べているが、文部科学省のいう「グローバル人材」は、一体どういう人間をイメージしているのだろうか。そのイメージが判然としないところに、現在の高等教育の混迷を見るのは、はたして筆者だけであろうか。

# 第五話　北里柴三郎と森鷗外

米国の私立大学ジョンズ・ホプキンス大学で学んでいた新渡戸稲造は、ドイツへの官費留学を命ぜられ、一八八七年（明治二〇年）から一八九〇年（明治二三年）までの三年間、ボン大学、ベルリン大学、ハレ大学で農学を学んだが、この時代のドイツの大学はすべて州立あるいは国立の大学である。おそらく新渡戸は、私立優位のアメリカの大学と、国家主導のドイツの官立大学との相違を、肌で感じて戸惑ったと思われるが、アメリカの大学制度とドイツの大学制度は、実のところ、その精神からしてもキャンパスの雰囲気からしても、かなり異なったものである。筆者もアメリカの大学に三年半在学したあと、ドイツの大学に留学したとき、その相違に戸惑いかつ興味深く感じた経験がある。

それはともあれ、新渡戸のドイツ留学の時期と相前後する時期に、北里柴三郎（一八五三―一九三一）と森鷗外（一八六二―一九二二）がドイツに留学している。この二人に共通しているのは、ともに医学に従事する官僚だったことと、同じ時期にベルリン大学の医師であり細菌学者のローベルト・コッホ（Heinrich Hermann Robert Koch, 1843-1910）に師事していることである。実際にベルリンに赴いたのは森鷗外の方が一年早かったが――鷗外の留学時期は一八八四年（明治一七年）から一八八九年（明治二二年）であったのに対して、北里のそれは一八八五年（明治一八年）から一八九二年（明治二五年）までであった――、鷗外は日本陸軍の命令でライプツィヒ、ドレスデン、そしてミュンヘンを経由してベルリンへとやって来るので、ベルリン大学生としては北里柴三郎の方が先輩になる。といっても、両人とも正規の学生として登録しておらず、いわば客人扱いの研究員（Gastarbeiter ないし Gastwissenschaftler）としてコッホの研究室に所属していた。(1)「ベルリン大学の場合には、未登録聴講生や軍医アカデミー生徒も、未登録のまま聴講を許される(2)」ことになっていたので、実際にはもっと沢山の日本人留学生がいたはずであるが、一八七〇年夏学期から一八九三／九四年冬学期の期間にベルリン大学に学籍登録した日本人留学生は、延べ人数で合計五九〇名、そのうち医学部生は二四三名で、全体の四一・二％を占めている。ちなみに、法学部生は一六一名（二七・三％）、哲学部生は一八六名（三一・五％）となっており、神学部はゼロである。(3)

この数字がベルリン大学に特殊なものかどうかを見るために、この当時のドイツの全大学について調べた一覧表が、次頁に掲げたものである。これを見ると、ドイツの全大学について似通ったような傾向が読みとれる。二十四年間で延べ一四五八名の日本人留学生が、ドイツのいろいろな大学に留学しているが、日本人留学生が一番多いのは、断トツに帝都にあるベルリン大学である。二位のシュトラスブルク大学の約四・七倍の延べ人数であるから、ベルリン大学がいかに人気が高かっ

日本人留学生の学籍登録状況
（1870年（明治3年）夏学期～1893/94年（明治26/27年）冬学期）

| | 神学部 | 法学部 | 医学部 | 哲学部 | その他 |
|---|---|---|---|---|---|
| ベルリン大学 | 0 | 161 | 243 | 186 | |
| ボン大学 | 0 | 8 | 9 | 12 | |
| ブレスラウ大学 | 0 | 5 | 7 | 0 | |
| エアランゲン大学 | 0 | 3 | 13 | 8 | 2 |
| フライブルク大学 | 0 | 1 | 34 | 21 | |
| ギーセン大学 | NIL | NIL | NIL | NIL | |
| ゲッティンゲン大学 | 0 | 17 | 8 | 8 | |
| ハレ大学 | 0 | 10 | 5 | 28 | |
| ハイデルベルク大学 | 0 | 26 | 35 | 52 | |
| イェーナ大学 | 3 | 12 | 24 | 28 | |
| ライプツィヒ大学 | 0 | 34 | 35 | 41 | |
| マールブルク大学 | 0 | 0 | 2 | 0 | |
| ミュンヘン大学 | 0 | 4 | 68 | 25 | 13 |
| シュトラスブルク大学 | 0 | 17 | 91 | 17 | |
| テュービンゲン大学 | 0 | 23 | 26 | 11 | 11 |
| ヴュルツブルク大学 | 0 | 0 | 63 | 8 | |
| 総延人数（1458名） | 3 | 321 | 663 | 445 | 26 |
| 全体に占める比率 | 0.2% | 22.0% | 45.5% | 30.5% | 1.8% |

たかがよくわかる。三位はハイデルベルク大学、そして四位は僅差でライプツィヒ大学とミュンヘン大学となっている。次に専門別にみると、やはり全体でも医学部留学生の比率の高さが確認できる。その意味では、医学を専攻する北里柴三郎と森鷗外のドイツ留学は、当時としてはレアケースであるどころか、むしろ多数派に属していたことがわかる。しかしこの二人は、まったく違った意味において（しかも北里と森ではその留学の意義そのものが大きく異なるが）、日本人留学生のとして後世に語り継がれるような、稀有な業績を残し

北里柴三郎（30歳）

ている。それがわれわれがこの二人を取り上げる理由である。

　北里柴三郎は日本近代医学の父であり、第一回ノーベル生理学医学賞の最終候補にまで上った医学者・細菌学者である。私立伝染病研究所（東京大学医科学研究所の前身）の創立者・初代所長、土筆ヶ岡養生園（北里大学北里研究所病院の前身）の創立者、私立北里研究所（現在の学校法人北里研究所）創立者・初代所長、北里大学創立者、慶應義塾大学医学科（現在の慶應義塾大学医学部）の初代医学科長、慶應義塾大学病院初代病院長、および日本医師会初代会長など、その肩書を列挙すれば枚挙にいとまがない。

　柴三郎は一八五三年一月二九日（旧暦、嘉永五年一二月二〇日）、熊本県阿蘇郡小国町に、地元の庄屋を務める父惟保《これのぶ》と母貞《てい》の長男として生まれた。幼少時より厳しく躾けられ、漢籍や国書の学びをよくし武道の習練にも励んだ。一八六九年（明治二年）一二月、熊本藩の藩校時習館に入寮したものの、翌年七月に廃校となったため、一八七一年（明治四年）二月、熊本の古城医学所（熊本医学校の前身）に入学。オランダ医師マンスフェルト（Constant George van Mansveldt, 1832-

1912）に師事して、医学とオランダ語を学んだ。オランダ語がとてもよくできたので、マンスフェルトの目にとまり、二年目からは塾監を命ぜられ、オランダ語の講義を通訳する助教の役も担った。一八七五年（明治八年）一一月、二十一歳で東京医学校に入学した。実は、東京医学校の入学規定には「十四歳以上十七歳以下」という年齢制限があったので、本当であれば入学できないところであった。しかし揺籃期だったこともあって、例外規定も存在し、かつ北里が年齢を三歳ほどずらして、一八五六年（安政三年）生まれとして申請したので、受験資格を得たのであった。このときの校長は、文部省医務局長を兼任していた長与専斎《ながよせんさい》であった。西洋医学大流行の時代で、このとき一緒に入学した生徒は一二一名いた。教員はW・デーニッツやW・シュルツェなどのドイツ人教師が主に担当しており、授業はすべてドイツ語で行われていた。昭和のある段階まで医者のカルテがドイツ語で書かれていたのは、明治以来のこの伝統に従っていたのである（戦時中に医学を修めて開業医となった筆者の叔父も、生涯カルテはドイツ語で書いていた）。

一八七七年（明治一〇年）四月、「東京開成学校」と「東京医学校」とが合併し、法学・理学・文学・医学の四学科を擁する「東京大学」が誕生した。校舎も加賀藩の江戸屋敷跡に新築され、柴三郎たちは東京大学医学科の生徒として、現東京大学のある本郷の地に移った。学生時代の柴三郎は医学の勉強の傍ら、十数名の仲間たちと「同盟社」なるクラブを結成し、その主将として活動を展開してもいる。その当時の演説の草稿が残っているが、そこには柴三郎の将来を暗示させる道筋が示されている。原文は漢文調で、カタカナ混じりであるが、ここでは現代語風になっているものを引いておこう。

昔の人は、医は仁の術、また、大医は国を治すとは善いことをいう。医の真の在り方は、大衆に健康を保たせ安心して職に就かせて国を豊かに発展させる事にある。人が養生法を知らないと身体を健康に保てず、健康でないと生活を満たせる訳がない。……人民に健康法を説いて身体の大切さを知らせ、病を未然に防ぐのが医道の基本である。

病気を未然に防ぐ為には、病気の原因と治療、つまり、医術を徹底的に理解しないと達成出来ない。真の医を施すには医術の充分な研究が必要である。医学を志す者は理論技術とも甲乙なく徹底的に研究する必要がある。

日本では昔から医学は賤学と見なされ、大志を抱く者は決して医学を志向しない。医学を賤学と見るのは、医道が衰退した為で、医者自身が為した天罰である。医者が自分の栄華だけを祈り、権力者や富豪に迎合することばかりを考えたため、識者から軽蔑され、だから大志を抱く者は医業を嫌って遠ざける。従って医学は発展せず、人民もその任務の重要性を知らない。

これが医学の衰退し、真の医道を探究できない原因で、実に悲嘆の至りだ。……だから、今から医学に入る者は、大いに奮発勉励し、この悪弊を捨て、医道の真意を理解せねばならない。(4)

ここによく示されているように、柴三郎はなかなかの熱血漢であると同時に、すぐれて求道的な精神の持ち主であった。そして医者の使命は病気を予防することにあると確信して、予防医学を畢生の仕事と決めたのである。

当時の東京大学は、予科三年本科五年の制度となっていたが、柴三郎は一八八三年(明治一六年)四月二一日、七年半で東京大学医学科の全課程を修了し卒業した。入学者数一二一名、次年度で一気に約半数に減って、本科開始時には三一名、卒業試験合格者は二六名という厳しい生き残り戦のなかで、卒業成績は二六名中の八番であったから、飛びぬけて優秀というわけではないが、さりとて優秀ではなかったというほどではない。なお、正式な学位記が加藤弘之総理から卒業生一人一人に授与されたのは、同年一〇月二七日であった。卒業証書と学位記授与の日付がこのようにズレている理由は、筆者には明らかではない。

ところで、卒業の直前、柴三郎は男爵松尾臣善《しげよし》の次女乕《とら》と結婚した。臣善は学生のときのアルバイト先の牛乳店「長養軒」の店主の兄に当たる人で、当時は大蔵省の役人であったが、のちに日本銀行総裁になる人である。どういう経緯でこの女性と結婚するに至ったのかは分からないが、柴三郎は大学を卒業し所帯をもったとき、すでに三十歳になっていた。

卒業生のなかには、地方の医科学校校長や県立病院長に就任し、高給をもって迎えられる道を選ぶ者がいたが、柴三郎にはさらさらその気はなかった。彼の心にあったのは、社会の福利ということであり衛生ということであった。「学術を研究してこれを実地に応用し、それによって国民の衛生状態を向上せしめる」ということが、柴三郎が一貫して追い求めた目標であった。かくして彼は内務省衛生局への奉職を決意した。一八八三年（明治一六年）四月一三日付で、柴三郎は内務省衛生局からの辞令を受け、照査課に配属された。主たる業務は外国の文献調査と翻訳であった。その三ヵ月前の一月二五日、県立愛知県病院院長兼名古屋医科学校校長の後藤新平が、局長の長与にくどかれて衛生局照査課副長として入省していたので、柴三郎の上司は後藤新平（一八五七―一九二九）であった。後藤は幕府の対外政策を批判して蛮社の獄の標的となった蘭学者高野長英の親戚筋で、岩手県水沢に生まれ、働きながら福島の須賀川医学校に学んだ人である。須賀川医学校というのは、その当時東北地方における唯一の医学校であった。後藤新平は、われわれが最後のユニットとして取り上げる鶴見俊輔の外祖父に当たる人で、一八八二年（明治一五年）、遊説中に岐阜で刺された自由民権運動家板垣退助を治療したことで有名となり、それが転機となってのちに政治の道に転身することになった。柴三郎とははじめ折り合いがよくなかったが（その主たる責任は柴三郎にあった）、のちにはかなり良好な関係になり、柴三郎の事業を支援する一人となる。それはともあれ、柴三郎が内務省に入省して最初に命ぜられた仕事は、ヨーロッパ各国における医事衛生制度および医学関係の諸統計の処理と取り調べであった。

一八八四年（明治一七年）九月、柴三郎は「内務省御用掛申付」という辞令を交付された。ところが、この年の末に、緒方正規《まさのり》（一八五三―一九一九）がドイツ留学から帰朝して、翌年一月に東京大学に衛生学の講座を新設した。実は緒方は熊本の出身で、しかも柴三郎と同様に古城医学所（のちの熊本医学校）に入学し、マンスフェルトに教えを受けた同期生でもあった。しかし彼は一年弱でそこを切り上げ、東京医学校の前身である「大学東校」に入学した。そのため、年齢は柴三郎より一つ下でありながら、東京大学医学科は柴三郎より三年早く卒業した先輩であった。緒方はドイツでミュンヘン大学の衛生学の碩学ペッテンコーファー（Max von Pettenkofer, 1818-1915）に師事したあと、コッホ不在のベルリン大学で、コッホの高弟レフラー（Friedrich August Johann Loeffler, 1852-1915）から細菌学の基礎を学び、当時の最高峰の学問を修めていた。

緒方は内務省御用掛を拝命し、衛生局の東京試験所を兼務して、細菌学の研究を始めたが、この研究の助手に北里を嘱望して上司の長与の許しを得た。緒方は同郷人で、熊本医学校の同期にして東京大学の後輩の柴三郎に、ドイツから学んできたばかりの細菌学の手ほどきを授けた。こうして柴三郎は細菌学の研究に目が開かれ、細菌学と実験医学の領域に大きく踏み出すことになった。

一八八五年（明治一八年）、北里柴三郎に対してドイツ留学の内示が内務省から下された。衛生局長の長与専斎は、当初、金沢医学校校長の中浜東一郎（一八五七―一九三七）（ジョン万次郎の長男で、森林太郎の東京大学の同期生）を、ドイツ留学の候補者として推挙していたが、細菌学と衛生学の研修のためなら内部者が適任との声が内務省から上がり、結局、中浜と北里の両名を内務省派遣とすることで決着したのであった。一一月一三日、山縣有朋内務卿は両名派遣の儀を太政大臣三条実美に上申し、一一月一六日付で「衛生学術上の取調の為め独逸国へ派遣の儀」の辞令が正式に出た。留学資金は、北里に月五〇円（年額六〇〇円）、中浜には月一〇〇円（年額一二〇〇円）であった。(5) 緒方は北里のために、かつてドイツで師事したレフラーへの紹介状を書いてくれた。北里はそれをもってベルリン大学のコッホ研究所の門を叩いたのである。

一八八五年（明治一八年）一一月、北里は横浜港からフランス船「メンザレー号」に乗って、ドイツへと旅立った。同乗者には、中浜東一郎やのちに帝国大学農科大学（のちの東京帝国大学農学部）教授になった生物学者の石河千代松などがいた。一八八六年（明治一九年）一月、北里はベルリンに到着するとただちにコッホの許を訪れ、研究員に加えてくれるよう懇願した。コッホに最初に面会したとき、北里は緊張していたものの、ドイツ語で明確に自分の意志を伝えることはできた。このときコッホは、少しばかりドイツ語が堪能な日本人が新しく来たなというくらいの印象しかもたなかったという。しかしいざ実験が始まり、北里が用意周到な準備をして、驚くべき集中力と熱意をもって実験に取り組む姿を見て、同僚のドイツ人研究員たちだけでなく、研究室を率いるコッホ自身も日本から来たこの小柄の男に関心を強く寄せるようになった。北里はコッホの指示に従って、コレラ菌やチフス菌などに関する研究に熱心に取り組み、やがて破傷風菌の純粋培養に成功する。そしてその後も抗毒素抗体の発見・血清療法を確立するなど、世界が括目するような業績を挙げることになる。しかしそういう輝かしい経歴を積む前の、北里自身もベルリンに到着してまだひと月少々の一八八六年（明治一九年）二月二一日、一人の日本人が北里のもとを訪ねてきた。陸軍軍医森林太郎、のちの文豪森鷗外であった。二人の因縁めいた運命的な出会いは、この日に始まったのであるが、この日の宵に、二人の性格とその後の運命を象徴的に示すようなある事件が起こった。

北里は明治一六年東大医学部卒で、鷗外の二年後輩にあたるが、二人とも実年齢を偽って入学したために、このとき北里三十三歳、鷗外二十四歳、実に九歳の年齢差があった。しかもドイツ留学も鷗外の方が一年二ヵ月ほど先んじていた。鷗外は北里を含む日本人留学生たちを接待して、この夕に「雅典食店 Restauration zu Stadt Athen」なるギリシア料理を振舞うワイン酒場で会食した。その饗応の席で北里は、田中正平（一八六二―一九四五）を相手に、その場にふさわしくない論争を挑んだのである。田中は明治十五年東大理学部卒で、鷗外と同じ船で渡独した旧知の仲で、当時ベルリン大学で音響学や電気学の研究に励んでいた。憧れのドイツ留学を果たし、世界的権威のコッホの研究室に入ることができて意気揚々の北里は、「およそ東大の法、理、文学部の三学部の卒業生は医学部の卒業生を蔑視している」と発言して、その場の雰囲気がこわれるような論争を仕掛けた。現代の感覚からすれば意外に思えるが、この当時、医者の地位は学問の世界で低く見られており、役人の世界でも技官よりも文官の方が高位に扱われていた。北里はその憤懣を理学部出身の田中にぶつけたのである。一本気な北里らしい発言ではあるが、明らかに会食の席の話題としては不適切であった。

四日後(二十五日)の日記に、鷗外はつぎのように書き記している。

二十五日。フライタハ Freytag の著祖先録 Ahnen を田中正平に贈る。……
是より先余の諸友と伯林に会するや、座間北里柴三郎田中正平と争論したり。北里の曰く。凡そ三学部の卒業生は医学部の卒業生を蔑視す。余其何の意なるを知らす云々。北里の言或は当る所も有る可《べ》けれど、此会に来りて此語を発す。固《もと》より宜《よろし》きを得たりと謂ふ可らず。余素《も》と田中と相識る。翌田中を訪《おとな》ふ。其抵抗せざりしを謝す。田中余に贈るに戯曲及演劇史を以てす。余其意を感す。故に此贈あり。(6)

つまり、鷗外は会食の翌日にわざわざ田中を訪ね、北里の挑発に乗らずあえて抗弁もしなかった田中の大人らしい態度に感謝して、お礼を述べているのである。ここには気遣いの人である鷗外に

対して、周囲を顧みずひたすら我意を貫く北里（「憚ることなき人」）の姿が、非常に印象的な仕方で示されている。(7)

森鷗外こと森林太郎は、一八六二年二月一九日（旧暦、文久二年一月一九日）、島根県鹿足郡津和野町字横堀に、父静男と母峰子（ミネ）の長男として生まれた。森家は代々津和野藩主亀井家の御典医で、静男は入り婿として第十三代当主となっていた。林太郎は五歳で「論語」を、六歳で「孟子」の素読を受け、一八六九年（明治二年）、七歳で藩校養老館に入学し、「四書五経」を学んだ。幼少より秀才の誉れが高く、一度ならず褒章を受けた。八歳で父から蘭文典の手ほどきを受け、九歳で藩校教授室《むろ》良悦の蘭文教授を受けた。一八七一年（明治四年）に廃藩置県が布告され、旧藩主亀井玆監《これみ》は東京へ移住した。これは同年の華族制度の発足によって、旧藩主の諸侯は公卿とともに華族に列せられ、東京在住を命ぜられたからである。これによって静男は藩医の職を失ったが、林太郎も藩校養老館の廃止に伴って、通って学ぶ学校を失うことになった。

ここに西周の存在が大きくクローズアップされる。西の父時義（幼名覚馬）は森家の次男として生まれ、西家に入って家を継いだ人である。森家の方は長男早世（幼名立本）が継いだが夭折したため、三男秀庵がその跡を継いだ。ところが、その秀庵が天保一三年に出奔する事態となって、森家は一端断絶してしまった。数年後、浪人者の漢方医佐々田綱浄《ささだつなきよ》が家督を継いで森玄仙《げんせん》（のちに白仙《はくせん》）と名乗り、森家を再興した。こういう次第であるので、時義の長男の西周が自分を森家の末裔であると考えていたとしても不思議はない。周は森家の新しい当主白仙を、出奔した叔父秀庵の身代わりとして、同じく「叔父」と呼び、再興された森家を「父家元」と呼んで盛り立ててゆこうと決意していた。さて、白仙の娘のミネは吉次静泰（のちに静男）と結婚し、そこに生まれたのがわが林太郎である。それゆえ、周は静男にとって血脈上の繋がりはないが、家系図的には義理の従兄弟の関係にあり、林太郎にとって周は又従兄弟の関係にあたる。しかし三十三歳も年長であり、しかも明治初期の東京で啓蒙思想家として華々しい活躍をしている周は、林太郎にとって又従兄弟というよりも偉大な「大伯父《おおおじ》」的存在であった。実際、周は林太郎の人生の進路を幾度となく左右している。十歳の上京の折、医学校入学の方針を決めドイツ語を学ばせたのも、大学卒業後に陸軍への奉職をお膳立てしたのも、さらにドイツ留学からの帰朝後、友人の海軍中将赤松則良の娘登志子との結婚を仕組んだのも、すべてこの「大伯父」たる西周であった。だが、林太郎と登志子の結婚生活は、周が望んだようには長続きしなかったので、林太郎と周は一時期絶交状態に陥る。しかし二人の関係はのちに修復して、周が死去した翌年の一八九八年（明治三一年）には、林太郎は筆を執って『西周伝』(8)を世に送り出した。これは林太郎の周に対する報恩の献上物にほかならない。

話がいささか先に進みすぎたが、一八七二年（明治五年）六月、十歳の林太郎は父に従って上京し、少しのあいだ南葛飾郡須崎村小梅の亀井家の下屋敷に仮寓したのち、同年八月、同郡小梅村八十七番地に定住した。だが、林太郎はその直後に神田小川町広小路角の西周の邸に寄寓し、一〇月、本郷にあった洋学塾進文学社に通ってドイツ語を学び始めた。当時、西は維新政府の重鎮山縣有朋によって沼津から東京に呼び戻され、四人の兵部大丞（明治五年二月に陸軍大丞と改称）の一人に任ぜられたため、上記の屋敷に移って、塾生・使用人・親類・友人を大勢呼び寄せて邸内に住まわせていた。西家に迎えられた林太郎は、広大な旧大名屋敷の玄関の小部屋を与えられ、そこに一歳年下の西夫人の甥相沢英二郎少年と同室で暮らすようになった。周の養子紳六郎（かつてオランダへともに渡航した林研海の弟、のちの海軍中将）は林太郎よりも一歳少々年長だったので、年齢の近いこの三人の少年はよく一緒に遊んだというが、英二郎は当時の林太郎について、つぎのような回想を残している。

林さんは私より一年上、紳六さんは又その一年上と云ふので、三人は謂ゆる遊び仲間であつたが、林さんはあまり戸外で鬼ごつこやかけくら遊はしないで、大いに大人ぶつて居つた。私が一番年が少ないので、紳六さんと林さんとにおもちやにされる様なことがあつた。今に記憶にのこつて居るのは、夕方二人に伴られて神保町へいつておいてきぼりにされたことで、……林さんはそのおいてきぼりのさまを紳六さんと談合して漢文につくり、それを読んできかされたが、十二の少年の漢文としては実に堂々たるものの様であつて、その文章には感服した。郷里津和野で漢文を専修し、郷里の先生には教へられなくなつたので東京で勉強するのだとは林さんの自慢話であつた。林さんは勉強家で夜は随分おそくまで机にかゝつて居つた。(9)

英二郎の別の回想において興味深いのは、西周が邸内に住む紳六郎や英二郎や他の少年たちを漢学塾に通わせながら、林太郎だけを洋学塾に通わせたことである。

西周は洋学者であつたが、学問の基礎は漢学であると謂つて、嗣子紳六郎を始め壽君や平沼淑郎君や自分等にも、漢学を修めることを奨励して、当時小石川諏訪町に漢学塾を開いて居つた、広瀬惟熙と云ふ先生の許に通はせたものである、当時森林太郎（鷗外）君も同じく西家に厄介になつて居つたが、同君は漢学の素養があると云ふので、壱岐坂に在つた進文学舎に通つて独逸語を修めて居つた。(10)

林太郎に早くからドイツ語を学ばせたのには、西周なりの考えがあってのことだったのだろう。林太郎は医師の嫡男であり、当時すでに医学はオランダ語からドイツ語に切り替わっていた。しかも林太郎は稀に見る語学の才をもっていた。二十六歳で初めてオランダ語を学び、三十三歳でオランダに留学して語学不足で苦労した西は、洋学を学ぶ以上、早期からの語学学習が必須であることを痛感していたのである。こうして、西は林太郎をドイツ語学校に入れ、費用がかかるのを厭わず、ネイティヴスピーカーにつけてドイツ語を学ばせた。授業は十名くらいのクラスで、ドイツ人の若い教師が、月曜日から土曜日まで毎日三時間ずつドイツ語・数学・地理を教え、さらに日本人教師が毎日二時間補習授業をするというものだった。後年の林太郎の恐るべきドイツ語能力は、西周の英断によって十歳のときに開始された、まさに英才教育の賜物なのである。

しかし林太郎の西家での生活は長くは続かず、一八七三年（明治六年）六月、母ミネが祖母と弟妹を伴って上京してきたときには、すでに向島の家に戻っていた。一家の苦しい家計のなかから林太郎の進文学社での学費を捻出することは、所詮無理な話であった。のちに陸軍に提出された林太郎の履歴書には、「明治六年一級生ニ進ミ同時退社候事」とあるので、おそらく明治六年九月に経済的理由で進文学社を退学したのであろう。そしてこの直後、林太郎は「第一大学区医学校」（翌年「東京医学校」と改称され、さらに一八七七年（明治一〇年）には「東京大学医学部」と改称される）への入学募集に、年齢を二歳も偽って申請した。規則によれば、「十四歳以上十七歳以下」という入学年齢制限が設定してあったが、その時点の林太郎は満十一歳八ヵ月だったのである。[11]一八七三年（明治六年）一一月一六日、林太郎は「予科一年（二等予科）一組」への入学が認められ、ここに医学生森林太郎のスタートが切られた。

学生はみな寄宿舎に住むことを義務づけられており、林太郎もそこで年長の同級生と寝起きを共にした。予科の二年間は、林太郎にとって非常に厳しいもので、年齢の差から来る学力の違いに苦しむ毎日だった。予科一年学年末試験は、受験者五十六名、及第者三十八名で、林太郎は三十四位であり、予科二年学年末試験は、受験者五十名、及第者三十一名で、林太郎は二十二位であった。とはいえ、二度にわたる淘汰を凌いで、林太郎は満十三歳十ヵ月という記録的な若さで本科進級を果たした。

予科二年の一月から月六円の給費を支給され、経済的に安定したのに加え、本科に進むと予科時代のような大量淘汰はなかったので、落ち着いて勉学に励むことができた。予科二年目くらいから、林太郎は文学の世界にも耽溺し始めた。自伝的色彩をもつ小説「ヰタ・セクスアリス」には、主人公の金井湛が「僕は寄宿舎ずまひになつた。……寄宿舎には貸本屋の出入りが許してある。僕は貸本屋の常得意であつた」(12)と語っているくだりがあるが、のちに鷗外は貸本屋文学についてつぎのような回想を述べている。

わたしは少年の時、貸本屋の本を耽読した。貸本屋が笈《おひ》のごとくに積み畳ねた本を背負つて歩く時代の事である。其本は読本《よみほん》、書本《かきほん》、人情本の三種を主としてゐた。読本は京伝、馬琴の諸作、人情本は春水、金水の諸作の類で、書本は今謂ふ講釈種である。さう云ふ本を読み尽して、さて貸本屋に「何かまだ読まない本は無いか」と問ふと、貸本屋は随筆類を推薦する。それを読んで伊勢貞丈の故実の書等に及べば、大抵貸本文学卒業と云ふことになる。わたしは此卒業者になつた。

わたしは初め馬琴に心酔して、次で馬琴よりは京伝を好くやうになり、又春水、金水を読み比べては、初めから春水を好いた。丁度後にドイツの本を読むことになつてからズウデルマンよりはハウプトマンが好だと云ふと同じ心持で、さう云ふ愛憎をしたのである。(13)

ここからわかることは、東京医学校予科時代の通俗小説の耽読と批評眼の獲得が、のちにドイツ留学時代の文学作品の渉猟の下地を作ったということである。

さて、本科に進んでからの林太郎であるが、徐々に成績を上げてきて、上位者に名を連ねるところまできた。とくに年齢が若くて成績上位の者は、海外留学生に選抜される可能性があったので、三浦守治、井上虎三、中浜東一郎、高橋順太郎、そして森林太郎の五人がしのぎを削った。しかし卒業試験の結果は、林太郎は他の四人に水をあけられて、三十名中の八位であった。このような結果に終わってしまったのは、競争相手たちが卒業試験に備えて全力を挙げて西洋医学を復習している時期に、林太郎が相変わらず文学を耽読していたのと、肋膜炎に罹って寝込んでしまったからである。いずれにせよ、あれほど希望していたドイツ留学の夢がはるかに遠のいたように思われた。

医学部は首席の三浦と二位の高橋を当直医に採用し、この二人がいずれ正式に留学生として発表されることが明らかになった。さらにあと一名か二名の追加選抜があったとしても、その枠に入るのは難しいことが判明した。そこで林太郎は、両親と西周の意向に従って、陸軍就職へと大きく舵を切った。かくして一八八一年（明治一四年）一二月一六日付の辞令によって、林太郎は「陸軍軍医副」（中尉相当官、翌年「陸軍二等軍医」と改称）に任官した。翌年五月、林太郎は軍医本部付を命ぜられたが、その直後に軍医本部長の林紀と東京陸軍病院長佐藤進が相次いで死去したため、その後任ポストを巡って橋本綱常《つなつね》（幕末の安政の大獄で処刑された橋本左内の弟）と石黒忠悳《ただのり》の対立が激化した。形勢不利とみた石黒は、橋本への対抗心から、若きプリンスと呼び声の高い林太郎をことあるごとに褒め、あたかも彼を未来の軍医総監に育て上げる後見人のごとくに振る舞った。当初は「陸軍衛生制度取調」の任務という名目で、林太郎をドイツに派遣しようと画策したが、その計画は橋本によってあっさり却下されてしまった。すると今度は、当時兵士の間に蔓延していた脚気の研究のために、林太郎をドイツに送り込む作戦に切り替えて、まんまと陸軍省総務の了解を勝ち取った。こうして林太郎の宿願のドイツ留学は実現する運びとなったのであるが、以上の経緯からわかるように、林太郎のドイツ留学は対立する二人の上司の板挟みとなることを運命づけられていたのである。

一八八四年（明治一七年）八月二四日、林太郎は横浜港からフランス船「メンザレー号」に乗って出帆し、マルセイユとパリを経由して、一〇月一一日の夕刻、ベルリンに到着した。ウンター・

デン・リンデンに臨むホテルで一泊した翌朝、林太郎はカールスプラッツのホテルに滞在中の橋本に挨拶に伺ったところ、つぎのような指令を下された。

政府の君に託したるは、衛生学を修むることと、独逸の陸軍衛生部の事を詢《と》ふこと、の二つにぞある。されど制度上の事を詢はんは、既に隻眼《せきがん》を具ふるものならでは、えなさぬ事なり。われ今陸軍卿に随ひて、国々を歴めぐれば、たとひ一処に駐《とど》まることは少きも、見得たるところ聊《いささか》有りと覚ゆ。また詳《つまびらか》に独逸のみの事を調べしめんためには、別に本国より派出すべき人あり。君は唯心を専《もっぱら》にして衛生学を修めよ。(14)

林太郎としては、「軍陣衛生学研究」という新たな留学目的のことを知らないではなかったが、「陸軍衛生制度取調」が主目的のつもりでベルリンに到着していたので、橋本のこの言葉に動揺した。その翌々日、再度橋本を訪ねて留学地の順序に関して尋ねると、橋本はつぎのように述べた。

十四日。又橋本氏を音信れぬ。衛生学を修むることに就きて、順序をたづねしに、先ずライプチヒ Leipzig なるホフマン Franz Hofmann を師とし、次にミュンヘン muenchen なるペッテンコオフェル Max von Pettenkofer を師とし、最後にこゝなるコッホ Robert Koch を師とせよ

森鷗外（ドイツ留学中）

と諭されぬ。われ、さらば直にライプチヒへゆかむといひしに、〔大山巌陸軍〕卿の立たせ玉ふを送りて後にせよと留められぬ。[15]

橋本のこの言葉は、ライプツィヒとミュンヘンとベルリンの三都市で一年ずつ均等に学ぶように指示したものではなく、その大部分をライプツィヒ大学の食品衛生学の専門家ホフマンに就いて学ぶように指示したものである。というのは、林太郎は一八八七年（明治二〇年）七月二九日の手紙で、弟の篤次郎に「橋本先生ノ御話ニハ『ホフマン』氏ニ学ブ三年后、『ペッテンコーヘル』氏ニ就テ、又伯林衛生局ニ入ルノ語アリトハ往報ニ見ユ」と書き記しているからである。実は、これは橋本ではなく石黒の計画であったが、林太郎には一切知らされていなかったので、林太郎はこれを橋本の横やりと受け取って腹を立てた。林太郎は石黒に立て続けに三通手紙をしたためて憤懣をぶつけたが、しかしひとまずは指令通りライプツィヒに赴いて石黒の返事を待つしかなかった。かくして一〇月二二日、林太郎はベルリンを後にしてライプツィヒへと向かった。

ライプツィヒ時代、林太郎はホフマン教授のもとで実験実習に携わったものの、石黒が命じた脚気の研究には本気で取り組まなかった。ライプツィヒ滞在一年を終えた一八八五年（明治一八年）一〇月一〇日、林太郎は「日本兵食論大意」と題する報告書を石黒宛に送付したが、そこには何ら新しい研究成果は含まれていなかった。「米ヲ主トシタル日本食ハ、其調味宜キヲ得ルトキハ、人体ヲ養ヒ心力及ヒ体力ヲシテ活発ナラシムルコト、毫モ西洋食ト異ナルコトナシ[16]」。「米食ト脚気ノ関係有無ハ余敢テ説カズ[17]」。この報告に石黒は失望すると同時に立腹した。だが、林太郎は一向に憚る様子もなく、これを陸軍医学会で代読して欲しい旨の手紙を添付した。

ライプツィヒに滞在していた期間、林太郎は指令通り、毎日昼間は大学衛生部に出て衛生学の基礎を学んだが、そのあとは夜が更けるまで読書三昧な生活をしていた。一八八五年（明治十八年）八月一三日の「独逸日記」には、次のような記事が見出せる。

……架上の洋書は已に百七十余巻の多きに至る。鎖校以来、暫時閑暇なり。手に随ひて繙閲す。其適言ふ可からず。盪胸決眥《とうきょうけっし》の文には希臘《ぎりしや》の大家ソフオクレエス、オイリピデエス、エスキユロス Sophokles, Euripides, Aeskylos の伝奇あり。穠麗豊蔚《じょうれいほううつ》の文には仏蘭《ふらんす》の名匠オオネエ、アレキイ、グレキル Ohnet, Halévy, Gréville の情死あり。ダンテ Dante の神曲 Comedia は幽昧にして恍惚、ギヨオテ Goethe の全集は宏壮にして偉大なり。誰か来りて余が楽《たのしみ》を分つ者ぞ[18]。

ライプツィヒは今に至るも出版業が盛んな都市であるが、当時は有名書店が軒を並べるまさに本の都であったことを思えば、本好きの林太郎が本務の仕事もそこそこに、昼夜を分かたず文学の世界に耽溺していたこともわからないではない。文学者「森鷗外」はまさにここライプツィヒで誕生したのである。

やがてザクセン軍団医長軍医監ヴィルヘルム・ロート（Wilhelm August Roth, 1833-92）との出会いが機縁となり、秋季演習に参加し、一八八五年（明治一八年）一〇月一一日、居をドレスデンに移した。ドレスデン時代は、百塔の都を映す優美なエルベ川に臨む瀟洒な部屋に住み、軍医を中心としたザクセン上流社会との社交に精を出し、オペラ、演劇、音楽会など足繁く通った。なお、軍医学講習もクリスマス休暇に入った一二月二三日、林太郎はライプツィヒの前の住居であったフォーゲル夫人宅を訪れたところ、そこに井上哲次郎（一八五六―一九四四）[19]も来ており、楽しいひとときを過ごした。二七日の夜には有名なアウエルバッハの酒場で酒を酌み交わし、おのずからゲーテの『ファウスト』が話題になった。そのとき井上が冗談半分にその翻訳を林太郎に持ち掛けたことが、のちに林太郎がその書の名訳を生み出すきっかけとなった[20]。

その次のミュンヘン時代は、画家原田直二郎、岩佐新（篤次郎のかつての同級生）、加藤照麿（東京大学総理加藤弘之の長男）などと知り合い、文学、演劇、美術、行楽等に多くの時間を費やし、さながら少し遅めの青春を謳歌している。この時代に当地の新聞『アルゲマイネ・ツァイトゥンク』紙上で、エドムント・ナウマン（Heinrich Edmund Naumann, 1854-1927）と文化論争を繰り広げたことも特筆に値する(21)。

一八八七年（明治二〇年）四月一五日、林太郎はミュンヘンを後にしてベルリンに赴いた。そこでコッホの指導を得て「細有機物学」を修めようと欲していたのである。「独逸日記」を覗いてみると、つぎのように記してある。

十五日。民顕府〔ミュンヘン〕を発し、普国伯林府〔プロイセン国ベルリン〕に赴く。ロオベルト、コツホ Robert Koch に従ひて細有機物学を修めんと欲するなり(22)。

二十日。北里余を誘ひてコツホ Koch を見る。従学の約を結ぶ。大陸骨董店 Café Continental に至る。南米の人ペニヤ、イ、フェルナンデス Peña y Fernandes に邂逅す。徳停府〔ドレスデン〕交遊中の一人なり。亦コツホに学ぶ(23)。

この日記の記載から読み取れるように、森（ここからは林太郎ではなく森と記す）は北里の口利きでコッホ研究室に入れたのである。後日、コッホから森に与えられたテーマは、「ベルリン下水道の細菌検査」であった。北里が取り組んでいるコレラやチフスといった最新の学術的テーマとは程遠いものであったが、細菌学を専攻していない森としては、これに甘んじるしかなかった。引き続き「独逸日記」から北里の名前が出てくる箇所を拾うと、

〔五月〕二十四日。コッホ師諸生を導きてストララウ Stralau に至る。水道の源を観る。余北里、隈川〔宗雄〕等と与る。帰途ルムメルブルヒ Rummelsburg に至る。(24)

六月一日。……頃日《けいじつ》専ら菌学を修む。北里、隈川の二氏と師の講筵に出で会ひ、週ごとに一二度郊外に遊ぶより外興あることもなし。(25)

つまり、森は北里とコッホの講義の後、一週間に一、二度一緒に郊外に出かけ、談笑したり会食したりする仲だったことがわかる。年齢的には北里がずっと年長であったが、東京大学医学部卒業は、森が一八八一年（明治一四年）なのに対して北里は一八八三年（明治一六年）、ドイツに来たのも森が一八八四年（明治一七年）、北里は一八八五年（明治一八年）。どちらも森が先輩格にあたる。彼らの交友に何某かのぎこちなさや遠慮が付きまとっていたとしても不思議ではなかろう。あるいは互いに強烈な自負心の持ち主であり、対抗心や羨望や嫉妬といった感情もあったであろう。しかし二人の関係はそれほど悪いものではなかった。むしろ北里がある危機的事態を迎えたとき、彼を

森鷗外と北里柴三郎（1888年6月3日）
中列左端の軍服姿の人物が鷗外，柴三郎は中列右から二番目。前列右から三番名が石黒忠悳，中列左から三番目が中浜東一郎。

救ったのは森であった。もしそのとき森が助勢してくれなければ、その後の北里の名声はなかったかもしれないのである。

それは陸軍軍医総監の石黒忠悳が、一八八七年（明治二〇年）、カールスルーエで開かれる第四回赤十字会議と、ウィーンで開催される第六回万国衛生人口会議に出席するため渡欧し、ベルリンに立ち寄ったときの出来事である。石黒はベルリンのコッホのもとで細菌学を学ぶ北里と、ミュンヘンのペッテンコーファーのもとで衛生学を学ぶ中浜東一郎を交代させて、北里に衛生学を、中浜に細菌学を学ばせる腹積もりであった。七月一七日、石黒はベルリンのホテルに北里を呼び出して、ミュンヘンに赴いて衛生学を学ぶように命じた(26)。これに対して北里が抗弁し、石黒が激怒した。当時、石黒は陸軍医務局と内務省衛生局の両方の人事権を握っていたので、彼の命令に背くことは退官を意味していた。そのとき同席していた森が二人の間に入って、北里を諭してその場を収めただけでなく、北里を立ち去らせたあと、北里がやっている細菌学がいかに特殊な学問であるかを石黒に詳しく説明し、北里が引き続きコッホのもとで研究を続けられるよう取り計らってやった。石黒はコッホに面会したとき、この細菌学の世界的権威が北里を非常に高く評価していることを知って、渋々自分の考えを変更したのである。この一件で、北里は森に大きな借りができたはずであるが、そういう恩情に流されず憚ることなく自説を貫くのが、これまた北里一流のやり方なのである。いずれにせよ、東京大学医学部の派閥的人事と権威主義的体質の問題と、陸軍と海軍全体を巻き込んだ「脚気論争」という複雑な問題に結びつけて、森を安易に断罪したり讒言したりすることは慎むべきであろう。われわれの見るところでは、森は決して権威主義的でも頑迷固陋な非科学的な人間でもない。[27]それゆえ、北里の伝記記者が「脚気問題」にかこつけて、つぎのような裁定を下しているのは、いささか穿ち過ぎた見方であると思う。

陸軍という枠組みからはみ出すことなく栄達を遂げ、しかし、小説で高い世評を受けた森は、いわば医学という科学の世界では負け組に属することになった。東大、陸軍、ドイツ留学と破竹の勢いで駈け上って来た森にも、なお負けざるを得ない相手がいたのである。それが科学の真実だった。そして〔脚気論争に関して〕正しい説を提唱しているのが北里だった。北里は、いわば森にとって目の上のたん瘤だった。……

青春と言うにはいささか遅かった北里のドイツ留学に比して、森は早く留学の機会を得ており、しかも軍からは医学の勉強はたいがいにして、衛生学と事務取調、かつ隊付医官となってその隊務を含めた軍の全体像を俯瞰することを命ぜられていた森にとっては、医学的実力で勝負できる状態ではなかった。ことドイツ語だけに限れば、森はあるいは北里より優秀な使い手だったかも知れないが、医学に関しては、完全に北里が優位を占めていた。おかしな言い方だが、森に文学があってよかった、と言える。あるいは、森は文学に逃げたという考え方も可能だろう。(28)

これは明らかに北里に一面的に偏した解釈である。われわれが上で見たように、ベルリンのコッホのもとでともに学ぶようになる前から、森と北里の医学への関わり方はまったく異なっていた。森は北里に医学の実力で及ばないことを悟って、「文学に逃げた」わけでは決してない。森は東京医学校の予科のときに、「不朽或ハ期ス可キカ」と詠んだように、少年時代から文学を深く愛していた。しかもわが国を代表する文豪という評価が定まったのちも、彼は陸軍の軍医であることをやめようとはしなかった。それに森のドイツ語の能力は、「北里より優秀な使い手だったかも知れない」というレベルのものではなかった。それはドイツ語・ドイツ文学の専門家も太刀打ちできない類のものであった。鷗外の無数のドイツ文学作品の翻訳に触れたことのある人は、その才能の無尽蔵なるに驚嘆せざるを得ない。医学者・病理学者としての北里の偉大さは認めるとしても、北里と同じ物差しで森を測ろうとすることは、予防医学と文学の両方を究めようとした森に対して、もとより公正を欠くことになるであろう。森は北里の仕事ぶりを直に見て、その凄さを実感したであろうし、北里も森との交誼を通して、この異色の陸軍軍医の底知れぬ力量を畏怖していた、と解すべきではなかろうか。まさに"Like knows like."である。(29)

なお、鷗外のドイツ留学にまつわる最も有名なエピソードは、小説『舞姫』にその余韻をとどめるドイツ人女性との恋愛である。作中エリスとして登場するこの女性は、鷗外が帰国した四日後の一八八八年(明治二一年)九月一二日、鷗外を追って横浜港に到着した。彼女は鷗外と結婚するつもりで来日したが、森家がそれを認めなかったため、ひと月あまり築地のホテル精養軒に滞在したのち、一〇月一七日にふたたびドイツへ帰って行った。

エリスのモデルとなったこの女性が誰なのか、久しくかまびすしい詮索や議論が続いたが、六草いちか『鷗外の恋――舞姫エリスの真実』(講談社、二〇一一年)とその続編『それからのエリス――いま明らかになる鷗外「舞姫」の面影』(講談社、二〇一三年)の刊行によって、何十年にもおよぶ論争に遂に決着がついた。鷗外を追って来日までしたこのドイツ人女性は、一八六六年九月十五日生まれのエリーゼ・ヴィーゲルト（Elise Wiegert）であり、彼女は三十八歳まで独身を貫いたのち、一九〇五年七月十五日、ユダヤ人の行商人マックス・ベルンハルドと結婚し、一九五三年八月四日、八十六歳で没したことが明らかになった。それゆえ、「鷗外の恋人」の実像に関しては、この二冊の書物をお読みいただくとして、ここでは鷗外自身の晩年の回想を紹介して、鷗外のドイツ留学物語を終えたいと思う。

一九一一年（明治四四年）、鷗外五十歳のときにものされた随筆「妄想」には、若い頃の留学時代を回想した場面が何度か出てくる。人生の終盤に差し掛かり、そろそろ死の足音が忍び寄る年齢になった著者は、千葉の海辺の小さな別荘で過ぎし日の自分自身を振り返る。

> 自分がまだ二十代で、全く処女のやうな官能を以て、外界のあらゆる出来事に反応して、うちには嘗て挫折したことのない力を蓄へてゐた時の事であつた。自分は伯林にゐた。……昼は講堂や Laboratorium《ラボラトリウム》で、生き生きした青年の間に立ち交つて働く。何事にも不器用で、癡重《ちちょう》といふやうな処のある欧羅巴人《ヨオロッパじん》を凌いで、軽捷《けいしょう》に立ち働いて得意がるやうな心も起る。夜は芝居を見る。舞踏場にゆく。それから珈琲店に時刻を移して、帰り道には街灯丈が寂しい光を放つて、馬車を乗り回す掃除人足が掃除をし始める頃にぶらぶら帰る。素直に帰らないこともある。

さて自分の住む宿に帰り着く。宿と云つても、幾竈《かまど》もあるおほ家の入口の戸を、邪魔になる大鍵で開けて、三階か四階へ、蝋《ろう》マッチを擦り擦り登つて行つて、やうやうchambre garnie《シャンブル ガルニィ》の前に来るのである。

高机一つに椅子二つ三つ。寝台《ねだい》に箪笥に化粧棚。その外にはなんにもない。火を点《とも》して着物を脱いで、その火を消すと直《す》ぐ、寝台の上に横になる。

心の寂しさを感ずるのはかういふ時である。それでも神経の平穏な時は故郷の家の様子が俤《おもかげ》に立つて来るに過ぎない。その幻を見ながら寝入る。Nostalgia《ノスタルギア》は人生の苦痛の余り深いものではない。

それがどうかすると寝付かれない。又起きて火を点して、仕事をして見る。仕事に興が乗つてくれば、余念もなく夜を徹してしまふこともある。明方近く、外に物音がし出してから一寸寝ても、若い時の疲労は直ぐ快復することが出来る。……

生れてから今日まで、自分は何をしてゐるか。始終何物かに鞭うたれ駆られてゐるやうに学問といふことに齷齪《あくせく》してゐる。これは自分に或る働きが出来るやうに、自分を仕上げるのだと思つてゐる。其目的は幾分か達せられるかも知れない。併し自分のしてゐる事は、役者が舞台へ出て或る役を勤めてゐるに過ぎないやうに感ぜられる。その勤めてゐる役の背後《うしろ》に、別に何物かが存在してゐなくてはならないやうに感ぜられる。……

自分は小さい時から小説が好きなので、外国語を学んでからも、暇があれば外国の小説を読んでゐる。どれを読んで見てもこの自我が無くなるといふことは最も大いなる苦痛だと云つてある。……

自分は伯林の garçon logis《ガルソン　ロジイ》 の寝られない夜なかに、幾度も此苦痛を嘗めた。さういふ時は自分の生れてから今までした事が、上辺《うわべ》の徒ら事のやうに思はれる。……さういふ時にこれまで人に聞いたり本で読んだ仏教や基督教の思想の断片が、次第もなく心に浮んで来ては、直ぐに消えてしまふ。なんの慰藉《ゐしや》も与えずに消えてしまふ。さういふ時にこれまで学んだ自然科学のあらゆる事実やあらゆる推理を繰り返して見て、どこかに慰藉になるやうな物はないかと捜す。併しこれも徒労であつた。……

兎角する内に留学三年の期間が過ぎた。自分はまだ均勢《きんせい》を得ない物体の動揺を心の中《うち》に感じてゐながら、何の師匠を求めるにも便りの好い、文化の国を去らなくてはならないことになつた。生きた師匠ばかりではない。相談相手になる書物も、遠く足を運ばずに大学の図書館に行けば大抵間に合ふ。又買つて見るにも注文してから何箇月目に来るなどといふ面倒はない。さういふ便利な国を去らなくてはならないことになつた。

故郷は恋しい。美しい、懐かしい夢の国として故郷は恋しい。併し自分の研究しなくてはならないことになつてゐる学術を真に研究するには、その学術の新しい田地を開墾して行くには、まだ種々の要約の欠けてゐる国に帰るのは残惜《のこりお》しい。……

自分はこの自然科学を育てる雰囲気のある、便利な国を跡《あと》に見て、夢の故郷へ旅立った。それは勿論立たなくてはならなかつたのではあるが、立たなくてはならないといふ義務の為に立つたのでは無い。自分の願望の秤《はかり》も、一方の皿に便利な国を載せて、一方の皿に夢の故郷を載せたとき、便利の皿を吊《つ》つた緒をそつと引く、白い、優しい手があつたにも拘らず、慥《たし》かに夢の方へ傾いたのである。(30)

自らの留学体験を内省し、留学中の寂寥や苦悩をこれほど真摯に綴った文章があるであろうか。「白い、優しい手」を振り切って帰国した鷗外こと森林太郎は、エリーゼ離日後、恋人への懺悔の気持ちを込めて『舞姫』を創作し、うたかたの恋に文学的永遠性を付与しただけではなかった。彼は辛い運命を受け入れ、別の家庭を築いてその家族を愛しながらも、心中深くエリーゼへの思いを生涯宿し続けたのである。

# 第六話　芳賀矢一と夏目漱石

芳賀矢一（一八六七―一九二七）と夏目漱石（一八六七―一九一六）は同い年であり、東京帝国大学でも同級生として交わり、留学も同じ年の官費留学生として、同じ船でパリまでは一緒に行っている。しかし留学先はそれぞれ異なり、夏目漱石がロンドンに赴いたのに対して、芳賀矢一はプロイセンの帝都ベルリンに留学した。森鷗外と並ぶ明治の文豪と言えば、誰しもが夏目漱石の名前を挙げるであろうから、漱石についてはは長ったらしい説明は一切不要であろう。しかしよほどの専門家でない限り、今日芳賀矢一の名前を知っている人は殆どいないであろう。国語学や日本文学史の門外漢である筆者が、なぜここで芳賀矢一を取り上げるかと言えば、それは彼がＦ・Ａ・ヴォルフ（Friedrich August Wolf, 1759-1824）やアウグスト・ベーク（August Boeckh, 1785-1867）によって確立されたフィロロギー（Philologie）という学問に、ドイツ留学中に触れて深い感銘を受け、帰国後それを「文献学」として広めた人物だからである。つまり、芳賀はベークをわが国に紹介した最初の人であると同時に、ドイツのフィロロギーをモデルにして、「日本文献学」なるものを提唱した人物なのである。

そこで芳賀矢一と夏目漱石のヨーロッパ留学物語を紡ぐ前に、まず両者の略歴を述べておこう。芳賀矢一は、一八六七年（慶応三年）五月一四日、福井県福井市に生まれた。父は眞咲といい、平田銕胤《ひらたかねたね》、橘曙覧《たちばなあけみ》に就いて古学を学び、多賀や湊川などの宮司を歴任した。母は斯波《しば》迂僊の三女であった。一八八四年（明治一七年）九月、東京大学予備門改正学科第四学級入学。一八八九年（明治二二年）七月一一日、第一高等中学校文科卒業。帝国大学文科大学国文科入学。一八九二年（明治二五年）七月一〇日、帝国大学文科大学国文科を卒業し、大学院に入る（文学博士小中村《こなかむら》清矩《きよのり》の指導を受ける）。九月二一日、独逸学協会学校教員を委嘱される。一八九四年（明治二七年）九月一四日、第一高等学校の国文の授業を嘱託される。一八九五年（明治二八年）一月二八日、永井環の媒酌により潮田鋼子と結婚。三月三一日、第一高等学校教授兼高等師範学校教授に任じられる。一八九八年（明治三一年）一二月一四日、東京帝国大学文科大学助教授に兼任し、博言学講座分担を命ぜられる。一八九九年（明治三二年）五月六日、東京帝国大学文科大学助教授に任じ、高等師範学校教授を兼ねる。博言学講座分担を免じ、国語学国文学国史第四講座担任を命ぜられる。一九〇〇年（明治三三年）六月一二日、文学史攻究法研究のため、満一年半ドイツへ留学を命ぜられる。ドイツ留学から帰朝後の一九〇二年（明治三五年）九月一九日、東京帝国大学文科大学教授に任じ、国語学国文学第二講座担任を命ぜられる。一九〇三年（明治三六年）四月二日、文学博士の学位を授与される。一九一五年（大正四年）三月二四日、帝国学士院会員を仰せ付けら

れる。一九一六年（大正五年）七月三一日から一九一七年（大正六年）五月二四日まで、欧米出張。一九一八年（大正七年）一二月二二日、国学院大学長に就任。一九二二年（大正一一年）七月二七日、東京帝国大学名誉教授に就任。一九二七年（昭和二年）二月六日、自宅に没す。享年六十一歳。

一方、夏目漱石は、一八六七年二月九日（旧暦、慶応三年一月五日）、江戸の牛込馬場下に名主夏目小兵衛直克《こへえなおかつ》、千枝の末子（五男）として生まれた。幼名は金之助といった。幼くして養子に出されたが、養父母の離婚によって生家に戻った。十二歳のときに東京府立第一中学正則科（府立一中、現在の日比谷高校の前身）に入学したが、大学予備門（のちの第一高等学校）受験に必須の英語の授業がなかったため中退し、多少の回り道をした上で、一八八三年（明治一六年）、神田駿河台の英学塾成立学舎に入学した。そして一年後の一八八四年（明治一七年）、東京大学予備門に入学した（この予備門で芳賀矢一と同級生になった）。一八八九年（明治二二年）、俳人の正岡子規と出会い、生涯の友となった。子規の感化を受けて漢詩や俳句を嗜むようになり、やがて「漱石」という号を用いるようになった（もともとは子規の数あるペンネームの一つであったが、夏目はそれを子規から譲り受けたのである）。それは唐の故事「漱石枕流《そうせきちんりゅう》」の故事から取られたもので、頑固者、「変者」の譬えであるという(1)。一八九〇年（明治二三年）、創設四年目の帝国大学（のちに東京帝国大学に改称）英文科に入学。その前後に相次いで近親者の死に遭遇し、精神に深い傷を負い、厭世主義的な傾向が強まった。一八九三年（明治二六年）、漱石は帝国大学を卒業し（子規は落第して大学を中退した）、高等師範学校に就職したが、極度の神経衰弱に陥り、一八九五年（明治二八年）、高等師範学校を辞職し、子規の郷里である愛媛県松山市の尋常中学校（旧制松山中学、現在の松山東高校）に赴任した。しかし翌一八九六年（明治二九年）には、熊本の第五高等学校（熊本大学の前身）の英語教師に赴任し、間もなく貴族院書記官長中根重一の長女鏡子と夫婦の契りを結んだ。寺田寅彦との出会いは、この熊本の五高教師時代に遡るものである。一九〇〇年（明治三三年）、文部省より二年間の英国留学を命ぜられる。英国留学から帰朝後、一九〇三年（明治三六年）三月末、第五高等学校教授を辞任。同年四月、第一高等学校と東京帝国大学の講師に就任。一九〇四年（明治三七年）の暮れ、処女作『吾輩は猫である』を発表して、本格的な執筆活動を開始した。一九〇七年（明治四〇年）、すべての教職を辞めて、朝日新聞社に入社。一九一六年（大正五年）一二月九日、『明暗』執筆中に死去。享年五十歳。

芳賀矢一と夏目漱石の人生が深く交錯するのは、上の略歴からわかるように、一八八四年（明治一七年）から始まる東京大学予備門の時代と、一九〇〇年（明治三三年）から一九〇二年（明治三五年）に至るヨーロッパ留学の期間であるが、ここでは大学予備門時代のことには触れないで、二人のヨーロッパ留学に的を絞って考察してみよう。

一九〇〇年（明治三三年）五月一二日、熊本で第五高等学校の英語教師をしている夏目漱石は、文部省第一回官費留学生として、「英語研究ノ為満二年英国へ留学ヲ命ス」との辞令を受けた（「英文学研究」のためではなく、「英語研究」のためであった！）。そのひと月後の六月一二日、東京帝国大学助教授の芳賀矢一も「文学史攻究法研究ノ為満一ヶ年半独国へ留学ヲ命ス」との辞令を受けた。欧米の先進国の学術・文化の摂取を急ぐ明治政府は、多くの人材を欧米に派遣、留学させてきたが、高等学校教授の国費留学は漱石たちがその第一号であった。文部省から支給された給費は、年額一八〇〇円（月額一五〇円）であった。とても潤沢とは言えない額であった（当時の小学校教員の初任給は一〇円から一三円であったので、額としては少ないものではなかった。しかし西欧の物価水準は高かったので、月額一五〇円ではかなりの節約が余儀なくされた）。

一九〇〇年（明治三三年）九月八日、矢一と漱石は同じドイツ汽船プロイセン号に乗って、ヨーロッパに向けて横浜港を出帆した。このとき同じ船でヨーロッパに向かったのは、ほかに藤代禎輔《ふじしろていすけ》、稲垣乙丙《いながきおとへい》、そして戸塚機知《とつかみちとも》である。このとき漱石を横浜まで見送りに行った寺田寅彦は、つぎのような追憶を書き残している。

先生が洋行するので横浜へ見送りに行った。船はロイド社のプロイセン号であった。船の出るとき同行の芳賀さんと藤代さんは帽子を振って見送りの人々に景気のいい挨拶を送っているのに、先生だけは一人少しはなれた舷側にもたれて身動きもしないでじっと波止場を見おろしていた。船が動き出すと同時に、奥さんがハンケチを当てたのを見た。「秋風の一人を吹くや海の上」という句をはがきに書いて神戸からよこされた(2)。

つぎに芳賀矢一の「留学日誌」から引用してみよう。

明治三十三年六月十三日文部大臣より独国留学の命を受け九月八日を以て出発と定む　同行を約するもの藤代禎輔、夏目金之助、稲垣乙丙皆年来の知友たり　出発に先ち知友学弟等送別の会を開くも頗多し……浅学菲才を以て留学の栄を受けたるだにあるに更に重ぬるにこの厚遇を以てす　いよいよ責任の大なるをおもひては奮闘以て国文学前途の為に尽さんとする念は一層あつし　九月八日出発にいたり医学士戸塚機知君の同行せらる、事と成りたるは更に喜ぶべき事たり　高山林次郎氏が不慮の病痾《びょうあ》に侵されて同行を果さゞりしは同君の為に悲むべきは勿論一行の最遺憾とするところなりき(3)

同行した藤代禎輔は、ドイツ文学者で、当時は第一高等学校教授。三十二歳で漱石や矢一より一歳年少ながら、帝国大学卒業は二人よりも早く、同級生ではないが親しい仲だった(4)。のちに京都帝国大学文科大学の教授となり、京大のドイツ文学研究の基礎を据えた人である。稲垣乙丙は高等師範学校の農学の教授で、他の三人よりは年長の三十六歳であった。彼ものちに東京帝国大学教授に転じた。陸軍軍医学校教官の戸塚機知は、漱石や矢一よりは一歳弱若く、帰国後の一九〇三年（明治三六年）、同僚の白岩六郎と共同でクレオソート丸――この胃腸薬は、日露戦争中に陸軍で腹痛予防薬として用いられ、「ロシアを征伐する」という意味で「征露丸」と呼ばれたという。しかし大幸薬品が特許申請した「正露丸」と紛らわしく、のちに裁判沙汰にまで発展したそうである――を開発したことで名を知られるようになる。高山林次郎とは高山樗牛（一八七一―一九〇二）のことで、文部省から美学研究のために留学を命ぜられ、帰国後の京都帝国大学教授も内定していたが、留学直前に喀血しすべてを棒に振ることになった。

プロイセン号の船室は矢一、藤代、稲垣が同室で、漱石と戸塚は隣室であった。漱石は乗船早々ひどい船酔いに悩まされたそうである。彼らが乗った汽船は一〇月一九日の午後一時に、イタリアのジェノヴァ港に到着した。一行は上陸後コロンブスの故郷を観光し、それから列車でトリノを経由してパリへと向かった。パリのリヨン駅到着は、一〇月二一日の午前八時か九時頃であった。横浜を出発してから四十四日目でようやくパリに着いたことになる。漱石の「日記」にはつぎのように記してある（読みやすくするために、カタカナ書きはひらがなに直し、字体、かなづかい、送りがなその他を原則として現代表記に改め、適宜句読点を加えることにする）。

一〇月二一日（日）……かくして東方の白む頃迄はやり通し八時頃漸く「パリス」に着す。停車場を出でて見れば丸で西も東も分らず恐縮の体なり。巡査如き者を捕えて藤代氏船中にて一夜造りに勉強したる仏語にて何か云うに親切なる人にて馬車を雇い呉れて正木氏の宿所迄送り届け呉たり。正木氏英国旅行中にて会わず。渡辺氏あり、朝食と昼食の馳走を受く。仏人と会食せるは是が始めてなり。食後停車場に至り再び荷物を受取り返る。晩餐を料理店に食に行く、美人ありて英語を話す。夜 Nodier 夫人の家に帰りて宿す。是は渡辺氏の周旋にて借りたるものなり。(5)

一行のうち漱石を除く四人の留学先はドイツで、漱石のみがイギリスへの留学であったが、五人は一〇月二八日までパリに滞在し、そのつど数名で連れ立って、パリ観光を楽しんだり知人を訪問したりしている。パリ滞在中の彼らの行動は、矢一の「留学日誌」と漱石の「日記」を併せ読むと、ほぼ概要を掴むことができるが、とくに漱石に関しては、山本順二『漱石のパリ日記――ベル・エポックの一週間』（彩流社、二〇一三年）がかなり掘り下げた考察をしているので、それを参照することをお勧めする。漱石の日記の記述のみをここで紹介しておけば、ときあたかもパリの万国博覧会の開催中だったので、「一〇月二二日（月）……午後二時より渡辺氏の案内にて博覧会を観る。規模宏大にて二日や三日にて容易に観尽せるものにあらず。方角さえ分らぬ位なり。『エヘル』塔に上りて帰路渡辺氏方にて晩餐を喫す。其より Grand Voulvard〔Grands Boulevards〕に至りて繁華の様を目撃する。其状態は夏夜の銀座の景色を五十倍位立派にしたる者なり」。「一〇月二三日〔火〕……巴里の繁華と堕落は驚くべきものなり」。「一〇月二五日〔木〕　渡辺氏を訪う。それより博覧会に行く。美術館を覧る。宏大にて覧尽せ《〔さ〕》れず。日本のは最もまずし」。「一〇月二七日〔土〕　博覧会を覧る。日本の陶器、西陣織最も異彩を放つ」。「一〇月二八日〔日〕　巴里を発し倫敦に至る。船中風多して苦し。晩に倫敦に着す[6]」。

　ここに出てくる渡辺氏とは、渡辺董之介《とうのすけ》のことで、このとき三十五歳。大学予備門、帝国大学文科大学哲学科を卒業して文部省に入省し、前年から文部省の万国博出品物取扱主任官を務めていた。つまり、漱石、矢一、藤代などの直系の先輩にあたり、そういうこともあって彼は連日のように食事をご馳走したりして、この一行を大いにもてなした[7]。漱石の「日記」にあるように、漱石は他の四人に別れを告げて一足先にロンドンに向けて出発し、残りの四人は同じ列車でベルリンへ向かった。矢一の「留学日誌」によれば、

　十月二十八日（日曜）夏目氏八時頃ロンドンに向つて出発し去る　余等も亦九時結束十時馬車二台をあつらへて Gare de Nord に向ふ　十一時着　荷物を預け同停車場前の一屋にて午餐其高価なるに驚く　一時五十分発車平原の間を過ぎて夜十時頃 Herbethal に着す　ここにて

税関の検査あり　同じく儀式的なりき　同停車場内に料理店あり麦酒数杯を喫し葡萄酒一瓶を購ひて汽車に乗る　十二時ケルンに着　同所にて車を乗り換ふ　ここにいたりて余と戸塚とは一車に在り藤代、稲垣氏とは別の車に入る　夜に入りて雨降る　汽車 Dortmund にいたる頃停車場内に多数の人あり余等を認めて支那人なりとし頻に讒謗《ざんぼう》を極む　腹立てども詮方なし　暁ブランデンブルクを過ぎてワイデルの池を眺めつつ九時頃伯林ポツダムの停車場に入る　藤代氏と同道まず福原氏の寓を訪ふ　不在なり　よつて荷物をそこにあづけ立花氏の寓にいたる……晩方福原来る　立花氏に依頼して同氏の寓に湯沐《とうもく》を為す　爽快比なし　今夜立花氏の寓に宿す（以上十月二十九日月曜）(8)

こうして矢一のベルリン留学の第一日は無事終わった。矢一は一〇月三〇日に下宿先を見つけ、一一月一日にゲルハルト街の下宿先（Gerhardstr. 1, Berlin）に引っ越した。一一月二日には藤代と大学に出向き、入学の手続きをしようとしたが、生憎矢一はパスポートを忘れていたため、五日にあらためて手続きに来ることになった。それからというもの、矢一の「留学日誌」は連日のように日本人留学生との親密な会食や相互訪問で埋め尽くされており、さながらベルリンの日本人村の様相を呈している。おそらくこれではドイツ語の上達は望むべくもなかったであろう。もちろん、三十三歳の東京帝国大学の助教授ともなれば、もとより学位取得のため勉学に明け暮れる学生とは、

芳賀矢一

最初から留学の目的が異なっていたのであろう。「留学日誌」にときたま授業を聴講した旨の記載はあるものの、矢一が一体どの程度真面目に授業に出たのかは疑わしい。一応言及されているのは、ヘルマンの文学批評法、マヤーの独逸小説史、および比較文学研究法、ガイゲル、シュミットの近世文学、ハルスレーの英国近世詩人である。ヘルマンとは、おそらくゲルマン語のフィロロギーの私講師であったMax Herrmann (1865-1942) のことであろう。彼は一九〇〇年には「演劇学」の講義もしているが、矢一がこの科目を聴講したかどうは判然としない。マヤーと呼ばれているのは、一九〇一年に私講師から員外教授に昇格したRichard Moritz Meyer (1860-1914) のことであろうか。彼はゲルマニストとして、とくにドイツ文学史を専門にしていた。[9] シュミットというのは、レッシングに関する大著を著しているErich Schmidt (1853-1913) のことではなかろうか。ガイゲルとハルスレーに関しては、寡聞にして知らない。

しかしレッシング研究者の筆者の関心を引くのは、矢一がレッシングの本を所有していて藤代に貸していることと（一九〇〇年一二月一九日）、ブラウンシュヴァイクに旅してレッシングの家を訪問していることである（一九〇一年八月一四日）[10]。シュミットに感化されたからかもしれないが、この事実は指摘しておく価値があろう。もう一つ注目したいのは、矢一が一九〇一年一月七日の「留学日記」に、「午後ベークを読む」と書き記し、それから九日も一六日も「夜ベークを読む」と記入し、ついに一八日には「夜ベークよみ終る」と書き入れていることである。ここで意味されているベークとは、アウグスト・ベークの名著『文献学的諸学問のエンツィクロペディーと方法論』*Encyklopädie und Methodologie der philologischen Wissenschaften*, 2. Aufl. (Leipzig: Druck und Verlag von B. G. Teubner, 1886) にほかならない。八六〇頁ほどある大著なので、とてもその全体を読破したとは思えない。おそらく第一部[11]のみを読んだのであろうが、ベルリン大学留学中に矢一がこの書を読んだということは、わが国の学術にとっては限りなく重要な出来事であったと言っても過言ではない。冒頭でも触れたように、矢一はベークのこの書物を通してフィロロギーなる学問に開眼し、それを「文献学」と翻訳して伝えただけでなく、自ら「日本文献学」なるものを提唱するに至るからである。

ドイツ留学中にベークを読みドイツのフィロロギーに開眼した成果は、帰朝後国学院同窓会で行った講演「国学とは何ぞや」によく示されている。これは一九〇四年（明治三七年）一二月の『国学院雑誌』に掲載されているので、講演がなされたのはその前年、つまりドイツから帰朝した翌年であることがわかる。講演の冒頭で矢一は、「この国学といふ名称を始めて用ひたのは、かの荷田春満であらうとおもひますが、この国学といふものは西洋ではどういふものか、国学といふ名称があちらにも許されて居るかどうか、今日の科学上の見地から国学が学問として成立つかどうか」という問いを提起し、この講演でこの問いに答えようとするのである。[12]矢一は荷田春満、賀茂真淵、本居宣長という国学の系譜を辿りながら、「しかしながら私はどこまでも国学の創立者としては春満を推したいとおもひます」[13]と述べて、荷田春満から国学精神を基礎づけるべきことを主張する。これに対して西洋はどうかと言えば、「西洋では希臘、羅馬の研究を先ず以て先にしなければならない。……さてこの古学の研究が近来になつては益々学術的になつて来て居ります。その学問を西洋ではフィロロギーと唱へて居ります。これを日本語に訳しますと、文献学又は古典学ともいへます。まず文献学と唱へた方がよいやうです」[14]と述べている。そして国学および文献学というものが、歴史、法律、美術、文学などの個別学問の単なる集合体や寄せ集めではなく、それ自体固有の一つの学問として成り立つかどうかと問うて、いよいよベークに話が及ぶことになる。少し長くなるが、引用してみよう。

西洋の文献学者の中に、アウグスト、ベイツク〔アウグスト・ベーク〕といふ人がありました。これは余程の豪傑であります。この人が古学綱要〔文献学的諸学問のエンツィクロペディーと方法論〕といふ書物の中に、先ず一つの定義を下しました。この人の考へによれば、文献学は、立派に今日の意味でいふ一つのサイエンス即ち科学と見做すことが出来るといふのであります。この人の言つたことは、追つて後からお話いたしますが、日本の国学は日本の文献学である。日本のフィロロギーである。これを日本人は国学と名づけたので、西洋の文献学について、ベイツクの唱へた科学としての文献学が成立するならば、日本の国学もまた立派に科学として成立つのであります。

さてベイツクの申しますのには、文献学の目的とする所は、昔の人が知つたことを再び知るのだといふのであります。昔の人が意識して居つたことを、再び吾々が目の前に出して知るのが文献学の目的であると、かういふ定義を与へたのであります。これは一寸独逸語を御分りの方の為に書いて置きますが、Erkennen des Erkannten かういふ有名な言葉を以て表して居ります。とにかくこれは一時を動かした説で、一時の文献学者はみなこれによつて居つたのであります。即ち一時代の時期を形づくつた学説であります。この人は古学者で、希臘、羅馬の研究をして居つた人であります。さてこの言葉はどういふことを言つたのであるかといふと、昔の社会の或一つの国家の政治上の状態、その他すべての昔の状態といふものを、昔の人が知つて居つた通りに、再び吾々が知り得るやうに現し出すのが、エルケンネン、デス、エルカンテンといふのであります。政治、文学、法制、美術はもとよりのこと、その他すべての社会上の事柄を、昔の人が知つて居つた通りに、今の人の目の前に構造して見えるやうにするのが、この学問の目的であります。それが十分に出来さへすれば、文献学の能事は了るのであります。これをやるには、その昔の当時に現れた国語を研究して、その国語によつて現れた文学といふものを研究しなければならぬのであります。(15)

矢一はこのように述べて、西洋においてギリシア語とラテン語の学習や、ギリシア文学とラテン文学の研究が、すべての近代的な学問の基礎をなすように、わが国においても古い言葉の研究から始めなければならないと説いた。しかし古い言葉を研究するだけが文献学の本領ではない。言葉を知るのは一つの手段であって、その言葉の研究を通して、昔の社会を研究することが目的である。したがって、「古語を知るのを第一段として、既に学び得た所の古文学の知識を以て、その社会全体の政治、文学、語学、法制、歴史、美術等のあらゆる一切の事柄を、一言でいへば古代の文化一切の事を知るといふのが文献学者の仕事であります(16)」ということになる。

ベークの説いた「認識されたものの認識」としての文献学は、このように芳賀矢一によってわが国に輸入紹介され、やがて村岡典嗣によってより十全な仕方で彫琢されて、日本思想史研究の方法論にまで仕上げられる。一九一一年（明治四四年）に若き村岡が世に問うた処女作『本居宣長』は、ベークが確立したドイツのフィロロギーなる学問と、日本の国学の伝統との見事な結合の産物にほかならず、芳賀矢一の提唱した「日本文献学」の可能性を、身をもって示した最初の傑作であると言ってよい。[17] 村岡はその書の第五章「宣長学の意義及び内在的関係」において、本居宣長の説く国学すなわち「宣長学」と「独逸の学界に於ける Philologie（文献学）、若くは Altertumswissenschaft（古代学）」との親近性・類似性を指摘しつつ、ベークについて長く詳細な説明を施す。

欧州の文献学史に於いて、文献学の本質的意義を明らかにし、文献学の概念を、適当に正確に、定めた学者は、近世独逸にいでた、アウグスト・ベエク（Aug. Boeckh, 1785-1867）である。ベエクの生まれたのは、天明五年、即ち宣長が五十六歳の時で、その没したのは、慶応三年、即ち宣長の没後六十六年である。時代から言ふと、丁度、宣長から一二代おくれた学者である。かれベエクは、従来の文献学の研究を大成し、さらに明らかな意識を以て、斯学を一つの学問として成立させたので、即ち、彼によつて、従来、雑然たる内容を有したり、他の学問との混在してゐたりした文献学は、始めて、その本質的意義を、定めえたのである。さらば彼が、文献学の本質として考へたところは如何といふに、即ち、彼の得意の標語たる、「知られたることを知ること」（Das Erkennen des Erkannten）の観念がそれである。……ここに注意すべきは、文献学の目的とする認識が、単なる認識でなくて、認識されたことの、即ち、所与の知識の前提のもとの認識であることを説いて、その有する客観性、もしくは歴史性を明らかにし、以て他の諸学問のうちに有する特質をとらへたことである。[18]

ここに矢一がドイツから持ち帰った「認識されたものの認識」の観念が、村岡によって見事に日本の土壌に移植されたのを確認することができる。われわれが後段で村岡の留学について考察する一つの理由は、このような学説史的あるいは学問史的な繋がりに注目するからでもある。個人的な事柄をつけ加えれば、筆者がアウグスト・ベークと芳賀矢一を知ったのも、村岡典嗣の『本居宣長』と『日本思想史研究』を通じてであった。ベークに対する興味関心は、彼がシュライアマハーの弟子・同僚だったことからも強まり、その分野の門外漢であるにもかかわらず、彼の主著 *Encyklopädie und Methodologie der philologischen Wissenschaften* を自ら翻訳するにまで至った。瓢箪から駒のような話であるが、学問的関心の赴くところは当人でも予想がつかないことがたまにある。(19)

さて、流れに任せて帰朝後の矢一の「日本文献学」の提唱と、それに呼応した村岡典嗣の著作にまで言及してしまったが、われわれはもう一度、矢一と漱石のヨーロッパ留学に立ち返らなければならない。すでに述べたように、矢一は日本人の多くの学友や知人たちと群れながら、お互いに訪問したり手紙をやり取りしたりして過ごしているが、矢一の「留学日誌」に漱石の名前が登場することは、彼がベルリンに滞在している間は一度もない。彼の日誌に夏目の名前が登場するのは、一九〇二年（明治三五年）七月一日、矢一がベルリンを去って、ドレスデン、ライプツィヒ、ワイマール、イェーナ、ニュルンベルク、ミュンヘン、シュトゥットガルト、カールスルーエ、ハイデルベルク、フランクフルト、ボン、ケルンなどのドイツの諸都市を周遊し、さらにパリで数日旧交を温めながら遊んだのち、ロンドンに到着して漱石の下宿先を訪ねたときである。しかしその日は不在で会えず、翌日もすれ違いで会えず、彼らが再会したのは、矢一がロンドンから出帆して帰途に就く七月四日のことであり、それも駅での短い見送りの場面でのことであった。彼らが約一年九ヵ月前にパリで別れてから、この間漱石はいかなる日々を送っていたのであろうか。われわれはつぎに夏目漱石のイギリス留学を一瞥してみよう。

まず漱石の「日記」を繙いてみると、最初の九日間は、

十月二十九日〔月〕　岡田氏の用事の為め、倫孰〔敦〕市中に歩行す方角も何も分らず。且南亜より帰る義勇兵歓迎の為め、非常の雑踏にて困却せり。夜美野〔濃〕部氏と市中雑踏の中を散歩す

十月三十日〔火〕　公使館に至り松井氏に面会。Mrs. Nott よりの書状電信を受く

十月三十一日〔水〕　Tower Bridge, London Bridge, Tower, Momument を見る。夜美野〔濃〕部氏と Haymarket Theatre を見る。Sheridan の The School for Scandal なり

十一月一日〔木〕　十二時四十分の汽車にて Cambridge に至り、Andrews 氏を訪ふ。同大学の様子を知らんが為なり。二時着同氏不在四時に帰宅すと云ふ。即ち、市内を散歩し理髪店に入る。四時 Andrews 氏に会合茶を喫す。夫より田島氏を訪ふ。Andrews 氏宿所に一泊す

十一月二日〔金〕　田島氏の案内にて Cambridge を遊覧す。四時 Andrews 氏方にて茶を喫す。田島氏方に至り分袂す。7.45 の汽車にて倫孰〔敦〕に帰る
十一月三日〔土〕　British Museum を見る。Westminster Abbey を見る
十一月四日〔日〕　下宿を尋ぬなし
十一月五日〔月〕　National Gallery を見る、Westminster Abbey を見る。University College に行く。Prof. Ker に手紙を以て紹介を求む
十一月六日〔火〕　Hyde Park を見る。Ker の返事来る明日午後十二時来れとの事なり
十一月七日〔水〕　Ker の講義を聞く[20]

大学でカーの授業に出るまでは、公使館に出向いたり、下宿捜しをしたりしながら、ロンドンのめぼしい観光スポットを訪れている。ロンドン滞在三日目にロンドン塔を訪問していることは興味深い。彼の最初の短編『倫敦塔』（明治三八年）は、このときの体験に基づく創作とされているからである。この作品の冒頭にはこう記されている。

　二年の留学中ただ一度倫敦塔《ロンドンとう》を見物した事がある。その後再び行こうと思った日もあるがやめにした。人から誘われた事もあるが断った。一度で得た記憶を二返目に打壊《ぶちこわ》すのは惜《おし》い、三

たび目に拭い去るのは尤《もっと》も残念だ。「塔」の見物は一度に限ると思う。
行ったのは着後間もないうちの事である。その頃は方角もよく分らんし、地理などは固《もと》より知らん。まるで御殿場の兎が急に日本橋の真中へ抛《ほう》り出されたような心持ちであった。表へ出れば人の波にさらわれるかと思い、家《うち》に帰れば汽車が自分の部屋に衝突しはせぬかと疑い、朝夕安き心はなかった。この響き、この群衆の中に二年住んでいたらわが神経の繊維も遂には鍋の中の麩海苔《ふのり》の如くべとべとになるだろうとマクス・ノルダウの『退化論』を今更の如く大真理と思う折さえあった。(21)

神経質な漱石が大都会ロンドンでまごついている様子が手に取るようにわかる。滑り出しからして漱石とドイツへ行った矢一ら一行とはかなり違っていることがわかる。漱石はひとまずロンドンに来たものの、今後の留学先をこのままロンドンでいいのか、それともオックスフォードかケンブリッジに切り換えるべきか、それとも思い切ってエディンバラにでも赴くべきか思案したようだ。四日目にケンブリッジを訪れたのは、そういう目算もあってのことらしい。しかし二つの大学町は生活費が高い、エディンバラは風光明媚らしいが英語に訛りがある、ロンドンも生活費が高いには違いないが、政治や文化の中心地なので何かと便利だ、とくに古本などを求めるのにとても好都合だ——こうした理由で結局ロンドンに居すわることに決めたのであった。一一月七日からカーの講

夏目漱石

義に出てみたものの、あまり興味が湧かなかったようで、一一月二〇日付の藤代禎輔宛の葉書には、「倫孰〔敦〕ノ天気ノ悪ニハ閉口シタヨ。君等ハ大ゼイ寄ツテ御全盛ダネ。僕ハ独リボッチデ淋シイヨ。学校ノ講義ナンカ余リ下サラナイヨ。伯林大学ハドウカネ。英語モ中々上手ニハナレナイ。第一先方ノ言フ事ガハッキリ分ラナイ[22]」と書いている。ベルリンもロンドンもこの点ではあまり違いがないが、ヨーロッパはかなり北に位置しているので、晩秋から冬にかけてのこの時期、空はいつもどんよりしている。そこにきてベルリンに赴いた連中とは大違いで、漱石には親しく交わる友達がいない。英語も思うように通じない。欝《ふさぎ》の虫が動き出しても可笑しくない。

一二月二七日付の藤代宛の葉書には、もうカーの授業に出るのは辞めて、Craig というシェイクスピア学者にコーチ（個人教授）を委託した漱石の、半ば諦め気味の心境が綴られている。閉じ籠り傾向が加速し、金銭的にも余裕のない生活であることが窺われる。

先日の御手紙拝見。「コーチ」と云ふのは書生間の語で、private な先生の事を云ふのだよ。僕の「コーチ」は「シエクスピヤ」学者で頗る妙な男だ。四十五歳位で独身もので天井裏に住んで書物ばかり読んで居る。今は「シエクスピヤ」字引を編纂中である。二年居つても到底英語は目立つ程上達シナイと思ふから、一年分の学費を頂戴して書物を買つて帰りたい。書物は欲しいのが沢山あるけれど、一寸目ぼしいのは三四十円だから、手のつけ様がない。可成《かなり》衣食を節約して書物を買〔は〕ふと思ふ。金回りのよき連中が贅沢をするのを見ると惜《おし》き心持がする。

御地の「クリスマス」は如何。僕は「アヒル」の御馳走になつた。

僕は東京でいふと小石川といふ様な処から深川といふ辺へ宿替《やどがえ》をした。倫孰〔敦〕の広いのは驚く。汽車抔《など》を間違へて飛んでもなき処へ持つて行かれる事がある。

会話は一口話より出来ない。「ロンドン」児の言語はワカラナイ。閉口。

十二月二十六日　　　　金之助

藤　代　君(23)

先に矢一の「留学日誌」には漱石の名前が登場しないと述べたが、実は漱石の書簡集を見ると、漱石は一九〇一年（明治三四年）一月三日付で、ベルリンの矢一に新年の挨拶状を出している。これを見ると久しく音信を絶っていたことがわかる。内容的には年末に藤代に出した葉書とほぼ重なり合う。

其後《そのご》は小生こそ御無音に打過《うちすぎ》申候。無精と見物と読書に多忙なる為と御海恕《かいじょ》。大兄益御壮健御勉学目出度《めでたく》御越歳《おとしこし》の事と存《ぞんじ》候。

小生三十五に相成《あいなり》候へども洋行迄致して何事もしでかさず甚だ心細き新年に候。日本人には毫も交際仕らず、西洋人にも往来はせず、中々そんなぶらつく時間は無之《これなき》候。二年間精一パイ勉強しても高《たか》が知れたものに候。書物でも買つて帰朝の上、緩々《ゆるゆる》勉強せんと存《ぞんじ》候処、金なくて夫《それ》も出来ず少々閉口に候。

伯林の様子少し御報被下度《くだされたく》候。

一月三日夜　金之助

芳　賀　学　兄（24）

孤独のなかにいる漱石にとって、何よりも待ち遠しかったのは妻鏡子からの便りであった。しかしどうした理由からか、鏡子からの便りはとんと来なかった。鏡子は二人の子どもを抱えて、日々の暮らしに追われていたのかもしれないし、あるいは生来の筆不精だったのかもしれない。しかし妻からの音信がないことが、漱石の孤独な魂を苛み、いやます孤独へと駆り立てた。漱石がヨーロッパへ旅立つとき、鏡子は身重になっていたので、無事出産ができたものかどうか、彼は毎日首を長くして妻からの便りを待った。次女恒子《つねこ》は一九〇一年（明治三四年）一月二七日に誕生したが、その連絡が来ないことに痺れを切らした漱石は、同月二二日、夫人に長い手紙をしたためる。その手紙からは、妻をいたわり気遣いながらも、自分の孤独を理解してくれない妻への苛立ちが、ひたひたと伝わってくる。

　其後《そのご》は如何御暮し被成《なされ》候や。朝夕案じ暮し居候。先以《まずもって》て皆々様御丈夫の事と存《ぞんじ》候。其許《そこもと》も御壮健にて今頃は定めし御安産の事と存候。此方《こちら》も無事にて日々勉強に余念なく候。御懸念あるまじく候。小児出産前後は取分け御注意可然《しかるべき》と存候。当地冬の季節極めてあしく霧ふかきときは濛々《もうもう》として月夜よりもくらく不愉快千万に候。はやく日本に帰りて光風霽月と青天白日を見たく候。当地日本人はあまた有之《これあり》候へども交際すれば時間も損あり且金力にも関する故、可成独居読書にふけり居候。幸ひ着以後一回も風をひかず難有《ありがたく》候。近頃少々腹工合あしく候へども、是《これ》とても別段の事には無之《これなし》。どうか留学中には病気にかゝるまじくと祈願致居《いたしおり》候。

……

他国にて独り居る事は日本にても不自由に候。況んや風俗習慣の異なる英国にては随分厄介に候。朝起きて冷水にて身を拭ひ、髯をそり髪をけづるのみにても、中々時間のとれるものに候。況んや白シャツを着換へ、ボタンをはづし抔する、実にいやになり申候。西洋人との交際別段機会も無之且時間と金なき故、可成致さぬ様に致居候。

……

三十四年一月二十二日夜　　　金之助

鏡　ど　の

此方へ郵便を出すには郵便日といふのが極つて居る。今年中の表が出来て居て、横浜を何月何日に何船が出て、「アメリカ」若くは印度を通つて、いつ倫敦につくといふ日取が分る此表は、多分郵船会社か何かでくれるであらふから御貰ひなさい。「アメリカ」便の方が二週間許り早く、呉《原》状装《原》の左の上の端に Via America とかけばアメリカ便でくる。[25]

こういう手紙を受け取れば、普通は異国で不自由な生活をしている夫を慰めるような、返事の一通や二通は書きそうなものだが、どうした訳かなしのつぶてであった。漱石は二月二〇日にまた筆を執って、苛立たしい気持ちを文字に表わす。

国を出てから半年許《ばか》りになる。少々嫌気になつて帰り度《たく》なつた。御前の手紙は二本来た許《ばか》りだ。其後の消息は分らない。多分無事だらうと思つて居る。御前でも子供でも死んだら電報位は来るだらうと思つて居る。夫《それ》だから便りのないのは左程心配にはならない。然し甚だ淋《さび》しい……

御前は子供を産んだらう。子供も御前も丈夫かな。少々そこが心配だから手紙がくるのを待つて居るが、何とも云つてこない……(26)

三月九日にはさらにこうも書き送る。

其後国から便があるかと思つても一向ない。二月二日に横浜を出た「リオヂャネイロ」と云ふ船が桑港《サンフランシスコ》沖で沈没をしたから其中におれに当た書面もありはせぬかと思つて心掛だ。御前は産をしたのか。子供は男か女か。両方共なのかどうもさつぱり分らん。遠国に居ると中々心配なものだ。自分で書けなければ中根の親父さんか誰かに書て貰ふが好い。夫《それ》が出来なければ土屋でも湯浅でもに頼むが好い。(27)

待てど暮らせど来なかった妻からの手紙は、五月二日になってようやく届いた。恒子の誕生から早三ヵ月以上が経っている。もちろん漱石が欣喜雀躍したことは想像に難くない。漱石はこれに対して五月八日、つぎのような返信をしたためた。

御前の手紙と中根の御母さんの手紙と筆の写真と御前の写真は、五月二日に着いて皆拝見した。

久々で写真を以て拝顔の栄を得たが、不相変《あいかわらず》御両人とも滑稽な顔をして居るには感服の至だ。少々耻《はずか》しい様な心持がしたが、先ず御ふた方の御肖像をストーヴの上へ飾つて置た。すると下宿の神さんと妹が掃除に来て、大変御世辞を云つてほめた。大変可愛らしい御嬢さんと奥さんだと云つたから、何日本ぢゃこんなのは皆御多福《おたふく》の部類に入れて仕舞《しまう》んで、うつくしいのはもつと沢山あるのさと云つて、つまらない処で愛国的気燄《きえん》を吐いてやつた。筆の顔抔《など》は中々ひょうきんなものだね。此速力で滑稽的方面に変化されてはたまらない。(28)

この手紙を読んだ鏡子がどう受け取ったかはわからない。その後再び彼女からは便りが来なくなった。漱石もこういうところが普通の男性と変わらないから可笑しい。どう考えたって、「おたふく」と言われて腹を立てない女性はいない。自業自得であるが、漱石の孤独と憂愁はその後益々昂じざるを得なかったのである。

書簡と日記で漱石の孤独と憂愁を確認する作業はここまでにして、最後に、漱石がこのような過酷な英国留学を通じて、いかなる悟りを得たのかを見ておこう。漱石は一九一四年（大正三年）の有名な講演「私の個人主義」のなかで、英国留学当時を振り返りながらつぎのように語っている。

> 私は〔この先自分はどうなるだろうという〕斯うした不安を抱いて大学を卒業し、同じ不安を連れて松山から熊本へ引越し、又同様の不安を胸の底に畳《たた》んで遂に外国迄渡つたのであります。然し一旦外国へ留学する以上は多少の責任を新たに自覚させられるには極つています。それで私は出来るだけ骨を折つて何とかしやうと努力しました。然し何《ど》んな本を読んでも依然として自分は嚢《ふくろ》の中から出る訳に参りません。此嚢を突き破る錐《きり》は倫敦《ロンドン》中探して歩いても見付《つか》りさうになかつたのです。私は下宿の一間《ひとま》で考へました。詰らないと思ひました。いくら書物を読んでも腹の足《たし》にはならないのだと諦めました。同時に何のために書物を読むのか自分でも其意味が解らなくなつて来ました。[29]

此時私は始めて文学とは何《ど》んなものであるか、その概念を根本的に自力で作り上げるより外に、私を救う途はないのだと悟つたのです。今迄は全く他人本位で、根のない萍《うきぐさ》のやうに、其所《そこ》いらをでたらめに漂《ただ》よってゐたから、駄目であつたという事に漸く気が付いたのです。私のこゝに他人本位といふのは、自分の酒を人に飲んで貰つて、後から其品評を聴いて、それを理が非でもさうだとして仕舞ふ所謂人真似《ひとまね》を指すのです。……近頃流行《はや》るベルグソンでもオイケンでもみんな向ふの人が兎や角いふので日本人も其尻馬《しりうま》に乗つて騒ぐのです。まして其頃は西洋人のいふ事だと云へば何でも蚊《か》でも盲従して威張つたものです。……他《ひと》の悪口ではありません。斯ふいふ私が現にそれだつたのです。譬《たと》へばある西洋人が甲といふ同じ西洋人の作物《さくぶつ》を評したのを読んだとすると、其評の当否は丸で考へずに、自分の腑《ふ》に落ちやうが落ちまいが、無暗に其評を触れ散らかすのです。つまり鵜呑《うのみ》と云つてもよし、又機械的の知識と云つてもよし、到底わが所有とも血とも肉とも云はれない、余所々々《よそよそ》しいものを我物顔《わがものがお》に喋舌《しゃべ》つて歩くのです。然るに時代が時代だから、又みんながそれを賞《ほ》めるのです。

けれどもいくら人に賞められたつて、元々人の借着をして威張つてゐるのだから、内心は不安です。手もなく孔雀《くじゃく》の羽根を身に着けて威張つてゐるやうなものですから。それでもう少し浮華《ふか》を去つて摯実《しじつ》に就《つ》かなければ、自分の腹の中は何時《いつ》迄経つたつて安心はできないといふ事に気がつき出したのです。(30)

たとへば西洋人が是は立派な詩だとか、口調《くちょう》が大変好いとか云つても、それは其西洋人の見る所で、私の参考にならん事はないにしても、私にさう思へなければ、到底受売《うけうり》をすべき筈のものではないのです。私が独立した一個の日本人であつて、決して英国人の奴婢でない以上はこれ位の見識は国民の一員として具《そな》へてゐなければならない上に、世界に共通な正直といふ徳義を重んずる点から見ても、私は私の意見を曲げてはならないのです。(31)

私は此自己本位といふ言葉を自分の手に握つてから大変強くなりました。彼等何者ぞやと気概《きがい》が出ました。今迄茫然と自失してゐた私に、此所《ここ》に立つて、この道から斯う行かなければならないと指図《さしず》をして呉れたものは実に此自我本位の四字なのであります。

自白すれば私は其四字から新たに出立《しゆつたつ》したのであります。さうして今の様にたゞ人の尻馬にばかり乗つて空騒ぎをしてゐるやうでは甚だ心元ない事だから、さう西洋人振らないでも好いといふ動かすべからざる理由を立派に彼等の前に投げ出して見たら、自分もさぞ愉快だらう、人も嘸《さぞ》喜ぶだらうと思つて、著書其他の手段によつて、それを成就するのを私の生涯の事業にしやうと考へたのです。

其時私の不安は全く消えました。私は軽快な心をもつて陰鬱な倫敦を眺めたのです。比喩で申すと、私は多年の間懊悩した結果漸く自分の鶴嘴《つるはし》をがちりと鉱脈に掘り当てたやうな気がしたのです。……

斯く私が啓発された時は、もう留学してから、一年以上経過してゐたのです。それでとても外国では私の事業を仕上る訳に行かない、兎に角出来る丈材料を纏めて、本国へ立ち帰つた後、立派に始末を付けやうといふ気になりました。即ち外国へ行つた時よりも帰つて来た時の方が、偶然ながらある力を得た事になるのです。(32)

こうして漱石は、孤独と憂愁に苛まれた二年間のイギリス留学から、「自己本位」という貴重な宝物を手にして日本に帰り着いた。外面的には神経衰弱に陥りボロボロの帰朝であったが、(33)内面的には確たる信条を獲得しての凱旋帰国であった（一九〇三年〔明治三六年〕一月二三日帰朝）。漱石のいう「私の個人主義」は、そのような「自己本位」に立脚していたが、それは目下猖獗《しょうけつ》を極めるわがまま三昧な我意主義とはまったく別物である。われわれはいま一度漱石の「自己本位」を学び直すべきであろう。

# 第七話　有島武郎と寺田寅彦

有島武郎（一八七八―一九二三）と寺田寅彦（一八七八―一九三五）との間には、筆者の知るかぎり直接的な関係は一切存在しない。しいて共通点を挙げるとすれば、どちらも一八七八年（明治一一年）に東京で旧士族の長男として生まれたこと、のちに大学教授でありつつ文芸活動を展開したこと――但し、有島が大学教授であったのは、わずか七年ほどの短い期間であった――くらいであろうか。文人としての内実もきわめて対照的である。新渡戸稲造や内村鑑三に感化されキリスト教に入信し、棄教後もキリスト教的ヒューマニズムと理想主義の息吹を吹き込まれた、情感あふれる文学作品を多く生み出した有島に対して、熊本の五高時代に英語教師夏目漱石と物理学者田丸卓郎に出会い、両者から大きな影響を受けて科学と文学を志した寺田は、おもに随筆家および俳人として活躍した。留学先も、有島がキリスト教精神が息づくアメリカを選んだのに対して、寺田は科学的・実証的精神が盛んなドイツに留学した。留学時期としては、有島が一九〇三年（明治三六年）から一九〇七年（明治四〇年）まで五年間の留学を終えて帰国したその二年後、一九〇九年（明治四二年）三月に寺田はドイツに向けて出帆し、一九一一年（明治四四年）六月まで約二年間の在外

有島武郎

生活を送っている。このように両者の間に接点はないが、われわれはこの二人の留学体験を通して、明治後期の知識人の精神生活の一端を知ることができるであろう。

有島武郎は、一八七八年（明治一一年）三月四日、東京市小石川水道町五二番地（現、文京区水道一丁目）に、父武と母幸の長男として生まれた。弟に、画家の有島生馬、作家の里見弴などがいる。武は薩摩藩主島津氏の支族、本郷家の重臣の家に生まれ、維新後、大蔵省関税局少書記官から国債局長にまで昇進し、やがて実業界に出た人であった。彼は厳格実直な性格で、幼少の頃よりとくに長男武郎には厳格な躾を施した。幸は南部藩江戸留守居役の娘で、藩が朝敵に回ったために若い頃は苦労を重ねたが、なかなか想像力に富む女性であった。ストイックでありながら空想的な武郎の性格は、こういう両親から来ている。

五歳のときから、アメリカ人宣教師セオドア・ギューリックの家庭に通って、英会話を学び、九歳のとき学習院予備科第三級（現在の小学四年に相当）に編入学し、寄宿舎生活を始めた。翌年、皇太子嘉仁（のちの大正天皇）の学友に選ばれ、毎土曜日、吹上御所に伺候する栄誉に浴した。一八九〇年（明治二三年）九月、学習院中等科に進学。一八九六年（明治二九年）七月、学習院中等科卒業。同年九月、札幌農学校に入った。学習院高校科へ進み帝大を目指すという通常の進路を選ばなかったのは、のちの自伝的文書「『リビングストン伝』の序」（一九一九年〔大正八年〕の第四版にはじめて付されたもの）の説明によれば、一つは「幼稚な時から夢のやうな憧憬を農業に持つてゐた」ことと、もう一つは「北海道といふ未開地の新鮮な自由な感じと、私の少年期の伝奇的な夢想と結びつ（1）」いたことである。

一八九六年（明治二九年）八月三一日、武郎は暴風雨をついて横浜から小樽行きの船で北海道に向けて旅立った。札幌では母の遠縁にあたり、当時母校の教授をしていた新渡戸稲造夫妻の官舎に身を寄せた。初対面の新渡戸から好きな科目は何かときかれ、正直に文学と歴史ですと答えると、「それでは此の学校は見当違ひだ」と大笑いされた逸話が残っている（2）。新渡戸の尽力で最上級（予科五年、本科四年）に編入を許された武郎は、同家に寄宿しながら、当時北一条西二丁目（現在、演武場と時計台の建物が残る一角）にあった札幌農学校に通い始めた。武郎は新渡戸の講じる英文学に興味を覚え、彼のバイブルクラスにも参加したが、キリスト教に強く惹かれるということはまだなかった。彼をキリスト教へと導いたのは、生涯の友となる森本厚吉（一八七七―一九五〇）であった。学習院出の礼儀正しい武郎は、当初クラスメートからも浮きがちで孤独だったが、それを救ったのが森本との出会いであった。一八九七年（明治三〇年）七月、武郎は予科五年を終え本科に進んだが、同年一〇月、新渡戸が体調を壊して、転地療養のため賜暇、札幌を去ってしまった（武郎はそのまま新渡戸の官舎に住んだ）。

武郎は森本との交友を通じてキリスト教へと導かれ、やがて内村鑑三の著作を愛読するようになった。一九〇一年（明治三四年）三月二四日、武郎は他の十六名の者とともに、内村や宮部が設立した札幌独立教会に入会した。またその前年の夏に、森本と共著の『リビングストン伝』を脱稿し（翌年の三月、警醒社から刊行）、秋からは新渡戸が創設した遠友夜学校にも深く関わり出した。そして一九〇一年（明治三四年）七月、「鎌倉幕府初期の農政」という卒業論文を書いて、札幌農学校本科を卒業した。札幌の青春はかくして幕を閉じたが、その地は「真理の揺籃」、「余が霊魂の生れたる処」として、生涯忘れられないものとなった。

農学校を卒業すると兵役の義務が待っていたので、武郎は同年一二月から、一年志願兵として麻布の歩兵第三連隊にて軍隊生活を経験し、軍隊や国家の巨大な体制の力を肌身に感じた。一年間の軍隊生活を終えた武郎は、軍隊と国家への烈しい批判者になっていたが、同時に自己の脆弱なることを痛感し、本来あるべき自分の生き方を模索している。一九〇二年（明治三五年）一二月三一日の日記には、つぎのように記されている。

サレド此年ハ我ニ忘ル可ラザル年ナリ。嘗テ札幌ニアリテ心ノ衷ニ落サレタル芥子種ハ、我ノ懼レテ之レヲ拒ギシニモ係ラズ芽ヲ吹キ葉ヲ生ジ、今ハ其処ニ紫美シキ影ヲ生シテ空ノ鳥巣フ可クナリヌ。今我ガ心ニ熱シテ滅セズ、我ノ独居沈想スル時矢ノ如ク来リテ胸ヲ貫クモノハ、我ガ此世ニ於テ取ル可キ、天ニヨリテ与ヘラレタル業ナリ。我常ニ己レノ足ラザルヲ悲ミ、神ノ御前ニ面ヲ蔽ハントスル時ニモ、我ガ衷心ニハ此事往来シテ全ク已ムノ時ナカリキ。我ハ此一年之レガ為メニ苦シミ、泣キ且ツ祈リヌ。我ノ願フ所ハ国民ニ真正ノ趣味ヲ解セシムルニアリ。国民ガ天ト地トノ意ヲ知リ、天ト地トヲ主宰シ給フ神ヲ知リ、我等ガ父ノ前ニ額ヲ垂レテ我等ト子孫ノ未来ノ為メニ正義ノ汎《あまね》キコト水ノ地ヲ蔽フガ如カランコトヲ祈ルニアリ。哲学ノ深奥モ、美術ノ極致モ、文章ノ大観モ、事業ノ成就モ、一片ノ堅固ナル信仰ノ前ニ何者ゾヤ。(3)

一見真摯かつ立派な自己省察に見えるが、しかし武郎に特有な感傷性も芬々《ふんぷん》としている。ここに言われる「堅固なる信仰」は、現実の生にしっかり根を張ったものではなく、あくまでも観念的に要請されたものにすぎない。武郎は人間としても信仰者としても、まだ堅固なものを摑んでおらず、現実感の乏しい内心において、優等生的な反省をしているにすぎない。上記の引用文の少しあとに記されている、「主ヨ、我等ヲシテ真ニ内部ノ深奥ヨリノ声ニ聞キ、我等ガ此世ニ尽ス可キ職務ヲ発見セシメ給へ」(4)というのが、彼の偽らざる姿なのである。

武郎のアメリカ留学も、こうした精神状況を反映したものである。この日記が書き記された前日、仙台にいる森本幸吉が上京してきて、二人は「神田ヲ逍遥シツツ半日ノ清談ニ耽」った。そのとき森本は「我ト共ニ教育ノ事ニ従事セズヤ」と武郎を誘った。「迷ヘル羊ヲ導ク牧者ノ僕タラン」(5)というのである。そしてそのための準備として、二人でアメリカ留学をしようという話になった。年が改まった一九〇三年(明治三六年)一月五日、武郎と森本は師と仰ぐ内村鑑三宅を訪問して、アメリカ留学の意を告げた。ところが二人の期待に反して、内村は「盛ニ洋行反対論ヲ主張」したのである。内村の真意は測りがたいが、彼はこの二人を自分の後継者と見なしており、手許にとどめておきたかったのかもしれない。いずれにせよ、彼は札幌農学校の後輩で札幌独立教会の主要メンバーの二人に、真剣な面持ちで翻意を促したという。武郎の日記にはつぎのように記されている。

而モ彼ガ喟然《きぜん》トシテ「我今心ニ大問題ヲ持テリ、此ノ溷濁《こんだく》[混濁]ノ世ノ中ニアリ蠢々《しゅんしゅん》トシテ[虫のうごめく如く]砂ニ築カレタル城郭ノ修繕ニ急クガ神ノ御旨ナルカ、寧ロ当世ニ超然トシテ深想ノ一端ヲ高キヨリ授クルハ神ノ御旨ナラザルカ、是レナリ」ト云ヒ、「嗚呼サレド前者ニ依リテ立ツハ依然トシテ神ノ御旨ニハアラザルナキカ」ト余等ヲ凝視セラレシ彼ノ面上ニハ実ニ深刻ナル苦痛ノ隈ナク画カレヌ。(6)

つまり、このとき内村は、時代に超然として高踏的な思想を説くことよりも、濁世の中に身を横たえて現実の社会的不正を糺すのが急務だ、という立場を表明したのである。しかし理想主義に燃える森本と武郎は、アメリカ留学の夢を捨てきれず、二日後の一月七日に、今度は新渡戸稲造宅を訪れて、もう一人の恩師の意見を求めた。新渡戸は疲労と風邪で床に伏していたものの、二人の訪問を喜び、しかも二人の留学に賛意を示して、さっそく武郎にはハヴァフォード大学、森本にはコーネル大学を勧めてくれたという。(7) こうして二人の留学の意思は固まり、その後幾つかのプロセスを経て、武郎は新渡戸のすすめてくれたハヴァフォード大学の大学院に、森本は新渡戸の母校であるジョンズ・ホプキンス大学の大学院に留学することになった。

一九〇三年（明治三六年）八月二五日、武郎と森本は横浜から日本郵船の伊予丸に乗って、シアトルに向けて旅立った。ときに森本二十六歳、武郎は二十五歳であり、ともに私費留学であった。シアトル港には九月八日に到着した。そこから二人は、鉄道でロッキー山脈を越えて九月一四日にシカゴに着き、そこで農学校時代の旧友森廣《ひろし》と再会した。森は『或る女』における木村のモデルであり、ヒロインである葉子のモデル、佐々木信子と婚約して渡米したが、後を追ってくるはずの信子は船の事務長と船上で恋仲になり、シアトルに上陸しないまま帰国してしまった。(8) 森は二年前のこの事件による「大ナル苦痛」を未だ引きずっていたので、二人の同級生は森の心中を察して大いに慰め励ました。九月一九日、武郎と森本はシカゴを発って、二〇日、ジョンズ・ホプキンス大学のあるボルティモアに着いた。駅に出迎えの人が来ており、握手をする間もなく森本はその人と立ち去ってしまった。森本と別れた武郎は、「遂ニ孤独ナル東洋ノ行旅〔旅人〕トナリ」、「寂寥一身ニ集リシガ如ク覚エ」(9)つつ、北上してその日の夜にニューヨークへ赴いた。

ニューヨークでは、幼なじみの親友、増田英一に迎えられ、数日間彼のアパートに泊めてもらい旧交を温めた。二三日に新渡戸夫人メリーの実弟の〔ジョーゼフ・〕エルキントン氏から、学校はすでに昨日から始まっているのですぐに来られたしとの、急ぎの手紙が届いた。そこで九月二四日、武郎はニューヨークを去り、フィラデルフィアに赴いた。駅にはエルキントン氏が迎えに来てくれており、さらにはデパートで衣服などを買ってくれた。

武郎が留学したハヴァフォード大学（Haverford College）は、フィラデルフィアの北西三マイル（四・八キロ）のところにあり、現在は電車（Paoli/Thorndale Line と Norristown High Speed Line）で行けるが、武郎が留学した当時はペンシルヴェニア鉄道が主要な交通手段であった。そこをさらに一マイル——フィラデルフィアからは四マイル（六・四キロ）——行くと、津田梅子が二度目の留学を果たしたブリンマー大学（Bryn Mawr College）がある。(10)二つの大学ともクエーカー教徒（フレンド派）が設立した私立大学で、設立はハヴァフォードが一八三二年、ブリンマーが一八八〇年で、両者とも全米トップクラスにランクする有名なリベラル・アーツ・カレッジである。ブリンマー大学はいまでも女子大学であるが、かつて男子学生のみを受け入れていたハヴァフォード大学は、一九八〇年に完全に共学に踏み切り、今では女子学生の比率の方が少しだけ高くなっている。以上のような次第であれば、いまではそのような行事は廃れているかもしれないが、武郎が入学した頃のハヴァフォード大学では、新入生は上級生によって手痛い歓迎を受ける習わしがあった。アメリカのカレッジはほぼ全寮制なので、入会儀式にも似た行事が催されていたのである。アメリカのカレッジ生活を一瞥するために、少し長いが引用してみよう。

……私は米国に渡つてから諸先輩の意見等を聞いて、フィラデルヒヤに着き、ハーバーフォードカレッヂに行く事になつた。此学校は生徒が僅か百四五十人計りで、至つて少ないが粋の粋ばかり集まって居るのである。新渡戸先生の奥さんの兄《ママ》さんから帽子と服を整へて貰つて、汽車でどうにかかうにか学校に着いた。学校の建築は仲々立派で、寄宿舎等は非常に美麗で、却つて教室の方が汚なかつた。到着した翌日はチインラッシュ〔teens rush〕があつた。之は新入生いぢめの手始めで、先ず Freshmen が太い棒を持つて出て来て Sophomore といきなり取り組合を初める。此の取組合で新入生が最後まで杖を取られずに持つて居れば、其者は一年間杖を持つ権利を与へられる。しかし、大抵二年に負かされて仕舞う。其晩寄宿舎で歓迎会がある。其の時はすべての灯火を消して真暗にしてある。やがて下の Cell からむくむくしたものが出て来ると、廊下をバケツとホーキを持つて追ひかける。床にはシャボンが塗りつけてあり、ツルツルすべる。斯様に四五十分計り追ひ廻してから、湯に入れてホールに連れて行く。ホールには Junior が居て、その三年生が裁判官や書記になって居る。此処に新入生は一人一人呼び出されて宣誓式をやる。それから各自種々の芸当をやらせられる。側で三人の書記は評点をつける。難題をかけては各自の頓智があるかないか、大胆かどうか等を見る。やがて次には毛布六七枚に包んで天井に投げてバウンドさせる。こんな事をして十時頃散会する。其晩の二時か三時頃になると、三年生が来て寝床を剥ぐ。之が三四度やつて来るので、とても眠る事が出来ぬ。斯う云ふ風に一週間程新入生と上級生との争が続いた挙句、一週間目にクリスチャンアソッシエーションホールで立派な御馳走をされて、双方共漸く和睦して仲良くなる。

毎週木曜日 meeting があり、一同集まつて説教をきく。此の帰り道に上級生が陣取って居て、新入生のネクタイ、ヅボンつりから、靴下迄一人一人調べ、贅沢なのや華美なものを持つて居ると、其れを胸にかけて分校なる女学校に連れて行き、校内を追ひ廻す。

秋になると、上級生が Cake dance をやつて新入生を呼ぶ。而して菓子を御馳走する。新入生は御礼に踊りをやらされる。

冬の初雪の時には新入生は橋の上を渡らせられる。其れを上級生が横から突き落とす。まあざつと斯んなヘーヂング〔hazing ＝新入生に対するいじめ〕をやる。此のヘーヂング[11]は只無意味に新入生をいぢめるのでは無い。皆学校の精神校風にならはせたいが為なのである。

札幌農学校ですでに学士号を得ている武郎は、大学院生としての入学であったが、おそらく彼もこのようにしてハヴァフォードに迎えられたのであろう。武郎は最初の学期に、イギリス史、中世史、経済学（労働問題）、およびドイツ語の授業を取った。(12) アメリカの大学では、沢山のリーディング・アサインメント（宿題）が課され、レポートもしょっちゅう求められるので、武郎もさぞかし忙しい学生生活を送ったものと想像される。実際、武郎の日記には、「此後ノ余ハ通常ノ書生ガ為ス如ク毎日教場ニ出席シテ勉強スルヲ以テ専務トナシヌ。格別大事件ハナシ」と記されていて、あれほどこまめにつけられていた日記も、このあとほとんど記されなくなる。しかしそれを補ってくれる資料が、自叙伝的叙述を含む「『リビングストン伝』の序」である。そこで武郎はアメリカ留学時代を振り返って、つぎのように記している。

　米国での最初の一年間私の学んだ学校はクエカー宗の而かも正統派の機関だつた。そこでは宗教的色彩は極めて濃厚だつたといつてい丶。然し幸な事にはこの派には宗旨上の形式といふものは極めて自由だつた。毎週木曜日の午後の宗教的集会には牧師があるでもなく、讃美歌があるでもなく、信条の誦読があるでもなく、会衆は唯黙々として静座するだけだつた。而して心の動いたものだけが或は跪いて祈り、立つて談《かた》つた。その数十分の静座は私になつかしいものだつた。私はいつでも席末に独座して勝手な事を思ひ耽つた。……然し私の渡米の最大の日的が自分自身で考へる事にあつた故私は敢て人の心に触れて見ようとは思はなかつた。一人住みの部屋を寄宿舎に与へられたのを幸ひに、私は自分だけの努力をして自分を見窮めようと勉めた。(13)

ハヴァフォード在学中の特筆すべき出来事としては、学友アーサー・クロウェルの妹フランセス（愛称ファニー）を知ったことである。孤独な生活をしていた武郎に、アーサー・クロウェルという学部四年生の学生が好意をもち、十一月二十五日から五日間の感謝祭の休日に、フィラデルフィアから汽車で二時間ほどのアヴァンデールにある生家に、武郎を招待してくれたのである。途中で二人の兄も合流し、駅に着くと家族の人たちが温かく迎えてくれた。そのなかに当時十三歳のフランセスがいた。武郎はこの可愛らしい少女にすっかり心を惹かれ、それからのちも長く彼女の姿を心にとどめることになったし、その後何回もアーサー家を訪れて温かいもてなしを受けた。

翌一九〇四年（明治三七年）二月、日本とロシアとの間に日露戦争が勃発し、武郎はこれに強い関心を示している。彼は二月一〇日の日記に、「此朝高平公使ニ書ヲ発シ余ガ身軍籍ニアル旨ヲ通知ス」と書いているだけでなく、二月二八日付の有島家宛ての書簡には、「愈召集とあれば帰国致度くと存申候」(14)と書き送っているところを見ると、外国にいて日本人としての意識と義務感が強まったのであろう。しかし武郎がロシアに対して好戦的な感情に駆られた訳ではないことは、かつて皇帝の権威や強権と戦い、いまは「荒寥タル北露ノ麦隴《ばくろう》［麦畑］ニ屹立」している老トルストイに対して、彼が深い同情と畏敬を示していることからも明らかである。(15)

武郎はこうして遠い異国の地から日露戦争の成り行きを気遣いながら、目の前の課題をやり遂げることに汲々としていた。流感に罹って体調を崩したこともあり、一時は諦めかけもしたが、思い直して懸命に頑張って、九ヵ月弱で何とか修士論文を仕上げた。タイプ用紙大の厚紙に手書きで二六〇枚余りの論文で、タイトルは"Development of Japanese Civilization: From the Mythical Age to the Time of Decline of Shogunal Power"（「日本文明の発展——神話時代から徳川幕府の滅亡まで」）というものである。武郎は五月二二日の有島家宛ての書簡で、この論文について、つぎのように述べている。

……一時は脳髄も心臓も時より変調を来して枯木寒厳に倚ると云ふ様な学者的体度が取れなかつたのです、で一時は殆失望して今年の十二月まで在学の期を延す事にしようと決心して居たのでしたが、丁度三月の中頃でしたカーライル、エマーソン往復書簡の古本を買つて読んで居る中に、例のカーライルが仏国革命史の稿本を友の過失によりて灰燼となした時、モー失望して失望して殆ど業を廃せんとしたが、フトシタ事から大勇猛心を起して噛附く様になつて再び草稿を改めたと云ふ事を、エマーソンに書き送た書簡に来て其大事件が私の身に起りつゝあつた弱意を根本から破壊しました。私の仕事はカ氏の夫れに比すれば固より九牛の一毛ではあるが、夫れでも仕事は仕事です。一つ奮発してやり遂げようと決心して夫れから渋り勝ちなる英文の筆を叱咤百番して漸く去る十六日稿を脱し浄書したら二百三十頁程になりました。英文の手紙一つ書くにも苦しみ苦しまねばならぬ憐れむ可き英作文の伎倆で、是れ丈けの長きものを書いたには他人の知り得ぬ苦心もありました。兎にも角にも当年の本校論文中では最長の論文で内容もそんなに劣つては居ない積り、唯残念な事は文体の拙劣です。(16)

かくして、一九〇四年(明治三七年)六月一〇日、武郎はハヴァフォード大学からマスター・オブ・アーツの学位を授与された。そのあとの夏休み期間中、武郎は師と仰ぐ内村鑑三を見習って、ペンシルヴァニア州フランクフォードの「フレンド精神病院」(Friend's Asylum for the Insane)で看護夫として働き、「人世トハ煖《あたたか》キヨリモ冷《つめた》キ所ナリ。冷キヨリモ酷《むご》キ所ナリ。酷キ酷キ所ナリ」(17)ということを実感した。この当時、武郎はいつも四冊の本を携えて愛読した。それは英訳聖書、和訳聖書、英訳のダンテ『神曲』(『地獄篇』と『煉獄篇』)、そして英訳のヘーゲル『歴史哲学』である。この精神病院で働いていたときも、これらの本を読んで挫けそうな心を励ましていた。これらの書物に加えて、武郎はここで働いていたときに、クエーカー教の創始者であるジョージ・フォックス(George Fox, 1624-91)の『日記《ジャーナル》』を読んで深い感銘を受けた。にもかかわらず、武郎はいまや「自己本位」の道を見出しつつあった。

サレドモ余ハ云ハン、彼ハ彼ニシテ余ハ彼タリ得ズ。彼ハ自己ノ罪悪ニ関シテハ極メテ容易ナル解脱ヲ得タレバナリ。彼ノ日記ヲ見ルニ、一度ダニ彼ハ彼ノ罪ニ就テ苦痛ヲ感ゼシ事ナシ。彼ハ一個宗教的天才ナリ。彼ハ尊ク恵マレシ人ナリ。……余ハ幼クシテ純潔ト敬虔トヲ感得セシ如キ経験ナキノミナラズ、幼クシテ余ハ色欲ヲ知リ、盗ム事ヲシ、虚言ヲ吐キ、姑息ニ住ミ、陰言ヲ避ケザリキ。余ガ幼クシテ得タリシ是等ノ慣習ハ今ニ至ルモ未全ク去ラズ。何故ニ余ノ苦心ハカクマデニ無益ナルゾト自ラヲ憐ムノ外ナキ事アリ。カヽル余ハFoxト同情ノ人タリ能ハザル其所ナリ。余ハ彼ノ途ヲ歩ムニフサハズ。神ハ歩ム可ク他ノ道ヲ与ヘ給ヒヌ。余ハ其道ヲ辿ル可シ。(18)

かくして武郎は、ジョージ・フォックスや内村鑑三のような聖人・義人的な宗教者の道ではなく、罪深き文学者としての道を歩み出すのである。ずっと後年になって、武郎は「『リビングストン伝』の序」で、この精神病院での生活を回顧して、そこで二ヵ月間考え抜いた結論を、つぎのようにまとめている。

一、私は宇宙の本体なる人格的の神と直接の交感をした事の絶無なのを知った。
二、基督教の罪といふ観念及び之れに付随する贖罪論が全然私の考へと相容れない事を知った。
三、未来観に対して疑問を抱き出した。
四、日露戦争によって基督教国民の裏面を見せられた。(19)

しかしこの時点で決定的に「他の道」への転轍が遂行された訳ではない。むしろそれは自己自身とキリスト教信仰との乖離の自覚とでも言うべきであろう。武郎が「神」の道から「人」の道へと決定的に踏み出すには、まだあまりにも多くのしがらみが存在した。新渡戸稲造、内村鑑三、森本厚吉などから寄せられている信頼と期待を裏切ることは、優等生で根が「臆病者」(coward)である武郎にとって、容易なことではなかったはずである。実際、武郎は帰国後、東北帝国大学農科大学に昇格したばかりの母校札幌農学校の教授に就任し、恵迪寮《けいてきりょう》の学監、札幌独立基督教会の日曜学校校長などを立派に務め、学内外から新渡戸や内村の後継者として大いに期待されていた。武郎が誰にも相談せずに突如として退会届を札幌独立基督教会に提出したのは、一九一〇年(明治四三年)五月のことなので、アメリカ留学時代からはまだずっと先のことである。しかしキリスト教の棄教者としての「本格小説」作家有島武郎の誕生は、このアメリカ留学なしにはなかったかもしれない。(20)

話をアメリカ留学時代に戻せば、武郎は一九〇四年（明治三七年）九月末にボストンに移り、ハーヴァード大学大学院選科に入学し、歴史と経済学を専攻したが、授業にはあまり興味が持てず、エマーソン、ホイットマン、ブランデス、ツルゲーネフなどに傾倒していく。また社会主義者の金子喜一を知り、社会主義的思想にも共感するようになる。一九〇五年（明治三八年）一月には、金子の紹介で知った弁護士ピーボディの家に住み込み、彼を通じてホイットマンの詩の世界に深く導かれる。ホイットマンは「余ガ長ク長ク遥カニ望ミツツアリシオアシスナリ[21]」。有島はホイットマンを通じて、「ローファー」（loafer）としての自己の生き方を確立し出す。loafとは「うろつく」の意味で、したがってloaferとは「謂はゞうろついて歩いてゐる人」、つまり自由人のことである[22]。「I exist as I am……that is enough; 私はありのまゝに存在する——それで沢山だ[23]」というホイットマンの詩句は、武郎の最も好んだものであるが、いまや武郎はこういう境地に到達したのである。六月、ニューハンプシャー州ダニエル農場で一ヵ月余り農業に従事するが、共に働いていた日本人の恋愛事件に巻き込まれ、予定を繰り上げてそこを立ち去り、一一月、森本とともにワシントンに移り、議会図書館に通ってイプセン、ツルゲーネフ、トルストイ、ゴーリキ、クロポトキンなどの著作を耽読する生活を送った。

一九〇六年（明治三九年）一月一一日の日記には、注目すべき言葉が書きつけられている。「余ノ頭脳モ心臓モ半バ腐敗セリ。恐クハ世ニ出デタリトテ何ノ役ニモ立タザル可シ。Xty〔Christianity〕

ノ楽天ナル生活観ハ既ニ余ヲ此地ニツナグニ足ラズ。愈喰フテ生キル丈ケノ人間ト相場ガキマレバ短銃ノ一發アルノミ」(24)。武郎のうちに胚胎した棄教者への道は、着実に歩を進めていることが確認できる。九月一日、武郎はニューヨークを出発して、ヨーロッパに赴き、ナポリでイタリア留学中の生馬と落ち合い、一緒にヨーロッパ各地を歴訪し、スイスのシャウハウゼンで知り合ったティルダ・ヘックとは、生涯にわたる心の交流をすることになった。一九〇七年(明治四〇年)二月、ロンドン郊外のクロポトキンの自宅を訪れ歓迎され、同月二三日、ロンドンから帰国の途につき、四月一一日、神戸港に帰着した。

寺田寅彦の人生行路と留学は、有島武郎のそれとはきわめて対照的である。有島の人生には大きな人間ドラマがあり、最後に悲劇的などんでん返しがあるが、寺田の人生にはそのようなものは見あたらない。寺田寅彦は一八七八年(明治一一年)一一月二八日、陸軍の会計監督をする父利正と母亀の長男として、東京市麹町区平河町五丁目に生まれた。生まれて間もなく父の転勤に伴い、一家で名古屋に転居したが、一八八二年(明治一五年)、父が熊本に転勤になったので、単身赴任の父と別れて一家は郷里の高知に移った。一八八五年(明治一九年)、父の転勤に伴い一家は上京したが、翌年五月に父が退役したので、再度高知に帰ることになった。一八九六年(明治二九年)九月、熊本の第五高等学校第二部(理科)に入学し、夏目漱石に英語を、田丸卓郎に数学と物理を学び、ここに二人の師との交流が開始された。

一八九七年（明治三〇年）七月、十八歳にして阪井夏子と結婚し、一八九九年（明治三二年）九月、東京帝国大学理科大学物理学科に入学。田中館愛橘《あいきつ》、長岡半太郎のもとで学ぶ。ちなみに、田中館も長岡も山川健次郎の愛弟子なので、[25]われわれはここに不思議な繋がりを感じざるを得ない。

また、この頃漱石の紹介で正岡子規を訪れ、俳句の世界にも足を踏み入れる。一九〇一年（明治三四年）二月、妻夏子が肺結核に罹り高知で病気療養する。五月に長女貞子が生まれるが、同年九月、帰省中に寅彦自身も結核を発病し、一年間休学して転地療養に専念する。一九〇二年（明治三五年）八月、自身の病は癒えて上京し復学するが、一一月には妻夏子が不帰の客となる。

寺田寅彦

一九〇三年（明治三六年）一月、イギリス留学中の夏目漱石が帰朝し、居を東京に定めたので、熊本時代以来の師弟の交流が再開される（もう一人の師の田丸卓郎は、一九〇〇年（明治三三年）九月にすでに助教授として東京帝国大学に着任していた）。同年七月、大学を卒業し、九月、大学院に進学して、実験物理学を専攻した。それから数年間、音響学や液体・固体の振動の研究を進めながら、本多光太郎講師とともに海洋振動の観測など、地球物理学の調査や磁気の実験などにも取り組んだ。

一九〇四年（明治三七年）七月、大学卒業式で本多とともに、熱海の間欠泉のモデル実験を天覧に供した。同年九月、東京帝国大学理科大学講師に就任。一九〇五年（明治三八年）八月、浜口寛子と再婚。一九〇六年（明治三九年）一〇月、夏目漱石の木曜会で、森田草平、鈴木三重吉、小宮豊隆、野上豊一郎、安倍能成などと知り合い、文芸人たちとの交流が始まる。一九〇七年（明治四〇年）一月、長男東一が誕生。一九〇八年（明治四一年）三月、イギリスの*Engineering*誌に論文「尺八の音響学的研究」が掲載され、研究業績が評価されるようになる。同年一〇月、上記の論文など既発表の十一本の論文によって、東京帝国大学より理学博士の学位を授与される。一九〇九年（明治四二年）一月、東京帝国大学理科大学助教授に就任。同年二月、次男正二が誕生。そして同年三月、いよいよドイツ留学に出発することになる。(26)

洋行の行程を記録した「西遊紀行」によれば、寅彦は一九〇九年（明治四二年）三月二五日に東京の自宅を出発して、五月六日にベルリンに到着した。その約二週間後の五月一九日に入学式が行われて、ベルリン大学における寅彦の研究生活が始まった。われわれがここに紹介するのは、寅彦が一九三五年（昭和一〇年）に執筆した「伯林大学（一九〇九―一九一〇）」という随筆である。

一九〇九年五月十九日にベルリンの王立フリードリヒ・ウィルヘルム大学の哲学部学生として入学した人々の中に黄色い顔をした自分も交つてゐた。厳かな入学宣誓式が行はれて、自分も大勢の新入生の中にまき込まれて大講堂へ這入《はい》つたが、様子が分らないのでまごまごして居ると、中に一人物馴れた日本人が居ていろいろ注意してくれて助かつた。それは先年亡くなつた左右田喜一郎《そうだきいちろう》博士であつた。自分よりはずつと前に独逸へ来てゐて他の大学から伯林へ転学して来たさうで言葉なども自由らしかつた。総長の演説があつたが何を云つてゐるか自分にはちつとも分らないので少々心細くなつた。それから新入生一人々々に総長が握手をするといふので、一列に並んで順々に繰出して行つた。世話をやいてゐる事務官らしいのが自分に向つて何か言つてゐるが、何を云つてるか分らない。左右田君に聞くと Wollen Sie dort anschliessen〔後に続きますか〕と云つただけなのださうである。カール総長の握手の力の強いのにびつくりした。総長にでもなる人にはやはりそれだけの活力があるのかと思はれた。

入学証書と云つたやうな幅一尺五寸長《たけ》二尺ほどの紙に大きな活字で皇帝や総長の名を黒々と印刷したものを貰つたが文句はラテン語で何の事か分らない、見てゐると気の遠くなるやうなものであつた。日附の所に D. Berolini d. 19. mens. V anni MDCCCCIX〔ベルリン、一九〇九年五月十九日〕とあつて下に総長の署名がある。「ベルリン」迄が羅典化してゐるので又少し驚いた。それからもう一枚哲学部長の署名のあるこれも羅典語の入学免状を貰つた。

式の前であつたか後であつたか忘れたが、大学の玄関をはひつて右側の事務室でいろいろの入学手続をすませた。東京帝国大学の卒業証書も検閲の為に差出したが、この日本文は事務の役人にとつて自分の場合のラテン語以上に六《むつ》かしさうであつた。色々記入する書式の中の宗教といふ項に神道と書いたら、それはどういふ宗教だと聞かれて困つた。独逸語がよく分らなくては講義を聴くのに困りはしないかと聞くから、なにぢきに上手になりますと答へたら Na! Sehen Sie mal zu.(27)〔まあみててごらん〕と云つてにやにやした。最後の zu が妙にいつ迄も耳に残つて気になつた。

こうして始まったベルリン大学の最初の学期は、以下のようなものであった。

伯林着早々、中村気象台長からの紹介状をもつてヘルマン教授を尋ね聴講科目などの指導を仰いだ。結局第一学期には、プランクの「物理学の全系統」ヘルマンの「気象器械の理論と用法」並びに「気象輪講」ルーベンスの「物理輪講」アドルフ・シュミットの「海洋学」「地球のエネルギーハウスハルト」「地球物理輪講」キービッツの「空中電気」ワールブルヒの「理論物理学特別講義」ペンクの「地理学輪講」といふ御膳立にきめた。

ヘルマンの講義はシンケル・プラッツの気象台へ聴きに行つた。王宮と河一つ隔てた広場に面した四角な煉瓦造りの建物で、これは有名なシンケルの建てた特色のある様式の建築として聞こえたものだそうである。昔は建築のアカデミーでシンケルが死ぬまでこゝに住まつてゐたさうである。

ヘルマン教授は胡麻塩《ごましお》の長髪を後ろへ撫《な》でつけてゐて、いつも七つ下がりのフロックを着てゐたが、講義の言語はこの先生がいちばん分り易くて楽であつた。自由に図書室へ出入りすることを許されたが図書室の中はいつ行つて見ても誰もゐないでひつそりしてゐた。(28)

寅彦にとってベルリン大学で一番私淑したのは、このヘルマン教授（Gustav Hellmann, 1854-1939）であったが、彼はまたマックス・プランク（Max Karl Ernst Ludwig Planck, 1858-1947）やアドルフ・シュミット（Adolf Schmidt, 1860-1944）の講義も受けた。彼の目にこの二人の教授がどう映ったか紹介しておこう。

ヘルマン教授には三学期通じてずつと世話になつて特別の優遇を受けたやうな気がしてゐた。二十余年の今日でもこの先生の顔をありあり思出すことが出来てなつかしい。

ヘルマンの教室を出て右を見ると河向ひにウィルヘルム一世記念碑のうしろの胸壁の裏側が見える。河岸に沿うて二町位歩くと王宮橋《シュロースブリュッケ》の西詰に出る。それを左へ曲るとウンテルデンリンデンですぐ右側の角《かど》がツォイクハウス、次が番兵屯所、その次が大学である。物々しい番兵の交代は伯林名物の一つであつたが、実際如何にも帝政下の独逸のシムボルのやうに花やかでしかもしやちこばつた感じのする日々行事であつた。此の花やかにしやちこばつた気分が独逸大学生特に所謂コアー学生の常住坐臥《じょうじゅうざが》を支配してゐるやうに思はれるのであつた。

大学の玄関の左側には一寸した売店があつて文具や、それから牛乳パン位を売つてゐたやうな気がする。オペラ、芝居、それから学生見学団のビラなどが貼つてあつた。十時頃にはよく玄関でシンケン・ブロートの立喰ひをしながらそんなビラを読んでゐる連中がゐた。林檎の皮ごとぼりぼり齧り歩いている女学生も交つてゐた。

プランクやシュミットの講義は此処で聴いた。プランクの講義も言葉が明晰で爽かで聞取り易い方であつた。第一回の講義の始めに、人間本位の立場から物理学を解放すべきことや物理的世界像の単一性などに関する先生の哲学の一とくさりを聞かせた。綺麗に禿げ上がった広い額が眼について離れなかつた。黒板へ書いてゐる数式が間違つたりすると学生が靴底でしやりしやりと床をこするので教場内に不思議な雑音が湧き上がる。すると先生は「ア、違ひましたか」と云つて少しまごつく。学生の一人が何か云ふ。「御免なさい」と云つてそれを修正する。その先生の態度がいかにも無邪気で、ちつとも威張らず気取らないのが実に愉快で胸がすくやうであつた。

プランクの明るい感じと反対にアドルフ・シュミット教授は何となく憂鬱な感じのする人であつた。いつも背広の片腕に黒い喪章を巻いてゐたやうな気がする。併し実に頭のいゝ先生だと思つて敬服してゐた。言葉は自分には少し分りにくい独逸語であつたがその講義は簡潔でしかも要を得た得難い良い講義だと思はれた。大事なしかも可也《かなり》六かしい事柄の核心を平明にはつきり呑込ませる術を心得てゐるやうであつた。結局先生自身がその学問の奥底まではつきり突きとめて自分のものにしてしまつてゐるせゐだらうと思はれた。日本の大学でもかうした講義が一番必要であらうと思はれたが少くも自分等の学生時代には高等学校と大学のコースの中間にかういふコースが抜けてゐたやうな気がする。(29)

以上、長い引用を三つほど行ったが、これはいずれも一九三五年（昭和一〇年）の回想記からのもので、その性質上、印象的かつ反省的性格が強いが、当時ベルリンから書き送られた書簡には、もう少し庶民的かつ生活感のある叙述が見出される。たとえば、

当地は世界中で有名なビール国にて女でも子供でも水の様にビールをのみ候。尤もこちらのビールは日本のよりもアルコホル分遥に少く一合や二合では酔ふ事な無之候《ママ》。安い事も随分安く、当地ではまづ日本で番茶をがぶがぶのむ位のものらしく候。大きな馬車に罎詰のビールを

積んで日々配達しあるき、又家々の下女は大きな口の広い一升徳利位のビンをかゝへて近処のビール屋へ買いに参り居り候。

………

当地の住民は田舎の空気を珍重し、日曜などは競ふて遠足に参り候。汽車賃も非常に安く都合よく出来居り候。パンやサンドウイツチ、菓子など持参にて出かけ珈琲店でコーヒー一杯位買つて安上りの遊山を致し居り候。又人の遊びに出る処には致る処ビーアホールやコーヒー店あり、ビールの一杯も取れば其処の腰掛で半日位こしかけてのんきに遊んで居ても一向いやな顔もされぬ様に御座候。つまらぬ事ながら独逸人の質素な暮し方がわかり申し候。(30)

ドイツ語の修得にはかなり手を焼いたようで、「独逸語は二年位居たつて覚へそうもない。大に失望(31)」と小宮豊隆にこぼしていた寅彦は、そのひと月少々のちにも、再度つぎのように書き送っている。音声の研究にも従事している寅彦だけになかなか興味深い。

独逸語には相変わらずこまつて居ります。日本の片仮名で現はせる様な音は誠に少いといふ事が始めて此頃わかつて来たやうな気がする。妙な中途はんぱな音がゴチヤゴチヤと早口に出てくるので始終めんくらふ。就中《なかんずく》Rの音などは一番厄介です。レストーランでオーバー〔ボーイさん〕……にErdbeeren〔イチゴ〕と命ずるといつでも聞き返へされるので癪にさわつてたまらぬ……

Rでこまらされるのは宿の御神さんや御嬢さんである（フラウ、フロイラ〔イ〕ンといふよりファウ、フォイラインといつた方がよく通じる。）例えばWartenといふのが小生にはWachtenと聞へる。Wurstなど、来ては到底上品な日本人の咽喉で真似の出来ない野蛮な音である。とても真似する気にならぬ。öは猛獣の吼へる如くüは鳥の叫び声の様である。(32)……

寅彦は留学中に短期長期の旅行を何度も企てているが、長期の旅行については、「北欧旅行記、「墺地利及び伊太利」《オーストリア》《イタリア》」、「瑞西及び南独逸」《スイス》」、「ロンドン、オックスフォード及びグラスゴー」などに、毎日の出来事が手書きの図入りで詳しく記されている。(33)それらは別途参照いただくとして、ここでは寅彦の小旅行から一例を取ってみよう。当時ドレスデンで万国写真博覧会が開催されていたので、寅彦はドレスデンへの一泊どまりの小旅行をした。ベルリンからドレスデンまでは一九七キロほどなので、現在では特急電車で約二時間半で行けるが、往時は四時間近くかかったのではなかろうか。ドレスデンからベルリンに戻った寅彦は、一九〇九年（明治四二年）七月二六日付けの葉書で、夏目漱石につぎのように報告している。

昨日ドレスデンへ参りマドンナ〔ラファエロの「システィーナの聖母」〕をおがみ年来の恋人に逢つた心持がしました。レニのEcce Homoやルイスデールを始めアンドレアデルサルトもテンテロットも皆御目にかゝり友達にめぐり逢ふた様に思ひました。マドンナは写真などで見るとなんだか眼がいやに窪んで何処やら品のない顔でしたが親しく拝んで見るとなる程美しく尊い聖母に相違ない。

ドレスデンは町はずれに山が見へて、エルベには筏が流れてなんだかなつかしい様な処です。田舎は麦の秋で、果のない平野には苅〔刈〕つた麦が束ねて立てゝあつて、大きな鎌をかたげた百姓も頬冠りして土瓶をはこぶ田舎乙女も汽車から見ました。(34)

ともあれ、このようにして寅彦のベルリンでの一年半は過ぎた。「三学期一年半の伯林大学通ひは長いやうでもあり又短いやうでもあつた。大層利口になつたやうでもあり又馬鹿になつたやうにも思はれた」(35)が、彼は名残惜しい気持ちを抱きながら、一九一〇年（明治四三年）一〇月、つぎの目的地のゲッティンゲンへ移って行った。

筆者もゲッティンゲン大学に留学していたので、何となく親しみを感じざるを得ないが、Göttingenという地名を日本語で「月沈原」と表記することを、寅彦関係の書物からはじめて学んだ。一〇月一三日の便りに、「小弟近日月沈原《ゲッチンゲン》に移ります、そして田舎の冬籠りをやります(36)」と書いた寅彦は、同月一八日、「いよいよ伯林を引き上げ当地ゲッチンゲンに参り候／此処は田舎の小き町にて、東京から高知へ帰つた様な心持が致し候(37)」、と高知の父親に書き送っている。寅彦はゲッティンゲンに来てはじめて「日本で見る様な月を見」た。電灯やガス灯で明るいベルリンでは見られなかったのである。ゲッティンゲンには十五名ほどの日本人学生がいたようで、「狭い町にて新しい日本人がくれば町中の人が皆知つて居り候。何辺伯林に比較して鄙びた処が面白く候、閑静なのが何より結構に御座候(38)」、「こんな事なら早く来ればよかつたと思ひます(39)」とすら述べている。寅彦はゲッティンゲンで「田舎らしい純粋の降誕祭《ワイナハト》を経験」した。家主の主婦に誘われて幼稚園の降誕祭式に参加したのである。彼はドイツ特有の正月の祝い方も興味深く経験した。「市役所の時計が十二時を打つと同時に隣のヨハン会堂《キルヘ》の鐘が鳴出す。群衆が一度にプロージット・ノイヤール、プロージット・ノイヤールと叫ぶ。爆竹に火をつけて群衆の中へ投げ出す(40)」。「ビールのコップを片手にさげてプロージットプロージットと呼びあるく若者もあり、隊を組んで歌を唱ひながら行く学生もあり、知る人も知らぬ人も御目出度うと呼びかはし候(41)」。筆者もかつてゲッティンゲンで同様の経験をしているので、とても懐かしい思いでこれを読んだ。

筆者が留学したときには、さすがにもはや決闘は存在しなかったが、寅彦は学生の決闘を見物する機会をもち得た。ゲッティンゲンに到着したとき、「独逸学生の生活模様を見るには伯林よりも此処の方が適せる由にて、例の決闘なども此処では時々見られ候由(42)」と書き送った寅彦は、決闘があるとの情報を聞きつけて、留学生仲間の高辻亮一を見物に誘った。高辻もベルリンやライプツィヒでは警察が厳重で決闘がないので、一度是非見てみたいということで、一九一一年（明治四四年）一月二一日、二人して決闘見物に行ったのである。この決闘見物については、高辻の日記に実に詳細な報告が記されている。何分にも長い記述なのでここでは披露できないが、これは一読の価値がある生々しい歴史的史料である。(43)

寅彦のゲッティンゲン滞在は、彼がいみじくも「田舎の冬籠り」と称したように、寒が和らぎ始めた二月二一日をもって終了したが、寅彦は一年半住んだ帝都ベルリンとは一味違う濃密な四ヵ月を、大学町ゲッティンゲンで過ごした。寅彦がベルリンとゲッティンゲンの留学から何を持ち帰ったかは知らないが、有意義な二年間であったことは間違いなかろう。

以上、われわれは有島武郎と寺田寅彦の留学体験を考察した。同い年ではあっても、育ちも気質も違う二人ゆえ、接点といえるものはほとんど見出せない。彼らがそれぞれ留学したアメリカとドイツの国柄と大学制度や雰囲気はまったく異なるが、やはり一番大きいのは気質の相違であろうか。文学者に生まれついた武郎に対して、寅彦は本質的に科学者である。武郎のような情緒的・感傷的に揺れ動く心は、おそらく寅彦にとっては無縁のものであろう。彼はいかなる事象に対しても、つねに客観的に観察する科学者の眼を失わない。キリスト教に対しても同様である。それにひきかえ、武郎はあまりにも誠実かつナイーブで、また一途《いちず》すぎた。もし武郎が新渡戸や内村のようなキリスト者だけではなく、漱石や寅彦のような質《たち》の人とも交流があり、「繊細な精神」を「俳諧」や「科学的精神」によって補完できていたとすれば、彼の「自己本位」の道――「人」の道、罪深き文学者としての道――はあのような悲劇的な結末へと向かわずに済んだのではなかろうか。

武郎が人妻と情死したことを知った内村鑑三は、『万朝報』（大正一二・七・一九―二二）に、「背教者としての有島武郎氏」という一文を寄稿した。「私は今日に至るまで多数の背教の実例に接したが、有島君のそれは最も悲しき者であつた(44)」と述べ、「有島君は神に叛いて、国と家と友人に叛き、多くの人を迷はし、常倫破壊の罪を犯して死ぬべく余儀なくせられた。私は有島君の旧い友人の一人として、彼の最後の行為を怒らざるを得ない(45)」と厳しく譴責《けんせき》した。武郎にキリスト教を伝えた信仰の師として、内村が烈火の如く怒ったのは当然であるが、しかし同時に、内村の心はより大きな悲しみに包まれていた。彼は、武郎を自殺に追い込んだのは何だったのかを自問しつつ、その原因を「コスミックソロー（宇宙の苦悶(46)）」に求める。そして、かかる苦悶が背教・棄教の結果としての空虚感に由来することを説いている。いずれにせよ、武郎は欧米留学によって、「誠実熱心なる基督信者」であることをやめて、背教者・棄教者となった。だが、背教・棄教が自殺（情死）を余儀なくしたと結論づけるのは、いささか早計であろう。いろいろな解釈があるが、複合的な要因が絡まって悲劇的な終焉を迎えたのであろう(47)。ともあれ、彼の欧米留学がこの問題を解くための重要な鍵を含んでいるように思えるので、別の機会により掘り下げて論究してみたい。

ニセコの雄大な景色を一望する旧有島農場（狩太農場）の一角に佇む「有島記念館」を訪れ、有島武郎の足跡を偲ばせる数々の展示資料を見るたびに、筆者は言い知れぬ悲しみを覚える。父武が子供たちの将来を思い、「国有未開地処分法」に基づく土地貸下によって開墾した、四四四ヘクタールに及ぶ狩太（現ニセコ）の広大な農地を、武郎は一九二二年（大正一一年）七月一八日、小作人たちの土地共有による農場として無償解放することを宣言した。それによって一九二四年（大正一三年）七月一五日、解放後の旧有島農場は「有限責任狩太共生農団信用利用組合」として設立された。この農団は、土地共有の形態が進駐軍の意に副わなかったため、戦後の農地改革によって解散させられ、農地はそれぞれの農家の持ち分に従って私有地となった。しかし武郎が断行した旧有島農場の解放宣言は、『カインの末裔』や『生れ出づる悩み』の作者だからこそできた偉業であって、われわれはこの行為のなかに武郎の人間性の一端を見ることができる。[48] 有島武郎の生涯とその文学は、真摯に生きようとするすべての人に、限りない励ましと示唆を与えるとともに、さまざまな疑問を引き起こす。ニセコの雄大な自然と有島のピュアな心とを重ね合わせるとき、なぜ彼はあのような仕方で自らの生涯を終えざるを得なかったのか、その問いは筆者の頭から離れない。有島武郎の生涯は、キリスト者としての筆者にとって永遠の問いであり続けている。

# 第八話　原勝郎と西田直二郎



原勝郎（一八七一―一九二四）と西田直二郎（一八八六―一九六四）は、ともに京都大学文学部の歴史学の基礎を築いた歴史学者である。東京帝国大学でランケの学統に属するルートヴィヒ・リース（Ludwig Riess, 1861-1927）の教えを受けた原は、一九〇七年（明治四〇年）に西洋史学の初代の教授として京都帝国大学に着任し、一九二四年（大正一三年）学部長として病死するまで独特の個性と知性の持ち主として異彩を放った。一方、原の盟友内田銀蔵（一八七二―一九一九）の薫陶を受け、国史学講座の第一期生として卒業した西田は、ドイツのカール・ランプレヒト（Karl Gottfried Lamprecht, 1856-1915）の「文化史的方法」に心酔し、それを批判的に摂取して独自の日本文化史学を樹立した。西田は内田が急逝した一九一九年（大正八年）、助教授としてその講座を継ぎ、一九二四年（大正一三年）教授に就任したので、原と西田は一定期間同僚として在職している。そして原が急逝したあと、その遺稿の整理校訂に主として当たったのは西田であった(1)。しかしこの二人を結びつけて考察するのは、両者のゆるやかな師弟＝同僚関係のゆえではなく、両者が日本と西洋の垣根を自在に超えて思索した、その通文化的な力量に魅了され、今日彼らの学問的遺跡

原勝郎

をいわば再発掘し、その偉業を再評価する必要性を感ずるからである。

原勝郎は一八七一年（明治四年）二月二六日、岩手県盛岡新築地《しんちくち》（現、盛岡市大通三丁目）にて盛岡藩士原勝多の長男として生まれた。岩手県尋常中学校（現、盛岡第一高校）を経て、一八九六年（明治二九年）に東京帝国大学文科大学（現、東京大学文学部）を卒業した。同級生にはのちに文学者として活躍した高山樗牛《たかやまちょぎゅう》、日本経済史家の内田銀蔵、幸田露伴の弟で歴史学者になった幸田成友《しげとも》などがいた。原は一八九九年（明治三二年）九月、第一高等学校教授となり、一九〇二年（明治三五年）一〇月、「鎌倉時代ニ於ケル文化ノ発達」と題する論文によって文学博士号を取得した。[2] 強烈な個性と知性の持ち主であった原は、一高教授時代に多くの生徒に強い感化を及ぼしているが、石原謙や和辻哲郎などもそういう教え子の一人である。

一八九七年（明治三〇年）六月、わが国二番目の帝国大学として京都帝国大学が設置され、その九年後の一九〇六年（明治三九年）九月、文科大学が開設された。まず哲学科が開設されて講義が始まったが、その翌年の一九〇七年（明治四〇年）九月、史学科が開設されるに至って、原と同期の内田銀蔵が一足先に国史学講座の教授として着任した。内田は原と同時期に、「我国中古の班田収授法及近時まで本邦中所々に存在せし田地定期割替の慣行に就きて」と「徳川時代特に其中世以後に於ける外国金銀の輸入」によって、東京帝国大学から文学博士の学位を取得したが、翌一九〇三年（明治三六年）一月から三年間、文部省外国留学生としてヨーロッパに派遣され、イギリス、フランス、ドイツに留学して、とくにドイツ歴史学派経済学の学風を吸収した。帰国したのは一九〇六年（明治三九年）であるが、その前年の一九〇五年（明治三八年）に広島高等師範学校教授に就任していた。したがって、広島高等師範学校には実質的には一年しかいなかったことになる。

原勝郎は盟友の内田銀蔵と入れ替わりに、一九〇七年（明治四〇年）三月二四日から一九〇九年（明治四二年）三月一六日まで、「文部省外国留学生」としてドイツ、イギリス、フランス、アメリカに留学して研鑽を積んだが、帰国後の一九〇九年（明治四二年）三月二三日、京都帝国大学文科大学の「史学地理学第一講座担任」を命ぜられ、西洋史学の初代の教授として着任した(3)。草創期の京都帝国大学文科大学には、狩野亨吉（倫理学）、狩野直喜（支那語学支那文学）、松本文三郎（印度哲学史）、桑木嚴翼（西洋哲学）、新村出（言語学）、桑原隲蔵（東洋史）、小川琢治（地理学）、坂口昂（西洋史）などがいた。スタート時から講師を嘱託されていた内藤湖南（虎次郎）は、原から遅れること半年、一九〇九年（明治四二年）九月に東洋史学第一講座の教授に就任した。ちなみに哲学者の西田幾多郎は、翌一九一〇年（明治四三年）に助教授として着任し、一九一三年（大正二年）に教授に昇任している。かくして京都帝国大学文科大学は、かつて『大阪朝日新聞』の記者として健筆を揮っていた内藤湖南が提唱したような、「樸学《ぼくがく》研鑽の風(4)」を体現した学府として天下にその名を馳せるようになったのである。

「樸学」とは湖南らしい表現であるが、漢書の儒林伝を典拠としており、「じみでまじめな学問」「やぼくさい学問」を意味し、そこから転じて、清朝の「考証を重んじる学問」を指すようになったと言われている。一八七七年にわが国唯一の「帝国大学」としてスタートした現東京大学が、政治の中心である首都にあるがゆえに、俗界の名利を欲する傾向を免れず、またその卒業生の大半が官職に就くことで出世しようとするのを見て、湖南は純学問的に真理を探究する文科大学を、中央政府から遠く離れた京都帝国大学に設立する必要性を、鋭い筆舌をもって力説したのである。

……東京大学の設けのごとき、主として泰西〔西洋〕諸国の制度に倣《なら》い、学者の天分を貴重するの風を移植せんとし、社会もまた学者の宜しく俗務に関係すべからざるを知悉《ちしつ》すといえども、大学の存するところは、全国の首都にして、政治中心の府たり、大学教授の名誉をもってするも、彼その同学の行政府に出身して、一代の名利《めいり》幷《あわ》せ獲《え》、俗界の尊敬を受くるを見ては、その寂寞《せきばく》たる生涯に比して、心を動かすことなきを得ず。加うるに近歳におよび、大学総長は屢次《るじ》〔しばしば〕遷《うつ》りて文部大臣となり、その教授は往々行政官を兼ねて、収入の裕なるを致す者あり、しかして大学卒業生の多数は官府に衣食するをもって出身の捷径《しょうけい》〔近道、手っ取り早い方法〕となす。ここをもって泰西風の大学、三十年にして、いわゆる撲学の士を出すこときわめてとぼしきを免れず、その明治の時代における文運の鼓吹者として、後世に特標すべき者にいたりては、ほとんどいまだ聞くことあらざるなり。

……幸いにして設立以来の京都大学は、往々にしてその方鍼〔針〕、世人の望むところに副うに足るものあり、その総長の人物は儼然《げんぜん》として学術以外の名利《めいり》に恋々《れんれん》たらざるの概あり、……加うるに地は中央政府の存するところにあらずして、教授の行政官を兼ねて、分外の収入を得、もしくは私立学校の講義を担当して、零砕《れいさい》の謝金を蒐羅《しゅうら》〔あつめ取ること〕すべき便宜はまったくこれなし、学者の生涯として、きわめて純潔を保持するに適せること、東京大学の比にあらず。……吾輩は新時代における撲学の先声、これを京都大学に求むるのほか、現に他に望むべきなきをもって、かの教授諸君がこの苦境に立ちて、厚く自ら愛せんことを強いざるを得ざるなり。(5)

ここには現代にまで及ぶ、東京大学と京都大学の本質的相違がきわめて的確に表現されているが、いずれにせよ、京都帝国大学文科大学すなわち京都大学文学部は、湖南の提唱にしたがって、「撲学の士の養成」を使命とする研究教育機関として設立されたのである。原勝郎は、この京大文学部史学科の西洋史学担当の初代の教授に就任した。歴史学者としての原勝郎の業績とその意義を、とくに彼のヨーロッパ留学との連関において、掘り下げて考察する前に、われわれはまず京都時代の彼の業績を、『京都大学文学部五十年史』の叙述によって概観しておこう。

原勝郎教授は、明治四十二年教授として來任し、本第一講座を担任、大正十三年一月の逝去に至るまでもつぱらヨーロッパ最近世史を講じた。本学部は、その創設に際しさまざまの特色を有していたが、史学科に最近世史の講義が正科目として設置されたことは教授の功績である。教授は、この特色をもつともよく生かし、普通講義・特殊講義として、おもに十九世紀後半以後のヨーロッパ最近世史を講ずるとともに、「米国史」（明四五―大二）、「ビスマルク」（大四・五）、「ロシア近代史」（大七）などの特殊講義をも行なつた。そして、晩年もつとも力を尽したのは世界大戦史の研究であつて、大正九年以降の講義はもつぱらこれに関したものであつた。

原教授は、大学卒業後直ちに軍役に就き大陸に遠征した経験をもち、また盛んに政治外交を論じた。頭脳明晰にして博覧強記の教授は、とくに大戦前後の複雑なヨーロッパ政情の動向を鋭敏に観察し、その俊鋭な推論は直ちに現象の背後に透徹して事件の核心を突留めるという点、まさに天才的なひらめきがあつたが、この教授の特色をもつともよく示したものは、その主著『世界大戦史』（大一四）である。それは大戦後間もなくまだ関係史料が十分整理発刊されていない時に、ただわずかにカウツキー文書などの不充分な史料をもつて、鋭利な史眼と厳密な史料批判を駆使しながら、第一次世界大戦前後の外交関係を分析叙述したもので、極めて精緻、他の追随を許さないものであつた。不幸教授の早逝によって、この研究は中道にして止んだが、斯学への貢献は大なるものがあつた。

なお教授の学問的業績としては、他に『欧米最近世史十講』（大四）、『西洋中世史概説・宗教改革史』（昭六）、『日本中世史の研究』（昭四）、および"An Introduction to the History of Japan"（大九）などがある。『日本中世史』（明三八）はその学位論文であつて、日本の史学界へ西洋史学の方法と史風をとり入れた極めて斬新な歴史叙述であり、その洗錬された美文とともに、当時非常に高く評価されたものであつた。教授の日本歴史に対する関心は終始やむことなく、その「東山時代の一縉紳の生活」などは注目すべき雄篇とされた。また英文による日本史手引は、わが国の歴史家が自ら著わした最初のものとされ、わが国の文化を広く海外に紹介したものとして、その業績は忘れることができない。このような教授の学問的足跡は、そのままわが国の西洋史学が、明治期の紹介的啓蒙的段階から、次第に大正期に入つて専門的特殊的

なものに発展分化していった姿である。同じような傾向がやや異なつた方向において示されているのは坂口教授である。(6)

以上のように、原勝郎は「わが国における西洋史学の樹立者・開拓者」(7)の一人であるが、その主著とみなされているものが西洋史を扱ったものではなく、『日本中世史』(一九〇六年)——これは学位論文の改訂拡張版である——や『東山時代における一縉紳の生活』(一九一七年)であったところに、原の仕事の注目すべき特異性と時代的限界性とがある。ランケの衣鉢を継ぐリースの弟子として、原は実証研究の重要性を十分認識していたと思われるが、彼の時代の西洋史研究はまだそれを実践するところまでは成熟しておらず、やむなく西洋史学の方法を日本史に適用して講ずるという離れ業をせざるを得なかったのであろう。しかしそれでも、『昨年の欧米　一九一一年』(冨山房、一九一二年)と『欧米最近世史十講』(弘道館、一九一五年)、そして遺稿の『世界大戦史』(同文館、一九二五年)と『西洋中世史概説・宗教改革史』(同文館、一九三一年)などは、西洋史家としての原の面目の一端を今に伝えている。(8)

たとえば、『西洋中世史概説・宗教改革史』は、原が一九一一—一二年(明治四四—四五年)の京都帝国大学史学科において講述した内容が、彼の死後、関係者の手によって編集刊行されたものであるが、彼は西洋中世史を「封建制度」、「南欧の通商」、「独逸(Hansa)の通商」、「文芸復興」

の四つの角度から叙述し、それに「宗教改革史」を後続させている。これを読むと、原にとって商業は、単なる経済的事象に尽きるものではない。それは文化の交流や伝播の有力な媒体なのであり、商人と都市は文化の担い手およびその社会基盤として捉えられている。また封建制度は、中世文化の基本的性格を規定する最も重要な政治的・社会的要因であるとされるが、これは「自然の発展によりて成れるもの」と言われる。「然れども既に自然の発展によると認むる上は、封建制度なるものは諸民族が其発展の経路に於て一度は経由せざるべからざる一の社会的状態なり(9)」という重要な認識が、そこで提示されている。

ルターの宗教改革に関しても、免罪符の販売に対する抗議という外的事象にその起源を求めるべきではなく、「神によりて救はれんとするには、自己の為せる徳行に依頼すべからず、唯神を頼むべし、神を頼めば罪深き者も救はるべく、事業によらんとするものは動もすれば神を頼む念薄きが故に、却つて神の助けに逢ひ難し(10)」というルターの信念にこそ、その宗教改革の起源と本質があることをしっかり説いている。このように宗教改革史を「ルターの青年時代」、「ルターの信念」から説き起こし、「ツウィングリの新教」、「カルヴィンの新教」、「英国の宗教改革」の順に如才なく叙述している。現代でも十分通用するような概論講義であるといってよい。

われわれが原勝郎に着目するのは、西洋史学の専門家でありながら日本史についてさまざまに論じ、日本史にもヨーロッパ史のように、古代・中世・近世という段階があることをはじめて指摘した、その慧眼に敬意を表するからである。しかも彼は、のちに日本史の通史を英語で執筆した。*An Introduction to the History of Japan* (London & New York: G. P. Putnam's Sons, 1920) という
この書物は、近頃麗澤大学学長の中山理によって翻訳されて、『原勝郎博士の「日本通史」』（祥伝社、二〇一四年）として出版されたが、これは渡部昇一も推奨しているように、[11] 歴史的名著の名に恥じないものである。この書の序文で、原はつぎのように述べている。

さらに日本の歴史家にとって、外国人読者のために自国の歴史を書こうとする試みが今ほど急を要しているときはない。

大戦のために、いわゆるヨーロッパの協調、すなわちヨーロッパ数ヵ国による有力者会議は、世界の協調に取って代わられるであろう。……極めて不安的な危機的時代にあって、日本の立場はすこぶる難しいものとなろう。日本が起こすどの動きも、日本が立てるどの偉業も、特に近年では、ことごとく国際的な疑惑の対象となってきている。

しかし日本は、これから将来、他国に歓迎されようがされまいが、進歩せずにはいられないのである。というのも進歩がまったくなければ、停滞するしかないからだ。そこでこの重大事にあたって絶対に必要となるのが、日本人が自国史を語ることを通して自ら説明を試みることであり、そうすることにより、今の現実の日本人としてだけでなく、過去の習慣を受けつぐ日

本人として、自分自身、その国民性、その特質を完全に理解することができる。それこそ私が本書で追求した唯一の目的である。(12)

ここに記されている気概こそ、原を歴史家として高からしめている真面目である。戦後の日本の学者はおしなべて、自分の専門は西洋なので日本のことはわからないと逃げるが、原の歴史家としての態度はまったく異なる。日本人である以上、専門が西洋史であろうが東洋史であろうが、自国史を語れない歴史家は歴史家たり得ない、というスタンスなのである。原が西洋史学の教授でありながら、名著『日本中世史』を書いたのは、先に指摘した時代的制約性も関係しているが、このような日本人としての意識をもっていたからにほかならない。管見によれば、戦後の日本人学者――とりわけ欧米に関する研究に従事している学者――の問題点は、日本人であるという意識が希薄となり、いわば国籍不明の世界人のごとき意識で、研究に携わっている人が大半だということである。こういう筆者もあるときまではそうであった。戦前と戦後の知識人の一番の相違は、この日本人としての自覚の有無にある。

もちろん、原にしたところで、自分一人でこの英文の著作を完成できたわけではない。英語を母国語とする人々の協力があってのことである。原の英文原稿の一部に目を通し、その英文チェックを引き受けたのは、オックスフォード大学クウィンズ・カレッジのA・H・セイス博士（Archibald

Henry Sayce, 1845-1933）であった。末期癌に侵された原が病床に持参し、亡くなる前日まで手元に置いて読んだ本は、セイスの『回想録』*Reminiscences* (London: Macmillan & Co., 1923) であったという。原がいつどのようにしてセイスと相識るに至ったのか詳細は不明であるが、原は一九二〇年（大正九年）の海外出遊の折にも、バースにおいてセイスを再訪したとの証言が残されているので、おそらく最初の出会いは一九〇七年から一九〇九年にかけての留学期間中であったと推測される。(13) そうであるとすれば、原の欧米留学は最後の局面で大きな成果をもたらしたことになる。

原勝郎の留学については、これまでまとまった資料は存在しない。われわれが手にしているのは、部分的な証言や報告にすぎない。にもかかわらず、そうした資料に基づいてある程度の輪郭は摑むことができる。上述したように、原は一九〇七年（明治四〇年）三月二四日から一九〇九年（明治四二年）三月一六日まで、「文部省外国留学生」としてドイツ、イギリス、フランス、アメリカに留学したことが判明している。新村出は留学時代の原について、以下のような貴重な証言を残している。

原君を伯林に迎へたのは明治四十年の暮れであつたと思ふ。桑木君と私とが出淵書記官の住居にいつて待受けてゐた時、三四階の上から梯子段を見下ろしてゐると、原君がスートケースの相当に大きいのを肩に荷ひながら昇つて来るのを見出した私たちはその元気に驚かされた。それからは三日にあげず私たちの下宿に遊びに来てはよく談じ、よく評し、よく茶をのみ、私たちの寂寥を破つてくれた。原君がフヮルツブルグ町の Thouret といふ家に下宿を定めて後、私は桑木君と共に午餐に招かれたことがある。エムマといふ娘が女優でニーチェの崇拝家であつた。Iphigenie auf Tauris の一節を新旧両式にせりふにつかひわけてきかせてくれた。この女はその後しばしば原君の話題に上つた。

或時は二人でレッシング座の昼芝居に沈鐘を見にいつた。観劇中に原君から例の調子で何度となく劇評をさゝやかれたのには閉口した。何でも黙つて見たり聞いたりしてはゐられない質の原君は、伯林でも倫敦でも京都の南座でもいつも同行者をなやまさずにはおかなかつた。四月なかばに私が桑木君や原君たちに見送られて伯林から伊太利旅行に上つてから、数カ月を隔て、私が倫敦に転学したときは、伯林のときとは逆に原君から案内された。キュー公園《ガーデン》などにも連れていかれた。翌年四月私が帰朝する頃には新橋に迎へてやると力んでゐたが、果して抜駆けに米国を経由して早く帰つて居た。(14)

原の最も近しい同僚の坂口昂の回想によれば、原はベルリン大学ではトライチュケ（Heinrich von Treitschke, 1834-96）の後任のハンス・デルブリュック（Hans Delbrück, 1848-1929）に師事して学び、ベルリン滞在中にデルブリュックの「ジュボタの海戦」を主題とする史学演習を傍聴したという。学部長の要職にあった原が突然身罷ったとき、坂口は畏友の死に深い悲しみを覚えつつ、「一体、原君は誰に尤もよく私淑したであらうか」、「君は歴史家として誰に尤もよく肖てゐたか」と自ら問いを発し、「原君が生前に接触した西洋の学者に求めるならば、私はまず伯林のハンス・デルブリュック博士と見立てるに躊躇しない(15)」と自答している。そこから坂口は原を「吾がデルブリュック」と呼んで憚らないのであるが、後年『昨年の欧米』や『世界大戦史』を著すに至った原を考えると、坂口のこの見立ては間違ってはいないと思う。実際、原は二度目のヨーロッパ歴訪の際、バースにセイスを訪ねただけでなく、ベルリンのデルブリュックを再訪している(16)。

原は一九二一年（大正一〇年）七月二〇日付の手紙で、当時イギリスに留学中の教え子の濱田青陵に対して、つぎのような忠告を与えているが、そこには自分自身の留学体験に根ざした賢慮が含まれているといえよう。

今春は伊太利、今夏は北英地方に赴かるべき由御報に接し、欣羨《きんせん》此事に御座候。留学生の平均以上の見物、又社交の経験をされる事なれば、其丈《それだけ》軍用金の方御困難は不得已《やむをえざる》事に可有之、仏独両国も英国人の紹介にて、不尠《すくなからず》便宜を得らる可しとは存じ候得共《そうらえども》、到底、御滞英中の様には参り申間敷、其辺は前以て御覚悟肝心と存候。又釈迦に説法の嫌は有之候得共、御留学中は単に遺品古跡の御探訪のみならず、可然《しかるべき》学者の講義もきかれ又一通りの参考書御読破の程切望に堪へず、博物館見物と旅行とにて、留学三年を終らるゝよりも将来の一ヵ年半は、半分は読書に御費ありては如何乍失礼《しつれいながら》愚見申述候間、不悪《あしからず》御聴取被下度《くだされたく》候」云々(17)

われわれは原勝郎の留学体験を詳細には知り得ないが、彼の二年間の欧米留学体験とそこで得た知己とが、彼のその後の学究生活を導いたことは間違いないであろう。

さて、もう一人の主人公の西田直二郎は、一八八六年（明治一九年）一二月二三日、大阪市の郊外、東成郡清堀村（現、天王寺区城南清堀町）に五人兄弟の末子として生まれた。府立天王寺中学、三高というエリートコースを経て、西田は一九〇七年（明治四〇年）九月、その年はじめて開設された京都帝国大学文科大学史学科に進学した。新設の文科大学には、西田に決定的な影響を及ぼした内田銀蔵をはじめ、先に紹介したような錚々たる教授陣が名前を連ねていた。同期生には清原貞雄（のちに、広島文理大教授・神道史）、武内義雄（のちに、東北大学教授・中国哲学）、高田保馬（のちに、京大教授、社会学）、赤松智城（のちに、京城大教授・宗教民族学）などがいた。草創期の文科大学史学科がいかなる布陣でどのような講義がなされていたのか、西田の回想記「史学科の開講」と「史学科創設のころの歴史学を思う」はそれをよく伝えている(18)。一九一〇年（明治四三年）七月、「外国神の祭祀と神社について」と題する卒業論文をまとめた西田は、首席で京都帝国大学文科大学を卒業し、ひきつづき大学院に進んだ。そこでの研究題目は「日本文化史」であり、内田銀蔵、三浦周行（中世史・法制史）、そして原勝郎に師事して研鑽に励んだ。これら三教授のほかに、東洋史学の講座担当の内藤湖南からも大きな示唆を受けていることが指摘されている。われわれが上で内田銀蔵と内藤湖南について、若干の言及を施したのもそのためである。

若き日の西田直二郎

西田は大学院入学と同時に文科大学の副手を嘱託され、内田教授や三浦教授の研究を手助けし、わけても京都市内外の史料調査に協力した。京都の金工後藤家の文書史料の調査、醍醐三宝院所蔵の「満済准后日記」（原本）についての解読校勘、近衛家所蔵の「兵範記」自筆本の研究などが、この時期西田が取り組んだ重要な仕事であった。このような仕事の延長線上で、西田は一九一八年（大正七年）、京都府史蹟勝地調査会の委員を委嘱された。この史蹟の調査・研究は西田が晩年に至るまで最も熱心に従事した事業の一つであって、西田の文化史学を支える主要な柱の一つと見なされている。西田にとって史蹟調査とは単なる「歴史地理学的考証や考古学的発掘のことではなく」、現地に直接赴いて自分の眼や脚で確認し、「遺構や遺物のみならず、その自然や風土に対して豊かな共感をもって臨み、喪われた歴史を生き生きと追体験し復原することであった」(19)。西田が史蹟調査の仕事をいかに重視していたかは、令室に対して「大学は辞めてもこの仕事は辞めないよ」と答えたエピソードが、雄弁に物語っていよう。

翌一九一九年（大正八年）二月一七日、西田は東京帝国大学の哲学教授大西祝の長女道子と結婚し、新居を京都市南禅寺北の坊町に構えた。同年六月、西田は京都大学助教授に任ぜられたが、その翌月には恩師内田銀蔵が四十七歳の若さで急逝したために、国史学講座を日本古代史を専門とする喜田《きた》貞吉（一八七一―一九三九）とともに分担して引き継ぐことになった。弱冠三十四歳、入学時より秀才の誉れ高く、すでに一九一五年（大正四年）以来文科大学講師も務めていたとはいえ、衆人の認める大家であった内田の穴を埋めるのは、若き西田にとって大変な重圧であったに違いない。当時の官立大学では、助教授が教授に昇進する前には必ず一度、海外研修を経るという慣習があったため、西田も一九二〇年（大正九年）五月二二日に満二年の海外研修を命ぜられた。主要な留学先として選んだのは、イギリスのケンブリッジ大学とドイツのベルリン大学であった。

同年一〇月七日、西田は宇野円空、赤松智城らとともに、日本郵船三島丸でイギリスに向けて出航した。詳しい渡航記録はわからないが、横浜を出航した渡欧船は、神戸、門司、香港、シンガポール、ペナン、コロンボ、スエズ、ポートサイド、マルセイユを経由して、ロンドンに到着したと思われる。その当時、渡欧には約四十―五十日の船旅を要したようである。西田のヨーロッパ留学に関しては、斉藤利彦による詳細な研究があるので、以下それに従って記すと、西田がイギリスに到着したのは、一一月末か一二月のはじめであったと考えられる。しばらくロンドンに滞在し、ロンドン大学で研修を行ったというが、ロンドンの下宿に到着したその第一日目に事件が起こった。気が向くまま単身夜のロンドンに出掛けたのはよいが、帰るべき自分の下宿がわからなくなってしまった。そこで夜陰に紛れて隣家という隣家の錠穴へ鍵を突っ込んでいると、若い女性が通りかかってある家を指さし、指示された家の錠穴に鍵を指すとようやくドアが開いたという。よほど印象深い体験だったようで、後日妻の道子に詳しい報告をしている。少し長くなるが、留学した当初には誰にでも起こりそうな出来事なので、ここに引用してみよう。

僕が倫敦の宿についた日、非常に鬱陶しい日でして細かい雨が降ったり止んだりしてゐました。其夜は此の宿の人人は歌劇を見に行くと云ふ日でした。夕食が済むとお主婦も一所に日本人は皆出て行きました。新米の僕は一人ボッチになって寒い室にポンヤリしてゐました。……仕方がないので九時頃になって、一人で少し町を歩いてみやうと思ひました。下女が下に居たのを幸、下女の鍵を借りて自身は全く東西も分らぬ往来に飛び出しました。町は無論暗かったのです。ただ街燈が雨の中に烟るやうに光ってゐるばかりでした。人通りもありません。此の辺は住宅地なのですから夜は森閑としてゐます。……全く何もかも分らぬ土地で言葉も通らぬかも知れぬと云ふのですから、探偵小説とも冒険小説とも言へぬ一種の面白い感じがしました。而して灯の賑かに付いてゐる町を見てあるきました。これはこの辺の商店のある町通りで人が沢山通ってゐました。夜店が出てゐて焼栗など売ってゐました。丁度日本の縁日の露店のやうなものです。面白いことだと思ひて見てゐました。やがて十時近くになったものですから足を廻して私は帰途につきました。ところが中々道を曲った曲り角に来ないので心細くなりました。倫敦の町は皆同じやうな高い建物で何処の角も同じやうな高い建築物が並んで煉瓦造の同じやうな格好をしてゐるので少し弱りました。……

私は家を出るとき目印として此の町通りの内で同じ形の家を目当てにし、同形の家で僕の家は二軒目であると云ふことを記憶して行ったのでした。さて宿の辺に来て見ますと僕の出た家だと思ふのは一軒目のやうなのです。隣の家は少し恰好がかはってゐるのです。形は似てゐるが柱を見ると色がスッカリ異ってゐることが夜の目にもよく見えます。形が同じ色の異った家のあったことは出て行くときに気がつかぬか、或は此の家を除いて同形の家の二軒目が我宿であるのか、私は今更惑はざるを得なくなりました。……私は鍵を持ってゐるからままよ、どちらか鍵の合ふ家に這入ればよいと思ふて一つの家に試みたところ鍵が合いません。誰れも通ってゐないのを幸に又隣の家に行きドアーを探って鍵穴に入れて廻して見ました。然し不思議なことには此の家のにも合ひません。又今度はもう一度もとの方の一軒目の家のドアーに鍵をつきこんで見たがうまく合ひさうにありません。又もとの家の方に行かうとしました。夜中ですから誰も居ません。ところがそこへ一人の女の人が通りかかって突然僕に物を言ひかけました。まだ三、四時間前に倫敦に来たばかりに誰れが僕に物を言ふのかと思ひて不思議でたまりませんでした。ところが其の若い女は僕に「あなたはこの家から出て行ったのだ」と云ふて指でさして呉れました。……其指した家のドアーに鍵を入れてよくねじて見るとドアーは開きました。而して自身の室に入って寝てしまひました。倫敦に着いた最初の日の戸まどひは第一の失策でした。[20]

ロンドンのこの家には数人の日本人も下宿していたが、西田にはこの下宿は心地よくはなかったようで、ケンブリッジに移ってから同地と比べて、「こゝに来て倫敦を考へると、今までよくあのやうな処に居たと思ひます」と、妻宛の書簡（大正一〇年二月一二日付け）で述べている。[21] ロンドンと比べてケンブリッジは随分気に入ったと見えて、西田は「剣橋は実によい処」で「空気のよいことと景色のよいこと、人情の美しいこと、凡て感心してしまいました」、同地に来て「初めて自分の時間と云うのを見出」し、下宿先で「スッカリ落付」いたので「読書もし」、「かきものもしやうと思」うし「是からは便りを出来るだけ規則正しく」差し出すと、京都で留守を預かる妻に書き送っている。[22] それから約一月後の一九二一年（大正一〇年）三月一五日付けの妻道子宛の書簡では、「此処は倫敦と違ひ人情敦厚で、近所の人でもよく挨拶をします。凡て日本とよく似て居ます。倫敦に居ると日本と生活がよほど違ってゐますが、こゝでは凡そのびやかで神経衰弱などにはなりません。倫敦に居ると喧噪と塵埃とに気も心も疲れるやう思ひますが、こゝは日本と同じやうに思はれます。倫敦では女などは流行第一で実に派手な風をして歩いてゐます。此地は余程違って皆おとなしい風をして居ます」[23]、と述べている。三月三〇日にはケンブリッジ大学対オックスフォード大学のレガッタを見物しにロンドンまで出掛けた。オックスフォードとケンブリッジの有名な対抗ボートレースについての貴重な現地報告なので、ここにその一部を引用してみよう。

　前月三十日はケムブリッヂとオックスフォードの両大学の有名なボートレースで僕もケムブリッヂに在籍してゐるのに此のレースを見ないでは此の辺の人や学生連に合はす顔がないと思ふて、倫敦まで右の競漕を見に行きました。何しろ此の両大学の競漕と来たら大人気で、ズット以前から新聞と云ふ新聞には両大学の選手のことや、其の練習の事などを争って書き立てるので、この事を知らぬと人と話しが出来ぬやうな有様なのです。……

　其日になって僕も朝早く起き汽車で倫敦に出かけました。……何分五時か六時かでなければ初まらぬボートレースに三時半頃からこんな人出ですから、英国人の午後のチー《（茶）》が取れぬものですから、中には人に押され押されて歩きながらチョコレート片手に密柑片手に立って歩きながら、午後の茶の代りをやってゐる呑気な人達も居ます。停留所から河辺まで七、八町の間はなかなかこんな次第で時間がかゝりました。其から此の日はボートレース見物人は自分が同情を有する方の大学の色を身につけるのです。ケムブリッヂの選手は毎年薄緑〔淡青 light blue〕の上衣を着、オックスフォードは深緑〔濃青 dark blue〕の色の上衣を着て船を漕ぐのですから、見物人も其れに応じてケムブリッヂ方は薄緑のリボンをつけ、オックスフォードに同情する人は深緑のリボンや花の形した徽章のやうなものや、紙でつくった同じ色の采配のやうなものを胸にさしたり、帽子につけたりしてゐるので、又この色のリボンや簪のやうなものを売ってゐるものが沢山あります。又川の岸には露店が出てゐて、チョコレート、ネーブル密柑や安物の金張時計を大きな声でセリ売りしてゐます。まるで日本と少しも異りません。僕も河べりをアチラコチラと見物場所を探して漸く隙間を見つけてまづ、この有名な競漕を見ることが出来ました。併し長く歩き廻った御蔭でスッカリ草疲れて十時頃剣橋まで帰って来ました。自分の関係ある剣橋大学が勝ったので矢張り愉快でした。(24)

自分が在籍しているケンブリッジ大学の勝利に歓喜した西田は、その勝利が掲載された新聞記事をわざわざ妻に送り、「これはどうか永く記念にのこして置いて」欲しいと頼んでいる。

このようにケンブリッジ大学の生活はきわめて順調に進んでいるが、研究面ではどのような成果があったのだろうか。西田の後継者となった柴田實によれば、「当時ケンブリッジ大学では有名な Bury が近世史を講じていたが、西田はむしろ A. Haddon や W. H. Rivers らについてその社会人類学の講義をよろこんで聴いたらしい」[25]。ハッドン（Alfred Cort Haddon, 1855-1940）やリバース（William Halse Rivers, 1864-1922）といった文化人類学者や民俗学者の講義を受講したことにより、西田は文化人類学——以下の引用中に「Social Anthropology」および「社会人類学」として言及されているものは、今日では一般に「文化人類学」と称されている——が歴史学、とくに古代史研究を革新させる重要な方法であることを確信したという。実際、西田自身があるところでつぎのように述べている。

> Social Anthropology という講義題目は、目を新しく惹くものであった。このころ、フレイザーはリバプール大学に移っていたが、ハッドンや、リバースが社会人類学を講じていた。リバースのポリネシアやメラネシアの宗教・社会とその歴史の講義や講演を私等は事新しくも聴いていたのであった。……これがもとになって英国に渡り、この大学に留まることになり、社会人類学なるものが古代史研究に近接する可能性をいよいよ明らかに観たのであった[26]。

ここに証言されているように、イギリスのケンブリッジ大学への留学によって、西田はハッドンやリバースの学問研究に直に触れる機会をもつことができたのであるが、西田は帰国後こうした文化人類学や民俗学の方法論を、内田銀蔵はじめ京都大学史学の特色ともいうべき文化史的な研究のなかに積極的に摂取し、やがて「西田文化史学」と称される独自の文化史学を確立するに至るのである。(27)

このように実に意義深いケンブリッジ滞在であったが、西田はイギリスからつぎにドイツに渡り、帝都のベルリン大学に赴いた。一九二一年（大正一〇年）四月一〇日付の妻道子宛の書簡には、今後の予定に関してつぎのように記している。

僕はこの六月中は英国に居り、七月の中頃に大陸に渡るつもりです。独乙〔ドイツ〕が大分落付き、大学も日本人を優遇するさうだから独乙を先にし、仏蘭西を後にするつもりです。多分七月中旬英国を出発し、巴里に立寄り、巴里の日本人の状況を一寸見、其から戦争の跡を見て和蘭〔オランダ〕からか又は仏蘭西からか何れかの道により独乙伯林に行きたいと思ひます。伯林は寒いから冬にならない先きに伯林に入りたいと思ふから、冬は南の方に転じて寒い時節を越したい。(28)

この手紙を読む限り、西田はケンブリッジでの研修を終えたあと、パリからオランダを経由してか、あるいはパリから直接にベルリン入りしようとしていたことがわかる。実際にどのようなルートを辿ったのかはわからないが、西田はパリに立ち寄って、日本人の状況を確認すると同時に、第一次世界大戦の爪痕をその目で確かめたいと考えていた。西田がいつベルリン入りしたかは判然としないが、斉藤利彦の推測するところでは、一九二一年（大正一〇年）七月中にイギリスを発ち、パリなどを視察したのち、同年秋、あるいは冬にベルリン入りしたものと考えられる。

しかし西田はなぜ研修先としてベルリン大学を選んだのであろうか。そもそもベルリン大学はランケ以来、ドロイゼン、トライチュケ、デルブリュックなど政治史を中心とする学風が支配的で、西田が強い関心を寄せる文化史的方法には冷淡だったはずである。だが、文化史的方法の提唱者として学生時代の西田を魅了したカール・ランプレヒトは、このときすでに他界していた。[29] だからライプツィヒ大学に赴いても仕方がなく、帝都ベルリンで見聞を広めたいと考えたのかもしれない。あるいは原勝郎や坂口昂によってベルリン行きを強く薦められたのかもしれない。いずれにせよ、西田がベルリン大学で特定の教授から深く感化された形跡はない。

西田はベルリンではグレーベル夫人宅に下宿したが、この夫人はとても几帳面で昔気質の女性だったようだ。日本から来た大学教授（正確には助教授）ということで、プロフェソールとして丁重に遇されたのはよいが、妻への書簡に記しているように、いささか窮屈にも感じている。

独乙は大学を尊重し、プロフェソールを尊敬するところ結構ですが、この和製のプロフェソール、独乙風に尊敬されるのはよいけれども何分和製のこととて窮屈にて閉口。このお婆さん几帳面な昔気質の人で丁寧に「ヘル　プロフェソール」々々と云ふのでこのプロフェソール、変な格好もして居れず、やりきれませんワイ。

「プロフェソール赤松」は華族《フォン》の家に部屋を借りてゐるのでこれ又なかなか六つかしく、赤松豪傑日本風に時々跣足で上草履をはいて廊下をあるくと、「プロフェソール　今日もハダシか」と云はれるので弱ってゐるし、こゝのプロフェソールニシダはよく朝寝をするので、この家の孫娘が、やプロフェソールはまだ寝てゐると云ひよるので、プロフェソールの威厳にも関し、ひいては日本の国辱にもなると思ひ、大に努力して宵は早くからねるのだけれども、いくらプロフェソールでもこの寒い朝は矢張り寝ぶたいワイ。(30)

ヴェルサイユ体制下のベルリンでは、この頃水道やガスが頻繁に供給停止となり、冬場の寒さは半端ではなかったようで、西田は一九二二年（大正一一年）二月六日付の妻宛ての書簡の下書きに、「相変わらず寒いので面白いこともありません」と書き記している。同三月三日付の書簡では、「この間からいそがしくて大分くたびれ」てしまい「少しく神経衰弱かもしれません」と述べ、「日本にかへって温泉にでも入って、二、三日ぐっすり寝たいやうな気」がすると書き送っている。(31)ここから察せられるように、ケンブリッジ滞在と違ってベルリン滞在時には、西田は心身ともにかなり疲れを感じ出していた。その疲れを癒すために、西田はギリシア、エジプト、シリアなどの文明発祥地の史蹟巡りを試みた。そしてシリアから再びギリシア、イタリア、南ドイツ地方をまわって、ベルリンに戻り、アメリカを経由して、一九二二年（大正一一年）一二月一四日に無事帰国した。西田は二年間にわたるヨーロッパ留学の意義を、つぎのような言葉で言い表わしている。

私が国に居りますときにはさほど気にとゞめなかつたことが国を離れて見ますと極く些細な事でも重大なことに感じられて身にしみてよく解るのであります。丁度白いもの、後に黒いものを置きますとその性質が明瞭に見える様に、日本へ帰つて来ますと益々日本のことがよく解るのであります。(32)

原勝郎は西洋史学の専門家でありながら『日本中世史』という名著を世に送り、しかも英語で日本通史 *An Introduction to the History of Japan* を執筆した。また昭和の名著『日本文化史序説』（改造社、一九三二年）を著わした西田直二郎は、ヨーロッパの歴史学と対決しながら独自の方法論を確立して、日本文化史の分野に偉大な業績をうち立てた。その序文の冒頭に、わが国においては文化史研究の要求が昌《さか》んである。こは自らの文化の深い省察をのぞむ心から来ている。しかもこのことは、近代人の心のうちに鬱積《うっせき》せる欲求であり、わが国においてあるのみでなく、人類の高い精神的展開の事実として来るべきものといえる。

文化史といえば、近年はすぐに歴史学における新傾向と思うまでに考えられたことがある。文化の名が、生活の諸方面に、好んで附せられることにも、近代の精神要求の潜《ひそ》むものあるを考うるが、これによってその語の粗雑なる使用による混乱がある。歴史学研究にあって、文化史の名が用いられ始めてから、文化史の性格について多くの見解が出た。それにもまたかなりに概念の混乱があると観《み》られる。……(33)

西田はドイツ史学から多くを学びながら、独自の文化史概念を確立し、それをもって日本文化史の解釈に大胆に取り組んだ。西田の衣鉢を継いだ柴田實によれば、西田が生前に公刊した著者は『日本文化史序説』一冊きりにすぎなかったが、「しかしこの書によって拓《ひら》かれた文化史学の世界は、かの『無の自覚的限定』の体系をば西田哲学というのと同じく、その著者の名を冠して正しく西田史学と呼ぶにふさわしい、著者とその研究対象とが相互に貫通し合ってまったくユニークな史学の世界を形作っている(34)」。

いずれにせよ、原勝郎と西田直二郎が体現しているのは、東洋と西洋の両方の伝統を包含する歴史眼であり、グローバルな世界のなかでの日本文化の特異性を見抜く直観力である。このような卓越した能力は、もちろん彼らにもともと具わっていた天賦の才能であろうが、しかし彼らのヨーロッパ留学体験が豊かにそれを開花させることに貢献したことは、ほとんど疑い得ないところであろう。

# 第九話　波多野精一と石原謙

波多野精一（一八七七―一九五〇）と石原謙（一八八二―一九七六）は、ともにラファエル・フォン・ケーベル博士（Raphael von Koeber, 1848-1923）のもとで学んだ兄弟弟子の関係にあるが、石原は五歳年長の波多野を学問上の「恩師として尊敬して」いたと同時に、また「良き友人」でもあった（1）。わが国の真に学問的なキリスト教研究は、まさにこの二人の傑出した働きによって一気に高められたといっても過言ではない。

波多野精一は、一八七七年（明治一〇年）七月二一日、長野県筑摩郡松本町に生まれた。幼少の頃父母に伴われてはじめ長野に出て、ついで一家上京して麹町区飯田町に住み着いた。高等師範学校附属中学校から第一高等学校を経て、一八九六年（明治二九年）東京帝国大学文科大学に進み、哲学科に学んだが、全課程を通じてつねに優秀な成績を示し、一八九九年（明治三二年）大学卒業に際しては恩賜の時計を与えられた。彼は卒業後直ちに大学院に進学して、ケーベル博士の指導の下に近世哲学史を研究したが、一九〇〇年（明治三三年）三月には、東京専門学校（現早稲田大学）講師を嘱託され、西洋哲学史を講義し始めた。翌一九〇一年（明治三四年）には、処女作『西洋哲学史要』を出版したが、これは碩学クーノー・フィッシャー（Kuno Fischer, 1824-1907）の十巻本の大著『近世哲学史』*Geschichte der neueren Philosophie* を咀嚼して書き上げられた、本邦初の本格的な哲学史として高い評価を得た。一九〇二年（明治三五年）、彼は植村正久から洗礼を受け、キリスト教徒となった。一九〇四年（明治三七年）には、ドイツ語論文『スピノザ研究』を提出して東京帝国大学大学院での研究を修了した。同年秋から一年半、彼は早稲田大学の奨学資金を得て、ドイツに留学して、ハイデルベルク大学とベルリン大学で学んだ。一九〇六年（明治三九年）三月帰朝し、早稲田大学で教鞭を執ったが、四月には倉田やすと結婚し、牛込区市ヶ谷に寄寓した。一九〇七年（明治四〇年）八月、東京帝国大学文科大学講師を嘱託され、九月より「原始基督教」を講義し、翌一九〇八年（明治四一年）、この講義を整理して『基督教の起源』と題して出版した。一九〇九年（明治四二年）七月二四日、先に提出していた『スピノザ研究』によって文学博士の学位を授与された。その後、早稲田大学講師として研究・教育に研鑽を積んでいたが、いわゆる「早稲田騒動」に関連して、一九一七年（大正六年）九月三〇日、早稲田大学講師を辞任した。その二ヵ月後に京都帝国大学文科大学の招聘を受け、一九一七年（大正六年）一二月四日に京都帝国大学教授に任ぜられ、宗教学講座担任を命ぜられた。一九二二年（大正一一年）、「宗教学第二講座（基督教学）」の設置とともにこれを兼担し、一九二七年（昭和二年）に兼担を解かれて分担となり、さらに一九三七年（昭和一二年）三月には、「第二講座」の担任者（「第一講座」を分担）となり、七月三一日に定年退官するまでの短い期間、基督教学講座の初代の教授を務めた。著作の発表を控えた時期を経て、一九三五年（昭和一〇年）から一九四三年（昭和一八年）にかけて、三部作となる代表作『宗教哲学』、『宗教哲学序論』、『時と永遠』を順次発表し、波多野宗教哲学と称される独自の体系を完成させた。京都帝国大学を定年退職した後は、東京杉並区の養嗣子雄二郎およびその妻八重子と同居したが、戦禍が激しくなった一九四五年（昭和二〇年）三月二九日から終戦後の一九四七年（昭和二二年）五月までは、八重子の実家の岩手県東磐井郡千厩町に疎開した。同年六月には玉川学園小原國芳の招聘に応じて玉川学園大学教授に就任したが、すでに病を得ており、一九五〇年（昭和二五年）一月一七日に永眠した。享年七十三歳。

波多野精一（明治 38 年，ドイツ留学時代）

以上が波多野の経歴のあらましであるが、波多野は平生自分自身について多くを語らず、その書き残したもののなかにも自伝的な文章はほとんど見当たらないので、彼のドイツ留学の中身を正確に知ることは、従来、不可能に近いと考えられてきた。実際、今回の執筆にあたって、早稲田の大学資料館などにも問い合わせてみたが、波多野の留学に関する資料や情報は何も残っていないという回答であった。ただその過程で一つだけ得られた有益な情報としては、早稲田大学の創立百年を記念する『早稲田百人』（別冊太陽 日本の心29）に波多野精一も含まれており、そこに彼のドイツ留学に関連する資料が掲載されていることであった。同誌の九四―九五頁には、ドイツ留学時代のポートレート写真、渡航する際のパスポート、ドイツ滞在中に訪れた一流劇場の数枚のポストカード、そして留学時代の土産に購入してきたというビールジョッキの写真が載っている。波多野は自分のビールジョッキと同じものを、東大哲学科のドンの井上哲次郎にもお土産品として持ち帰ったという(2)。しかしそれ以外のことはようとして知り得なかった。

以上のような次第であるとすれば、ここでも従来語り伝えられてきたことを繰り返すしかないのであろうか。いまとなってはわれわれが最も信頼できる情報源は、波多野を師と仰ぐ石原謙の数種の回想録を措いてほかにないのであろうか。石原は波多野の最も古くからの学問上の弟子で、信仰的にも専門分野的にもきわめて近しい関係にあったのであるから、その情報の信憑性を疑う必要はないのであろうか。石原は波多野のドイツ留学について、つぎのように書き記している。

学徒波多野が更に自ら強く起つことの出来る機会となつたのは言ふまでもなくドイツ留学で

ある。彼の留学は早稲田大学の奨学資金によるもので、明治三十七年より二年間に満たず、一般の留学生のなす旅行の費用も与えられなかつた。イタリアやイギリスは固より、ドイツ国内の町々もベルリンとハイデルベルクとの二大学に学んだ外には見学旅行することさへ出来ない位に不自由であつた。しかしその間に専攻の哲学及び哲学史に関する識見を養ふに努めた許りでなく、関係諸学科の講義に出て、また成し得る限り広く一般文化教養を学び、美術音楽などにも親しんだ。殊にキリスト教と神学とについては彼は全く認識を新しくした。ベルリン大学ではハルナック（Adolf von Harnack）、プライデラー（Otto Pfleiderer）の講義を聴講し、ハイデルベルクでは碩学クーノー・フィッシャー（Kuno Fischer）は既に退職してゐたが、後任ヴィンデルバンド（Wilhelm Windelband）の教を受けてドイツ西南学派の精神に触れ、神学ではここの大学の代表する新しい宗教史学派の学風と敬虔を重んずる態度とに共鳴し、殊にヨハンネス・ヴァイス（Johannes Weiss）の外に新進のトレルチ（Ernst Troeltsch）及びダイスマン（Adolf Deissmann）の講義に魅せられる思ひをした。彼は哲学の根底にますます深く宗教の存することを学び、キリスト教神学と敬虔とへの理解を深くした。

明治三十九年早春に彼の留学期間は終って、彼は純然たるドイツ仕込みの新進哲学史家またキリスト教学徒として日本の学界に帰って来た。堂々たる巨大な体躯と自信に充ちた魁偉な風貌とを備へて、しかし静かに堅く沈黙の口を閉して、再び古い早稲田の講壇に立つたのであつ

た。(3)

ほぼ同内容のことは、『追憶の波多野精一先生』所収の数編の随筆においても、同工異曲的に繰り返されている。(4) 筆者は石原謙が伝えたこの情報を鵜呑みにし、波多野がハイデルベルク大学でトレルチの講筵にも列したものと考えてきた。そして一九九九年、ドイツで半年間の在外研修を行った際、トレルチの伝記的研究の第一人者であるホルスト・レンツ博士(同氏は受講者の全リストを含め、各種の資料・情報を所有しておられる)に――詳細な情報が得られることを期待して――、波多野がトレルチのどの講義を受講したのか尋ねてみた。ところが意外にも、波多野の名前は受講者リストのなかに見出せないとの返答であった。そのときは仕方なく、波多野は正規の学生として登録していたのではなく、聴講生のようなかたちで在学していたか、あるいは正規に在学していても、トレルチの講義はいわばもぐりで聴講していたのではないかと考えることで、ひとまず自分自身を納得させた。しかし昨年末に、再度レンツ博士に波多野のことを問い合わせてみた。すると筆者の熱意に打たれたのか、氏はハイデルベルクの大学アーカイブズに調査を依頼して、波多野のハイデルベルク留学に関する貴重な資料を入手してくださった。

ここにはじめて開示されるアーカイブズ資料によると、波多野は一九〇四年(明治三七年)一〇月一七日から一九〇五年(明治三八年)八月七日まで二学期間、正規の学生としてハイデルベルク大学に在籍している。一九〇四／〇五年の冬学期には、波多野はヴィンデルバントの「キリスト教哲学の歴史」(Geschichte der christlichen Philosophie)、エルゼンハンス(Theodor Elsenhans, 1862-1918)の「カントの生涯と教説」(Kants Leben und Lehre)、ダイスマンの「使徒パウロ」(Der Apostel Paulus)、ニーバーガル(Friedrich Niebergall, 1866-1932)の「教義学の実践上の諸問題」(Dogmatische Probleme in der Praxis)、一九〇五年夏学期には、レンメ(Ludwig Lemme, 1847-1927)の「イエスの生涯」(Leben Jesu)を履修している(波多野は夏学期にはこの一科目しか履修せず、あとは下宿あるいは図書館での勉学に励んだと思われる)[5]。ヴィンデルバントとエルゼンハンスは哲学部に、ダイスマンとニーバーガルとレンメは神学部に所属しているので、波多野は哲学部と神学部の両学部の授業を履修していたことがわかる。しかも濃厚にキリスト教に傾斜した科目選択となっている。だが通説に反して、波多野がトレルチの授業もヨハネス・ヴァイスの授業も履修しなかったことが、ここから明らかになる。ヴァイスはこの二学期とも開講していないが、トレルチは一九〇四／〇五年の冬学期に「信条学」(Symbolik)と「信仰論II」(Glaubenslehre II)と「組織神学ゼミナール」(Systematisches Seminar)を、一九〇五年の夏学期に「倫理学」(Ethik)と「十九世紀のプロテスタント神学史」(Geschichte der protestantischen Theologie im 19. Jahrhundert)と「学問的神学ゼミナールにおける組織神学演習」(Systematische Übungen im wissenschaftlich-theologischen Seminar)を開講している[6]。それゆえ、トレルチの講義を履修しようと思えば可能だったはずなのに、なぜか波多野はトレルチの講義を一つも履修していない。当時の彼の問題関心にピタッと来る科目ではなかったからかもしれない。しかしこれをもって、トレルチと接触する機会がなかったと考えるのは、いささか早計であろう。なぜなら、波多野がハイデルベルク大学に在籍していたまさにこの時期、トレルチは神学部長を務めていたからである。それだけでなく、波多野が履修したニーバーガルの講義は、本来はトレルチが担当すべき科目であったが、彼が学部長職できわめて多忙だったのと、かなり大きな著作に取り組んでいたために、バーデン州の文部省に申請して、若手の私講師（Privatdozent）のニーバーガルに代講してもらう許可を得ていたのであった[7]。トレルチはヴィンデルバントやダイスマンとは親しい間柄だったし、ニーバーガルは彼の下にいた私講師だったとすれば、正規の受講手続きを取っていなかったとしても、波多野がトレルチの講義をこっそり受講したり、謦咳に接したりする機会はおそらくあったに違いない。石原が伝えた情報は波多野に直接由来するものであろうから、波多野は何らかの機会に、あるいは何らかの仕方で、トレルチの講義ないし講演を聴いたことがあると考えるべきであろう。

　つぎに、このアーカイブズ資料が示唆することは、石原の叙述が与える印象とは異なり、波多野が最初に赴いたのは、ベルリンではなくハイデルベルクだということである。先に触れた波多野のパスポートを見てみると、「波多野精一／貳拾七年〔歳〕／右ハ獨逸国へ／赴クニ付通路故障ナク旅行セシメ且必要ノ□□〔二文字だけ汚損のため判読不明〕扶／助ヲ與ヘラレン事ヲ其筋ノ諸官ニ希望ス／明治三十七年六月十五日／日本帝国外務大臣従二位勲一等男爵小村壽太郎」記されている。したがって、波多野のドイツ留学はどんなに早く見積もっても六月下旬以降の出発となり、しかも当時はヨーロッパまで船旅で四十―五十日はかかった。アーカイブズ資料から、波多野が一九〇四年一〇月一七日から一九〇五年八月七日までハイデルベルク大学に在籍したことが証明されたとすれば、波多野のベルリン大学での学びは一九〇五／〇六年の冬学期と考えるのが順当であろう。石原によれば、波多野はベルリンでハルナックとプフライデラーの講筵に列したことになっているが、実際にそうであったのか、またどういう科目を履修したのか、それを裏づける資料が手に入らない現状では何とも言えない。この点については、今後のアーカイブズ調査によって明らかにしていきたい。いずれにせよ、波多野は一九〇六年三月に帰朝し、四月からふたたび早稲田の教壇に立った。

さらにもう一つ興味深い事実を指摘すれば、波多野が一九〇五年の夏学期に唯一履修したレンメという神学教授の自宅に、その十七年後に何と石原謙が下宿している（当時、レンメはすでに大学を定年退職している）(8)。しかも後述するように、石原の退居後にそこに入居したのは三木清である。まさに事実は小説よりも奇なりである。レンメ―波多野―石原―三木というこの繋がり――「ハイデルベルク・コネクション」とでも呼ぼうか――は、従来わが国では知られていない興味深い事実である。

波多野が入学に際して大学当局に提出した「届け出」（Anmeldung）(9)には、彼は身分を「士族」（Shizoku [Ritterstand]）と書き記し、また宗教を「福音主義的キリスト教」（Evangelisches Christentum）と明記している。またその時点で、父はすでに他界していることが記されている。ハイデルベルクでの住所は、ラントフリート通り七番地（Landfriedstr. 7）のミュラー夫人宅となっている。これは大学図書館まで徒歩で三、四分のところに立地し、ネッカー川を挟んで左手前方には「哲学者の道」（Philosophenweg）が臨める。

波多野が留学していた時期に、彼と相前後して、ベルリンには桑木嚴翼（西洋哲学）、藤井健治郎（倫理学）、原勝郎（西洋史）、深田康算（美学）、新村出（言語学）などが、ハイデルベルクには内田銀蔵が、そしてパリには榊亮三郎（梵語学）が留学している。(10)新村はベルリンの僑居において、桑木、原、上田敏（英文学）、新村の四名が落ち合い、ビールを片手に「将来の京大文科の理想を論じ合ったこと」(11)を、その五十年後に懐かしく回想しているし、内田は東大の後輩の小山鞆絵に対して、「波多野君ならハイデルベルクで一緒だつたのでよく知つて居るからお望みなら紹介してあげよう」(12)と言って、当時まだ早稲田で教えていた波多野を紹介したという。日本から来た俊英の留学生たちは異国の地にあって、結構親密な交流をしていたと思われる。

それはともあれ、波多野が二年間の金銭的余裕のないドイツ留学で獲得したものは、同時期にヨーロッパに留学していたいかなる俊英たちのそれよりも、はるかに意義深いものであった。というのは、波多野がこのドイツ留学を通じて摂取したドイツの「学問的神学」（Wissenschaftliche

Theologie）の伝統こそが、やがてわが国に「キリスト教学」という新しい学問が成立するきっかけとなるからである。しかしこれについて語るためには、もうしばらく波多野の留学後の歩みと、彼を範として研鑽を積む石原の歩み（とりわけ彼の留学体験）を跡づけなければならない。

波多野は留学から帰国した翌年、東京帝国大学文科大学の講師を嘱託され、「原始基督教」を講義したが、あくる一九〇八年（明治四一年）の一一月、その講義案を整理して『基督教の起源』と題して、警醒社より出版した。その「はしがき」において、波多野はこの書物が「基督教に関して学術的知識を要求せる教育ある人士の研究の指針ともなり得ば」と希求しつつ、つぎのように述べている。

本書は学術書なり。換言すれば、基督教の発展の基礎をなせる其の原始時代を歴史的批評の立場より叙述せるものなり。……

今日基督教の歴史を学ばむとする者は独逸の学界に弟子入りせざる可らず。余が其の諸大家、就中ブッセット（Bousset）、ドブシュッツ（Dobschüz）、ハルナック（Harnack）、ハインリヒ・ホルツマン（H. J. Holzmann）、ユーリヒェル（Jülicher）、クノッフ（Knopf）、フライデレル（Pfleiderer）、ヨハンネス・ヴァイス（J. Weiss）、ヴァイツゼッケル（Weizsäcker）、ヴェルハウゼン（Wellhausen）、ヴェルンレ（Wernle）、ヴレーデ（Wrede）、ツァーン（Zahn）、の諸氏に負ふ所甚だ多きは言ふまでもなし。しかも本書が全体に於ても部分に於ても多少の特色を発揮し得たるは余のひそかに信ずる所なり。(13)

ハイデルベルクではヴィンデルバントやダイスマン、ベルリンではハルナックやプフライデラー、などの講筵に列したとされる波多野は、それ以外の旧約学、新約学、古代教会史などの大家諸氏からも多くを吸収して、いまやキリスト教に関する本邦初となる本格的な学術書を世に送り出した。この書物の出版は、いみじくも山谷省吾が解説しているように、「わが国の学術界に対して、画期的な意義を持っている。というのは、当時はキリスト教が日本に伝えられて四十年を経過し、神学校の幾つかが存在し、キリスト教について研究はなされ、数少くない著述も出されていたが、純学問的に見れば、未だ初歩の域を脱し得ず、注目すべき著書は僅かしかなかった(14)」からである。

本書の刊行は学術界に絶大な反響を呼んだ。すでに二十四歳の若さで『西洋哲学史要』を著していた哲学徒が、いまやキリスト教に関する高度の学術書を出版したのである。開設して日が浅い京都帝国大学文科大学が触手を伸ばそうとしたとしても不思議はない。波多野の京都大学招聘に関しては、複数の証言がある。石原は「ドイツ留学後、丁度京都大学に文科が開設されて、先生もその候補者の一人に推挙されたが、しかし先生は早稲田からの留学直後であったので、徳義上の義務を重んじて辞退されたとのことを後に夫人から聞いた(15)」と述べている。波多野は二ヵ年のドイツ留学から一九〇六年（明治三九年）三月に帰国しているので、同年六月に開設された京都帝国大学文科大学が、波多野のドイツ留学からの帰国直後に動いたという可能性も否定できない。実際、先に示唆したハイデルベルクでの内田銀蔵との交友関係を考慮に入れると、この可能性もそれなりの信憑性をもっている。しかし朝永三十郎はもう一つ別のストーリーを提供している。一九〇七年（明治四〇年）から文科大学の一員であった朝永の回想によれば、一九一四年（大正三年）に哲学講座担当の桑木嚴翼が東大に転じ、宗教学担当の西田幾多郎がその後任となり、宗教学講座に空位ができた。そこで波多野をこの講座に迎えて哲学科の陣容の充実を図ろうという話になり、波多野招聘を積極的に提唱した朝永、深田、そして西田のうち、前二者がたまたま芦屋の知人宅に逗留していた波多野のところに出向いて、着任を要請したというのである。ゆっくり考えて返答すると約した波多野は、しばらく経ってから、諸君の好意には感謝するが、「今まで早稲田で長い間講じて居た哲学史を棄てて京都で宗教学を講ずるということは、担当する講義に対する関心からではなく、唯私学を棄てて官学に乗りかえるというだけの意味に尽きることとなり、長い間早稲田から受けた好意にも背くということとなると思う」[16]、と丁重な断わりを入れてきたという。

　ところがその三年後、「早稲田騒動」――「プロテスタンツ改革運動」とも称される――なる事件が勃発し、その首謀者の一人の愛弟子村岡典嗣が辞職せざるを得なくなるに及んで、村岡らの若手教員たちに共感・同情した波多野は、自らの学問的信条に従って、一九一七年（大正六年）九月一六日に退職願を出し、十七年間奉職していた早稲田大学に別れを告げた。退職したその翌日、波多野は仙台にいる田辺元に宛てて、このような退職という異常事態に立ち至った理由を書き送っている。

……とに角早大は其従来の態度方針の必然的結果としてこゝに立至りたるにて、今や精神的に全く死滅し残るは虚偽の魂あるのみに候　精神を新にして復活するに非ずば存在の意義なく否其の存在は却つて罪悪に候　小生は衣食の為めこゝに留る事が小生にとりては精神的自殺を意味するを悟り熟慮の後昨日辞表を提出し全く浪人の身と相成り候　小生は凡ての軽挙妄動をつゝしみしも昨年来少壮教授の運動には多大の興味と同情とを寄せ其のうち特に少数の一派、「大学の本質は真理の研究に存す」といふ主義のもとに活動したる一派（或は解職処分を受け或は解職して今や一人も学校に留らず相成り候）と意気投合して、個人として種々尽力する所有之候　小生の辞職は小生の其態度の帰結という意味も有之候　要するに小生等が微力を以て代表したる philosophical spirit は早大に於て外的には全く敗北ししかも此度の大騒擾によつて内的の勝利を示したるものに候（大正六年九月十七日付の田辺元宛の書簡）(17)

ここにはその著作だけからは知り得ない、波多野の気骨と学問的精神が驚くべき明瞭さで記されている。学究者波多野の「侍」的気骨をこれほど明瞭に示す事例はない！　それはともあれ、波多野退職の電撃的報道が京都に伝わると、文科大学において波多野招聘の議が急ピッチで進められた。十月半ばに深田康算が使者として上京し、往年の懇請を再びくりかえすと、波多野は欣然としてこの招聘を二つ返事で受け容れた。正式の任職は十二月に入ってからになったが、波多野はそれを待たずに十一月下旬に京都に赴任し、当時まだ市外の田中村に定住した。(18) これ以降の波多野の歩みについては、もはや贅言を要さない。西田＝田辺哲学に並走する「京都学派の偉大な側流」、否、むしろ「京都学派の隠れた本流(19)」として、波多野がやがて名著『時と永遠』に結晶する独自の宗教哲学体系を生み出す上で、京都大学文学部の自由な学風と精神的風土は、まさに格好の土壌を提供することになるのである。

一方、波多野の伝記的叙述においてすでに重要な役割を演じた石原謙は、一八八二年（明治一五年）八月一日、東京市本郷区本郷四丁目二十九番地に、父量、母ちせの次男として生まれた。彼は一九〇〇年（明治三三年）、十八歳の時に日本基督教会数寄屋教会にて、田村直臣牧師から受洗。早稲田中学校から第一高等学校第一部文科に入学。同級生に阿部次郎や岩波茂雄らがいた。在学中、当時一高教授であった原勝郎から感化を受ける。一九〇四年（明治三七年）七月、第一高等学校を卒業し、東京帝国大学文科大学史学科入学。翌年（明治三八年）九月、東京帝国大学文科大学哲学科に転科して、ラファエル・フォン・ケーベル博士の指導を受ける。一九〇七年（明治四〇年）七月、同大学を卒業して、引き続き同大学院に進学。この頃から波多野精一の富士見町教会での講義に出席し、時折自宅をも訪問して感化、指導を受け始める。一九〇九年（明治四二年）、東京神学社専門学校（現、東京神学大学）の講師を嘱託され、哲学史（のちに宗教改革史）を講義。同年一二月、波多野精一夫妻の媒酌、植村正久牧師の司式により渡辺荘の長女貞と結婚。一九一二年（明治四五年）七月、東京帝国大学大学院に卒業論文「アレキサンドリアのクレメンスの哲学」を提出。その頃よりシュライアマハーの『宗教論』の翻訳と解説に専念し、一九一四年（大正三年）、シュライアマハーの『宗教論』の翻訳を序文と解説を付して内田老鶴圃から刊行。一九一六年（大正五年）、『宗教哲学』（岩波哲学叢書7）刊行。一九一七年（大正六年）一〇月、波多野精一の後任として早稲田大学大学部文科の講師に就任、古代・中世哲学史を担当。翌年（大正七年）九月、東京帝国大学文科大学講師に就任、古代・中世哲学史を担当。一九一九年（大正八年）四月、東京女子大学講師に就任、原始キリスト教を講義。一九二一年（大正一〇年）四月、東京帝国大学より文学博士の学位を授与され、五月に文部省在外研究員としてドイツ留学に出発。同年八月、東京帝国大学助教授に任ぜられる。同年一〇月、ハイデルベルク大学に入学。一九二二年（大正一一年）一〇月、スイスのバーゼル大学に転ず。一九二三年（大正一二年）四月一八日、バーゼルを発って、ヨーロッパ各地とアメリカを経由して、同年一〇月四日に帰国。帰任して東京帝国大学文学部哲学第二講座を担当。一九二四年（大正一三年）六月、東北帝国大学の招聘を受け、仙台に移る。同年七月、東北帝国大学教授就任、法文学部哲学第二講座担当。一九三四年（昭和九年）、一〇月、東北帝国大学法文学部長就任。一九四〇年（昭和一五年）九月、東北帝国大学を辞任し、一二月より東京女子大学学長に就任。一九四八年（昭和二三年）七月、東京女子大学学長辞任。一九五二年（昭和二七年）一〇月、日本基督教学会が設立され、初代理事長に就任。一九五三年（昭和二八年）一〇月、日本学士院会員に選ばれる。一九六二年（昭和三七年）一一月、文化功労者として顕彰される。一九七二年（昭和四七年）、『キリスト教の源流』と『キリスト教の展開』を岩波書店から刊行。一九七三年（昭和四八年）一一月、文化勲章を授与される。一九七六年（昭和五一年）七月四日、永眠。

石原謙（青学図書館前にて）

以上の略歴からわかるように、石原においても西洋哲学とキリスト教が終生のテーマであり、彼は波多野が切り拓いた学術的な基盤と水準の上で、緩やかながら着実な研究の積み重ねによって、古代から現代までのキリスト教通史に精通した「偉大なる先達」[20]となった。九十歳にしてようやく完成した二巻本の『キリスト教の源流と展開』は、邦人の手になる最高水準のキリスト教通史であり、個別的研究では凌駕される部分はあるものの、全体としてこれを追い抜くものはおそらく今後久しく現れないであろう。この著作の構想と完成にあたって、石原はハンス・フォン・シューベルト(Hans von Schubert, 1859-1931)から決定的な影響を受けているが、この著名なドイツの教会史家との直接的出会いと人格的交流は、一九二一年(大正一〇年)五月から一九二三年(大正一二年)一〇月までの二ヵ年間のヨーロッパ留学に遡るものである。自己の伝記的記録の公開に恐ろしく抑制的であった波多野と違って、石原は自己の足跡と精神的発展の過程を自らの筆で綴っているので、われわれは石原のヨーロッパ留学についても、かなり詳細な情報を手にしている。「学究生活五十年」と題された回想がそれであり、それを補足するものとして、『石原謙著作集』第十一巻に収録されている各種の回想や評伝がある。われわれはこれらの資料に基づいて、以下に石原のヨーロッパ留学について考察してみよう。

石原はドイツ留学に当たって、「ただ一つの願い」を胸に抱いた。それは「ドイツの学界に親しく身を置いてヨーロッパの社会に接し、その国民と文化との由来を学ぶことによって、雑然とした私の学問に反省と批判とを加え、私なりにある統一の焦点を得たい」という願望であった。換言すれば、多くの海外旅行者や視察団のように、「小さな貧しい姿をそのままに携え廻り、訓練されない眼をもってヨーロッパを見たり批判したりする」轍は踏みたくない、むしろ「留学を志す者は内面的にもっと謙虚であり自己に対してもっと誠実でなければなら」ず、「そのためには己を虚しくしてヨーロッパその者を学び解することが必要だと考えた」(21)のである。このように石原は留学の意義を自らに厳しく問い質しているが、彼の問いかけは二十一世紀のわれわれにとっても無縁ではないので、その続きのくだりを少し端折りつつ引用してみよう。

しかしいったい外国留学ということは学究者としての我々に取ってどういう意味をもつものであろうか。今日の若い人は殆ど誰でもが無条件に外国留学を希望し、そのためには随分無理な手段に訴え、自分にも他人にも犠牲を強い迷惑をかけても平然としているような例もあるらしいが、それ程に留学の必要がどこにあるのだろうか。……

……留学の目的や方法についての思慮も準備もなく、往けばどうにかなるというような無責任な考えの人もなくはないらしいが、それ程ではなくとも留学の資格、準備的な素養について殆ど自省するところなく、語学に役立つだろう位の考えで渡航を企てる場合は少なくないらしい。それでも留学の意義を肯定してよいものだろうか。

今日は交通の利便が余りに発達して外国渡航の意味も昔とは比較にならなくなったが、我々日本人の生活条件から見て余りに不均衡な経費を必要とし、之を調達するためには相当の無理を行ないもしくは未知の外国人の好意に頼らなければならないのが普通である。それでもまだ外遊の必要があるかどうか、私にはわからない。……

要するに、他の異質的文化と慣習と学問とに触れ且摂取しつつ、単なる模倣を避けると共に空しい批判と反撥とを慎まなければならない。そして見聞し学習するところが直接ではないにしても、何時かは私自身を形成し私の内的な精神と学識とを養い育てる要素となるように心がけなければならないというのが、留学に際しての私の切実な願いであった。(22)

これは一九五九年に記された回想の一節であるので、ここには自分の留学体験の反省も付け加わっているとしても、石原が留学に際して自らに厳しい課題を課していたことがよくわかる。ともあれ、一九二一年（大正一〇年）五月五日、三十九歳の石原は妻に見送られて神戸港から出帆した。同じ船にはフランスに留学する辰野隆が乗船していた。上海、シンガポール、マラッカ、ペナン、コロンボ、アデン、スエズ、ポートサイド、カイロを経由して、貨客船は六月二二日にマルセイユ港に到着した。ほぼ五十日間の船旅であったが、そこから石原はパリ、ベルリン、アイゼナハを経由して、七月下旬に目的地のハイデルベルクに着いた。ハイデルベルクでは大内兵衛が出迎えてくれたという。

なぜ当時多くの日本人が留学した帝都のベルリン大学ではなく、西南ドイツのハイデルベルク大学を研修地に選んだかといえば、哲学科に神学に深い関心を寄せる哲学史家がおり、同時に神学科に卓れた教会史家がいて、「その学風が自由主義を重んじ、批評的歴史主義的であり、教義的傾向に捉われない」大学であったのと、さらに「ケーベル先生も波多野先生も学ばれた所として親しみがあった」(23)からだという。

ハイデルベルクでは、石原は二つの下宿に寄寓している。最初に小高い山の中腹にあるシュワルツ家、つぎに引退した老神学教授レンメ博士の家である。

さて私がこの大学町に来た七月はちょうど夏休暇に入ろうとしていた時で、休暇中はゆっくり落着いて勉強したいと思って先ず静かな宿を探すために、ある先輩〔大内兵衛〕に頼んで新聞に公告を出し、返事のあった幾軒かの宿を尋ね廻って探しあてたのは、旧市街《アルテ・シュタット》を眼下に見下す城公園《シュロッスパーク》を登ること更に二、三町の、ケーニヒシュトゥール山の中腹に近い森に囲まれた清閑な家であった。私はここに夏の三ヵ月を送ることにし、毎日時を定めてドイツ語の稽古に通う外には市街にも下りず、静かな読書と山上林間の散歩に多くの時間を楽しんだ。大学の冬学期の始まるのは十月末であるが、十月早々からはある若い学士に研究上の私教授を依頼したし、山上の家は町に下るのに余りに不便なので、新市街の山通り《ノイエ・シュタットベルク・シュトラーセ》にあるレンメ博士の家に寓居を移した(24)。

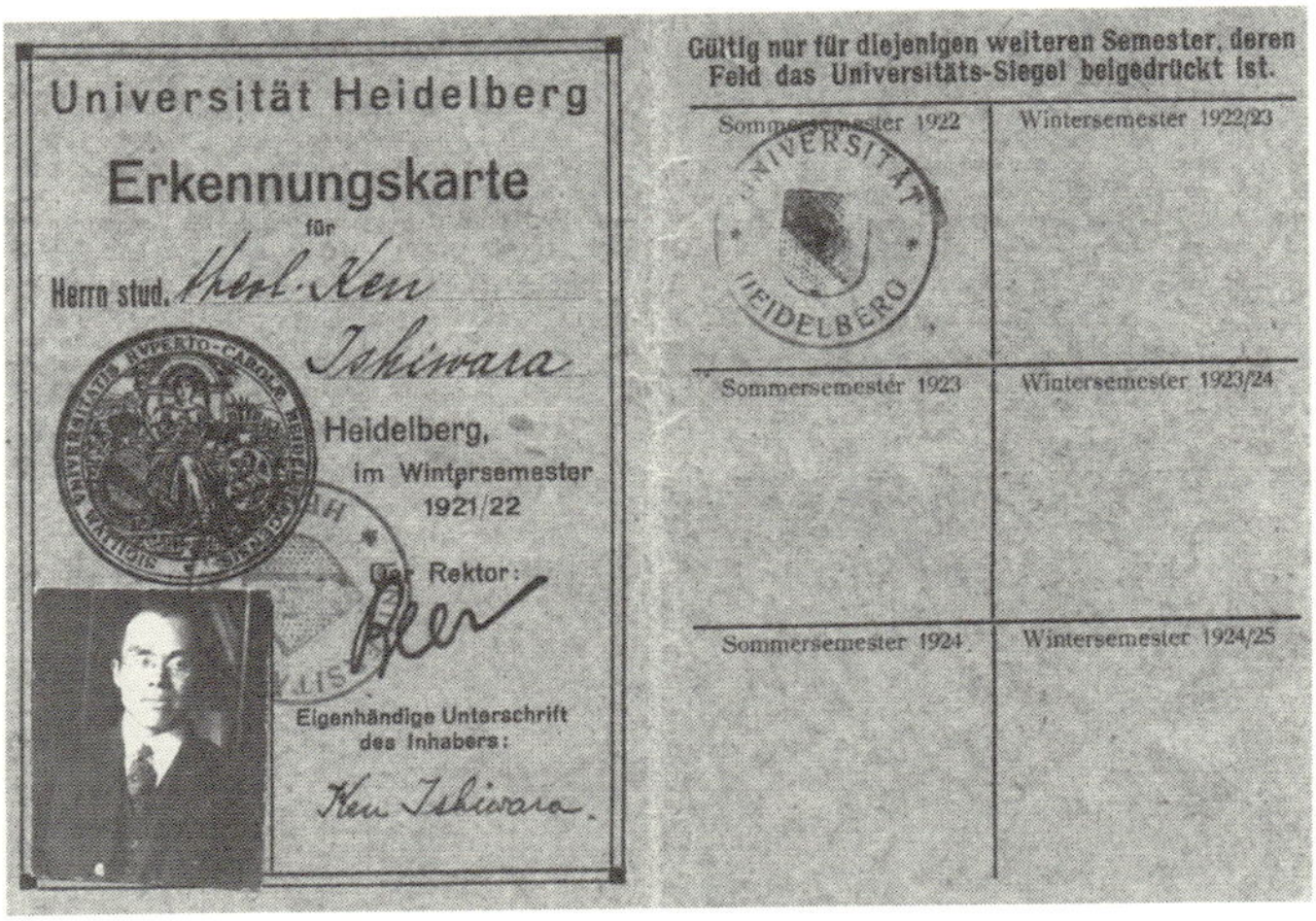
Universität Heidelberg

Erkennungskarte

für

Herrn stud. theol. Ken Ishiwara

Heidelberg, im Wintersemester 1921/22

Der Rektor:

Eigenhändige Unterschrift des Inhabers:

Ken Ishiwara

Gültig nur für diejenigen weiteren Semester, deren Feld das Universitäts-Siegel beigedrückt ist.

| | |
|---|---|
| Sommersemester 1922 | Wintersemester 1922/23 |
| Sommersemester 1923 | Wintersemester 1923/24 |
| Sommersemester 1924 | Wintersemester 1924/25 |

石原謙の学生証

興味深いことに、最初の家にはこのあと阿部次郎が住み、二番目の家にはこのあと三木清が住んでいる。それを裏付ける証言を引いておけば、阿部はシュワルツ家を「Ｉは以前に此家に下宿してゐたことがある[25]」と述べているし、三木は「どういふものか私は宗教に縁があつて、ハイデルベルクでは石原謙氏の後を継いで、レンメといふ老教授の家に下宿してゐた[26]」と語っている。石原と阿部は一高と東大の同期であるし、三木も一高卒なのでまったく接点がないとは言わないが、日本に留まっているかぎり成立しないような人間関係が、異国の空の下では容易に成立するので、この点でも留学は興味深い。

大学の講義は十月下旬に始まり、石原は最初の冬学期にはシューベルトの教義史概説、ディベリウス（Martin Dibelius, 1883-1947）の「ガラテア書」講解、ヴォッバーミン（Ernst Gustav Georg Wobbermin, 1869-1943）の演習に参加したという。それ以外に、ドイツ語の修得のために、オイゲン・ヘリゲル（Eugen Herrigel, 1884-1955）とヴィンクラー（Robert Winkler, 1894-n.d.）の個人指導も受けている。翌年の四月末から開始された夏学期には、シューベルトの「宗教改革史」講義と演習、ディベリウスの「パウロ書簡」講義、哲学科のハインリヒ・リッケルトの演習、エルンスト・ホフマン（Ernst Hoffmann, 1880-1952）の「プラトン主義の歴史」講義を履修している。休暇中には森戸辰男、大類伸、大内兵衛などと旅行して回っている。山内得立とはイタリア旅行とギリシア旅行を、阿部次郎ともイタリア旅行をしている。三学期目はハイデルベルクを去って、スイスのバーゼルに移っている。バーゼルに転じた理由は、「回想一　ドイツ留学の旅から」に綴られてはいるものの、もう一つ判然としない。そこでの修学についても、ハイデルベルク大学のときのように詳述されていないので、おそらくこの学期はフィールド・トリップや小旅行に費やされたのではなかろうか。そして一九二三年（大正一二年）四月一八日、石原はバーゼルを発って、パリ、ロンドン、オックスフォード、サザンプトン、ニューヨーク、サンフランシスコを経由して、一〇月四日に帰国した。上陸した横浜港は関東大震災で壊滅状態となっており、茫然自失になったというが、しかし何よりも悔やまれたのは、留守宅に置いてあった図書・資料が自宅もろとも全滅し、自身の博士論文すらも永遠に失われてしまったことであった。

石原の留学中の特筆すべき出来事は、一九二一年（大正一〇年）一二月二八日、新理想主義の哲学を主張しノーベル文学賞も受賞したルドルフ・オイケン（Rudolf Eucken, 1846-1926）の自宅に招かれ、彼の家族と夕食をともにしながら約六時間も親しく談笑する機会をもったことである。その一部始終は「オイケン教授訪問記」として、翌年四月の『思想』に掲載されたが、現在ではこの記事は『石原謙著作集』第十一巻に収録されている。さらにわれわれから見て興味深いのは、石原の留学期間中にその時代を代表する二人の神学者ヘルマン（Wilhelm Herrmann, 1846-1922）とトレルチがともに亡くなったが、石原がいち早くそれを詳細な記事にしてわが国にもたらしたことである。ヘルマンは数年前から健康を害し静養していたが、一九二三年（大正一二年）一月二日に、トレルチは流感に罹って二月一日に、それぞれ逝去したが、石原はいずれの神学者とも浅からぬ因縁をもっていた。ヘルマンに関しては、郷司慥爾（第十二話で扱う郷司浩平の叔父にあたる人）との共訳で彼の主著の一つ『基督者の神との交わり』を翻訳出版したばかりだったし、トレルチに関しては、若き日の『宗教哲学』の執筆以来、深い関心をもって学んできていた。とくに「エルンスト・トレルチ追憶」という追悼記事は、実に詳細かつ的を射た内容で正直驚きを禁じ得ない。トレルチが一九二一年（大正一〇年）七月三日、ベルリンでダンテの死後六百年を記念して開催された式典で行った講演「浄化の山」（Der Berg der Erläuterung）についても、石原は一九二一年十二月の『思想』第三号で詳しく紹介している。こうしたことも留学中にはじめて可能になったことであり、国際電話も飛行機もまだ普及していなかった時代には、日本国内では相当の時間的ズレなしには伝わらなかった情報であろう。この意味でも、石原の留学はとても実りの多いものであったように思われる。

さて、われわれがいよいよ最後に触れなければならないのは、京都大学文学部にキリスト教学講座が設置されるに至った経緯である。これについてはこの講座の二代目の担当者となった有賀鐵太郎に語らせよう。

波多野精一先生が日本における宗教哲学の研究にその巨歩を印せられたことは何人も熟知するところであるが、先生はまた日本における基督教学の創始者でもあり、且また京都大学文学部に基督教学講座を確立した功労者でもあられることを、現にその講座の重責を汚してゐる筆者として、特に明記したいのである。先生は東京においては富士見町教会の会員であられ、大正六年に京都大学に赴任して宗教学講座を担任されたのであるが、その事が機縁となって、同じ富士見町教会員、故渡邊荘氏が基督教研究の為に若干の基金を京都大学に寄附されたのであつた。因みに渡邊氏は石原謙博士の岳父に当られる。この篤志家の好意がなかつたなら当時の帝国大学に基督教学講座が置かれることは到底不可能であつたであらう。かくして大正十一年に至つて該講座は正式に設置され波多野教授は宗教学講座の外に此の講座の責任をも兼ねられたのである。そして昭和十二年三月には宗教学第一講座の担任を解かれて第二講座、即ち基督教学講座の担任者となられ、同年七月定年で退官されるまでその位置に在られたのである。[27]

ここに記されているように、京都大学キリスト教学講座は、一九二二年（大正一一年）五月に――つまり石原のまさにドイツ留学中に――、「宗教学第二講座（基督教学）」――昭和五二（一九七七）年度以後は、「キリスト教学」に表記を改める――として設置されたもので、キリスト教を研究対象とする教育・研究機関としては、今日に至るまでわが国の国立大学における唯一のものである。この講座は石原謙夫人貞の父渡邊（渡辺）荘が寄付した奨学資金によって、「キリスト教の学術的研究のため」に設立されたものである。その詳しい経緯について、石原謙は以下のように記している。

……しかし渡辺はわが国に於けるキリスト教の健全な発展のために官立大学においてその講義の開かれることを希望して、機会を待つてゐたが、波多野が京都に赴任後にその尽力によつて胸中に秘した懸案の実現を期し、早くも大正七年夏には彼に協議するところがあつた。もちろん渡辺は学界の事情に通じてゐなかつたし開講の手続きもそのためにどれ程の資金を要するかも知らなかつたが、もしかかる計画が可能なればその実施のために必要な若干の資金を提供したい旨の申出をなした。波多野は同僚西田〔幾多郎〕等と協議して教授会に諮つた。教授会はもちろん資金寄附に異議はなかつたが、出来れば講座の新設を希望し、そのためには相当の額を要することが明らかにされた。しかし渡辺は簡単に講義と演習とを支へるために要する資金の寄附を考へてゐただけであつたので、之に応ずる充分な準備なく、両者間の折衝に多少の時を要した。その間にあつて波多野はよく交渉の任に当り、具体案を練つて教授会の同意と渡辺側の応諾とを得ることが出来た。かくて翌年には大学評議会の議を決して文部省に申請され、文部省は大蔵省と折衝した結果、大正九年には次年度予算に計上されるまでに取り運ぶことを得た。幸にして帝国議会に於ても京都大学の予算計上に異議なく承認を与へ、十一年度には「基督教研究のため」として宗教学第二講座の設置が正式に公布され、ここに官立大学に於ける最初にして唯一のキリスト教講座の開設を見ることを得たのである。[28]

以上、われわれが見てきたように、京都大学文学部におけるキリスト教学講座は、波多野と石原の特別の師弟＝友人関係[29]と連係プレイによって、はじめて日の目を見るに至った官立の研究教育機関なのであるが、何といっても波多野の学問的精神とその名声なくしては、実現に漕ぎつけるのはほとんど不可能だったであろう。かつて三木清は恩師波多野精一について、つぎのように評した。

その学風は堂々としてアカデミズムの正道を行き、その著作は品位においてつねに古典的風格を具へてゐる。その良心的で堅実な研究態度と一字一句も忽にせぬ真摯な著作態度とはその作品に完璧性を賦与してゐる。博士の如く自己のスタイルを有する著述家は我が国の哲学界においては稀である。その研究はどこまでもアカデミックであるが、いはゆるアカデミズムの通弊である無用の煩瑣晦渋を脱却して、飽くまでも透徹してゐる。しかも決して乾燥無味ではなく、その透徹した文体のものには脈々として情熱の通つてゐるのが感ぜられる。(30)

波多野はドイツ仕込みのアカデミックな学風をもって、西田幾多郎の全盛期においても、同僚や西田の弟子筋から、完全に一目置かれる存在であった。波多野の薫陶を受けたキリスト教学の愛弟子松村克己は、波多野のモットーは「Genau und richtig, sachlich und gründlich(きちんと正確に、事柄を大切に、徹底的に)」であったと語っているが、(31)松村がこのモットーでもって言い表わしている学問的態度は、十九世紀のドイツで確立された《フィロロギー》(Philologie)の立場にほかならない。主体的思考を前面に押し出す西田門下の哲学に対して、波多野は文献学的精密さと哲学史的知識の精確さを重んじた。波多野が基礎を据えた「キリスト教学」なる学問は、第二代目の講座担当者となった有賀鐵太郎によって、実質的な内実と方向性を与えられ、彼のたゆまぬ学問的努力を通じて、やがて「日本基督教学会」という全国規模の学会が組織されるに至ったのである。

# 第十話　村岡典嗣と阿部次郎

村岡典嗣（一八八四―一九四六）と阿部次郎（一八八三―一九五九）は、まったく異なった学歴を背景にしつつも、同時に新設の東北帝国大学教授として採用され、まったく同じ時期にヨーロッパに留学している。しかし単にそれだけの関係ではない。村岡は開成中学校を出ているが、そこでの特に親しい同級生に斎藤茂吉や吹田順助がいる。斎藤と吹田は第一高等学校に進学したが、当時の一高には教師として原勝郎、桑木厳翼、夏目漱石などがおり、同級生には石原謙や阿部次郎がいた（ちなみに華厳の滝に投身自殺した藤村操は、開成および一高の一年級下の後輩であった）。村岡を除く、斎藤、吹田、石原、阿部はすべて一高から東京帝国大学へと進んだが、この五名はやがてほぼ同時期にドイツに留学している。この時期は、第一次世界大戦集結後の史上空前のインフレの頃で、日本からの留学生は随分裕福な生活ができたようである。彼らの他には、九鬼周造、三木清、伊藤吉之助、小山鞆絵、小牧健夫、成瀬無極、実吉捷郎、小宮豊隆、羽仁五郎などもヨーロッパに滞在しており、まさに留学全盛期の感がある。彼らは親密の度合いには差があるとはいえ、いろいろな機会をとらえて相互に行き来をしている。それゆえ、われわれはこうした人物たちのことも頭の片隅に置きながら、とくに村岡と阿部に焦点を合わせて、以下に考察してみよう。

村岡典嗣は、一八八四年（明治一七年）九月一八日、東京市浅草区森下町一番地に、丹波国山家《やまが》藩江戸詰藩士村岡典安《つねやす》の長男として生まれた。幼少期、佐佐木家に寄留し、佐佐木弘綱（本居春庭の弟子足代弘訓門下）の薫陶を受ける。(1)一八九五年（明治二八年）四月、開成尋常中学校に入学し、一九〇一年（明治三四年）三月卒業。同年四月、東京専門学校高等予科に入学し、翌一九〇二年（明治三五年）七月卒業。同年九月、早稲田大学文学科（哲学専攻）に入学。波多野精一に師事し、西洋哲学を学ぶ。一九〇六年（明治三九年）七月、早稲田大学を卒業し、同年九月、独逸新教神学校入学。神学に関する英語・ドイツ語の講義を聴講し、一九〇七年（明治四〇年）七月、同神学校を卒業。一九〇八年（明治四一年）、柳下起家《やぎしたきか》と結婚し、東京府大森に住み始める。同年四月、ヘラルド株式会社内日独郵報社に入社し、週刊新聞*Deutsche Japan-Post*の記事・論説の翻訳に従事。一九一一年（明治四四年）二月、処女作『本居宣長』を出版。一九一四年（大正三年）九月、対独宣戦布告により、日独郵報社が解散となったため、同社を退職。一九一五年（大正四年）春、母校早稲田の講師に迎えられ、一九一六年（大正五年）七月二七日には、陸軍士官学校陸軍助教（英語）に就任。一九一九年（大正八年）五月二一日まで、この職にとどまったが、早稲田の講師職の方は、いわゆる「早稲田騒動」のために、一九一七年（大正六年）の秋に辞職。一九二〇年

（大正九年）二月九日、広島高等師範学校教授（徳育専攻科）に就任。一九二二年（大正一一年）四月二九日、東北帝国大学法文学部教授に内定。文化史学研究のため、二年間の在外研究（独・仏・英）を命ぜられる。一九二四年（大正一三年）三月二〇日、二年間のヨーロッパ在外研修を終えて帰朝。四月二五日、東北帝国大学法文学部教授に着任し、文化史学第一講座（日本思想史専攻）を担任する。それ以後、一九四六年（昭和二一年）三月三〇日に定年退官するまで、東北帝国大学に奉職して、日本思想史の研究に励む。今日、「日本思想史学」なる学問の成立を語るとき、津田左右吉（一八七三―一九六一）や和辻哲郎（一八八九―一九六〇）と並んで、まず村岡典嗣の名前が挙げられるのは、十分すぎるほど根拠のあることである(2)。

村岡典嗣（東北帝大時代）

村岡は、一九三五年（昭和一〇年）四月には、東京帝国大学文学部講師（日本倫理思想史）を委嘱され、一九四四年（昭和一九年）三月までこの責務を果たしたが、それと並んで一九三七年（昭和一二年）五月には、東京文理科大学教授（国体論）を兼官した（一九四六年三月三〇日まで）。さらに一九四〇年（昭和一五年）四月には、津田左右吉の後任として東京帝国大学法学部政治史学第三講座（東洋政治思想史）講師を委嘱され、一九四二年（昭和一七年）九月三〇日までこの責務を果たした。この間『日本思想史研究』四巻、『日本文化史概説』などの著書や各種の古典の校訂などを手がけ、まさに「日本思想史学」の礎石を築いた。そして定年退官後十日あまり経った、一九四六年（昭和二一年）四月一三日、栄養失調から不帰の客となった。

われわれは第九話で、波多野精一と石原謙との特別の師弟＝友人関係について学んだが、第十話の主人公の一人の村岡も、違った意味において、波多野とは特別な師弟＝友人関係を結んだ人物である。村岡は早稲田大学在学中に波多野精一と出会い、とりわけドイツ留学から帰国後の波多野のもとで、西洋哲学それもギリシア哲学を学んだ。村岡がギリシア哲学および西洋哲学史一般についての知識をしっかり身につけていたことは、波多野との共訳によるサバティエの『宗教哲学概論』（内田老鶴圃、一九〇七年）の翻訳や、ヴィンデルバントの大著 *Die Geschichte der neueren Philosophie* の最初の部分の翻訳『近世哲学史　第一　近世初期』（内田老鶴圃、一九一四年）の出版から、さらには宮本和吉等編集の『岩波哲学辞典』（岩波書店、一九二二年）に、神道関係の多くの項目に加えて、「アナクサゴラス」、「エレア学派」、「ピタゴラス及びピタゴラス学派」、「ヘラクレイトス」について執筆している事実からも、十分確認することができる。実際、横浜最初の英字新聞「ジャパン・ヘラルド」社の子会社の「日独郵報社」の記者として、糊口を凌ぎつつ独学してきた村岡は、一九一一年（明治四四年）二月、警醒社から処女作『本居宣長』を出版してはいるものの、一九一五年（大正四年）春、母校早稲田の講師に迎えられたときには、西洋哲学の講師であった。翌年さらに陸軍士官学校陸軍助教にも就任したが、担当は英語の授業であった。だが、村岡はやがて研究上の大いなる方向転換を決断することになった。のちにドイツ史の大家となった長男の村岡晢《あきら》によれば、この方向転換は「『西洋哲学ではとうてい自分を凌駕することはできまいから、新しい領域を開拓するように』との恩師波多野の熱心な勧めに従った[3]」結果であった。村岡は恩師の慫慂に素直に従って、日本思想史の研究方向へと舵を切ったのである。村岡はその頃、新婚当初の大森の住まいから、牛込薬王寺に引っ越しているが、興味深いことに、村岡一家が移り住んだ住居は、波多野精一の住まいのすぐ隣りであった。波多野の人格と学殖にすっかり傾倒した村岡は、「牛込の同じ宅地内に師に隣接して僑居を求め、日夜薫陶を仰いでいた[4]」というのである。吹田順助の回想によれば、

その頃は村岡は牛込の薬王寺前の波多野先生の家と同じ地面うちの、おちついた、二階屋の借家に住んだ。家賃はたしか十五円で、二階の書斎には、堂々たる机を置いてあつた。村岡は一生質素な生活をつづけたやうであるが、本とか文房具とか、書斎の道具などには、可なりいいものを置くことを好み、金も惜しまなかったやうである[5]。

一九二〇年（大正九年）二月、例の「早稲田騒動」で職を失っていた村岡は、晴れて広島高等師範学校教授（徳育専攻科）に就任するが、ここにも波多野の影が見え隠れする。かつて広島高師の教授を務め、ハイデルベルク留学時代に波多野と親しく交わり、いままた京都大学で同僚となっていた内田銀蔵が、波多野の依頼を受けてかつて在籍していた広島高師の西晋一郎教授に働きかけて、この採用人事が実現したというのが大方の見方である。(6) 内田は一八九六年（明治二九年）から一九〇四年（明治三五年）まで、母校の東京専門学校（早稲田大学）で講師を勤めたが、波多野も一九〇〇年（明治三三年）から一九一七年（大正六年）まで、同じく早稲田大学の講師を勤めていたので、ハイデルベルク大学留学中に親しくする以前に、両者の間に一定の人間関係が成立していたと考えてほぼ間違いない。(7) 真実のほどはどうであれ、広島高等師範学校就任の二年後、村岡は新設される東北帝国大学への就任が内定し、文化史学研究のために、単身でヨーロッパに出掛けることになる。一九二二年（大正一一年）四月から一九二四年（大正一三年）三月までの村岡が不在の期間、なんと彼の妻と子どもたちは波多野の世話で、彼の自宅に近い京都洛北の田中大堰町に住んだのである。このように、波多野と村岡は学問上だけでなく、実生活においても特別な師弟＝友人関係で結ばれていたことがわかる。(8) 波多野の京都大学退職を記念して刊行された石原謙編集の『哲学及び宗教と其歴史――波多野精一先生献呈論文集』（岩波書店、一九三八年）に、多くの哲学者、宗教学者、神学者、聖書学者などに交じって、一見波多野の学問と縁遠いように思える村岡が、一

文を寄せている理由もこれによって納得できる。(9)

さて、それでは村岡の留学はいかなるものだったのであろうか。幸い村岡は在外研修先から三通の書簡を竹柏園《なぎその》の佐々木信綱宛に書き送っているので、まずこれを第一次資料として村岡の留学生活を考察してみよう。

第一信はベルリンからであり、書面の内容から推して（森鷗外が死去したのは七月九日）、おそらくこの書簡が投函されたのは七月末か八月初旬であろう。

伯林より　　村岡典嗣

マルセーユよりは巴里を経ず直行いたし候。はじめの夜はストラスブルグの町にとまり候。戦後仏領となりしところに候が、丁度仏国の革命祭の前夜とて市中賑ひ、夜間自働車にて見物いたし候処、市民街頭に群れて、若き婦人の舞踏せるなど有之候。翌朝ライン地方に入りハイデルベルヒを夕方すぎて、フランクフルトアムマインに汽車をのりかへ、翌朝早く伯林につき候。山間に町あり城あり、そこに大学ありて、碩学大家の往むといふ状況は、何となく姫路岡山広島等の中国地方をすぎて、封建時代を想像せし時と感を同じうし申候。伯林には吹田君が出迎へくれ、直ちにこの宿に来り候、他にいま一つの下宿の候補者有之、そこには前日まで井上哲次郎氏が、居られしよし、小生の宿には阿部次郎君がをり候。

二三日吹田君に案内されて、ブランテル《ママ》ブルゲル門から、有名なウンテルデンリンゲ《〔デ〕》ンを経、大学王城等にゆき、又一日はワンセー〔Wannse, ベルリン郊外の湖〕といふ湖水に舟をうかべ有名なクライスト〔Heinrich von Kleist, 1777-1811〕の比翼塚をたづね候。その後日々地図をもつては古本屋にゆきをり、漸く町の見当がついてまゐり候。書物は段々なくなり候。何しろ日本の留学生等も、安いので一人が数千部も買ふといふ有様ゆゑこの調子にてはなくなるばかり、現に絶版ものが多く候。日本文化史上に独逸書物輸入時代（必ずしも独逸学問輸入時代とはいはず）といふ一時代が出来るならむと存じ候。併し買つても中々送付の手続が面倒に候故、小生はなるべく読まぬ本はかはぬこと[10]ゝいたし候が、何分安いので買ひ申候。これまでにえたる珍本ともいふべきは、ワリンヤヌの日本記事（千五百二十四年版）Wolfgang von Goethe の蔵書票及び署名ある古書（但し大詩人の孫らし）等に候。日本関係のものは注意してあつめをり候へど、中々無之、ワリンヤヌのものなどはよほど珍しいものゝやうに候。マルクは日々下落、この頃は四厘ぐらゐにて、銀行にて十ポンドもかへ候と、二万何千といふ巨額になり、札の小さい時は大きなつゝみをさげて帰る有様に候。何しろ独逸国境に入りてより、銭勘定が百とか千とかいふ単位になつたる為、つり銭などをもらひてもわけがわからずなり候。マルクの下落にて国民は生活難に陥りをり候へども、表面さして焦心の様も見えず、独逸国民のいかにこの状況に堪へむとするかは、注目し熟視する価値ありと存じ候。

森鷗外氏の訃は、伯林について直ちにき、中候。（令息当地にある故）水沫集作者の死を当地にて知りし事は、感慨無量に候。(11)

七月一三日、マルセイユ上陸後、ストラスブール、ハイデルベルク、フランクフルト・アム・マインを経由して、村岡は一九二二年（大正一一年）七月一五日にベルリンに到着した。すでに吹田順助が当地に滞在していて、彼が駅に村岡を迎えた。阿部次郎もすでにベルリン入りしていることがわかる。数日間、吹田の案内でベルリン市内を観光したのち、村岡は早々と聚書《しゅうしょ》（書物の獲得行為）を開始している。ドイツのハイパーインフレについては、阿部次郎のところで詳しく考察しよう。末尾に言及されているのは鷗外の長男森於菟《おと》のことであり、医学者として当地に留学中であった。(12)

第二信はザクセンの都ドレスデンからであり、これには〔一九二三年（大正一二年）〕一月八日と日付が付されている。

ドレスデンより　　　　村岡典嗣

ドレスデンより呈書いたし候。当地は有名なる芸術の都とて、昼は美術館に、夜はオペラや芝居に、思はず数日を過し候。美術館には有名なるラファエルのマドンナがよびものにて、特に一室があてがはれをり候。同封の絵葉書はそれにて候。オペラは、特にワグネルものがよきよしにて、昨夜ワ《（ト）》リスタン、ウント、イソルテ〔Tristan und Isolde, ワーグナー作曲の楽劇〕を観候が、伯林にて見しよりもすぐれたるように感じ候。

エルベ河をさしはさみたる当地の景色は、加茂川を偲ばせ候。

同封の他の一葉は独逸の本居なるアウハストヘエク〔アウグスト・ベーク〕の墓を訪ひし記念に候。昨冬より時々探墓をいたしをり候。

暮にハムブルクにまゐり。大学にフロレンツ氏[13]の研究室を見候。歌の栞や日本歌学史があり候。特にこれといふ古書も無之、たゞ慶長版の書紀に魚彦の書入したものがめにつき候。

もはや独逸にも半年と相成り、よほど馴れてまゐり候。この度の旅行もわざと一人にてまゐり、まことに暢気にて候。明日は伯林に帰るべく、また数日にしてウィッテンベルクに、ルウテル〔Martin Luther, 1483-1546〕の故跡をとふべく候。

日本に関する書物は中々えがたく、その後、バタヒヤ出版の日本の古地図を買ひしくらゐのものにて候。芝居はしばしばみ候。[14]イプセン、トルストイのものなど、古典にてはハムレットもフアウストも見候事に候。（一月八日）

ここでは誤記載されてはいるが、村岡がアウグスト・ベークを「ドイツの本居〔宣長〕」と呼び、彼の墓を〔ベルリンで〕探して回ったという報告もきわめて興味深い。処女作『本居宣長』を執筆する際に、その解釈学的原理と方法論から多くを学んだ村岡だけに(15)、ベークに対する畏敬の念がここでも確認できる。ちなみに、ベークの墓はベルリン市内のドロテーアシュタット墓地（Dorotheenstädtischer Friedhof [126 Chausseestrasse; Platz 41]）にあり、同墓地内には少し離れてフィヒテとヘーゲルの墓もある。村岡はドレスデンでも引き続き聚書に精を出している。

三番目の報告はイギリスのロンドンからであり、竹柏園の会誌『心の友』に掲載されたのは一九二四年（大正一三年）一月であるが、日付は前年〔一九二三年（大正一二年）〕の一〇月二四日となっている。

倫敦より　　　　村岡典嗣

地震のことをきいた当時はそんな勇気もありませんでしたが、漸う落付いてきて、書物あさりをしてゐます。この際欧文の日本支那に関する書物は成可《なるべ》く多く買はうと思つて（東北大学の為に）日々書店に通つてゐます。自分でも少々は買つてゐます。をかしなもので、時々和漢書が手にはいります。耶蘇教関係の漢籍なども買ひました。さる日本研究家の蔵本であつた薩道旧蔵本ももとめました。元和板の下学集もあります。和歌に関するものは残念ながらまだ見ません。

チエンバアレン先生には、偶然ゼネバで、そのホテルに泊つたのでお目にか丶りました。先生も大変よろこばれました。当時御許へ、先生とともにはがきを認めましたが、伊太利旅のくはしい手紙をさしあげようと思ひ、その節にと思つて出しおくれそのま丶になりました。いづれ帰朝の節さし上たいと思ひます。まことに奇遇でした。

この大英博物館には、和漢書が相当にありますので、日々かよつてゐます。和書は例のジエスイット板のほかには、特にこれといふものはありませんが、書紀なども本活本がそろつてゐます。勅版本を見ましたが、六人部是香《むとべよしか》〔一七九八—一八六四、幕末の国学者〕の書入本でした。これもサトウ氏の旧蔵本です。英国はこの比は雨つゞきでうつたうしいことです。今日はめづらしく晴、来月は霧がふかいことでしやう。倫敦塔はじめ大方見尽くしました。カアライルの家のあるチエルシイといふところは、テエムス河にのぞみ、詩人などの旧宅が多く、閑静なところです。丁度九月の一日に訪うて、向島を忍んだことでした。その翌日の新聞に地震を知つたのでした。御健康を祈ります。(十月廿四日)(16)

関東大震災は九月一日に発生したので、それから約五十日が経過している。村岡は家族を京都の波多野に託していたので、幸いにも彼の一家には被害はなかった。村岡は相変わらず聚書に励んでいるが、ロンドンでは大英博物館文庫東洋研究室で「きやどぺかどる」の筆写に取り組んでいる。

この著作はスペインのルイス・デ・グラナーダ（Luis de Granada, 1504-88）が執筆した、吉利支丹文学の白眉と評される作品であり、書名の原義は「罪人を善に導く」というほどの意味だという。一九二七年（昭和二年）に『日本古典全集』に上下二冊で収録されることになるが、その解説において村岡は、「ここに刊行する所は、余が往年、大英博物館文庫東洋研究室にて筆写し、巴里本にて落丁一葉を補へるものなり」と述べているように、彼はそのあとパリを訪れ、一月一四日、巴里国民文庫によって、大英博物館の落丁一枚を筆写する作業をおこなっている。(17)

この使信のなかで報告されているチェンバレン（Basil Hall Chamberlain, 1850-1935）との面談については、別の箇所でつぎのように詳述されている。「吾人も亦、一九二三年の五月、独逸遊学中伊太利に旅した途次ジュネエヴを訪うた時、恰も教授の住まへるレエマン湖畔のホテル・リッチモンドに宿り合せ、二十一日の午後、日本風にいはば三階の、第三十六号の教授の居室を訪ねて、面談する幸ひを得た些かの機縁を有する」(19)。これ以外にも、村岡はベルリン滞在中に、トレルチやマイヤー（Eduard Meyer, 1855-1930）の授業や講演などを聴講したことが知られている。(20)

このように見てくると、聚書と筆写が中心であったとはいえ、村岡の二年間のヨーロッパ留学はとても収穫の多いものであったと思う。帰国後、東北帝国大学に開設された日本思想史講座の初代の教授になる村岡は、以後はもっぱら日本思想史の分野で仕事をすることになるが、この二ヵ年間の留学は非常に意義深いものだったに違いない。

| 日付 | 対一ポンド | 厘価換算（概数） |
|---|---|---|
| 一九二二年 | | |
| 七月八日 | 二、二九〇 | 四・ |
| 八月三日 | 三、七〇〇 | 二・七 |
| 八月二二日 | 五、二〇〇 | 一・九 |
| 一〇月一九日 | 一八、〇〇〇 | 〇・五五 |
| 一一月二〇日 | 三〇、〇〇〇 | 〇・三三 |
| 一二月二一日 | 三〇、〇〇〇 | 〇・三三 |
| 一九二三年 | | |
| 六月二日 | 三四五、〇〇〇 | 〇・〇二八 |
| 六月二九日 | 七〇〇、〇〇〇 | 〇・〇一四 |

村岡と比べると、阿部次郎の留学体験はより内面的で感傷的である。彼は一九三三年（昭和八年）に、十年前の留学当時の日記に基づいて、『游欧雑記　独逸の巻』（改造社）を出版しており、われわれはそこから彼の留学体験のあらましを知ることができる。しかしこの留学記は、単に個人的なエピソードを物語るにとどまらず、同時代の数多くの日本人留学生たちが共通して体験した、ヴェルサイユ体制下のドイツの未曽有の経済危機状態を、冒頭に鋭い筆致で描き出してもいる。阿部は一九二二年（大正一一年）七月四日の宵、パリの北駅を夜行列車で出発して、翌五日の夕暮れにベルリンのツォー駅に到着したのであるが、そこから始まる一年間のドイツ留学の期間に、ドイツの経済状態がいかに悪化したかを、自分の銀行口座の出金記録に基づいて報告している。ここに示された恐るべき数字は、今日のわれわれにはまったく想像だにできない当時のハイパーインフレを、冷徹なまでの如実さでよく表わしている。

阿部はこのマルク相場の恐ろしい下落に、つぎのような注目すべき注釈を加えている。

故に私の入独当時に常価の百二十五分の一に下落してゐた馬克〔マルク〕が、一年足らずの間に、更に三万五千七百十四分の一まで暴落を告げたのである。換言すれば、独逸人が邦貨五十銭の品物を買はうとするとき、彼は三万五千七百十四馬克を払はなければならぬのに対して、吾々は邦貨五十銭を持って行けば、三万五千七百十四馬克の独逸製品を買ふことが出来たのである。……かくて独逸人にとつては想像に絶する物価騰貴と感ぜられるその同じ現象が、吾々にとつては気の毒の感に堪へぬほどの物価下落であつた。……然し馬克下落によつて無条件に利得するものは、消費者及び購買者としての外国人（特に在独外国人）でなければならぬ。私は独逸にゐるあひだ、いやでもこの利得を享受しなければならなかつた。併しこの利得が、限りなく独逸人を不幸にする同じ現状の反面を意味することを思ふとき、私の心は甚しい痛みを覚えた。(21)

かくして阿部は銀行に行くたびに罪悪感を覚え、激しい良心の痛みを覚えた。銀行に金を受け取りに行くことは、不幸なドイツ人の横面を張りに行くことであるように思え、そこで得意そうに金を受け取っている日本人の顔を見るのが恥ずかしかったという。八月八日にハイデルベルクに向けて出発するまで、ベルリンにおける阿部の毎日の日課は、博物館島（Museumsinsel）と呼ばれる砂州にある五つの美術館・博物館を訪れて、そこに収蔵されている貴重な美術品や遺物を鑑賞するこ

阿部次郎

とであったが、「伯林の夏」と題された章は、下宿で働く貧しい孤児の女性Gの姿を通して、揺れ動く自分の気持ちと交錯させながら、ドイツ社会全体が陥った悲惨な状態を見事に活写している。[22]

阿部はドイツ留学に際して、「見学の一つの方針」をたてていた。それは、「その土地でなければ見られぬものを見、其処に住まなければ接し得ぬ生活に接することを主眼とすることである」。この原則は、彼の学問と興味との性質に即応して、二つの方向に具現化される。すなわち、「欧羅巴の美術館を出来るだけ丁寧に歴訪すること」と、「或る国にゐるあひだ、許された時間の大半を其の場所に落付いて、その国人の実際生活を味解すること」[23]である。それゆえ、ベルリンのつぎに赴いたハイデルベルク大学がその歴史と現存の学者とによって、いかに内外に知れわたっているにせよ、阿部にとっては「其処で講義を聴くことも亦私の目的ではなかつた。滞在の許可を得る必要上、席を大学に置くとはいふものの、グンドルフやリッカートのやうな名物も、私にとつてはただその風貌と講義振とを見て置くべき見物の一つに過ぎなかつた」[24]のである。

そこから阿部のハイデルベルク滞在記は、四ヵ月あまり逗留した小高い山の中腹にあるS家の人々との交流をめぐって展開する。阿部にこの下宿を紹介したIなる人物は、石原謙のことであろう。石原が最初の三ヵ月間滞在した下宿は、「高台の別荘で、……室のヴェランダから公園とその中にある古城とを見下ろす眺めは素晴らしく、その下にネッカーが流れ、その対岸に聖者山《ハイリゲンベルク》が聳え」ていた。「家の主人はシュワルツという老夫婦でこの町の旧家であり、殊に夫人は品位あり教養の豊かな如何にもドイツ婦人らしい人柄」[25]であった。「Iは以前に此家に下宿してゐたことがある」（六五頁）とか、秋のある日「丁度バーゼルから来てとまつてゐたI」（二一六頁）とか、「Iがほとんど飲まないので」（二七七頁）という表現からしても、間違いなくこの友人は一高と東大で同期の石原である。これ以外には、K君は九鬼周造、Sは吹田順助であると容易に特定できるとしても、しかしHとYが誰であるかは筆者にはわからない。ともあれ、阿部は自分の留学の目的を明確に限定しているので、大学町ハイデルベルクにいてもほとんど授業には出ず、読書、美術館訪問、見聞旅行、現地人との触れ合いに費やしている。

　こういう阿部であるから、本人が言うように、その叙述に偏りがあるとしても、彼がたまたま聴講したリッカート（Heinrich Rickert, 1863-1936）の印象は頗る悪い。

　私はこの不思議な混ぜこぜの中にゐて、此教室でへーゲルが講義をしたことを想ひ起してゐた。其処に、せかせかと教場にはひつて来ていきなり教壇に上る白髪の老人があらはれた。彼こそ教授リッカートである。写真で見るオイケンに一寸似たところもあるが、あれほど理想主義的高調《シュウング》を持つてゐない。況《ま》して其処にはケーベル先生のやうな気高い品位の俤《おもかげ》を見ることはとても出来ない。引締つた、落付いた、痩せた人であらうと想像してゐたのとは反対に、豊頬の皮が弛んで無駄な肉のついてゐるやうな、少しくブカブカな感じのする老人である。彼は張りのないせかせかした調子で草稿を読みあげた。固よりこの朗読には多くの手の運動が随伴する。併しそれも神経的な忙しさの印象が勝つて、その思想を深く人心に刻み込むための、多きに過ぎず少なきにすぎぬ《ニヒト・ツー・フィール・ウント・ニヒト・ツーヱーニヒ》力を欠くといはねばならぬ。(26)

だが、石原のリッカート評は阿部ほど辛辣なものではない。リッカートは「毎日夕刻五時から一時間の講義を行なうのであるが、夫人附添で馬車を駆って来り、昔ヘーゲルが講義したという有名な部屋を使用していた。相当に評判の講義で学生以外の市民や婦人の聴講者も多く、教室に溢れていた。定刻までは隣室にいて教室内の静まるのを待って壇に上がり、講義の終った後にも自分の退場するまで暫く静かにしてほしい」という趣旨の注意をしていた。しかし彼は着任以来七年間、「閑静な自宅に籠ったきり、町にも殆ど出たことはないし城公園の散歩さえ試みたことがない」という噂であり、「ドイツの学界に於ても大学内でもやや孤立の感を呈していた」(27)と思う、といった内容である。しかしこの二人の報告からも窺えるように、リッカートはとても気位が高く名誉心の強い男で、さまざまな情報を総合してみると、S家の母子が考えているように、学問はどうであれ人間性は前任者のヴィンデルバントより数段劣っていたようである。(28)

それに対してグンドルフ（Friedrich Gundolf, 1880-1931）の講義は、「リッカートよりもずつと草稿を離れた講義ぶり」であり、「兎に角彼の講義は面白い」と思ったそうである。阿部によれば、「リッカートは講義よりも著書の方がずつと優れてゐるが、グンドルフの講義からは、著書以外に何か直接的に伝わつて来るものがあることを私は感じた。私は一度きりでなく又聴きに来ようといふ気になつて教場を出た(29)」。

阿部はヨーロッパに来る前から、名士を訪問しようなどという希望はさらさら持たなかったが、「ミュンヘンのリップスの遺族をたづねること」と、「ワイマールでニイチェの妹を訪問すること(30)」だけは果たしたいと願っていた。リップスとは、「感情移入」の概念を強調した美学者テオドーア・リップス（Theodor Lipps, 1851-1914）のことである。一九二三年（大正一二年）六月五日、阿部は彼の弟子であるモーリッツ・ガイガー（Moritz Geiger, 1880-1937）――ガイガーはこのときミュンヘン大学の員外教授をしていたが、翌年ゲッティンゲン大学の正教授に就任した――の案内で、リップスの家を訪問し老夫人に挨拶することができた。さらに同月一六日、阿部はワイマールのニーチェ・アルヒーフを訪れ、そこで有名な妹エリーザベト・フェルスター＝ニーチェ（Elisabeth

Förster-Nietzsche, 1846-1935）と面会した。「彼女は黒地に黒模様を浮した昔風の立派な着物を着て、色白でまだ顔色の水々しい、上品な、とても八十とは見えぬお媼さんだった」。話題が自然とニーチェと日本との関係となり、ニーチェが日本で有名になっていることを告げると、「死んでから漸く理解されるのは悲劇的《トラーギッシュ》ですと、彼女は老人の〔つねとして？〕早くも涙ぐんだ」(31)という。そのあと阿部はドレスデンに赴き、アルテ・マイスター絵画館でラファエロやコレッジョ（アントーニオ・アッレーグリ）などを心ゆくまで鑑賞し、そのあとベルリン、ハンブルク、オルデンブルクと移動し、親しい人たちに最後の別れを告げて、やがて帰国の途に就いた(32)。

われわれは第十話では村岡典嗣と阿部次郎に的を絞ったが、彼らがヨーロッパに滞在したこの時期、実に多くの日本人留学生たちがヨーロッパ各地で学び、ドイツ国内だけでなくヨーロッパ中を旅行して回り、同胞や同窓のよしみで杯を酌み交わしている。たとえば、吹田順助と小牧健夫と九鬼周造の交流なども、留学中ならではのことであろう。吹田の『旅人の夜の歌――自伝』によれば、吹田と小牧は、一九二二年（大正一一年）八月七日、ハイデルベルクを訪れるが、その日の記述には、「午後一時二十五分バーデン・バーデン駅を出発、オース、カールスルーエを通過、三時半頃ハイデルベルク着。小牧が電報を打っておいたのであろう、九鬼周造君がホームに迎えに来ていた」(33)、とある。そして八月一九日の記述には、つぎのような注目すべき記載も見出される。

八月十九日　午前、九鬼君夫妻を訪れ、別離の挨拶をする。十八日の夜は同君の下宿に招かれ、夕飯の御馳走になったが、食後、九鬼君の提案で「いき」と「いなせ」という概念の美学的分析が問題となり、秘書役のシュテルン嬢に、こういう日本の江戸時代に形成された特殊美をドイツ語で分かるように説明することは、なかなか面倒であった。しかし彼女の慧敏な直観力はだいたいわれわれの意味する処を捉えたようである。（九鬼君は帰朝後、『いきの構造』という著述を岩波書店から出版したが、この問題は考えてみると、もう大分以前からの同君の関心の対象であったのであろう。その著述が出てから数年にして同君は病のためにたおれた。ハイデルベルク滞在中、同君と小牧――私は言わばオブザーヴァーとしてだが――との間には、シュテルン嬢――彼女はそれ以前、ベルリンを滞在地としている小牧の秘書役であった――を中心としていろいろのいきさつがあった。それはそれとして、この優秀な学者的タイプの九鬼の夭折は、惜しみても余りがある。）九鬼君の家を辞してから、午後三時二十六分の汽車で、フランクフルトに向かった。(34)

ハイデルベルクからは同日付で、札幌農科大学（現、北海道大学）の同僚の有島武郎に宛てて、長文の書簡をしたためている（書簡をしたためたのはその前夜）。(35) さまざまな人間模様が、欧米留学というフィルターを通して見えてくる。吹田はドイツ、スイス、イタリア、オーストリア、フランス、イギリスと、ヨーロッパ各地を旅行して回っているので、ベルリンでの村岡典嗣、ハイデルベルクの阿部次郎や九鬼夫妻以外にも、各地で邦人の知り合いと接触・再会している。たとえば、ウィーンに留学中の斎藤茂吉との再会もその一コマである。

〔一九二二年（大正一一年）六月〕三日　午前七時十五分前、ヴィーン着、アウト〔自動車〕にてグランド・ホテルに行き投宿。あまりいい室ではない。アウト代七千クローネ、ホテル代一人前千四百クローネ、万事この調子である。朝食後日本大使館を訪れ、それから電車でこの市に滞在している開成中学の同窓、斉藤茂吉君を訪れる。同君とは二、三ヵ月前だったか、すでにベルリンで三、四度会ったのであるが、再びここで会えたわけである。茂吉さんはドイツへ来る汽車のなかで信用状を何者かに掏り取られたが、日本大使館のあっせんか何かで間もなく手元へ戻ってきたそうである。（その話はベルリンで会ったとき聴いたのであるが、当時は敗戦直後の混乱で、そういった災難、盗難は到る処で耳にした。……）茂吉さんの案内で市内見物。先ずプラーター（公園）へ行き、いかにもおのぼりさん宜しくの態で、自転車遊び（ラートファーレン）、山上めぐり（ベルクファールト）、蚤の戦さ（フローカムプフ）などみて廻った。……夜は茂吉さんもやはりいっしょに民衆劇場にモイッシーのハムレットを観る。……

四日　博物館一巡。ブリュウヒエル〔ブリューゲル〕（Brueghel）の絵、面白し。茂吉さんはベルリンで博物館を見に行ったときも、頻《しき》りにブリュウヒェルの絵を感嘆していたが、今度もその絵の前を立ち去りにくいようであった。古くしてしかも新味ありとでもいうべき画風か。宮殿を一巡、茂吉さんは皇后マリア・テレージアのベッドの恐ろしく大きいのを連《しき》りに感嘆（？）していた――彼の癖の頻りに頸を横ざまに振りながら。夜は民衆劇場におけるトルストイの『生ける屍』をみにゆく。やはりモイッシーの独り舞台。夜はオーパーン・ケラーにて夜食を共にした。(36)

吹田のヨーロッパ留学記を読むと、国内旅行もままならなかった波多野のドイツ留学とのあまりもの違いに驚かざるを得ない。第一次世界大戦後のドイツがハイパーインフレで断末魔の苦しみに喘いでいた同じ時期、わが国からの留学生たちはまさにバブル景気のような恩恵を被っていたのである。波多野の留学からわずか十七年、この恵まれた環境のなかで、日本留学生たちは外遊先で一体何を感じ、何を修得してきたのであろうか。村岡は日本思想史学の樹立を期して着々と準備しつつ、ヨーロッパにある貴重書の聚書と筆写に励んだ。阿部はヨーロッパ各地の美術館を巡りながら、現地の人々の暮らしぶりを味解することに努めた。間もなく誕生するわが国三番目の帝国大学（東北帝国大学）は、村岡や阿部を含む多くの留学経験者によって、やがて立派な顔立ちを与えられることになるのであるが、その基礎はすでに彼らのヨーロッパ留学体験のなかに胚胎していたのである。

それだけではない、第九話ですでに登場し、このあとの第十一話でふたたび登場するオイゲン・ヘリゲルは、一九二四年（大正十三年）に東北帝国大学に招聘されて、一九二九年（昭和四年）まで同大学の講師を務めるが、これはハイデルベルク大学における日本人留学生たちとの交流が機縁となっている。彼が日本滞在から得た成果は、『日本の弓術』（柴田治三郎訳、岩波文庫、一九四一年）や『弓と禅』（稲富栄次郎・上田武訳、福村書店、一九五九年）として祖国ドイツにもたらされ、日独の相互理解に大きく貢献した。

同様のことは、第十一話に登場するカール・レーヴィットについても言える。ハイデッガーの優秀な弟子の一人でありながら、ユダヤ系ドイツ人であったレーヴィットは、ヒトラー台頭後のドイツにおれなくなってわが国に亡命してきたが、その手引きをしたのはマールブルクで接触のあった九鬼周造であった。レーヴィットは一九三六年（昭和一一年）から東北帝国大学の哲学講師として教鞭を執ったが、一九四一年（昭和一六年）、本国から迫害の手が伸びてきたので、さらにアメリカ合衆国への亡命を企て、ラインホールド・ニーバーとパウル・ティリッヒの仲介で、ハートフォード神学大学に職を得た。戦後の一九五二年、彼は母校ハイデルベルク大学に招聘され、ようやく安定したポストを得たのであった。

ヘリゲルにしてもレーヴィットにしても、日本人留学生たちとの心の触れ合いがあったからこそ、言語も習慣もまったく異なるわが国にやって来たのであろう。欧米留学に限らず、外国留学はこのような人間的交流——しかも単なる人間的交流ではなく、学問研究に深く根ざした人間的交流——を生み出すのであり、この点は外国留学のもつ重要なメリットの一つとして留意されなければならない。

# 第十一話　九鬼周造と三木清

九鬼周造と（一八八八―一九四一）と三木清（一八九七―一九四五）は、ともにその早世を惜しまれるわが国最大級の哲学的逸材であった。年齢も家庭的背景も思想も異なるこの二人は、ほぼ同じ時期にドイツとフランスで哲学を学び、西田幾多郎、波多野精一、田辺元などに連なる「京都哲学」の一員として、非常に高い評価を得ている哲学者である。しかし哲学者としての気質としては、むしろ対照的であるといってよい。『物語「京都学派」』の著者は、三木を「北欧型」、九鬼を「南欧型」に分類しているが、たしかにそういう見方も成り立つ。(1)われわれは西田幾多郎を学頭とする「京大哲学の伝統」のなかにあって、異彩を放つこの二人を取り上げて、とくにその留学体験を考察してみよう。

九鬼周造のすべての著作は、『九鬼周造全集』全十二巻（岩波書店、一九八一―八二年）に収録されているが、その生涯と思想を包括的・全体的に論じた研究はまだ存在しない。既存の研究書や論文のほとんどは、彼の主著『いきの構造』や『偶然性の問題』に焦点をあてた研究であって、彼の

九鬼周造

生涯について信頼できる伝記的書物はまだ書かれていない。しかし彼の父の九鬼隆一と母杉山波津子に関しては、高橋眞司による詳細な研究があり、われわれはこれによって周造が生育った家庭環境とその背景をかなり詳しく知ることができる。九鬼周造のヨーロッパ留学の意義を、その内奥において理解するためには、われわれはまず彼のきわめて特異な家庭的背景を知らなければならない。

九鬼隆一（一八五二―一九三一）は、三田藩士星崎佐衛門の第二子として誕生したが、幼少の頃に綾部藩家老九鬼半之亟隆周《たかちか》の養子となった。一八七一年（明治四年）二月、慶應義塾に入塾し、名を「九鬼静人」から「九鬼隆一」に改めた。翌一八七二年（明治五年）四月、文部省十一等に出仕して、明治政府の官僚の道を歩み始めた。三田藩にせよ綾部藩にせよ、いずれも外様で、「閥外の小藩たる摂北一寒城の出身」であった隆一は、「藩閥」の跋扈に憤りを感じつつも、非凡な才覚を働かせて文部省内部で異例の出世を遂げる。そこには卓越した個人的能力以上に、その時々の藩閥の領袖や有力者に取り入り、権力を自分の栄達のために利用することを憚らぬ破廉恥さが発揮されていた。[2] 恩義のある福沢諭吉に対してすら、隆一は臆面もなく背信行為を行ったので、福沢は後年隆一との関係を振り返って、つぎのように述べている。

　隆一の老生に対する致方は全く賤丈夫《せんじょうふ》の挙動にして、前年一時彼が私の身の政略上に出たる小策とは申ながら、君子に誣《し》ゆるに小人を以てし、学者に附するに政客の名を以てし、尚その上に彼が文部省に居る間にも、常に慶應義塾を敵視するのみか、罵詈雑言到らざるなく、尚甚だしきは学問云々に付直に老生の一身を攻撃して陰に陽に人に語る等、近くは国会開設の其当分に至るまでも然り。[3]

　福沢のこの人物評が端的に物語っているように、一八八〇年（明治一三年）、文部少輔に昇進すると、隆一は文部大輔田中不二麻呂のもとで「省務を切廻」わし、いつしか「九鬼の文部省」と言われるまでになった。隆一が文部省の実権を握っていた時代は、ほぼ一八八〇年（明治一三年）から一八八三年（明治一六年）の期間である。しかし伊藤博文が森有礼を文部省御用掛に登用したことによって、隆一の身辺に大きな変化が生ずることになった。隆一はあらゆる手段を講じてこれに反対したが、その甲斐もむなしく、一八八四年（明治一七年）五月七日、森有礼は文部省御用掛に就任した（このときアメリカ全権公使であった田中不二麻呂は、イタリア全権公使として人事異動になった)。代わりに隆一は五月一四日、特命全権公使を命ぜられてアメリカ合衆国のワシントンへ赴くことになった。この人事異動について、伝記記者はつぎのように述べているが、おそらくそれが真相だったのだろう。

文部少輔九鬼隆一は、形の上では「公使ニ栄転」(『東京日日新聞』明一八・八カ)したのであったが、とくに抜擢されて公使に任ぜられたのではなく、むしろ伊藤博文の信任を受けた森有禮の文部省御用掛就任のために、省内随一の実力者九鬼隆一を左遷したというのが真相に近い。この辺の事情に昏かった三宅雪嶺が、「一時九鬼の文部省と言はれし文部少輔が駐米公使となれるは、稍々《やや》奇異とすべし」(『同時代史』第二巻)と述べたのも無理はない。(4)

こうして九鬼隆一は妻波津子を伴ってワシントンに赴き、三年間にわたってアメリカの全権公使を務めることになるが、このアメリカ滞在が周造の生涯に深い影を落とす出来事の序章となる。隆一は上京する以前に、旧綾部藩家老の娘沢野農子《たみこ》と結婚して哲造を設けたが、性格の不一致からほどなく離婚し、一八八三年五月に杉山波津子と新たに婚姻した。波津子の出生に関しては不明なところが多く、「花柳界」の出身であると言われているが、それが「京都祇園の出」を意味するのか、はたまた「東京の新橋」を意味するのか、識者の間でも定まっていない。波津子は端正な容貌、ほっそりした姿態、そして優美な物腰によって、「日本美人の典型」(a thorough type of the Japanese beauty)としてアメリカの新聞でも謳われた美形であった。隆一と波津子との間には、渡米前に光子と一造が生まれていたが、隆一夫妻は幼い子どもを国内に残しての渡米であった(出世欲の旺盛な隆一とは異なり、言葉もわからずしかも幼子二人を置いたままでの渡米は、波津子にとってとても辛いものであった!)。渡米後、波津子はすぐに第三子を孕み、一八八五年(明治一八年)五月に第三子三郎を出産した。このころから波津子は心身に異変をきたし、公使令夫人としての役目も徐々に果たせなくなった。一八八七年(明治二〇年)、健康状態のすぐれぬ波津子はふたたび身籠ったので、隆一は彼女を一足先に帰国させることにした。たまたま美術取調委員としてヨーロッパへ出張していた旧知の岡倉天心(一八六二―一九一三)が、その帰りにアメリカ合衆国に立ち寄っていたので、身重の妻と息子三郎のエスコートを天心に委ねた。ところがサンフランシスコを出発した米国郵船ペキン号が、一〇月一一日、横浜に到着したときには、天心と波津子の間にすでに強い恋愛感情が芽生えていた。隆一は二人を追っかけるようにして、一一月二八日に帰国したが、すでに事態はもとに戻せないほど進展していた。おそらく隆一と波津子の夫婦関係は、渡米してからほどなく実質的には破綻していたのだろうが、三郎の出産とその後の体調不良、そうしたなかでの新たな懐妊などが重なって、結論は先送りになっていた。ところが、不幸に悩む麗人の相談に乗っているうちに、妻子ある身の天心の心に恋心が芽生え、波津子も同様の気持ちを抱くようになったのであろう。こうしたなかで一八八八年（明治二一年）二月一五日、第四子の周造が誕生したのである。

われわれが九鬼周造が生まれる以前の話を長々として来たのは、このような背景を知らずしては、九鬼周造の生涯と思想は語り得ないと考えるからである。一九三七年（昭和一二年）頃に書かれたと思われる未発表随筆「岡倉覺三氏の思出」には、つぎのように記されている。

私が八九歳で、小学校の一二年の頃、父は麹町の三年町に住んでゐたが、母は兄と私とを連れて下谷の中根岸の御行の松の近所に別居してゐた。そのころ岡倉氏の家は上根岸にあつたがよく母を訪ねて来られた。上野の美術学校の校長の時代である。当時、母は凡そ三十六七歳で岡倉氏よりは一つ二つ年上だつた筈である。父が駐米全権公使をしてワシントンにゐたのは後の斎藤総理大臣が海軍大尉で公使館附武官をしてゐられた頃だから一昔も二昔も前のことだが、父は何かの都合で母を岡倉氏に託して同じ船で日本へ帰らせた。私はまだ母の胎内にゐたので母が日本へ帰つてから生れた。母と岡倉氏とはそれ以来の親しい間柄であつて、私たちは岡倉氏を「伯父さま」と呼んでゐた。

……母は……根岸の家では習字と琴とお茶と生花ばかりしてゐた。訪問客は親戚の婦人たちが時たま来た位で岡倉氏のほかには余りなかつた。岡倉氏はたいていは夕方から来られた。中二階の奥の間でぼんぼりの燈かげで母と夕食を共にされることがよくあつた。酒の徳利がいつも目についた。氏の真赤な顔を見たこともある。わたしはいつも母の膝にもたれながら岡倉氏の話をきいた。(5)

この未刊行のままになっていた回想記には、岡倉天心が幼少の頃の周造をまるで自分の子どものように可愛がり、一緒に遊んでくれた思い出がいろいろ綴られている。あるとき「茶店で休んだとき、店の婆さんが岡倉氏と私とを見較べて、まあ坊ちゃんはお父さんによく似ていらつしやるとお世辞を云つた。岡倉氏は黙つてただ笑つてゐた」(6)というエピソードも紹介されている。「岡倉氏の家へも時々遊びに行つた」という。しかし変則的・擬似的家族関係はいつまでも続かなかった。

父隆一は波津子との破局をよそに、複数の愛人を囲い、また人目を憚らぬ「官海遊泳」を続けて、一八八八年（明治二一年）、宮中顧問官、一八九〇年（明治二三年）、貴族院議員、一八九五年（明治二八年）、枢密顧問官になり、一八九六年（明治二九年）には遂に男爵位を授かるにいたった。公・侯・伯・子・男と五段階ある華族の五等位とはいえ、九鬼家はこうして華族の一員に加わり、バロン九鬼となったのである。こうなると一方で自らの体面を守る必要もあったし、他方で妻の精神的疾患も限界に達しつつあったので、隆一は波津子と天心の関係に楔を打ち込む挙に出た。

母は急にひとり京都へ行くことになつた。或る夜、岡倉氏は母の膝にもたれてゐる私を顧みながら、荘重な口調でこの児が可愛相ですと云つた。父は母を岡倉氏から離すために京都に住まはせたのらしかつた。岡倉氏と母の交際に対する岡倉夫人の嫉妬といふやうなことも其後私は耳にしたことがあつた。ともかくも母は京都へ行き、兄と私とは当時上野の博物館の主事をしてゐられた久保田鼎《かなえ》氏のところに暫くあづけられた。その後、母は京都から帰つて来てまた東京で父と別居してゐた。私が十四五になつた中学の一二年頃は坂井犀水《さいすい》氏の塾にゐて土曜から日曜へかけて父のところへ行つたり、母のところへ行つたりした。或る日曜の朝早く起きて母の家の庭で一人で遊んでゐると岡倉氏が家から出て門の方へ行かれるのとヒョッコリ顔を見合はせた。その時の具体的光景は私の脳裏にはつきり印象されてゐるが、語るに忍びない。間もなく母は父から離縁され、……(7)。

周造の筆はここでいったん途切れている。おそらくその続きは書くに忍びなかったのである。なぜなら、母の波津子はこのあと精神錯乱に陥り、「東京府巣鴨病院」(現、松沢病院)に収容され、二度とそこから出て来ることができなかったからである。周造によれば、「父は岡倉氏に関して、公けには非常に役に立ってもらつた人だが、家庭的には大変迷惑をかけられたといふ風に云つてゐた」(8)と言い、帝大生の頃赤門の前で天心とすれ違ったときも、「私は下を向いたままでお辞儀もしないで行き違つてしまつた。私がいつたいひつこみ思案だからでもあるが、母を悲惨な運命に陥れた人といふ念もあつて氏に対しては複雑な感情を有つてゐたからでもある。それが私が岡倉氏を見た最後だつた」(9)と述べている。一九一三年（大正二年）九月二日、天心が亡くなったとき、周造は病臥中の父隆一の代理で谷中の葬儀に参列したという。

以上のような次第であったとすれば、父・母・天心の四半世紀におよぶもつれた男女＝人間関係は、周造の人格形成に重大な影響を及ぼさなかったはずはない。それでも一高、東京帝国大学と、周造は多くの優秀な学友に恵まれて、家庭的不幸とは裏腹な充実した学生生活を送った。親しい同級生には、天野貞祐、岩下壮一、落合太郎、和辻哲郎、松本重彦、吉野信次、辰野隆などがいた。谷崎潤一郎も同級生の一人だった。一高在学時代、周造は岩元禎からドイツ語を学び、彼を通して「哲学への思慕」を教えられた(10)。一九〇九年（明治四二年）七月、第一高等学校文科を卒業した周造は、同年九月、東京帝国大学文科大学哲学科に入学し、ケーベル博士に師事した。「東大文学部哲学科での成績は、トップが岩下壮一、二番が九鬼周造、なぜか三番がなくて四番が和辻哲郎だったという、まことしやかなゴシップがある」(11)が、岩下と九鬼という二人の秀才は、生涯にわたってその友情を培った(12)。一九一一年（明治四四年）六月三日に、周造は神田聖フランシス・ザビエル教会にてカトリックの洗礼を受けたが、これもカトリック信徒であった岩下の感化によってのことであろう。周造は岩下の妹に淡い恋心を抱いていたが、岩下の父親清周が疑獄事件を起こして家庭崩壊に及んだことで、壮一は学者の道を捨ててカトリック系の病院長となり、信心深い妹もカトリックの修道院の門を叩いた。こうして周造の若き日の純愛は、生涯に影を落とす悲恋に終わってしまった。[13] 一九一二年（大正元年）七月、周造は東京帝国大学を卒業し、同年九月、東京帝国大学大学院に入学したが、成績優秀により特選給費生に採用された。

ところが、一九一七年（大正六年）、二月二〇日、次兄一造が幼児（隆一郎）と懐妊中の妻縫子を残して死去したため（縫子は亡父の次男隆造を九月一二日に出産）、その翌年の一九一八年（大正七年）四月一七日、未亡人となった兄嫁の縫子を妻として娶ることになった。縫子は大阪商船社長の中橋徳五郎の長女であったが、徳五郎はやがて政治の道に進出し、原敬内閣の文部大臣、高橋是清内閣でも文部大臣、田中義一内閣の商工大臣、犬飼毅内閣の内務大臣を歴任した人物である。縫子と周造の再婚を強く望み、強烈に後押ししたのは、縫子の母のゑつであったという。中橋徳五郎・ゑつ夫妻と九鬼隆一がどう考えてこの結婚を勧めたのか、また周造と縫子がそれぞれどういう気持ちだったのか、詳しいことはわからない。しかし縫子の弟の中橋謹二は、後年、「周造さんは兄嫁・縫子さんに強いあこがれをもっていたのではありませんか」というインタビューに応じて、「そうは思いませんでした。〔夫を亡くし、幼な子と乳飲み子を抱えた〕姉が周造さんをどこまで好きだったのか。親が説き伏せるもので一緒になった。周造さんにしてもお兄さんのお古を好き好んでもらうつもりはなかったろう。……しかし、結婚してからの二人は決して仲の悪い夫婦ではなかった」[14]と述べている。

ともあれ、周造と縫子は幼い二人の子どもを中橋の実家の両親に託して、一九二一年（大正一〇年）一〇月一七日、ヨーロッパ留学に出発した。周造がヨーロッパ留学を終えて帰国したのは、一九二九年（昭和四年）一月二九日のことなので、足かけ九年間もの長い間周造は日本を離れていたわけであるが（縫子はその間、一九二四年（大正一三年）暮れから一九二六年（大正一五年）二月くらいまで、単身で一時帰国した）、この長期にわたる「高等遊民ぶり」は一体何を意味しているのであろうか。一高以来の親友の天野貞祐が手紙をやって、「いい加減に帰朝して自分の仕事の手伝ひもしてくれ」[15]と促さなければ、そのまま根が生えてヨーロッパに住みついたかもしれないこの事態は、ハッキリ言って異常である[16]。しかも本人もその自覚はもっている[17]。われわれは似たようなケースとして、森有正（一九一一―七六）のフランス留学を知っている。森有礼の孫にあたる有正は、海外留学が再開された一九五〇年に、その第一陣としてフランスに留学し、そのままパリに居すわり続けて、ついにパリで客死した。パリはそれほど魅力的な都市なのかもしれないが、おそらく有正には日本に帰りたくない理由もあったのである。同様に、できればずっと異国に留まっていたいと思う特殊な理由が、おそらく九鬼周造にもあったに相違ない。筆者の推測するところでは、それは特殊異例の複雑な家庭環境、より具体的には、隆一・波津子・天心の修復不能な三角関係、に起因している。

九鬼周造と天野貞祐（1923年チューリッヒにて）

周造は容姿においても性格においても父隆一にはあまり似ておらず、容姿も性格もともに母親似である。また隆一の書いたもののなかに、息子の周造に関係する記述はほとんど見つからず、逆に周造の文章のなかには、父隆一に対する「ひそやかなantipathy（感情的な反撥）が感じられる[18]」。そこから『九鬼隆一の研究――隆一・波津子・周造』の著者は、「九鬼周造は、政治家・官僚であった父と確執し反撥するなかで哲学者となったのではないか、という仮説[19]」を提供しているが、これはある程度首肯できるであろう。「私は外交官になるつもりで一高の独法科に入学した[20]」と告白している周造が、「私は大学は文科へはいった[21]」となるのは、心境の大きな変化があったからにほかならない。穿った見方をすれば、これは父隆一が定めた政治家・官僚の道から、岡倉天心が体現するような学芸の道への転轍である。しかし事柄はそれほど単純ではない。母を苦しめる父に対して反撥を感じながらも、やはり血を分けた自分の父である。一方、いくら優しかろうと、天心は自分の父ではなく母の愛人である。母と天心の関係は世間でいう不倫の関係であって、しかも天心には妻子がいる。こうなると無邪気に「伯父さま」として受け入れることはもはやできない。

こうして周造に芽生えた「複雑な感情」は、隆一と天心に対してのみならず、最愛の母波津子に対しても向けられた、と考えるべきであろう。このようなアンビヴァレントな感情は、青年期の周造を「出口なし」の矛盾へと引き摺りこみ、彼はこの矛盾を解決するために哲学に取り組んだのではなかろうか。いずれにせよ、外見的な端正さ・上品さとは裏腹に、周造は「普通の幸福に生きるには……あまりに強い矛盾を蔵した人」となったのである。友人を最もよく知る天野貞祐はこう特徴づけたあとで、つぎのように述べているが至言である。

極端に理性的であって同様に極端に感能的である。一方には享楽に惑溺《わくでき》しながら同時に他方には純粋理論の研究に精進努力する。理性と感能とのこの両極端が彼においては何の矛盾もなく両立するものの如くであつた。神に酔ふが如き崇高な考えを有つと同時に極端に感性的な激情と衝動とに支配されることもなかつたわけではないかもしれない。斯ういふ性格の矛盾は決して幸福を招来する所以ではない。彼の生活のあらゆる美点もこの矛盾の雲に蔽はれて幸福の光を浴びることはできなかつた。華やかでしかも寂しく、豪奢でしかもつづまやかに、恭敬に

してしかも放胆に、幸福にしてしかも不幸に、矛盾の生活を生きたこと彼の如きも稀であらう。(22)

九鬼周造の異常に長いヨーロッパ留学は、この光のもとではじめて理解できるものとなる。周造が自己の矛盾を解きほぐし、父・母・天心の三角関係によって被った自らの心の傷を癒し、さらにそれぞれに対する「複雑な感情」を整理し浄化するためには、長い年月を必要としたのである。周造がパリ留学中にものした『巴里心景』および歌のノートには、父母を詠んだ三首の短歌がある。

老いたまふ父を夢みし寝ざめより旅の枕のぬるる初秋
母うへのめでたまひつる白茶《しらちゃ》いろ流行《はやり》と聞くも憎からぬかな
おやのこと思へばあまりかなしかりしばし忘るをゆるしてたまへ(23)

このうち第二首はとりわけわれわれの関心を引く。なぜなら、『「いき」の構造』には、「「いき」はロココ時代に見るやうな「影に至る迄も一切が薔薇色の絵」ではない。「いき」の色彩は恐らく「遠つ昔の伊達姿、白茶　苧《からむし》袴」の白茶色であらう」(24)と説かれているからである。それはともあれ、足かけ九年異国に暮らしても、そのなかで周造が悩んできた「かぎりなき矛盾」(25)は、やはり解きほぐせなかったのではなかろうか。そういうもやもや感が解消しないまま、彼はふたたび故国の土を踏んだのではなかろうか。その曖昧さがやがて縫子との家庭生活の破綻へと導くのではなかろうか。(26)それに『巴里心景』に出てくるアントワネット、シュザンヌ、イヴァンヌ、ドニーズ、ルイイズ、アリス、アンリエット、ルネなど夥しい数の女性の名前は、何を物語っているのであろうか。

ドン・ジュアンの血の幾しづく身のうちに流るることを恥かしとせず
星月夜ゆめみるごとき初秋のセエヌの岸に合はすくちびる
酔ひ痴《し》れて更けし酒場に眠れるも青き瞳《ひとみ》の君ゆゑとせん
おしなべて巴里の美女の厚化粧《あつげしやう》にくしとせざる夕月夜かな
君と寝てボオドレエルの句を歌ひ巴里の弥生《やよい》夜と共に更く(27)

周造がパリで刹那の快楽に耽ったこうした女性は、恐らく高級遊女《ドウミ・モンデーヌ》（demi-mondaine）であったろう。周造の母波津子は花柳界の出であると言われているが、周造の異常なまでのこの種の女性との交際は、不幸な母親を慕い求め救済せんとする心の、屈折した表現であり行為だったのかもしれない。その意味で、パリで刊行した小著に含まれている「芸者」という論稿は、大きな手がかりを与えるものである。(28)周造がパリ留学中に『「いき」の構造』の草稿を仕上げたのも、この視点からはよく理解できる。周造はパリという異国の空のもとで、父母が陥った色恋の宿業と格闘しながら、自らの身体に流れる「ドン・ジュアンの血」を確認することで、はじめて両親を赦そうという気持ちになった。それゆえ、父・母・天心に対する「複雑な感情」の浄化は、九年間に及ぶヨーロッパ留学によって、ほぼなされたと考えてもよかろう。『九鬼隆一の研究』の著者によれば、

隆一・波津子・天心の三角関係は、青年時代の九鬼周造に「複雑な感情」を与えたが、「足かけ九年間」にわたるヨーロッパ滞在中、周造は、天心の「『茶の本』だの『東邦の理想』を原文で読んで深く感動した」。さうして度々西洋人の贈物にもした」。九鬼周造は「西洋にゐてはじめて天心と内面的に出会い、天心にたいする「複雑な感情」の結ばれは氷解したと言えるだろう。とすれば、周造にとって西洋留学は、身に負わされた「複雑な感情」のカタルシスのためにも不可欠なプロセスであったと言うべきであろう(29)。

しかし「複雑な感情」のカタルシスになったとしても、周造自身が「肉の逸楽」にからめとられる愚を犯す結果になったのではなかろうか。結局、周造はあの「かぎりなき矛盾」を解決できなかったどころか、むしろ自己破滅への道を突き進んだのである。しかしわれわれは九鬼周造の内面の問題にいささか深入りしすぎた。紙数も限られているので、つぎに彼の留学生活をその外形的事実に即して簡単に辿ってみよう。

九鬼周造の足かけ九年のヨーロッパ留学は、一九二一年（大正一〇年）一一月末にフランスのニースに到着したところからはじまる。周造と縫子はそのまま南仏ニースに留まり、一九二二年（大正一一年）一〇月にハイデルベルクに赴いて、一九二三年（大正一二年）七月末までハイデルベルク大学にて勉学。リッカートの冬学期の講義「カントからニーチェまで――現代の哲学入門」（Von Kant bis Nietzsche: Historische Einführung in die Probleme der Gegenwart）に出席し、その傍らリッカートに私宅講義を願い出て、一一月一〇日からカントの『純粋理性批判』を学ぶ。それとともに、オイゲン・ヘリゲルに「カントの超越論的哲学入門」（Einführung in Kant's Transzendentalphilosophie）を学ぶ。一九二三年の夏学期は、リッカートの講義「認識論と形而上学の入門」（Einleitung in die Erkenntnistheorie und Metaphysik）に出席。またゼミナールでは「直観の概念に関する演習」（Übungen über den Begriff der Intuition）に出席し、六月六日には三木清の発表「真理と確実性」（Wahrheit und Gewissheit）を聴講。同年一二月末から一九二四年（大正一三年）夏までスイスのチューリッヒ滞在、同年秋からパリに移る。一九二五年（大正一四年）一〇月、パリ大学文学部に在籍。一九二六年（大正一五年／昭和元年）一二月、「〈いき〉の本質」を書き上げる。ジャン＝ポール・サルトルが九鬼の家庭教師をしたのは、この頃であったと言われている。一九二七年（昭和二年）四月末、周造はフライブルク大学に移り、フッサール、オスカー・ベッカーから現象学の手ほどきを受け、フッサールの自宅でハイデッガーと初めて会った。同年一一月、マールブルク大学に在籍して、ハイデッガーの冬学期の講義「カントの純粋理性批判についての現象学的解釈」(Phänomenologische Interpretation von Kants Kritik der reinen Vernunft) を聴講。ゼミナールでは「上級者のための演習——シェリングの人間的自由の本質」(Übungen für Fortgeschrittene: Schellings Abhandlung über das Wesen der menschlichen Freiheit) に出席。一九二八年(昭和三年)、ハイデッガーの夏学期の講義「論理学(ライプニッツ)」(Logik (Leibniz)) およびゼミナール「現象学的演習——アリストテレスの『自然学』の解釈」(Phänomenologische Übungen: Interpretation der „Physik" des Aristoteles) に出席した。[30] 同年六月に再びパリに移り、八月一一、一七日にパリ郊外のポンティニーにおいて二つの講演「時間の観念と東洋における時間の反復」、「日本芸術における「無限」の表現」を行い、それを『時間論』*Propos sur le temps* として Philippe Renouard 社より刊行。[31] 周造はこの小著を京都の西田幾多郎に送ったので、西田は一九二八年(昭和三年)一二月二一日付の田辺元宛の書簡で、「九鬼君から仏蘭西で演説した Propos sur le temps といふ小冊子を送つて来ました。とにかく Bildung〔学識〕のある人の様です。かういふ人が講師として居てくれるもよいでせう。」と述べている。おそらくこの小著を西田に送るよう周造に促したのは、当時京都帝国大学文学部の倫理学の助教授をしていた天野貞祐であろう。これが功を奏して周造の京都帝国大学文学部への招聘となったのである。

ところで、われわれが最後に触れておかなければならないのは、この足かけ九年間にわたる留学費用に関してである。九鬼周造がヨーロッパに滞在した最初の頃は、われわれが阿部次郎のところで数字を示して言及したような、ドイツのハイパーインフレの時期だったので、日本円が恐ろしく価値を発揮した。しかしそれにしても長期間ホテル住まいを続け、膨大な量の書籍を買い漁り、リッカート、ヘリゲル、フッサール、ハイデッガーといった名だたる教授・講師陣や、サルトルのような有望な学徒に個人教授を依頼し、高額の謝礼を払っていた周造の、留学費用はどこから出ていたのであろうか。筆者は長年、男爵位にある九鬼家が周造と縫子の留学費用を賄ったと思っていたが、実際には縫子の実家の中橋家が一切合切の面倒を見ていたようである。帰国後、京都山科に数奇を凝らして造営された九鬼邸（昭和一五年四月落成）の費用も、「離婚後」であったにもかかわらず、「中橋財閥」がこれを負担したというのだから、まったく驚きである。(32) 嫁の実家からこれほどの経済的支援を受けながら、パリで夥しい数のドゥミ・モンデーヌと逢瀬を重ね、京都では祇園の芸者をかこっていたのだから、九鬼周造という人の現実離れした生活感覚の比類さに驚愕せざるを得ない。わが国を代表する名著『「いき」の構造』は、このような「いき」な人物によってはじめて書かれたのである。

さて、ようやくわれわれはもう一人の傑出した哲学者である三木清について語る段となった。三木清の生涯については、『三木清全集』第十九巻「遺稿・日記・書簡・補遺・年譜他」に詳細な年

西田幾多郎と三木清

譜が付されているので、まずそれにしたがって彼のヨーロッパ留学に至るまでの歩みを概観しておこう。

三木清は、一八九七年（明治三〇年）一月五日、兵庫県揖保郡平井村之内小神村（現、たつの市揖西町）三十四番屋敷に、父栄吉と母しんの長男として生まれた。家業は農業であったが、祖父の代に米穀をあきなったことがあったので、生家は村の「米屋」として知られた。一九〇九年（明治四二年）三月、高等小学校二年を修了し、同年四月、兵庫県立竜野中学校第一学年に入学。一九一四年（大正三年）三月、同中学校を卒業し、同年九月、第一高等学校に入学のため上京した。一時剣道部に籍を置いたが、のちにボート部に入り、三輪寿壮、我妻栄らと相識った。宗教に心ひかれ、キリスト教、仏教の書物を愛読した。とくに親鸞の『歎異鈔』からは大きな感銘を受けた。文学書としては、トルストイの『我が懺悔』や『人生論』などから感銘を受けた。一九一六年（大正五年）、高等学校三年生のときに西田幾多郎の『善の研究』を繙くに及んで、かつてない感激を覚え、哲学者として生きることを決断した。一九一七年（大正六年）七月、高等学校を終えて帰郷の途次、京都に西田幾多郎を訪ね、ここに終生変わらぬ師弟の交わりが始まった。同年九月、京都帝国大学文学部哲学科に入学。京都下鴨の蓼倉町に下宿を定め、大学の三年間を同じ下宿で過ごした。三木自身に語らせると、

あの頃一高を出て京都の文科に行く者はなく、私が始めてであつた。その後、谷川徹三、林達夫、戸坂潤、等々の諸君がだんだんやつてきて、だいぶん賑やかになり仲間の学生の気風に影響を与へるまでになつたやうに覚えてゐる。私が入学した時分の京都の文科は高等師範出身の者が圧倒的で、私の如きは先ず異端者といつた恰好であつたのである。(33)

当時の京都の文科大学は、日本文化史上における一つの壮観であつたといつても過言ではないであらう。哲学の西田幾多郎、哲学史の朝永三十郎、美学の深田康算、西洋史の坂口昂、支那学の内藤湖南、日本史の内田銀蔵、等々、全国から集まつた錚々たる学者たちがその活動の最盛期にあつた。それに私が京都へ行つた年に波多野精一先生が東京から、またその翌年には田辺元先生が東北から、京都へ来られた。この時代に私は学生であつたことを、誇りと感謝なしに回想することができない。(34)

大学在学中最も影響を受けたのは西田幾多郎で、相次いで発表される論文をむさぼり読むと同時に、それらに引用される書物を繙読《はんどく》し、カントからヘーゲルに至るドイツ観念論や、新カント学派の書物をつぎつぎに読破した。「読書遍歴」における三木自身の言葉を引けば、

　大学時代に読んだもので最も大きな影響を受けたのは云ふまでもなく西田幾多郎先生の著作である。ちやうど私が入学した年の秋『自覚に於ける直観と反省』が本になつて出た。続いて先生は『哲学研究』誌上に多くの論文を発表してゆかれた。私は先生の書かれたものを読むと共に、その中に引用されてゐる本をできるだけ自分で読んでみるといふ勉強の仕方をとつた。あの時分の先生の論文の中には実にいろいろの書物が出てくるのであるが、私の哲学勉強もおのづから多方面に亙つた。先生は種々の哲学を紹介されたが、ひとたび先生の手で紹介されると、どの本も皆面白さうに思われ、読んでみたい気持ちを起させた。かやうにして私は、カントからヘーゲルに至るドイツ古典哲学を初め、バーデン学派やマールブルク学派の新カント哲学、マイノングの対象論、ブレンターノの心理学、ロッツェの論理学、等々、いろいろのものを読んでみることに心掛けた。アウグスティヌスやライプニッツの名も挙げておきたい。(35)

また三木が入学した年に、波多野精一が早稲田から移ってきたので、波多野からも多くを学んだ。

波多野は三木に歴史研究の重要さを教え、ことにギリシア哲学とキリスト教の研究の必要を説いた。その影響で、三木はギリシア語を学んでプラトンを読み、キリスト教の文献にも注意を払うようになった。こうして三木は、傾向を異にする西田と波多野という二人の偉大な恩師のもとで、充実した哲学的徒弟時代の歩みを続けたのである。曰く、

京都大学の諸先生からはいづれもいろいろ影響を受けたが、中にも私が入学したのと同じ年に波多野精一先生が東京から宗教学の教授になつて来られたのは、私にとつて仕合せなことであつた。先生の名は『西洋哲学史要』、『スピノザ研究』、『キリスト教の起源』などの著書を通じて知つてゐたが、その頃の先生の思想も新カント派に近かつたやうである。先生は最もプロフェッサーらしいプロフェッサーであつた。私は先生から歴史研究の重要なことについて深く教へられた。また西洋哲学を勉強するにはそのいはば永遠の源泉であるギリシア哲学とキリスト教とをぜひ研究しなければならぬといふことを諭されたのも先生であつた。その影響で私はギリシア語の勉強を始め、辞書と首引きでプラトンを読んだり、またキリスト教の文献に注意するやうになつた。これまでの自分を振返つてみると、私は考への上では西田先生の影響を最も強く受け、研究の方向においては波多野先生の影響を最も多く受けてゐることになるやうに思ふ。私の勉強が歴史哲学を中心とするやうになつたこと、或ひはアリストテレスなどの研究

に興味をもつやうになつたこと、またパスカルなどについて書くやうになつたことは、その遠い原因は波多野先生の感化にあるといへるであらう。[36]

さらに、一九一八年（大正七年）、東北帝大から京都に転任してきた田辺元によって、ドイツ観念論哲学の理解を深められ、大いに思索を鍛えられた。また左右田喜一郎の『経済学の諸問題』を熟読した。一高の後輩の谷川徹三、林達夫、小田秀人らと親しく交わり、これら文学派の友人たちの生の哲学から影響を受けた。一九一九年（大正八年）の秋の終わりに、同志社大学に集中講義にきていた有島武郎[37]を京都駅に見送っての帰り、東本願寺の前で自動車にひかれて左の肩の骨を折り、一ヵ月あまり入院する羽目になった。病床を見舞った田辺元から、和辻哲郎の手になるランプレヒトの『近代歴史学』の翻訳を贈られた。一九二〇年（大正九年）四月、猶予されていた徴兵検査を受けた。結果は第二乙種（頑健ではないが、兵役に適す）であった。同年五月、論文「個性について」を『哲学研究』に発表した。活字になった最初の論文である。同年七月、京都帝国大学を卒業した。同年八月、教育招集され一ヶ月間、姫路の第十師団で軍隊生活を送った。同年九月、卒業論文「批判哲学と歴史哲学」が『哲学研究』に掲載された。大学院に籍を置き、歴史哲学の研究をつづけた。大谷大学と龍谷大学の非常勤講師となり、哲学を講じた。このころヴィンデルバント、リッカート、ジンメル、トレルチ、ランプレヒト、ブルクハルト、ランケらの歴史に関する諸著を繙読した。三木が新カント派と並んで、トレルチをも熱心に読んだことは、筆者にとってとくに興味をひく。

私も新カント派に導かれて歴史哲学の研究に入つたのである。ヴィンデルバントの『プレルーディエン』、リッケルトの『自然科学的概念構成の限界』や『文化科学と自然科学』などから始めて、ジンメルの『歴史哲学の諸問題』等、またトレルチのやがて『歴史主義とその諸問題』に収められた論文を雑誌で探して、勉強した。特にトレルチのものが身になつたやうに思ふ。(38)

一九二〇年（大正九年）一一月、京都大学夏季講演における波多野精一の講義を筆記し整理したものが、同教授著『宗教哲学の本質及其根本問題』として刊行された。三木に対する波多野の信頼がこれで深まり、これが三木のヨーロッパ留学につながった。一九二二年（大正一一年）五月、すぐれた学才を認められた三木は、波多野精一の推輓《すいばん》によって岩波書店の岩波茂雄の出資を受けられるようになった。こうして三木はヨーロッパ留学に旅立ったのである。

三木がマルセイユからジュネーブを通ってドイツに入った当日、つまり一九二二年（大正一一年）六月二四日、ドイツ民主党の政治家のラーテナウ（Walther Rathenau, 1867-1922）が暗殺された。ラーテナウはトレルチの友人であったが、彼は当時ベルサイユ条約や賠償問題に関する専門委員として、また外務大臣として祖国復興のために奔走していた。しかし彼がユダヤ人であったことも災いして、極右派（国民社会主義の行動派）の反感を買って暗殺されたのであった[39]。こうして、しょっぱなからドイツの不穏な現実を自覚させられた三木であるが、反面彼のような日本からやって来た留学生には天国のような時代が幕開けした。

ラテナウ暗殺事件以来マルクは急速に下落を始め、数日後には既に英貨一ポンドが千マルク以上になった。やがてそれが一万、百万マルク、千万マルクとなり、遂には一兆マルクになるといふやうな有様で、日本から来た貧乏書生の私なども、五ポンドも銀行で換へるとポケットに入れ切れないほどの紙幣をくれるのでマッペ（鞄）を持つてゆかねばならないといふやうな状態であつた。ハイデルベルク大学の前にワイスといふ本屋がある。講義を聴いての帰り、私はよく羽仁五郎と一緒にその本屋に寄つて本を漁つた。それは私ども外国人にとつては天国の時代であつたが、逆にドイツ人自身にとつては地獄の時代であつたのである[40]。

当時、ハイデルベルク大学には多くの日本人留学生が学んでいた。三木が名前を挙げているのは、羽仁五郎以外に、大内兵衛、北昤吉、糸井靖之（ハイデルベルクで逝去）、石原謙、久留間鮫造、

オイゲン・ヘリゲルと三木清（大正11年）中央ヘリゲル，右三木清

小尾範治、鈴木宗忠、阿部次郎、成瀬無極、天野貞祐、九鬼周造、藤田敬三、黒正巌、大峡秀栄、等々であるが、もちろんそれ以外にも沢山いた。(41) 三木は「リッケルト教授に就いて更に勉強するために」ハイデルベルクに来たが、「教授の著書は既に全部読んでゐたので、その講義からはあまり新しいものは得られなかつた」。しかし「この老教授の風貌に接することは哲学といふものの伝統に接することのやうに思はれて楽しかつた」という。リッケルトの自宅で行われたゼミナールで、三木は左右田喜一郎のリッカート評について報告したところ、リッカートは左右田のことをよく記憶していて懐かしがったそうである。(42) ハイデルベルク大学では、マックス・ヴェーバーとエーミル・ラスクについて最もよく勉強し、またラスクの弟子のオイゲン・ヘリゲルからもいろいろ学んだ。それ以外には、エルンスト・ホフマン、グンドルフ、ヘルマン・グロックナー、カール・マンハイムなどから教わった。「このやうにして

私たちは若い学者をいはば家庭教師にして勉強することができた。これも全くインフレーションのおかげであつた。ドイツ人の不幸は私ども留学生の幸福であつた(43)」、と三木は後年述懐している。

一九二三年(大正一二年)五月二七日、リッカートの紹介で「日本の哲学に対するリッカートの意義」を『フランクフルター・ツァイトゥング』紙に寄稿した。関東大震災(九月一日発生)の報に接したとき、まだハイデルベルクにいた三木は阿部次郎を訪ねて、そのことについていろいろ話したという。同年の秋から、ハイデッガーの講義を聴くためにマールブルク大学に移り、すぐにハイデッガーを当座の自宅に訪ねた。

マールブルクに着いてから間もなく私は誰の紹介状も持たずにハイデッゲル氏を訪問した。学校もまだ始まらず、来任早々のことでもあつて、ハイデッゲル氏は自分一人或る家に間借りをしてをられたが、そこへ私は訪ねて行つたのである。何を勉強するつもりかときかれたので、私は、アリストテレスを勉強したいと思ふが、自分の興味は日本にゐた時分から歴史哲学にあるのでその方面の研究も続けてゆきたいと述べ、それにはどんなものを読むのが好いかと問ふてみた。そこでハイデッゲル教授は、君はアリストテレスを勉強したいと云つてゐるが、アリストテレスを勉強することがつまり歴史哲学を勉強することになるのだ、と答へられた(44)。

三木にはその意味がすぐにはわからなかったが、ハイデッガーの講義を聴くようになってから、「歴史哲学は解釈学にほかならない」という彼の主張が含意されていることに、想到したという。この訪問の際、ハイデッガーは二人の若い弟子を三木に紹介した。一人はのちに『真理と方法』を著すガダマー（Hans-Georg Gadamer, 1900-2002）であり、もう一人はのちに日本に亡命して来て東北帝国大学で教鞭を執ったカール・レーヴィット（Karl Löwith, 1897-1973）である。マールブルクでは、三木はハイデッガーに師事して、アリストテレス、アウグスティヌス、デカルト、フッサール等に関する講義を聴いた。カール・レーヴィットから読書の指導を受け、単に哲学だけでなく広くドイツ精神史のなかへと導き入れられた。実存哲学への興味を喚起されたのも、レーヴィットを通じてであった。当地ではハイデッガー以外に、『聖なるもの』の著者のルドルフ・オットーや、神学者のルードルフ・ブルトマン、さらに哲学者のニコライ・ハルトマンなどとも相識る機会があった。

三木はマールブルクに移ってから、ハイデルベルクで知り合った森五郎（のちの羽仁五郎）（一九〇一―八三）に頻繁に手紙を書き送って、大学の様子、個々の教師の品定め、自分の研究の進捗具合などを知らせているので、三木の哲学形成の舞台裏がわかってとても貴重である。例えば、一九二三年（大正一二年）一一月二六日の書簡には、「私はハルトマンにすっかり失望した」が、「ハイデッガーのアリストテレス解釈は非常に originell で面白い」とある。一九二四年（大正一三年）二月三日の書簡には、「Berlin の書肆で Droysen の „Grundriss der Historik“ を手に入れたことが出来たのは、私には非常に嬉しい」とあり、三木が歴史理論に相変わらず深い関心を有していることが確認できる。二月二〇日の書簡には、「ハイデッガーが夏の学期のゼミナールにアリストテレスと関係させてトーマス〔・アクィナス〕をやつてくれることは私には殊に嬉しい。ハイデッガーは非常に元気だ。……私も夏はハイデッガーに導かれて Augustinus や Thomas を勉強するつもりである」と記し、その三日後には、「私はアリストテレスとアウグスティヌスとで毎日暮らしてゐる」と書き送っている。三月二二日の書簡には、「私は Historismus の問題を考へながら、再び Wissenschaftsidee の問題にぶつかつた。そしてそれの歴史的発展を辿つていつて、私はまた Descartes に戻つた」とある。四月二四日の書簡では、「君はシュライエルマッハーの „Kritik und Hermeneutik“ を読んだだらうか。私は解釈の問題ではこれまでのところこの書が最も多く私たちに教へてくれるやうに思ふ」とあり、これまた大変興味深い。そして五月四日の書簡では、「私はこの秋から愈フランスへ移ることに決めた」と書き送っている。六月一〇日の書簡では、「私はトレルチの „Der Historismus und seine Überwindung“ を読んでみた。彼の大きな書物を知つてゐる者には別に新しいこともないが、この小さい講演の方が問題の Formierung が明瞭であるのは喜ばしい」。しかしトレルチはここでも Historismus の問題を「歴史科学的思惟の問題として取り扱つてをる」が、「私達にとつて重要な問題となるのは存在の歴史性と云ふこと」である。「歴史は歴史科学の認識論として問題となる前に存在の解釈そのものの問題とならねばならぬ」と主張している。ここでの三木の主張は、ハイデッガーの哲学を色濃く反映しており、筆者にとってはとくに興味深い[45]。

一九二四年（大正一三年）八月二二日、三木はフランスのパリに居を移した。パリでは大学の講義は聴講せず、もっぱら読書に専念し、一九二五年（大正一四年）二月八日、のちの処女作『パスカルに於ける人間の研究』の主要部をなす論文を仕上げて、岩波の『思想』に送った。同年一〇月、ドイツおよびフランスの留学を終えた三木は、最新の「ハイデッガー哲学を仕入れて」ふたたび京都に戻った。恩師の西田と波多野はもとより、一高出身の後輩を中心とする若い連中も、京都哲学の次世代を担う希望の星として、大いに彼に期待した。三木は京大文学部哲学科の近世哲学史の助教授の最有力候補と目され、本人も大いにその自覚をもっていたようだ。しかし三木にそのポストは与えられなかった。もし三木清の京大招聘が実現しておれば、あるいは九鬼周造の京大招聘はなかったかもしれない。

三木に京大のポストが与えられなかった背景には、「女性問題」があったという説がある。竹田篤司は『物語「京都学派」』のなかで、「三木のいわゆる『女性問題』が、助教授・田辺元の逆鱗に触れたのである」として、「三木清の『女体』と『文体』」について論じている[46]。しかし山田宗睦は、「情事」は「三木をはばむ口実」であって、そこには「党派的軋轢」が絡んでいたことを示唆している[47]。真実のほどは見極めがたいが、三木の「女性問題」が出世の妨げとなり、九鬼のそれが障碍とならなかったのは、理不尽といえば理不尽である。いずれにせよ、三木は京都の「官学アカデミー」を追放されて東京に赴き、「在野の哲学者」になった。そして最後は、治安維持法を犯した罪で拘束され、豊多摩刑務所の獄舎のなかで非業の死を遂げた。それは終戦の年の九月二六日のことであった！

三木清の後世に対する貢献の一つに、彼が「岩波文庫」の発刊に大きく力を貸したことが挙げられる。「岩波文庫」の巻末には、「読書子に寄す——岩波文庫発刊に際して」という一文が付されているが、これは三木清の筆に岩波茂雄が手を入れたものである。「真理は万人によって求められることを自ら欲し、芸術は万人によって愛されることを自ら望む。かつては民を愚昧ならしめるために学芸が最も狭き堂宇に閉鎖されたことがあった。今や知識と美とを特権階級の独占より奪い返すことはつねに進取的なる民衆の切実なる要求である。」に始まるこの刊行の辞は、岩波茂雄の出版人としての使命感を表しているると同時に、真理を愛好する哲学者三木清の崇高な精神をも反映している。三木はヨーロッパ留学に際して岩波から受けた恩義に対して、「在野の哲学者」となってから、執筆者・オーガナイザー・助言者として立派に報いた。安倍能成は岩波茂雄の伝記のなかで、つぎのように述べているが、この評言も三木の業績の一端をよく示している。

三木は当時京都帝国大学教授だつた波多野精一に優れた学才を認められ、波多野の口利きで、岩波の出資によって二三年独仏に留学して帰つた。三木は西田幾多郎にも学才を認められて居たのだが、その才気の奔放と欠点の多い性格とのために敵を設け、志を出身の京都大学に得ず、上京して法政大学に教鞭を取つたが、昭和の初期からずつと著書の計画や著者の選定についての助言者、広告や宣伝の筆者、岩波のアドヴァイザーとして岩波書店のために働いた。岩波は終生三木を愛好したとはいへないが、三木の学才は認め、彼の言に聞き、又結果から見て随分彼を利用したとはいへよう。(48)

九鬼周造と三木清の思想と生涯は、ともに哲学を営む人間主体の根底に巣食うある問題性を照射している。哲学は一般的にロゴスの営みと見なされている（ちなみに、神学は人となったロゴスを主たる対象とする）。しかし哲学や神学にはロゴスだけでなくパトスも関与する。そしてパトスはエロスと容易に結びつく。われわれが上で見たように、九鬼と三木においてはエロス（「女体」）の問題がある。同様のことは、彼らの共通の師であるハイデッガーにも、二十世紀を代表する神学者のバルトとティリッヒにもあてはまる。(49) そこで問題となるのは、哲学者や神学者における性倫理のあり方である。果たして哲学者や神学者の学問的業績は、彼らの人間的醜聞とは独立して評価されるべきであろうか？

ラインホールド・ニーバーは、「高慢の罪」（sin of pride）と「官能性としての罪」（sin as

sensuality）について論じているが、[50] 九鬼と三木においては、「官能性としての罪」の問題が問われなければならない。リッカートやヘーゲルの場合には、主として「高慢の罪」が、ハイデッガーの場合には、「高慢としての罪」と「官能性としての罪」の両方が指摘されている。[51] 聖書的＝キリスト教的観点からすれば、哲学者も神学者も所詮は「罪人」（sinner）なので仕方がないが、文学部の哲学科（キリスト教学専攻）に転じて以来、筆者はたえずこの問題を考え続けている。オリゲネスのような人は特別で、[52] 多くの哲学者や神学者は大なり小なり脛に傷をもっている。それゆえ、およそ哲学や神学に関する評価は、人間的次元の諸問題を捨象してなされるべきか、それともそれらを含めてなされるべきか？ これは学問におけるモラルとエロスの問題として一般化できるであろう。九鬼周造と三木清の哲学について、こうした問題がacuteになってくるのは、彼らの哲学が「実存哲学」（Existenzphilosophie）だからでもあるが、われわれは果たして九鬼と三木の哲学をどう評価すべきなのか？ 彼らの哲学は哲学者本人の生き方とは切り離して評価されるべきか？ 学生の時に自問したこの問いに、筆者はいまだに答えられずにいるが、二人の哲学者はそれぞれ違った仕方で筆者を魅了してやまない。

# 第十二話　有賀鐵太郎と郷司浩平

京大キリスト教学名誉教授の有賀鐵太郎（一八九九―一九七七）と日本生産性本部創設者の郷司浩平（一九〇〇―八九）は、筆者がその謦咳に触れる機会を持った唯一の組み合わせである。有賀にはキリスト教学教室の会合で何度かお目にかかり、郷司とは生産性本部の名誉会長室で一度お話ししたことがある。(1) 二人の間に交流があったかどうかは寡聞にして知らない。両者を結びつけて論ずるのは、もっぱら筆者の問題関心に起因している。二人とも国内の神学部――有賀は同志社、郷司は青山学院――を卒業してから、ニューヨークのユニオン神学校（Union Theological Seminary, New York）に留学している。それともう一つ、父との関係性が二人の人生を読み解く、一つの隠れた鍵ではないかということである。

有賀鐵太郎は一八九九年（明治三二年）四月一日、有賀文八郎（一八六八―一九四六）と仲子夫婦の長男として誕生した。父文八郎は、明治維新の数ヵ月後に、福島県西白河郡の農村に生まれ、十五歳のときに白河に出て勉学し、やがて小学教員となった。そこで仲子と知り合って結婚し



第十二話　有賀鐵太郎と郷司浩平

た。夫婦ともクリスチャンであった。文八郎はしばらくのちに外国貿易を志して上京し、榎本武揚（一八三六―一九〇八）が設立した恒信株式会社に入社した。しかし仕事で赴いたインドにおいて「英国人の圧政ぶりを見て、キリスト教に対する少なからぬ疑念を抱くとともに、かの地のイスラム教徒に接して、コーランの教に引きつけられるものを感じた」(2)。文八郎は貿易会社社員となって海外に赴任したのち、幾つかの職を経て実業家として成功していった。一九一一年（明治四四年）に辛亥革命が起こったとき、彼は親しい関係にあった北一輝（一八八三―一九三七）とひそかに策を練って、私費を投じて孫文を財政援助した。この計画は残念ながら失敗に終わり、文八郎も財政的に痛手を負ったが、この一件から文八郎が天下国家を論ずるような人物だったことがわかる(3)。

鐵太郎が小学校二年生になったとき、文八郎の一家は大阪から千駄ヶ谷字原宿に転居した。鐵太郎は二年生から青山師範附属小学校に通い始め、一九一一年（明治四四年）春、難関の府立一中の入試に無事合格した。鐵太郎は幼少のころ身体虚弱でよく病気になり、中学四年生のときには瀕死の大病にかかって、半年休学する羽目となった。そのため一年遅れで一九一七年（大正六年）三月に府立一中を卒業した。一中から一高、そして東大へというのが、この時代の最高のエリートコースであった。しかし直前の二月に受洗していた鐵太郎は、京都の私学の同志社へ、しかも神学部予科へ進学することを希望した。優秀な息子の将来に期待し、常日頃「お前は法律を勉強して自分の仕事を助けてほしい」と漏らしていた父は、当然のことながら息子の選択に反対したに違いない。

しかし鐵太郎の意志は固く、あえて父の期待を裏切って自分の道を進んだ。この間家庭内で、とくに父文八郎と息子鐵太郎の間で、いかなる確執が生じ、どのような話し合いがもたれたのかは知られていない。その四十一年後に鐵太郎自身が回想しているところに耳を傾けてみよう。

……中学校を卒業したのは大正六年で、第一次大戦の最中であった。私は四年生のとき病気をして一年休学したが、そのころはじめて死というものが私自身の問題であることに気づいた。そのほかの事情も手伝って私は突如として暗黒の谷底につき落とされたような状態に立ち至った。健康状態はいつまでも思わしくなく、私は文字通り途方に暮れたのであった。私はただ心の光を求めた。そして聖書を手にすることによって、光は私の心に少しずつさしこんで来たのであった。

中学卒業の少し前、私は東京の原宿同胞教会で牧師横田格之助先生から受洗したが、そのときにはすでに私は神学校に入る決心をしていた。その年の四月、笈《きゅう》を負うて京都に来て同志社に入学したとき、私は山にでも入ったような気持だった。(4)

この述懐を補足するために、かつての同級生の浅野順一（神学者・旧約学者）の証言を引いておこう。

有賀君と私は中学の同窓です。もと府立一中（今の日比谷高校）で、府立一中といった時代には、東京第一、日本第一の中学でありました。私は、人に勧められて、まぐれで入った。最初の頃は調子がよかったのですが、秀才揃いでだんだん勝負にならなくなった。私は学校へ行くのがいやでいやでたまらなくなった。一ばんいやだったのは、教室のすみに名札がある。一学期がすみ、二学期のはじめには、名札の順番が成績順に変わる。一、二年は上位だったが、三、四年は下から数えた方が早くなった。いやな学校だな、と思いました。有賀君は、ほんとうは私より一級上だったのですが、彼は胸を患って一緒の級になった。彼はほんとうの秀才でした。殊に、英語のよくできる学生でした。

その中学では、毎年、百二、三十人、卒業生がいましたが、そのうち、五十番以内で卒業できれば、当時の一高に入れる、という保証があった。皆、卒業したらどこそこの学校に行く、と話し合ったものです。ところが、有賀君は、にやにや笑って何も言わない。すると、新しい学年がはじまって、彼は京都の同志社の、しかも神学部に行って、牧師になるという。私なんか、ずっとあとで[5]牧師になる決心をしたのですが、有賀君は、もう中学時代にそういう決心をしておったんですね。

こうして息子は父に背いた。「父が私にかけた期待は裏切られた。青山師範や府立一中の教育方針にも背を向けたことになる。しかし私は同志社に来て解放の喜びを感じた。そこには完全な自由があったし、先生方には愛があった。どこにも見出せなかったものを、私はそこに見出したのである」[6]。後年、有賀はそのように語っている。

しかし父と子の軌轢はこれだけではなかった。もう一つの問題は、文八郎のイスラム教への入信である。彼の入信時期については諸説ある[7]。文八郎自身は「明治二十五年に至り私は商用を帯びて印度に行きたる時、図らずもイスラム教を聞き、爾来基督教との比較研究を重ぬること四十年、遂に此宗教が最も日本に適当する宗教であることを確知した」[8]と述べている。この言述が正しければ、文八郎が六十四、五歳のときである。だとすれば、文八郎がキリスト教を棄ててイスラム教に改宗したのは、鐵太郎が同志社大学神学部長のときのことである[9]。「神棚も仏壇もなかった」[10]キリスト教徒の家庭の内部で、父だけがイスラム教徒となったのである。キリスト教神学者として身を立て、いまや神学部長に就任した鐵太郎にとって、父のイスラム教への入信は見過ごすことのできぬ問題だったはずである。

さて、話を鐵太郎の学生時代に戻すと、有賀は一九二二年（大正一一年）三月に同志社の神学部を卒業すると、間もなく渡米して、シカゴ大学、ユニオン神学校、コロンビア大学で学び、マッギファート教授（Arthur Cushman McGiffert, 1880-1926）のもとで、キリスト教教会史、教理史を専攻して、一九二四年（大正一三年）、ユニオン神学校からマグナ・クム・ラウデの優秀な成績で

S・T・M（組織神学修士）の学位を取得した。修士論文の表題は、"The Shifting of emphasis in modern theories of the essence of Christianity: and the theory of E. Troeltsch" というもので、この論文は今でもユニオン神学校の図書館に保存されている。(11) この修士論文を読むと、若い頃の有賀がシュライアマハーやトレルチに関心を寄せていたことがわかる。有賀とまったく同じコースを辿った魚木忠一（一八九二―一九五四）の修士論文は、残念ながらユニオン神学校の図書館に所蔵されていない。そこで魚木の死去に際して、有賀が述べた追悼の辞から引いてみよう。

〔畏友の魚木忠一は〕大正十一年三月同志社大学神学部の課程を終了し、間もなく渡米してシカゴ大学、ユニオン神学校、コロンビア大学において教会史、教理史を専攻し、またこれに関連ある諸学を究めた。かくて大正十三年五月にはシュペーネルに関する論文によってS. T. M. magna cum laude の学位を獲たのであつた。大正十五年アメリカから更にドイツに渡り、マールブルク大学において専門の学問に没頭すること半年、かくて五年間の海外留学を終え、充分の学識を身につけて帰朝、昭和二年四月から母校における教師生活に入つた。(12)

ここからわかることは、魚木も一九二四年（大正一三年）五月、ユニオン神学校から優秀な成績でS・T・Mの学位を取得したが、彼はそのあと有賀よりも長くユニオン神学校に留まり、さらにドイツに渡って、マールブルク大学で――ルドルフ・オットーやハインリヒ・ヘルメリンクの下で――研鑽を積んでいることである。ユニオン神学校の資料に当たって調べてみると、上記の有賀の報告の正しさが確認できる。(13) ちなみに、有賀は二度目のアメリカ留学から帰国した翌年、「米国に於ける学生生活」という随筆を執筆しているが、そのなかで自分の留学に関しても少しだけ触れている。

私は大正十一年即ち一九二二年から三年余りシカゴ大学、コロンビヤ大学、ユニオン神学校などに於てグラジュエート・ワークを為した者でありますが、シカゴ大学では一年を四学期に分けて年中講義をやつて居ります。……講義の方法も一寸変つてゐて、同じ講義が毎日同じ時間にあつて、一学期でほゞ完全に一つの科目を学び了ると云ふ風になつて居りました。……短い時間に纏まつたものを学ぶことが出来、ダラダラしないで、よい方法だと思ひます。コロンビヤ大学の方は普通の制度で秋九月末頃に一学期が始まつて、一月末に及び、二月から五月末乃至六月始迄が後期になつて居ります。……講義は大抵は最後に試験があります。また其れに関して沢山の書物を assign して読ませ、そのリポートを出させる場合もあり、試験の外に或は試験の代りに term paper を書かせる教授も居ります。さうした方法は教授によつて異り一定して居りません。

有賀鐵太郎（1936年，ユニオン神学校でTh.D.の学位を取得して帰国）

その頃即ち今から十五年前の米国はまだウィルソン的な理想主義が相当に強く動いてゐて、青年達は世界をあげて理想社会に対する任務は我々の双肩に担はされてゐるのだと云つた理想主義にもえて、到る処さうした運動が起されて居りました。一昨年から昨年にかけて、私は十年振りで米国の学校を訪れ、青年達の思想も相当に変化して居ることに気付きました。一口に云へば idealism から realism に移つたと云へるのであり、realistic と云ふ語が青年の間に流行して居りました。……[14]

ところで、一九二五年に最初の留学から帰国した有賀は、一九二六年（大正一五年）四月から、一年遅れて魚木は一九二七年（昭和二年）四月から、同志社大学文学部神学科の専任講師に採用された。一九二七年（昭和二年）三月、有賀は田中同胞教会（現、日本基督教団鴨東教会）の牧師に就任し、その秋には勝見ひでと結婚している。有賀は一九三〇年（昭和五年）、神学部教授になると同時に学部長に就任した。さらに一九三五年（昭和一〇年）にユニオン神学校に再留学し、オリゲネス研究（"A study of Origen as a Christian personality"）によって、一九三六年（昭和一一年）、日本人として初めてTh. D.（神学博士号）の学位を授与された。[15]その後、一九四六年（昭和二一年）に『オリゲネス研究』（長崎書店、一九四三年）により京都大学文学博士号を授与された。

一九四八年（昭和二三年）、有賀は大いに逡巡したのちに、京都大学文学部キリスト教学講座の教授に就任した。同志社によって育てられ、同志社の神学部を背負って立つべき有賀が、その恩義を忘れて官立の大学に横滑りするかのように、冷ややかに見る世間の眼がないではなかった。誤解に基づく批判も飛び交った。しかし波多野精一と石原謙の特別の師弟＝友人関係によって誕生したこの講座を引き継ぐ資格のある者は、当時のわが国には有賀しかいなかったと思う。少なくとも本来の後継者であるべき助教授の松村克己が、進駐軍の戦後政策によって公職追放になったあとではそうである。波多野は有賀の京都大学招聘を喜んで、「松村君を失ひしは甚だしく遺憾の事ではありますが、今や有賀君を迎へ得て、安定を得たことはよろこばしく存じます。有賀君は私京都在住時代懇意に願つてゐた方で、立派な著書もあり、同志社にとつては御気の毒の事ではありますが、われわれとしては、適任者を得たるをよろこぶべき事と存じます」[16]、と述べている。有賀は京都大学着任後、一九五二年（昭和二七年）には「日本基督教学会」の設立に主導的な役割を果たし、一九六〇―六一年（昭和三五―三六年）には文学部長の要職を果たしている。一九六二年（昭和三七年）に京都大学を定年退職後は、松蔭短期大学学長に就任し、一九六五―七一年（昭和四〇―四六年）には神戸女学院院長も務めた。そして一九七七年（昭和五二年）五月二五日、急性肺炎のため永眠した。

筆者は生前の有賀鐵太郎の謦咳に接する機会が何度かあったので、ここで個人的な思い出を記しておきたい。あれはたしか有賀が亡くなった当日だったと思う。当時、筆者は京都大学大学院文学研究科博士課程一年に在籍しており、その日は水垣渉先生（当時はまだ助教授であった）の演習の日であった。修士課程では二年間、アルフレート・アダムの『教義史教本』*Lehrbuch der Dogmengeschichte* を読んでいたが、博士課程に進んだこの年度から、新たにオリゲネスの『原理論』*De Principiis* を読み始めていた。修士のときと同様、水垣先生の演習を履修していたのは、筆者と大学院で同期の伊藤利行君の二人だけだった。その春までキリスト教学講座の担当教授であった武藤一雄先生は、宗教哲学を専門にされる体系家だったので、武藤先生の手ほどきを受けた先輩たちは、教義史や古代キリスト教思想史を専門にされる水垣先生の演習を敬遠してか、一人としてこれを履修しなかった。その結果、一対二のこの演習（水曜日二限目に水垣研究室で開催）はきわめて濃密な学びの場であったと同時に、絶対に手の抜けない真剣勝負の場でもあった。古典語の力が十分でなかった自分にとっては、予習に毎回十時間以上かかった。徹夜で予習をして演習に臨み、演習後に下宿に戻って仮眠をとることもしばしばだった。

オリゲネスは言うまでもなく、古代キリスト教の思想を体系化したギリシア教父中の最大の人物であり、有賀先生はこのオリゲネス研究によって、アメリカのユニオン神学校の神学博士号と、京都大学の文学博士号を取得しておられた。水垣渉先生は自他ともに認める有賀先生の一番の愛弟子だったので、筆者は水垣先生を通して、つねに有賀先生との深い繫がりを感じながら、ギリシア語とラテン語の難解なテクストと格闘していた。その日、先生の研究室に入ると、水垣先生がいつになく沈痛な面持ちで、有賀先生が亡くなられたと仰った。たしかその日は『原理論』のテクストは読まず、有賀先生の思い出話に終始したように思う。筆者が修士論文でラインホールド・ニーバーを扱っていたこともあって、そのとき水垣先生が「ユニオン神学校でニーバーとも面識のあった有賀先生に一度君を紹介したいと思っていたのだが……」という趣旨のことを仰ったことを、筆者はいまでもよく覚えている。筆者は博士課程に進んでからトレルチの研究を始め、やがてこれによってアメリカのヴァンダービルト大学（Vanderbilt University）から Ph.D. の学位を取得したが、トレルチ研究においても有賀先生はわが国における草分け的存在の一人であった。トレルチの主著『キリスト教会と諸集団の社会教説』*Die Soziallehren der christlichen Kirchen und Gruppen* の要約解題を神学雑誌にシリーズで掲載したり、のちに筆者が翻訳したトレルチの遺稿『信仰論』*Glaubenslehre* の内容を、原著が刊行された翌年に流暢な英文で紹介したりされたのも、有賀先生であった。そんなこんなで、筆者はつねに有賀先生を——実際には、恩師の恩師であったが——な

かば自らの恩師の如くに感じてきたのであった。(17)

さて、有賀と魚木の両雄のアメリカ留学の意義について敷衍すると、その一番の意義は彼らがマッギファートからドイツの「学問的神学」の伝統を学び、それを日本に持ち帰ったことである。二人の共通の恩師マッギファートは、ウェスタン・リザーブ大学とユニオン神学校で学んだあと、一八八五年から一年間ベルリン大学に留学した。一八八六年からはマールブルク大学に転じて、十九世紀ドイツの「学問的神学」を代表する歴史神学者のハルナック（Adolf von Harnack, 1851-1930）のもとで研鑽を積み、一八八八年にマールブルク大学からPh. D. の学位を取得した。アメリカに帰国後、マッギファートは一八九三年に母校ユニオン神学校の教会史の教授に就任し、一九一六年から一年間学長代行を務めたあと、一九一七年から退職する一九二六年まで十年間にわたって、ユニオン神学校の学長としてセミナリーの学問的充実に尽力した。(18)

マッギファートが学者としても教師としても卓越した人物であったことは、彼の逝去の際に教え子が行った「追悼演説」（Momorial Adresses）によく示されている。一九三三年五月二三日にユニオン神学校のチャペルで行われた「追悼演説」では、アンブローズ・W・ヴァーノンが「学者および歴史家」としての、そしてハリー・エマーソン・フォスディックが「教師および友人」としての、マッギファートについて語ったが、ここでは後者の一部分を紹介してみよう。

おそらくわれわれの大半の者が、マッギファート博士の授業について真っ先に使うであろう言葉は、明瞭性ということでしょう。明快な言説を行う彼の才能に匹敵するのを見たことは、よしんばあるとしてもきわめて稀であり、またそれを凌駕するのを見たことは一度もありません。……「透き通った深い水を覗き込んでいる」。マッギファート博士の教室での何時間というもの、われわれはそれに似た経験をしました。荒れ狂う教会史やかりかりした神学論争のある時期に、一見あらゆるものが混沌としているように思えていたところで、われわれは驚いたことに、気がつくと透き通った深い水を覗き込んでいたのです。(19)

有賀と魚木はこのような卓越した神学者の薫陶を受けたのである。彼らがマッギファートから伝授された「キリスト教思想史」研究の方法は、ドイツの「学問的神学」の覇者ハルナック直伝のものであり、有賀と魚木は師のマッギファートの方法に倣って、のちに『基督教思想史』(教文館、一九五一年)を共著で著わした。有賀はまた栗原基と共同で、マッギファートの『近代基督教思想史』(新生堂、一九三〇年)も翻訳している。このように有賀と魚木の二人は、アメリカ留学を通じて、アメリカのピューリタン的キリスト教の良き伝統のみならず、マッギファートを通じて伝授されたドイツの「学問的神学」の遺産をも摂取して持ち帰ったのである。有賀の晩年の大作『キリスト教思想における存在論の問題』(創文社、一九六九年)は、わが国のキリスト教学が生み出した最高水準の著作であり、そこで提唱された「ハヤトロギア」(hajathologia; hayathology; Hajathologie) の思想は、いまや世界からも注目されるものとなっている。

以上のような学問的業績に加えて、ニーバーやティリッヒやブルンナーなどの二十世紀を代表する神学者たちと親しく付き合い、カトリックの第二ヴァチカン公会議に日本代表プロテスタント・オブザーバーとして出席し、さらに死の床で見事な英詩「Meditation」[20]を創るといった離れ業ができたのは、もって生まれた天賦の才能に加えて、二度にわたるアメリカ留学経験のお蔭であろう。それゆえ、有賀はアメリカ留学を経験することを通して、あのような偉大な仕事を成し得たのである、といっても過言ではなかろう。

さて、もう一方の郷司浩平は、一九〇〇年(明治三三年)一〇月一六日、精一(一八七〇―一九〇二)とヒコの長男として大分県速見郡川崎村会下《えげ》(日出町《ひじ》)に生まれた。二歳上には姉の信子がいた。精一は明晰な頭脳を持ち、弁舌もたち、また行動力も兼ね備えていた。精一もヒコもクリスチャンであった。長男の精一の影響で彼の妹と弟はことごとくキリスト教に入信した。浩平はクリスチャンホームに生まれたが、しかし彼は父の顔を知らない。一九〇一年(明治三四年)五月一二日、浩平の誕生からわずか半年あまりで、精一は病死してしまったからである。もの心つく前に父を失ったことで、浩平の一生は苦難に満ちた茨の道となった。一家は精一が私財をつぎ込んだ事業の失敗と、大黒柱の死によって、一家離散の悲しい定めに従うしかなかった。祖父源吾のわずかの稼ぎで急場はしのいだが、一九〇七年（明治四〇年）、浩平が七歳のとき、源吾は明治学院神学部に在学中の三男慥爾をたよって上京した。母ヒコは自活の道を求めて単身別府に移った。信子と浩平はヒコの姉の嫁ぎ先である豊後高田市の安部家に預けられた。一九〇九年（明治四二年）九月、信玄袋をかついだ九歳の浩平は、たった一人で船と汽車を乗り継いで、祖父と叔父の住む東京へ向かった。

浩平の叔父の郷司慥爾（一八八七―一九四八）は、亡父の二番目の弟で、牧師になるために明治学院で神学を学んでいた。浩平とは十七歳違いであったが、精一に似て俊敏で能弁な人物であった。浩平が上京してから一年九ヵ月後、祖父源吾が亡くなった。母ヒコはその前年、すでに再婚していた。そのため祖父が身罷ったあと、慥爾が浩平の戸籍上の後見人となった。ところが慥爾は浩平が六年生の一九一二年（明治四五年）、留学のため英国に旅立って行った。慥爾も後ろ髪を引かれる思いで

郷司浩平

あったであろうが、残された浩平はさぞかし孤独と不安に苛まれたことだろう。慥爾はエディンバラの高名な神学者マッキントシュ（Hugh Ross Mackintosh, 1870-1936）[21]のもとで学んだあと、その友人ヴィルヘルム・ヘルマンが教鞭を執っているドイツのマールブルク大学に転じ、神学研究のさらなる研鑽に励んだが、やがて第一次世界大戦が勃発したため、戦火を避けてアメリカに渡った。そしてカリフォルニアで伝道に携わったのち、一九一六年（大正五年）六月にようやく帰国した。このとき浩平は明治学院普通部（中学部）の四年生になっていた。

郷司慥爾は、明治学院神学部が輩出した代表的神学者の一人で、牧師としては日本基督白銀教会を設立し[22]、神学者としてはヘルマンの『基督教の神髄』（岩波書店、一九二二年）やマッキントシュ『神の創業』（基督教興文協会、一九二四年）を翻訳したり、『基督教史』（新生堂、一九三〇年、第二版一九三五年）、『カルヴァン神学概要――神観・基督論・年譜』（新生堂、一九三五年）、『カルヴァン――研究と年譜』（新教出版社、一九五二年）などの著作を執筆したりしている。郷司浩平がのちに神学部に進み、牧師となり、さらにアメリカのユニオン神学校への留学を試みたのは、間違いなく慥爾の後ろ姿を追いかけたからに違いない。父の顔を知らない浩平にとって、慥爾はいわば父親の代わりの役目を果たす存在だったのだと思う。

しかし擬似的な父子関係の一面をもつ、慥爾と浩平の叔父と甥の関係は、最初からいろいろな軋轢を含んでいた。そして亀裂を生じさせる事件は、慥爾が帰国した直後に起こった。「浩平は、バンカラ組の一方の親分だったが、ある日子分を引連れ、他校の生徒と喧嘩出入りに及んだ。仏教系学校の生徒をやっつけたというので、学院では武勇伝として伝わっているが、喧嘩のさい浩平が短刀を持っていたところから警察沙汰となり、学校でも大騒ぎとなった(23)」。浩平の後輩の平林武雄（のちの明治学院大学教授）によれば、「警察は学院に通報したが、深謀遠慮の井深先生は青山学院の本多先生に連絡し転学受け入れの承諾を取り付けてから高輪署に出向き、『郷司君は家事都合に依り退学します』とうまくかわして手際よく収めた、という伝説(24)」もあったそうだが、よく調べてみるとこの伝説は正しくはない。浩平が事件を起こした一九一六年（大正五年）、井深梶之助（一八五四―一九四〇）は明治学院を統括していたが、本多庸一（一八四九―一九一二）の方はすでに他界しているからである。当時の青山学院を率いていたのは、第四代院長の高木壬太郎《みずたろう》（一八六四―一九二一）である。井深は高木に連絡を入れたのかもしれない。いずれにせよ、後見人の慥爾はたいへん驚いて周囲に相談し、浩平は下関の梅光女子学院長広津藤吉の友人の本間俊平に、ひとまず預けられることになった。広津藤吉は亡父精一の在りし日の親友で、叔母志賀子が彼のもとに嫁いでいたので、義理の叔父にあたる人であった。

　本間俊平は当時、下関に近い秋吉台で「長門大理石採掘所」を営み、刑余者や非行少年の更生補導にあたっていた。彼は社会事業に熱心に取り組む純粋のキリスト者であり、森鷗外の短編「槌一下」にもHの名で登場する。「Hは多くの不遇の青年を諸方から集めて、基督教の精神を以て、同胞として彼らを待遇して、自分も一しょになつて労働してゐる」[25]。「社会から虐待せられつつ育ってきた青年の一人と交」わり、「さう云ふ青年が寄り合つて出来た集団の中央に」久しい間身を置いて、「一人一人に人間としての醒覚を与えようとしてゐるH君の生活」[26]に、鷗外は深く感動してこの短編を書いたという。実際、本間夫妻は板葺きの粗末なバラック小屋に住み、自らモッコをかついで働いていた。刑務所を出たばかりの男や、中学校の問題児たちにまじって、浩平も炎天下で裸になって一心不乱にモッコをかついだ。十六歳の少年にとって楽な仕事ではなかった。しかし秋吉台でのひと夏の経験は、浩平のその後の人生を大きく変えた。ある日の昼休み、炎天を避け森蔭で聖書を読んでいたとき、ふと目にしたヨハネ福音書の言葉に、浩平の全身に震えのようなものが走った。「我は葡萄の樹、なんぢらは枝なり」（ヨハネ一五・五）。浩平はこの一節を読んで、「なにか電撃のようなインスピレーションを受け」、「伝道者として生涯を捧げようと決意した」[27]。浩平はふたたび明治学院に戻り、一九一八年（大正七年）三月、明治学院中学部を無事卒業した。多くの学友は大学に進学したが、浩平はすぐには大学に進まなかった。叔父の慥爾はそのころ結婚したばかりであったが、浩平は引き続き叔父の新婚家庭に居候していた。

一九二〇年（大正九年）十月、二十歳の誕生日の翌々日のこと、叔父の家を出て間借り生活をしていた浩平のもとに慥爾がやって来て、成人したにつき後見人を離れる旨の話をし、二三の注意をしたという。叔父から自立宣告を受けたこのとき、浩平はまさに無一文であった。獅子の子落としのごとく、慥爾は浩平に独り立ちを迫ったが、それは厳しい愛情の表現だったに違いない。それ以後の浩平は、独学と私塾で学ぶ「学校生活の放浪者」として紆余曲折を重ねながら、一九二三年（大正一二年）に青山学院大学神学部に入学し、その五年後の一九二八年（昭和三年）にそこを巣立って、四月から千葉県夷隅郡大原町にある福音教会の牧師に着任した。そのとき浩平は二十八歳になっていた。

有賀鐵太郎は郷司浩平よりは一歳だけ年上であるが、浩平がようやく社会人としてのスタートラインに立ったこのとき、有賀はすでに三年間のアメリカ留学を終え、母校の同志社大学で専任講師として教えていた。この有賀の輝かしい経歴と比べると、郷司浩平のそれははるかに見劣りするように見えるかもしれない。しかしそうではない。郷司の人生はアメリカ留学を機に一変し、その後半生は驚くべき展開を遂げるからである。それゆえ、郷司のアメリカ留学体験も、有賀とはまったく違った意味において、わが国にとって画期的な意味をもつものなのである。

一九二九年（昭和四年）六月八日、郷司浩平は日本郵船の大洋丸に乗って、サンフランシスコに向けて横浜を出帆した。船賃は二等室で一九〇ドル、当時の日本円にして三八〇円に相当する。もりそば一杯十銭、一〇〇〇円あれば家が買える時代だったので、これはかなりの金額を意味している。浩平の留学資金は、青山学院時代から経済評論家の高橋亀吉（一八九四―一九七七）の論文の下書きや、経済学事典編集などの稿料を貯蓄し、さらに懸賞論文の入席などから得たもので、手元には五〇〇円ほどのお金ができていた。所属する教派の教会からわずかの奨学金が支給されるものの、これだけでは到底足りないので、彼は貯めたお金をファンドに山文商事（山文証券）の社長から借り増しして、一〇〇〇円のお金を作った。六月二四日にサンフランシスコに着き、そこから浩平のアメリカ見聞が始まったが、一週間後、彼は八歳年長の浅野豊（大原教会員の歯科医）宛に長文の手紙をしたためた。

……小生こちらへ来て今日で丁度一週間になります。略々米国も見当がつきました。凡てが日本とまるで変っています。物質的には全く羨ましい程豊かな国です。桑港《サンフランシスコ》と云えば米国では日本の横浜位に相当する一地方都市ですが、建物の壮大なこと、街の美しいこと、其他に於て到底東京や大阪の比ではありません。……

今度出来るメソヂスト教会の会堂はホテル兼業で、丸ビル位の大はありませう。教会がホテル兼業などと云ふと、我々日本人には変に聞えますが、米国ではこんなことは茶飯事で、シカゴ、ニユウヨークに行くと、カフエ、ダンスホール其他を兼ねて四五十階の広大なビルデングを持ってゐるそうです。しかしこれらはいかにビジネス第一の米国でも教会の健全な発達とは思へません。事実米国のキリスト教は日本の仏教の如く生命を失いかけてゐることは争へません。……

かく教会が生命を失いつつある半面には、道徳的な腐敗がビ漫しつつあることは見逃せません。昨日の新聞を見ると、目下不良少女感化院に収容中の十二から十五までの少女は、例外なしに性的犯罪によって収容されたものだそうです。白人の女学生に処女なしと云はれてゐます。土曜か日曜の海岸に行って見ると、無数の男女が一組づつ抱合ったまゝ豚のように転って、人前もはばからず接吻したりしてゐます。これは流石にあきれました。米人の生活は労働者でも我々日本人から見るとブルジョアです。而して彼らは生活の剰余をムービーとドライブと女と云ふやうな享楽に献げるのです。

然り米人の生活は徹底した唯物主義です。米国には「物」あって「心」がないと思われる位です。世界の富の半を独占している大きな経済力の半面に、シュシュとして弥漫《びまん》しつゝある道徳的頽廃、これが米国の大きな悩であると思ひます。

日本などはまだまだこれに比べると遥に健全だと信じます。経済的には逆立ちしても米国と太刀打は出来ません。しかし知的、道徳的、宗教的には彼らに決して劣らないと思ひます。素質の点から云っても。……[28]

このように、郷司はわずか一週間の滞在で早くも、眼識鋭くアメリカの宿痾を的確に指摘している。一九二〇年代のアメリカはそれとは正反対の繁栄をまさに謳歌していた。有賀の最初の留学の期間（一九二二―二五年）は、アメリカにとってヨーロッパの惨状は対岸の火事にすぎず、リベラルな楽観主義が国全体を覆っていた。その四年後に郷司がニューヨークに到着したときも、その雰囲気はまだ続いていた。一九二九年（昭和四年）九月、ユニオン神学校の入学手続きを済ませた郷司は、早速ハドソン・ストリートにある「日米時報」の編集記者のアルバイトの口を見つけた。これは日系人相手の新聞で、滞米中の片山潜もかつて働いたことがあったという。順調に滑り出したようにみえたアメリカ留学であるが、郷司がユニオン神学校で学び始めて間もない一〇月二四日、ニューヨークのウォール街の株価が大暴落した。世にいう「暗黒の木曜日」（Black Thursday）である。ガラ（大暴落）は連日続き、翌週の二八日（月曜日）と二九日（火曜日）には、さらに破壊的な下落が起こった。これがのちに「暗黒の月曜日」（Black Monday）、および「暗黒の火曜日」（Black Tuesday）と呼ばれた大暴落である。郷司にとってこの体験は、「秋吉台に次ぐ第二の人生の転機(29)」となった。この体験について、彼はのちに以下のように語っている。

一九二九年（昭和四年）十月二十九日、世界恐慌の導火線となったニューヨーク株式取引所のガラ（大暴落）が起きた。翌日行ってみたウォール街は墓場のように静かだった。その街頭で買ったニューヨーク・タイムズにのっていたある大学教授の「昨日の株式の暴落」についての論評に私は興味をひかれた。

それは、取引所の不手ぎわで株価の表示が遅れたため不安人気に火がついたのが暴落の原因で、やがて株価は回復する、という楽観的な見解を述べたものだったが、経済オンチの私には、ダイナミックな経済の世界がたいそう新鮮で魅力的なものに思えた。

当時、米国の経済力は絶大で、だれ一人として「永遠の繁栄」に疑問を持つものはいなかった。それが予想もしない連鎖反応のあげく、世界中を大恐慌に陥れてゆくうねりの中で、私は宗教ひとすじの信念もゆらぎ、現実の生活とじかに結びつく経済と取り組みたいという気持ちを抑えきれなくなっていった。(30)

こうして「伝道者――牧師となる決意」をしていた郷司は、通常の牧師の道を捨てて徐々に「財界の司祭役」(31)への道を歩み始める。しかしそれは帰国してからのことである。「ユニオン神学校はコロンビア大学に隣接し、マスターコースの学生は、コロンビアの講義を聴講することができる。郷司浩平は、ユニオンの講義を熱心に聴く一方、コロンビアの経済分野の講義にも、時間の許す限りで顔を出していた」(32)。郷司がユニオン神学校に留学したとき、有賀と魚木が私淑したマッギファートはすでに亡くなっていた。学長はコフィン（Henry Sloane Coffin, 1877-1954）に代わり、教授陣にも少なからぬ異動が生じていた。わが国でも有名なラインホールド・ニーバー（Reinhold Niebuhr, 1892-1971）は、「応用キリスト教」（Applied Christianity）の准教授として、一九二八年に

郷司浩平（ユニオン留学時代）

着任していた。あるインタビューにおいてユニオン時代のことを聞かれて、郷司はニーバーを「アメリカきっての哲学者」として真っ先に挙げ、つぎにハリー・ウォード（Harry F. Ward, 1873-1966）を挙げている(33)。そこから推して、郷司がニーバーの講義を聴いた可能性はきわめて高い。いずれにせよ、そのニーバーですら「暗黒の木曜日」あるいは「暗黒の火曜日」といわれる出来事に、そこまでの衝撃も受けていない事実に照らして考えるとき(34)、われわれは郷司の鋭い眼識とセンスに驚かざるを得ない。まさに現地にいて大恐慌の発端となる株価暴落の出来事を体験したあと、郷司はユニオン神学校の神学の授業よりもコロンビア大学の経済学の講義などをより熱心に受講した。

あの「暗黒の木曜日」以来、郷司のなかで何かが大きく変わり始めた。郷司のユニオン神学校への留学は、一年間という期限付きのものであり、彼の留学目的も所詮有賀や魚木のそれとは異なっていた。それゆえ、神学面ではほとんど成果がなかったとしても、郷司は一年間のアメリカ留学を通じて、その後の人生にとって決定的に重要なものをつかみ取った。一九三〇年（昭和五年）の夏、郷司はニューヨークの親しい友人たちに別れを告げ、ヨーロッパ周りで帰国の途についた。イギリス、ドイツに立ち寄って、日本郵船の船で一年半ぶりに神戸の港に帰り着いたとき、郷司は固い決意を胸に秘めていた。それは伝道者の道から経済分野への転向であった。

郷司の帰国後の八面六臂の活躍については贅言を要しない。一九三一年（昭和六年）三月、生涯の伴侶となる菱本富士子と結婚し、五月には『経済情報』の編集局長に就任。翌年、高橋経済研究所を設立し、一九三六年（昭和一一年）には中外商業新報社『中外財界』の主幹となる。一九三八年（昭和一三年）、近衛内閣の委嘱によりドイツ労働経済事情調査のため渡欧。一九四六年（昭和二一年）四月、経済同友会を設立して、当番幹事、事務局長の職に就く。一九四八年（昭和二三年）、父親代わりとして絶えず叱咤激励してくれた叔父饂爾を失うが、一九五三年（昭和二八年）から日本生産性本部を設立するために奔走し、一九五五年（昭和三〇年）三月、ついに日本生産性本部を設立して、その専務理事に就任。その後、理事長、会長、名誉会長を歴任し、一九八九年（平成元年）一〇月一一日、永眠。

郷司浩平が亡くなってはや二十六年以上が経ち、われわれはあらためて彼が唱えた生産性の理念を学び直さなければならない。郷司は事あるごとに「人間こそが生産性の根底にあること[35]」を強調した。郷司が唱えた「生産性の三原則」とは、①雇用の維持・拡大、②労使の協調と協議、③成果の公正配分、ということであるが、グローバリズムの名の下に新自由主義の経済理念が猖獗を極める今日、人間を単なる労働力、売り買いできる商品（モノ）と見なす考え方が、当たり前のこととして正当化されている。しかし神学を修得している郷司は、経済をその原義であるオイコス（家）から捉え直し、キリスト教的な愛と奉仕の精神の大切さを説いている。「経済でも経営でも、その原点は家庭ですよ。……家の単位から会社へと組織が大きくなっても、そこに愛情でもって結ばれているものがなければ、企業の経営、生産性は成り立たない」[36]。従来の日本的経営は家族主義的経営であったが、現代ではそれは前近代的・非合理的であると批判されている。しかし近代的・合理的経営とは人間を労働力・商品だと見なすものにほかならない。このような合理一辺倒の考え方を批判して、晩年の郷司はこう語っている。

日本の企業は終身雇用、年功序列という特色を備えている。昨今、その見直し論議が盛んだが、合理性ばかり追求するのはどうだろう。人間は誰でも年をとる。そうなれば生産性は低下する。だからといって、極端な減俸などはできまい。人間を物的に使ってはいけない。中年サラリーマンは、教育費、家のローンなどかなりの負担を負っており、それを若い独身サラリーマンと同一に論じることは疑問に思う。

今や、ハイテク、ニューメディアの時代といわれ、一見、先進諸国は技術革新にやっきで、人間はずっと遅れてついて行き、技術が人間を使う時代が始まったかのように見える。(37)

晩年の郷司が「ヒューマンウェア」、「人間の開発」、「人間からみた技術」などの問題の重要性を指摘しているのも、単なるヒューマニズム的見地からではない。郷司のいうヒューマニズムは、筆者の表現で言えば、超越の次元に開かれたヒューマニズムである。それは人間の物欲から離れ、歴史の悠久さに深く掉さして、信仰と人生に徹した叡智から学ぶ、謙虚なヒューマニズムである。(38)現代における「バベルの塔」とも称すべき摩天楼が林立するニューヨークにあって、神学徒としての若き郷司は、人間的欲望の肥大、徹底した唯物主義、そして道徳的頽廃の問題を真剣に考えた。新自由主義の経済理論が我が物顔にふるまい、財界人の劣化が嘆かれる今日、郷司の提唱した人間中心の経済・経営哲学は、もう一度真剣に検討し直されるべきではあるまいか。もし今の世に郷司が生きておれば、人間の利害や欲得を無条件に裁可する新自由主義を論難し、人間の創造性と罪深さの両面を見据えた人間性（道徳性）重視の経済活動を推進するために、一肌も二肌も脱いだであろう。その意味で、郷司のような知性と心意気をもった経済人の出現が待望されて止まない。

# 第十三話　武田清子と鶴見俊輔

武田清子（一九一七―）と鶴見俊輔（一九二二―二〇一五）は、太平洋戦争開戦から半年後の一九四二年六月に、日本とアメリカの間で合意して実行された「日米交換船」に乗って帰国した共通体験をもち、戦後創刊された『思想の科学』の同人としても、思想活動をともにした。武田清子はラインホールド・ニーバーのもとで学び、ニーバーをわが国に紹介した人なので、ニーバーに関する修士論文を書いた筆者は、七十年代なかばより彼女の仕事に注目してきた。たまたま愛弟子の一人と知遇を得たことも、武田に対する興味を増幅することになった。これに対して鶴見俊輔は、もちろん名前は以前から知っていたが、何となく肌合いが合わない感じがして、敬して遠ざけてきた学者であった（同様のことは、丸山眞男についてもあてはまる）。しかし『日米交換船』を読んでから急速に親近感を感じるようになり、欧米留学精神史にどうしても含めたいと考えるに至った。もちろん、鶴見和子と鶴見俊輔の姉弟、武田清子と鶴見和子の女性二人組、あるいは都留重人と鶴見俊輔という組み合わせも可能だが、鶴見和子と都留重人には脇役に回ってもらい、ここでは武田清子と鶴見俊輔を主役に据えて、物語を紡いでみたい。

現時点で唯一存名中の武田清子は、一九一七年（大正六年）六月二〇日、兵庫県伊丹市郊外の大地主の家に第四子（次女）として生まれた。わずか一歳のときに、一つ違いの姉と父がスペイン風邪で亡くなったため、三十三歳で寡婦となった母親一人の手によって、二人の兄とともに育てられた。県立高等女学校を卒業後、母の勧めで神戸女学院高等部（英文科）に進学した。たまたまその当時、ミッション・スクールの神戸女学院が神戸の山の手通りから西宮の岡田山に新しいキャンパスを作り、移転することが新聞報道されており、母はこの学校が娘にとって最良の進学先であると考えたという。母はクリスチャンではなかったが、賀川豊彦や有島武郎などの本も読む教養ある女性だったのと、娘の性格と将来を思って、二つの理由からこのミッション・スクールをベストな進学先と考えた。その理由とは、「第一は、あなたのように自我の強い人には宗教が必要だということ。第二に、これからは英語も話せて世界各国の人々と交流できるようになる教育を受けることが大切だということ」[1]であった。のちの清子の活躍ぶりを見ると、母親としてまことに賢明な助言であったと言えるであろう。

しかしこの賢明な母にも一つだけ誤算があった。まさか娘がキリスト教に入信するようになるとは思ってもみなかったのである。これまで一人もクリスチャンを輩出していない伝統的な旧家の戸主として、娘の受洗には複雑な思いが錯綜したようだが、最終的には、「さまざまな社会的圧迫や迫害も受けるだろう。それに耐えられるか。キリスト教に入信する以上は、一生涯、それを守り続ける決意が必要だと思う。その約束ができるか。一、二年よく考えてから心を決めては」と語って、娘の決断に一切を委ねたというから、ここでも賢母の面目躍如というところである。こうして一九三八年（昭和一三年）三月二〇日、清子は神戸平の教会で洗礼を受けてキリスト者となった。(2)

清子が入学した神戸女学院は、一八七五年（明治八年）、アメリカの会衆派教会の海外宣教組織である「アメリカン・ボード」によって設立された由緒正しいミッション・スクールであり、われわれは有賀鐵太郎が一時期（昭和四〇―四六年）その院長を務めたことをすでに学んでいる。スクールモットーは「敬神愛隣」であり、清子がのちに著した『わたしたちと世界――人を知り国を知る』（岩波書店、一九八三年・改版、二〇一三年）、『私の敬愛する人びと――考え方と生き方』（近代文芸社、一九九七年）、『出逢い――人、国、その思想』（キリスト新聞社、二〇〇九年）などを読むと、神戸女学院で身につけたこのキリスト教精神が彼女の人生と活動を貫いていることがよくわかる。

一九三九年（昭和一四年）七月二四日―八月二日、オランダのアムステルダムで、第一回世界キリスト教青年会議が開催されたが、神戸女学院の旧制大学部三年生で自治会長、かつ学生ＹＷＣＡ全国委員会の委員長だった武田は、男女二十余名の青年のなかの一人（最年少）として、このアムステルダム会議に出席した。武田にとって、「アムステルダム会議への参加は、生涯にわたり決定的に重要な衝撃を与えるものであった」(3)。第二次世界大戦勃発を目前にしたこの国際会議で、武田は「中国を侵略している日本という国が、いかに世界中の人々から嫌われ、恐れられているかを見出し、世界の悪人、嫌われ民族を代表する者のような孤独な悲しさを身にしみて感じた」(4)という。彼女が参加した政治問題の部会に、中国のキリスト教学生運動の指導的女性であるK(龔浦生《クンプウシャン》)がいたので、友達になろうと思って親しく話しかけたら、冷水を浴びせかけられるような厳しい言葉が返って来た。

「こんなところで私たちが仲よくしても、私たちの間にある本当の問題は解決しません。あなたが本当に私と友人になろうと考えるのなら、まず、日本に帰って、中国大陸から日本の軍隊を引き上げさせるように働いてください(5)。」

それまで抱いてきたキリスト教的博愛主義・理想主義の幻想は無残に打ち砕かれ、個人を越えた国の存在ということと、「日本を外から見る目」の大切さとを、武田はこのとき身をもって感じたのである。

アムステルダム会議ののち、アメリカ留学が決まっていた武田は、もう一人の日本人学生とともにスイスとドイツを旅してまわり、ロンドンの国会議事堂の前にいたとき、突如、空襲警報が鳴り、ドイツによる開戦が報じられた。ドイツによるUボート作戦によって大西洋上で艦船が攻撃されたので、武田たちは予期せぬロンドンでの長期滞在を余儀なくされた。一ヵ月後、ヨーロッパ、イギリス滞在の日本人を母国へ帰すために旅客船がリバプールから出ることになり、途中、ニューヨークに寄港するとのことで、武田たちはこの船に乗ってアメリカに渡った。数日のニューヨーク滞在ののち、清子は長距離バスでミシガン州のオリヴェット・カレッジ（Olivet College）に赴いた。「樫の大木が茂り、かわいいリスが駆け回る林の中の小さな」(6)この大学と神戸女学院は姉妹校提携を結んでおり、武田は交換留学生としてやって来たのである。オリヴェット・カレッジは、一八四四年、会衆派のジョン・J・シファードによって設立され、一八五九年に認可されたリベラル・アーツ・カレッジで、州都ランシングから南西方向三〇マイル、デトロイトから西方向一一五マイルに位置している。この大学はオックスフォード・システムと呼ばれるチュートリアル・システムを導入しているが、武田のチューターはハーツホーン（Marion Holmes Hartshorne, 1910-88）という教師であった。彼はのちにニューヨーク州ハミルトン村にあるコルゲート大学（Colgate University）の哲学と宗教の教授として教鞭を執ったが、当時はまだ三〇歳くらいの若い学者であった(7)。

わたしのチューター、ハーツホーン博士は、偶然、ニューヨークのユニオン神学校のラインホールド・ニーバー教授、およびパウル・ティリッヒ教授の高弟だった。その意味で、わたしが関心を持っていた宗教哲学、キリスト教倫理学を学ぶには最もふさわしい先生であり、わたしと関心が合い、特に目をかけて指導してくださった。この先生のクラスは一〇人前後であったが、女性はわたし一人であった。ほかの学科目ももちろんあったが、この先生の下でじっくりと宗教哲学、キリスト教倫理学を学べたことは幸せであった。(8)

武田はこの大学で二年間（一九三九—四一年）学び、「ハーツホーン先生の強い勧めで、オリヴェット大学卒業後、ニューヨークのコロンビア大学とユニオン神学校に行くことになったのである。ニーバーへの強い推薦を書いてくださったことが、ニーバー教授がわたしに関心を持って待っていてくださるということにもつながったのである(9)」。こうしてオリヴェット大学卒業後の一九四一年（昭和一六年）、清子はニーバーやティリッヒのいるニューヨークに赴いた。郷司のユニオン留学から一二年後、有賀の二度目のユニオン留学からは六年後のことである。郷司のアメリカ留学の前年にユニオンに着任したニーバーは、『道徳的人間と非道徳的社会』*Moral Man and Immoral Society* (1932)、『一時代の終焉についての省察』*Reflections on the End of an Era* (1934)、『キリスト教論理の解釈』*An Interpretation of Christian Ethics* (1935)、『悲劇を越えて』*Beyond Tragedy* (1937)、『キリスト教と権力政治』*Christianity and Power Politics* (1940)、『人間の本性と運命』*The Nature and Destiny of Man* (1941-43) といった書物を陸続と刊行して、そのころアメリカ神学界に「燦然と聳え立つ人物」(a towering figure)[10] として全世界から注目を集めていた。彼は第二次戦争勃発直前の一九三九年に、エディンバラの有名なギフォード・レクチャーに講師として招かれ、やがて一九四八年にはタイム誌の創刊二十五周年記念号の表紙を飾ることになった。武田はこの全盛期のニーバーのもとで学ぶ栄誉に浴した(ニーバーのもう一人の愛弟子大木英夫は一九五七年にユニオン神学校に留学したが、ニーバーはそのとき脳卒中による左半身麻痺の状態で、かつての勢いは見られなくなっていた)。

当時はニーバーの最盛期とも言うべき時期であった。ユニオン神学校の学生だけでなく、他大学の学生や教授、牧師など、多数の人々が聴講に押し寄せ、大教室はいつも満員であった。キリスト教の「終末論」について講義していた時の光景を思い出す。

キリストの再臨としての終末は、歴史の終わりに来る。しかし、それとともに、終末は、変化を進める歴史の現実の中へ、それを突き破って各瞬間、神の審判、赦し、再生として突き刺さって入ってくるものであることを、黒板いっぱいに図解しながら語る講義。大きな体のニーバーが仁王立ちで説く力強さに圧倒されるような思いで皆傾聴していた。[11]

武田清子（1942年，日米交換船で帰国する前に，デフォレスト先生と）

ニーバーの主著はギフォード・レクチャーに基づく『人間の本性とその運命』であるが、武田はその第一巻が出版されたその時期に、ニーバーから直々に生の講義を受けたのである。それを受講しながら、清子は彼女の畢生の課題となるテーマについて、思いを巡らしていた。

オリヴェットで熟読させられたトミズム（トマス・アクィナスの神学思想）と関連づけて聞いていると、中世期のトミズムにおいて統合されていたヘブライズムとヘレニズムとが、近代に向かって分裂したのがルネサンスとリフォメーション（宗教改革）。近代西洋思想史は、この二つの思想の流れ、人間観の相剋の場であり、対話の場であり、戦場であった。この両者がどう関わるかによって、人間観は多様な様相を展開すると、多くの例を挙げて説く。こうした西洋思想史のレクチャーを聞きながらわたしは、日本に帰ったらキリスト教思想と日本の伝統的思想（神観、人間観、歴史観、社会観）がどのような対話、相剋を展開するかを思想史の課題として研究したいという思いが胸中に湧き上がるのを感じていた。[12]

この述懐が証言しているように、帰国後に取り組んだ武田の学問的な仕事は、ニューヨークのユニオン神学校で受講したニーバーの西洋思想史講義に胚胎している。『人間観の相剋――近代日本の思想とキリスト教』(弘文堂、一九五九年)、『土着と背教――伝統的エトスとプロテスタント』(新教出版社、一九六七年)、『背教者の系譜――日本人とキリスト教』(岩波新書、一九七三年)、『天皇観の相剋――一九四五年前後』(岩波書店、一九七八年)といった一連の著作は、アメリカ留学中にニーバーやティリッヒから学んだキリスト教の神観・人間観・歴史観とともに、帰国後YWCA(日本基督教女子青年会)の職員として従事した戦時下の労働奉仕の体験に深く根差している。武田が静岡県清水市の工場で体験した女子学生たちとの共同作業・共同生活のなかから発見したのは、彼女が「貝殻人間像」と名づける「面従腹背」の生き方であった。

日本の若者たちは面従腹背というか、外側の「殻」は大本営発表のように勝利を信じる忠実な臣民であるが、「中味」の人間は外側とはまったく別に、冷めて現実を見抜いており、日本の置かれた状況への冷静な現実認識を持っていることが確認できた。まさに時の思潮に流されない「貝殻人間像」の発見であり、意外に冷静な若者たちに安堵を覚えさせられた。[13]

しかし、かかる生き方は何も女子学生に限られたことではなかった。

……その貝殻人間像は、当時、社会の一番底でしわよせ的重圧を受けていた働く民衆においてみられるだけではなくて、職長も、課長も、部長も、工場長も、工場監督官も、すべてが、社会のヒエラルキーの中に自己の位置を占めつゝ、そこにおいて上に向かっても、下に向かっても、貝殻人間像をかぶって、社会的、公的行動をとっており、しかも、自らの生身の人間像でそれを裏切っていた。国家の指導理念そのものが、貝殻人間像の矛盾と虚偽とをその本質としていることを、働くものたちが、貝殻人間像をかぶって生きることなしに存在できない工場生活の事実を通して、私共は学んだ。(14)

このような「日本人の思考と行動とを規定する根底的な力にふれた思想的体験」によって、「日本の精神的土壌の本質を見きわめようとする関心と問題意識」が、ふたたび新しい息吹をふきはじめた。やがてキリスト教と日本の精神的伝統との異質性が自覚されてきて、「日本の精神的伝統とキリスト者とがどういうかゝわりを持って来たかという問題(15)」が避けがたいものになってきた。『人間観の相剋』では、日本の精神的土壌とキリスト教との関係は、主として「対決の課題」という視点から考究されていたが、やがてこの思想史的問題は、日本におけるキリスト教の受容の問題として、より深くかつ広いパースペクティヴのもとに捉えられるようになった。新たに創立された国際基督教大学（ＩＣＵ）における「思想史方法論研究講座」の研究プロジェクトの一環として、武田は大塚久雄、丸山眞男、竹内好《たけうちよしみ》、中村元《なかむらはじめ》、家永三郎などの協力も得て、『思想史の方法と対象――日本と西欧』（創文社、一九六一年）を編集刊行するが、その掉尾を飾る論文「キリスト教受容の方法とその課題――新渡戸稲造の思想をめぐって」において、武田はそれ以後の研究にとって規範的な意義を有するつぎのような受容の諸類型を積極的に打ち出す。

キリスト教の受容、あるいは、土着方法として概括して次の五つの型が見られるように思う。類型化の危険は自覚しながらも、便宜的に、第一に、埋没型（妥協の埋没）、第二に、孤立型（非妥協の孤立）、第三に、対決型、第四に、接木型（対決を底にひめつつ融合的に定着）、第五に、背教型（キリスト教を棄て、あるいは、教会に背き、いわゆる背教者となることによって逆説的にキリスト教の生命の定着を求める）との五つに分類してみることにしよう。(16)

われわれは、キリストと文化との関係に関する古典的な類型論を、ラインホールドの実弟のＨ・リチャード・ニーバーの名著『キリストと文化』*Christ and Culture* のなかに見出す。リチャード・ニーバーは、キリスト教史を通して、キリストと文化との関係について五つの典型的立場をあげている。第一は「文化と対立するキリスト」（Christ against Culture）、第二は「文化のキリスト」（Christ of Culture）、第三は「文化を超えたキリスト」（Christ above Culture）、第四は「逆説におけるキリストと文化」（Christ and Culture in Paradox）、第五は「文化の変革者キリスト」（Christ the Transformer of Culture）である。(17) 武田の五類型とニーバーのこの類型論との関係が気になるところであるが、武田は「リチャード・ニーバーの「キリストと文化」の分類とは全く無関係に、日本におけるキリスト教土着の現状に即して独自のはかりで分類したのであり、直接的対応関係はない」(18)と述べている。武田は埋没型の典型として日本組合教会の朝鮮伝道推進者たち、孤立型の典型として日本の歴史的現実に関わらずひたすら欧米輸入の神学研究に専念する者、対決型の典型として内村鑑三、接木型の典型として新渡戸稲造、対決型と接木型の結合形態として植村正久、背教型の典型として正宗白鳥、加藤完治、小山内薫、有島武郎などを挙げている。いずれにせよ、こういう類型論は一種の理念型（Idealtypus）であって、あくまでも現実の諸現象を評価する上で有用な手段として機能するものである。

こうした人間観の相剋をつぶさに研究することを通して、武田が「天皇観の相剋」の問題へと導かれたことは、自然の成り行きといってよい。日本人の精神的土壌の問題性は、とりわけキリスト教的洞察を媒介にして考究すれば、天皇観において極まるからである。武田は、天皇を王政復古のシンボルとして掲げた明治維新自体のうちに、二つのイメージが併存し重なり合っているとして、その一つを「天下は一人の天下」（吉田松陰）の天皇観、もう一つを「天下は天下の天下」（山県太華）の天皇観と名づける。換言すれば、一方は万世一系という血脈の連続性に正統性の根拠を置く絶対主義的天皇観であり、他方は「徳治」にその正統性の根拠を見出し、「交誼輿論」を原則とする「制限君主」的天皇観である。伊藤博文は、「こうした相矛盾する二つの要素、相異なる性質の二頭立ての馬車を巧みに御することのできる有能な御者（charioteer）であった」と見なしている。[19] 筆者は武田の所論を分析評価する能力を持ち合わせないし、またその紙幅の余裕もないが、「人間観の相剋」から「天皇観の相剋」へと至る武田の思想史研究には、一貫したモティーフが存在しており、その根本的な問題意識はアメリカ留学における学び、とりわけユニオン神学校におけるラインホールド・ニーバーとの出会いに触発されていることは疑問の余地がない。武田がいかにニーバーに私淑しているかは、いち早くニーバーをわが国に詳しく紹介した著書『人間・社会・歴史――ニーバーの人と思想』（創文社、一九五三年）や、『キリスト教人間観』、『光の子と闇の子』の翻訳書などによっても、例証されている。

一九四一年（昭和一六年）一二月八日、日本軍によるハワイの真珠湾攻撃により太平洋戦争が開戦されたとき、ニーバーは保証人になるのでアメリカに留まって勉学を続けるよう、武田に勧めてくれたという。武田は迷った。しかし「日本の敗戦は見通せたが、灰になる日本で母国の人々と共にいなければならないという気持ち、それは、愛国心というよりも日本人としてのアイデンティティの重要さを考えさせられた。そして、帰国の決意をした」[20]のであった。かくして、一九四二年（昭和一七年）六月一八日、武田はスウェーデンの日米交換船グリップホルム号でニューヨークを後にしたのであった。

その日米交換船グリップホルム号に乗って帰国した一人に、鶴見俊輔がいる。そのほかには、神谷宣郎（細胞生物学者）、角谷静夫（数学者）、都留重人、鶴見和子（社会学者）などもいたが、筆者がとくに鶴見俊輔に興味をもったのは、「なぜ交換船にのったか」という問いに対する彼の返答に感心したからである。ここには、「愛国心というよりも日本人としてのアイデンティティの重要さを考えさせられた」と述懐している武田と、何かしら共通するものが感じられる。少し長いが端折らずに引用してみよう。

……一九四二年五月、米国メリーランド州ボルティモアに近いミード要塞内の日本人戦時捕虜収容所で、「日米交換船がでる。のるか、のらないか」ときかれて、その場で米国政府役人に対して「のる」と私はこたえた。

そのとき何を私は考えていたのか、その後六十五年の間に何度も考えた。

そのときの考えをいつわらずに再現したい。まず、自分が日本国籍をもつから日本政府の決断に従わなければならないとは思わなかった。日本国民は日本政府の命令に従わなければならないという考え方からは、日本にいるときに離れていた。

　では、すでに日本から離れて収容所に入れられているのに、なぜ日本にもどるのか。

　私の日本語はあやしくなっていたが、この言語を生まれてから使い、仲間と会ってきた。同じ土地、同じ風景の中で暮らしてきた家族、友だち。それが「くに」で、今、戦争をしている政府に私が反対であろうとも、その「くに」が自分のもとであることにかわりはない。

　法律上その国籍をもっているからといって、どうしてその国家の考え方を自分の考え方とし、国家の権力の言うままに人を殺さなくてはならないのか。私は、早くからこのことに疑問をもっていた。同時に、この国家は正しくもないし、かならず負ける。負けは「くに」を踏みにじる。そのときに「くに」とともに負ける側にいたい、と思った。敵国家の捕虜収容所にいて食い物に困ることのないまま生き残りたい、とは思わなかった。まして英語を話す人間として敗戦後の「くに」にもどることはしたくない。

　だが、私が当時の日本国家を愛し、その政府の考え方を自分の考え方としていると誤解されたくもなかった。敗戦後もそう誤解されたくはない。そこをわかってもらうことは、自分の家の内部でも戦中は危険、戦後、そして現在もむずかしい(21)。

冒頭に記したように、筆者は鶴見俊輔の名前は知っていても、久しく彼の本を読んでみようとは思わなかった。ところがこの岩波新書を読んで、印象が大きく変わった。そこで今度は『日米交換船』（新潮社、二〇〇六年）を読んでみた。「日米交換船」の話はどうしても日米留学精神史に含めなければならない！　それから『戦争が遺したもの――鶴見俊輔に戦後世代が聞く』（新曜社、二〇〇四年）、『期待と回想――語り下ろし伝』（朝日文庫、二〇〇八年）、『不逞老人』（河出書房新社、二〇〇九年）を読んで、鶴見俊輔が欧米留学精神史のフィナーレを飾るにふさわしい人物だとの感触を得た。なぜかといえば、彼のなかに「国家としての国」とは違う、「くに」の意識が明確にあるからである。鶴見はインタビューに答えて、「だけど、『万葉集』以来の「くに」っていうものがあるでしょう。つまり、同じ日本語を話し、生まれてから同じように育ってきた仲間がいる」と述べている。(22)この「くに」の意識、それは武田清子が「日本人としてのアイデンティティ」と言ったことに通ずるが、おそらくこの自覚は異国に暮らした者がはじめて真にもつものだからである。「愛国心」と「日本人としてのアイデンティティ」、「くに」と「国家としての国」という区別・相違は、実に微妙な問題を含んでいるが、筆者はこの二人の意見に大いに共感する。

鶴見俊輔は、一九二二年（大正一一年）六月二五日、鶴見祐輔（一八八五―一九七三）と愛子（一八九五―一九五六）の長男として、東京市麻布区（現、港区麻布）に生まれた。祐輔と愛子の仲を取り持ったのは、一高の恩師の新渡戸稲造であったと言われている。(23)祐輔は一高を首席で卒業し、東京帝国大学法学科を卒業後、内閣拓殖局、鉄道省を経て、衆議院議員となった政治家。戦後、公職追放になるが、のちに参議院議員として政界に復帰した。母方の祖父は、われわれが北里柴三郎のところで言及した後藤新平。後藤は内務官僚、政治家として活躍し、台湾総督府民政長官、満鉄初代総裁、逓信大臣、内閣鉄道院初代総裁、内務大臣、外務大臣、東京市長などを歴任したが、俊輔が幼い頃、祐輔一家は後藤新平の広い屋敷内に住んでいた。俊輔には四歳年上の姉和子がいた。つねに優等生だった鶴見和子（一九一八―二〇〇六）は、俊輔と同時期にアメリカに留学し、同じ「日米交換船」で帰国した。社会学者となった彼女は、上智大学で教鞭を執り、俊輔や武田清子とともに、「思想の科学」の同人として活躍した。

俊輔が繰り返し述懐しているように、父祐輔は一番になることに至上の価値を置く「一番病」の典型であった。愛子は愛情深かったが、長男の俊輔には異常なまでに厳格な母親だった。こうした両親に反撥して、俊輔は小学生時代から札付きの「不良少年」で、万引きをしたり、同級生に怪我をさせたり、十二、三歳ですでに女性体験をもっていたりした。そんなわけで小学校六年生の成績はビリから六番目だった。十二歳で七年制の府立高等学校尋常科一年に入ったが、問題を起こして二年の夏に放校され、そのあと五中（現、小石川高校）の編入試験を受けて入るが、そこでも二学期しかもたなかった。こうして学校も行かずブラブラして過ごし、自殺未遂も五回くらいしたという。当時国会議員であった祐輔は、この不良の息子に手を焼いて、十五歳の俊輔をアメリカに送る道を考えた。こうして俊輔は、一九三八年（昭和一三年）九月、マサチューセッツ州コンコードのミドルセックス校に送り込まれた。

やがて授業が始まったが、この学校はそれまで外国人を受け入れたことがなかったので、何年生という区別をはずされて、英語を中心にどのクラスに入ってもよいということになった。しかし不良少年だった罰がこのときにあたって、英語の授業はどのクラスに出てもまったくわからず、テストでは白紙の答案を出すばかりであった。後年の述懐によれば、「日本にいるときには、愚者のふりをすることで元気が出た。ここではほんとの愚者だった」[24]。危機感をもった俊輔は、ここからようやく本気で勉強しようとしたが、如何せん埋めようのないギャップができている。そこで後見人に定められていたアーサー・M・シュレジンガー（Arthur Meier Schledinger, Sr., 1888-1965）に相談した。シュレジンガーはハーヴァード大学の有名なアメリカ史の教授であり、同名の息子も同じくハーヴァードのアメリカ史の教授として名を馳せた。このような人物が後見人になったのだから、父祐輔が俊輔をアメリカに留学させるにあたって、いかに大きな影響力を行使したかわかろうというものである。ともあれ、俊輔によれば、

私は、来年大学に入るのは無理だと後見人に訴えた。すると後見人A・M・シュレジンガー（シニア）は、自分は外国語に苦しんだことがないから裁量できないが、自宅に来るように言

い、指定された日に学校から離れたケムブリッジ市のシュレジンガー邸に行くと、かつて紹介された都留重人が先客として待っていた。
都留さんの意見は、英語は道具であり、それにこだわることはない、来年六月に大学の入学試験を受けろ、というものだった。
私は、自分よりすぐれた知性に屈する他なかった。(25)

都留重人（一九一二―二〇〇六）は、一九三五年（昭和一〇年）ハーヴァード大学を「マグナ・クム・ラウデ」という上級優秀賞を取得して卒業し、同期でただ一人大学院に進学し、一九四〇年（昭和一五年）にPh.D.を取得しているので、この時期は博士号を取る前のことだったと思われる。俊輔はことあるごとに、都留重人が自分にとって「唯一の先生」(26)であると公言して憚らなかったが、のちにハーヴァード関係者から「都留・鶴見」（ツル・ツルミ）と呼ばれるようになる、二人の日本人の秀才の親密な関係は、このとき始まったのである。

さて、いま二人の秀才といったものの、都留はすでにハーヴァード大学関係者の間で秀才として認知されていたが、俊輔の方は未だハーヴァード大学に入っておらず、ミドルセックス校においても落ちこぼれに近い状態で、相変わらず英語のわからないみじめな毎日を送っていた。そんなある日、華氏百度〔三十七・八度C〕を越す高熱が出て数日寝込んだが、「一週間ほどして教室に出て

鶴見俊輔（17歳，ハーヴァード大学入学時の記念写真，1939年9月）

ゆくと、英語がわかっていた。口をあけると、日本語がでない。十五、六歳では、このくらいの異変は時に起こるらしい[27]」。それから一生懸命勉学に励んで、一九三九年（昭和一四年）六月のある日、俊輔は大学共通入学試験を受けた。その結果が出る前に、六月末に無試験で誰でも入れるハーヴァード大学夏季学校に籍を移していたが、そのとき本人も周囲も驚いたことに、見事合格したことが判明した。

　学校も寮も閉じられる夏休みの期間、俊輔はミドルセックス校の学友のひとりチャールズ・ヤングの家にお世話になり、ハーヴァード大学が始まる秋からは、正式な下宿人としてそこに住むようになった。チャールズ・ヤングは俊輔と同い年で、翌年からハーヴァード大学に一緒に通うようになった。その兄ケネス・ヤングは四歳年上で、ハーヴァード大学政治学部の学生であった。彼は大学卒業後、国務省日本課長、極東局長、タイ国大使などを歴任した。この兄弟の下には妹ナンシーがおり、その三人の母親マリアン・ハント・ヤング、その母のハント夫人の五人家族に俊輔が加わったので、六人がベッドルーム二室の決して広いとはいえないアパートにひしめき合って暮らし始めた。さらに一年後には、外務省から在外研究員として派遣されていた東郷文彦（当時の姓は本城）[28]の申し出で、もっと大きなアパートに引っ越し、彼もその下宿人となった。十七歳から数年間過ごした、この手狭なアパートでの質素な暮らしが、俊輔の生き方を変えることに大きく役立った。

十七歳でハーヴァード大学の一年生となった俊輔は、初年度カルナップ（Rudolf Carnap, 1891-1970）の「分析哲学入門」と「経験主義の原理」という科目を履修した。彼についたチューター（個人教師）は、クワイン（Willard van Orman Quine, 1908-2000）だった。この優秀なチューターから毎週指導を受けながら、俊輔は最先端の記号論理学をはじめ種々の学問を学んだ。俊輔がハーヴァード大学でどういう学生生活を送ったかは、俊輔自身の口で語ってもらおう。

ハーヴァードでは、在学中、ホワイトヘッドやバートランド・ラッセルの講演も聴きました。この二人の共著 *Principia Mathematica* が記号論理学をつくり、そこからでてきたのが二代目であるカルナップ。それをさらに学習して、当時、三代目としてトップに立っていたのがクワインだった。私がハーヴァードに入ったのは、三九年で、一六歳でした。最初に夏季学校の授業を受け、一七歳になり、これが終わると一年生の学期の授業が始まった。ラッセルの講演を聴いたのは一八歳、これは一二回にわたるものだった。ホワイトヘッドの講演は一九歳、こちらは一度きりだった。ほかに日本人はぜんぜんいない。ものすごい幸運に恵まれたわけです。そのころは、一番病にとらえられているから、優等は取れる。学部学生の場合、AとBが優等なんです。私がとっていた二つのカルナップの授業はBだった。Bは優等なんですよ。一年目が終わったら、千人いる同級生のなかの上位一〇％、これは「Φ β K（ファイ・ベータ・カッパ）」候補といってね、できるということになっているんですよ。一年の終わりに「Φ β K」候補という免状をもらって、びっくりしたね。生まれてから優等賞をもらったことがないんだから。

それから飛び級コースに決めたんです。四年間を三年間にするわけですね。飛び級コースでは授業をたくさん取るから、二年のときは優等でもランクは低いです。二〇％くらいかな。三年になると「A」の数で五％に入ったんです。前学期が終わったところでFBIに捕まった。第三学年後期の試験は、留置場まで大学が試験官を差しむけてくれたけど、それでは点が足りなかった。だけど、そこまでずっと優等できてるから、ブタ箱のなかで仕上げた論文を参考資料ということにして、教授会の投票で卒業させてくれたんですよ。(29)

小学校時代の落ちこぼれ生徒とは見違える変貌ぶりであるが、後藤新平の孫にして鶴見祐輔の息子なので、そこいらのただのぼんぼんとは所詮玉《たま》が違う。「玉琢《みが》かざれば器《き》を成さず」という格言があるが、まさにその逆で、本人が自らの才能に目覚め、人一倍の努力と修養を積むことによって、凡人には不可能な頭抜けた成長発展を遂げたのである。参考までに俊輔がどういう勉強の仕方をしたのか、引いておこう。

二年半の一番病の時代には、学習のしかたは小学校にいたころと違っていた。一番病にとりつかれると、一番病の学習のかたちになる。十七、八歳で、いまの記号論理学をつくった人の、一代目、二代目、三代目に習っているわけでしょう。たとえば教室に出て、カルナップのドイツ訛りの話を聞き取って、ノートして、その日のうちに清書した。それがどういう風に頭に入るかというとね、垂直なんだ。横から揺さぶりをかけて別の意味を取りだすことをしない。これが正解であると教師がいうことを、垂直に理解する。そういうことを二年半やったんです。

小学生のときは、授業中も上の空で外を見てたり、別のことを考えてた。先生が何か言っているとき、「あの先生は、おれがいま気になっているのは、パンツの中でペニスが右側に入っているか左側に入っているか、そのことだっていうのをわかっているかな」とか、ぜんぜん別のことを考えているわけ。そういう風に小学校六年間は、暮らした。

ハーヴァードにいたときは、「否定の否定は肯定に還る」とかね、記号論理学で熱中して演算をやる。先生の話とはぜんぜん別のことを考えるなんて、二年半のうちはなかった。それが一番になる方法なんだ。交換船は、それにピリオドを打った。一番病の終わり。そのことの働きが、自分でもリアルタイムではわからなかったんだ。その後は軍隊にはいって、別のことをやるようになった。軍隊で考えることは違います。で、一番病を非常に恥じるようになった。(30)

ここに赤裸々に語られている回想は、鶴見俊輔という人間の非凡さとその真骨頂をよく物語っている。それと同時に、俊輔がいかに恵まれた教育環境に身を置いていたかがわかる。われわれが書物の上でしか知らない超一流の学者に直に教わっているのだから、羨ましく思わざるを得ない。そういう俊輔ならではの逸話も披露されているので、ここに紹介しておこう。

私は偶然、ホワイトヘッドの最終講義を聴いていた。これはハーヴァード大学付属教会で催されたんですけどね、「不滅について」という題だった。ホワイトヘッドは、ずっと話をしていて、終わりになにか一言ぱっと言って、壇を下りちゃったんですよ。もうよたよただった。いったい最後になにを言ったんだろうと、ずっと気になっていて、戦後三十年以上経ってからホワイトヘッドの講演記録を取り寄せたんだ。

最後の一言は"Exactness is a fake."「精密さなんてものはつくりものだ」だった。当時、彼の弟子やそのまた弟子、カルナップやクワインが、ハーヴァード哲学の中心にいて、「精密さの哲学」というのをやっているでしょう。ホワイトヘッドは、それに対してはっきり違う立場をとっている。それは、ぼんやりしているものが自分の人生を支えるという今の私の考え方と、ぴったり合う。そのことに気づくのは何十年も後ですけどね。

バートランド・ラッセルも、おもしろいことを言った。ハーヴァード大学の公開講座で一二回講演したもので、それは *An Inquiry into Meaning and Truth*（『意味と真偽性』）という一冊の本になっている。そのなかで、「ああ、自分のしゃべっていることは全部間違っているのだ」と思うことがあると言ったんです。本になったときは入れていませんけどね。しかし、それは矛盾を含んでいるから、論理的には成り立たないんです。矛盾を含んでいるものが正しいとすると、世界で成立するあらゆる矛盾を含む命題が、全部正しくなってしまう。だが、自分が疲れて家に帰ってきたとき、感情の形で、自分のなかを一瞬そういう判断が横切ることはさけられない。こういうとき、ラッセルは矛盾を含んだ人間として、人間の哲学を説いている。(31)

ここに語られている回想は、記号論理学とか論理実証主義とかを専門にしている人にはきわめて興味深い話であろうが、われわれ門外漢にとっても実に有意義なエピソードである。日本にいるかぎり絶対聴けない、こういう超一流の学者の生の講義や講演に触れたこと、さらに都留重人や東郷文彦のような年長の優秀な友人との交際が、鶴見俊輔という異形《いぎょう》の学者を育て上げるきっかけとなったのである。

日本時間一九四一年（昭和一六年）一二月八日未明の真珠湾攻撃によって、日米間の太平洋戦争（大東亜戦争）の火ぶたが切って落とされ、日本からの留学生たちを含む邦人のうち、アメリカ国家にとって危険のある人物と見なされる者は拘留されることになった。一九四二年（昭和一七年）三月二四日、俊輔は無政府主義者としてＦＢＩに逮捕され、東ボストン移民局留置所に入れられた。なぜＦＢＩによって連行されたかというと、日本が敵性国家に指定された際の調査で、俊輔が自分は無政府主義者であるから、日本の国のためにスパイ行為などするのはもってのほかだ、と答えたのが原因だったらしい。四月末、司法省によって、俊輔を抑留すべきかどうかの審問が開かれた。陪審員は、カトリック神父、ハーヴァード・ビジネススクール教員、一般市民代表の三人だった。俊輔は、ここでも拘留前と同じ意見を述べた。在学中の後見人でもあるアーサー・シュレジンガーが特別弁護人として出席し、「調書で見る通り、当人は、その信念にもとづいて帝国主義戦争のどちらの国をも支持しないと主張しており、日本と米国との戦争目的をくらべると米国のほうがやや正しいと言っていることに注目してほしい。抑留には値しない」と擁護の意見を述べてくれたが、釈放か抑留相当かの評決は一対二に分かれ（市民代表とカトリック神父が「抑留相当」）、俊輔を「戦争期間中の抑留者（civilian internee）」とする判決が下された。(32)

「抑留が決まると、番号札をつけて写真を撮るために、手錠をはめられて自動車に乗せられ、写真屋に向かった。どうしてそんなに遠くまで行ったのかわからないが、チャールズ河のほとりを通ったとき、はるかむこうにハーヴァード大学の教会の尖塔が見え、それがこの大学の見おさめとなった」(33)という。そのあと五月一三日にエリス島に送られ、その二日後には、さらにメリーランド州ボルティモアにあるミード要塞内の捕虜収容所に送られた。東郷文彦は職業柄、開戦直後に、ボストンの移民収容所に一週間収容されたのち、ウェストヴァージニア州ホワイト・サルファ・スプリングスのホテルに抑留された。都留重人も武田清子も鶴見和子などの留学生は捕まっていないのであるから、俊輔だけが収容所に送られたことになるが、それは彼が従来からクロポトキンへの共感を口にし、自らをアナーキストだと言明していたからである。こういう節を変えないところが俊輔の真骨頂であるが、戦時下における振舞いとしては慎重さに欠けると非難されても仕方あるまい。ともあれ、ふたたび俊輔自身に語ってもらおう。

四二年の三月に捕まったから、大学の後期がはじまったところだった。最初にＦＢＩが来たとき、書いていた論文が押収されたんだ。それで私は、ラルフ・バートン・ペリーという教授に、論文が押収されたので続きを書けない、とても困っていると手紙を書いたら、ペリーがＦＢＩに交渉して、取り返して東ボストン移民局に送ってきてくれた。彼は、ナチスと戦えという立場をとっていたから、警察に顔がきいた。

論文から解放されたと思ってなまけていたら、それが戻ってきたものだから、続きを書かなきゃいけなくなった。移民局の監獄のなかで、夜、電気がついているところが一ヵ所だけある。便所なんだ。便所には便器というものがある（笑）。便器は、蓋をばたっと閉じると机になるんだよ。だから、タイルの上に座って、その上で続きを書いていった。

論文には形式があるから、その形式にするために、書き上がるごとにニューヨークの姉（鶴見和子）に送った。すると、姉がタイピストのところに持っていって、それをタイプしてくれた。タイピストが疲れて肩が凝ったというと、彼女がこうやって揉んでね（笑）。

タイプされたものが私のところに届くと、校正してまた送り返す。できあがったとき、彼女が直接ハーヴァードに送ってくれたんだ。だからすごく世話になっているんだよ。

私は、三年目の後期は大学に行っていないから、普通なら落第だ。しかし、政府の判断とハーヴァード大学の判断とは違う。教授会で、これは卒業の優等論文としてでなく、大学に出なかった後期分を補う論文として認めて卒業証書を出そうと、誰かが発言してくれたんだ。だから、卒業の成績は優等賞をとっていない。でもその前期には千人中トップに立っていたから、卒業を認めてくれた。(34)

俊輔はのちにそう語っているが、リアルタイムで見ると若干筋書きは異なる。論文を提出してからしばらくしてから、ハーヴァード大学から俊輔のもとに一通の書簡が届いた。東ボストンの獄中で受けた卒業試験の結果は点数不足で、また、提出された論文は、優等論文として合格させることはできないが、教授会はこれを「バチェラー・オブ・サイエンス」（理学士＝ギリシア語・ラテン語を履修しないことを意味する）の学位授与の参考資料として認めた、とだけ書いてあった。つまり、卒業できるという確信をもてないまま、俊輔は帰国に踏み切ったのである。(35) 一九四二年（昭和一七年）六月一〇日早朝、帰国意志を表明した俊輔は、他の帰国者とともにフォート・ジョージ・G・ミード駅を出発し、マンハッタンのペンシルヴァニア駅に到着した。道中列車の窓にはブラインドが下ろしてあった。集合地に指定されているペンシルヴァニア・ホテルは、ごった返していたが、そこにはすでに都留重人夫妻の姿もあった。ホテルは、移民局による出国手続きと検査の場所となっており、いったん内に入ると、もう外に出ることは許されなかった。船内への荷物の持ち込みはスーツケース各人二個までに限られ、荷物の調べは厳重であった。身体検査も、丁寧ではあったが、全裸にさせてまで行われた。

翌一一日、俊輔は停泊中のグリップホルム号に乗り込んだが、この日は本来なら参列しているはずのハーヴァード大学の卒業式の日であった。俊輔は自分の名前が卒業生リストに載っていたことを、新聞でその事実を確認した都留重人から、はじめて知らされた。どこまでも劇的な鶴見俊輔の米国留学である。そして一八日、用意万端、鶴見姉弟（和子・俊輔）、武田清子、都留重人、東郷文彦、神谷宣郎、天野芳太郎らを含む総勢一〇六五名の乗客を乗せたグリップホルム号は、経由地のブラジルのリオデジャネイロを目指して、ニューヨークから出港した。

留学生たちを含む大勢の邦人を乗せた日米交換船は、ニューヨークからリオデジャネイロを経由してポルトガル領のロレンソ・マルケス（現、モザンビークの首都マプト）まではスウェーデンのグリップホルム号、そこからは浅間号という日本の客船に乗り換えて横浜へと向かったが、両方の客船とも客室には等級が明確に決められており、野村吉三郎大使、来栖三郎大使らは第一階級、その下が外務省の参事官クラス、そして三井、三菱の支店長クラス、さらに大使館、公使館員たち、商社の支店長クラス、平社員と続いて、学生たちは一番下層の第六階級。都留夫妻は二人部屋をあてがわれたが、俊輔は四人部屋だった。船が出港して一週間後、俊輔は船上で満二〇歳になった。都留重人、鶴見和子、武田清子、鶴見俊輔——彼らは「船底の四人」といわれる——は、八月二〇日横浜に寄港するまで、約二ヵ月間この引き上げ船のなかで寝起きを共にし、将来の活躍と協力を約束し合って故国の土を踏んだ。彼らは共通のアメリカ留学体験と、それに終止符を打った「日米交換船」の乗船体験とを踏まえて、のちに「思想の科学」を立ち上げた。戦後の日本の思想界をリードする有力な種子は、この「日米交換船」に象徴される共通体験のなかで、その力強い発芽力を培ったのである。

# エピローグ

われわれはこれまで、一八六〇年（万延元年）の咸臨丸による福沢諭吉のアメリカ渡航から、一九四二年（昭和十七年）の「日米交換船」による武田清子や鶴見俊輔の帰国に至るまでの、計二十八名の知識人・文化人の欧米留学を十三のユニットに構成して考察してきた。この八十二年間の日本人の欧米留学を一つの集合的体験として見るとき、そこに一体どのような光景が浮かび上がり、そこからまたいかなる意義や教訓が導き出せるのであろうか。本書の考察の基本図式は、戦前の邦人二十八名の欧米留学体験を、戦後三十五年経って欧米に留学した筆者自身の体験を基盤として、グローバル化した二十一世紀の視点から、一つの物語として紡ぎ出す形式をとっている。それゆえ、本書はいわば自己再帰的な省察に裏打ちされた「欧米留学の原風景」の共感的な活写であり、そのような仕方で綴られた「欧米留学精神史」の物語である。

われわれが対象とした時期の留学は、今の時代とはすっかり様相が異なる。何よりもまず飛行機がまだ利用できない時代なので、目的地に着くまでの長い船旅が余儀なくされる。太平洋ルートで日本からアメリカに行く場合は、比較的短い日数で済んだが、それでも福沢諭吉が最初にアメリカに渡ったときには、三十七日かかっている。しかし太平洋・インド洋・アラビア海・紅海・地中海ルートで日本からヨーロッパに行くとなると、通常四十日〜五十日（古くは二ヵ月）あまりかかっている。「日米交換船」は、大西洋・インド洋・太平洋という航路を辿ったが、これもニューヨークから横浜まで二ヵ月ほどかかっている。

渡航費に関して言えば、鷗外が留学した時代のブレーメン・横浜間、一等船室の料金は一七五〇マルク、二等船室一〇〇〇マルクかかったという。(1) 別の資料によれば、一八九六年（明治二九年）の日本郵船の欧州航路（横浜・アントワープ間、所要時間＝七〇日）(2) は、上等四五〇円、中等三〇〇円、特別下等一八〇円、下等一五〇円、北米航路（横浜・シアトル間、所要時間＝一七日）は上等二七〇円、中等一九〇円、下等五六円となっている。ちなみに、一八九五年の大卒の初任給は二〇円、巡査初任給は八円なので、(3) かなりの高額であることがわかる。それゆえ、この時代に欧米に留学するためには、官費留学の栄誉に浴する以外には、相当裕福な家庭の子弟でなければ私費留学できなかった。とくに初期の官費留学生は国を背負っての留学だったので、半端でない使命感を持たざるを得なかった。しかし石原謙や九鬼周造が洋行した一九二一年（大正一〇年）、あるいは村岡典嗣、阿部次郎、三木清、有賀鐵太郎などが渡航した一九二二年（大正一一年）には、事情はかなり違ってくる。とくにこの頃のドイツは、未曽有のハイパーインフレになっているので、ドイツに留学した日本人留学生はかなり裕福な生活をすることができた。この頃になると、かつてのような国家的意識や使命感は薄れて、個人主義的・快楽的な傾向が増してきている。このように、一概に欧米留学といっても、留学した時期や留学先によって、あるいは官費留学か私費留学かによって、かなりの開きがあることに注意しなければならない。また日本の国力と世界のなかでの地位の高さ・低さも留学生活に少なからぬ影響を及ぼす要因である。

さて、話を現代に移せば、外国留学に憧れる若者は相変わらず多い（以前ほどではないと言われるが……）。しかし外国留学は単なる物見遊山の外遊でも、気軽な異文化体験でもない。外国留学にはそれなりの周到な準備と覚悟が必要である。外国の大学は日本の大学のように甘くはない。一般に、わが国ではいわゆる語学留学も正規の留学も区別しないで、ひとしく「留学」と呼んでいるが、実はこの二つは明確に区別されるべきものである。欧米の大学に正規の学生として入学し、現地の学生と同じ課題をこなして優秀な成績をあげることは、語学力が求められる文系の分野ではかなり難しい。

ところで、単なる語学留学であれ正規の留学であれ、異国で生活することは有意義な体験であるには違いない。ゲーテが「外国語を知らない人は、母国語を知らない」（Wer fremde Sprache nicht kennt, weiss nichts von seiner eigenen）(4)と言ったことは有名であるが、真の自己認識は、自分とは異なる他者との接触と交流によって、はじめて可能となる。自国の言語と文化のうちに閉じこもっている内向きの日本人には、日本あるいは日本人がいかなるものかが、実は、わからないのである。

トレルチが『歴史主義とその諸問題』において述べているように、「異郷にあったことのある人が、はじめて故郷を理解する」(Die Heimat versteht nur, wer in der Fremde gewesen ist)(5)のである。このような気づきないし自覚は、わずか一週間の海外旅行でも多少は経験することができる。こうした異文化体験を通して、われわれは「ところ変われば品変わる」という諺を実感し、ときにまた「いずこも同じ秋の夕暮れ」という感慨にひたるのである。

しかし旅装を解いて異国の大学の学生となると、旅行者気分ではとてもやっていけない。本格的な外国留学の生活が始まると、自分のそれまでの所作や思考を変えなければ対応できない場面が必ず出てくる。自分の意見をハッキリ表明し、他者と論戦するスキルを身につけないと、欧米の大学ではやってゆけない。言語や文化の違い、とりわけ宗教の違いは、自己アイデンティティへの挑戦となり得る要素を含んでいる。外国留学は一種の武者修行であり、また他流試合でもあるのだ。そこでは自分の流儀がそのままでは通用しない。通用しないどころか下手をすると試合に負けて、外国にへつらうだけの内弁慶の洋行帰りとなりかねない(実はある人種にこういう人が多い)。

筆者は、一九八〇年六月から、国際ロータリー財団奨学生として、米国テネシー州ナッシュヴィルのヴァンダービルト大学に三年半留学し、さらに一九八三年一一月末からは、西ドイツのゲッティンゲン大学に一年四ヵ月留学した。ドイツに留学している期間も形式的にはヴァンダービルト大学に在籍していたので、足かけ五年間のアメリカ留学のうちの最後の一年四ヵ月、ゲッティンゲン大学に博士論文執筆のために出掛けていたという言い方もできるが、いずれにせよ、一言で欧米と言っても、アメリカとドイツでは勝手が異なる。言語の違いが一番ではあるが、人間、交通、食事、住居などは言うに及ばず、授業料（アメリカの私立大学の授業料が恐ろしく高額なのに対して、ドイツの大学は授業料がほとんど要らない）、授業や研究のスタイル、教授に対する接し方など、大西洋のこちら側と向こう側ではいろいろ異なる。たとえば、アメリカの大学では教授をファーストネームで呼ぶことは普通であるが、ドイツでは一般的にこれは許されない。またセメスター制を採用しているアメリカの大学では、年間の学事は「秋学期」（Fall Semester）と「春学期」（Spring Semester）からなり、秋学期は八月下旬ないし九月初旬に始まり十二月中旬で終わり、春学期は一月十日前後に始まり四月下旬で終わるのが一般的である。そして春学期と秋学期の間に、六月初旬に始まり八月中旬に終わる「サマー・セッション」がある。ところがドイツの大学の場合、通常は「冬学期」（Wintersemester: WS と表記）と「夏学期」（Sommersemester: SS と表記）からなり、冬学期は十月一日～翌三月三十一日、夏学期は四月一日～九月三十日とされ、実際の授業はそれぞれ二月と七月に終わる。かくのごとく、アメリカとドイツでは学期の名称も期間もまったく異なる。

このように、言語も制度も異なるヨーロッパとアメリカの二つの国に留学したお蔭で、筆者はいつしか特定の文化や伝統を絶対視しないで、つねに物事を比較対照的に見る癖がついた。このことは具体的な研究にも役立ち、つねに日本語・英語・ドイツ語の三ヵ国語でものを考えるようになった。トレルチやレッシングというドイツの思想家をドイツ語原典で研究しながら、その研究成果を英語の書物として刊行することができたのも、やはり異なる二つの国への留学経験があったからである(6)。ドイツ語と英語は親戚関係の言語(ゲルマン語派西ゲルマン語)であるが、抽象概念を多用するドイツ語の文章を英語に翻訳するためには、両方の言語の特性と相違にかなり精通する必要がある。自分でもまだ覚束ないところが多いが、曲がりなりにもそういう課題に挑戦できたのは、やはり米独二ヵ国の大学に留学して学んだお蔭である。

帰国後、大学に職が得られなかったため、二年半、東京でサラリーマン生活を経験し(そのとき日本生産性本部の創設者郷司浩平氏との出会いがあった)、その後地方の三つの私立大学を渡り歩き、教養科目を含む幅広い科目(英語、ドイツ語、哲学、キリスト教学、西洋思想史、聖書と英米文学、etc.)を担当したことが、前著『人文学概論——新しい人文学の地平を求めて』(知泉書館、二〇一四年)を執筆する機縁となった。生まれ落ちた山陰の小邑や学問の基礎を学んだ京都からも遠く離れ、東京、東北、北海道と流転する人生を歩むことによって、異文化を批判的に考察する比較思想的な眼差しが養われた(異文化体験は、日本と外国との間でのみならず、国内のかけ離れた地域間でも成立する。前者をマクロな異文化体験だとすると、後者はいわばミクロな異文化体験である)。このような流転と漂泊の人生は、明治維新以後の日本の有り様を根本的に問い質すきっかけとなった。そして『人文学概論』を執筆しているときに、わが国の知識人と留学というテーマが大きくクローズアップされてきて、本書の執筆が強く促された。このテーマの追求は、ある意味では自分自身の留学体験の再検証であり、わが国の欧米留学史のなかに自らの留学体験を客観的かつ主体的に位置づけるという知的行為でもある。裏返して言えば、先人たちの留学体験をこのような形で追体験することによって、欧米留学体験者としての自分自身を再認識することになった。このような知的反省行為のなかにも、アウグスト・ベークがいうところの「認識されたものの認識」（das Erkennen des Erkannten）という図式が成り立つように思う。

　福沢諭吉が自己嘲笑的に語っているように、自国の文化や伝統をそっくり持ち込むような仕方で渡航しても、そこから得られるものは多くはない。自分の鋳型にはめて切り取った異文化の一断面は、所詮、外国旅行のスナップ写真以上のものではなかろう。そうではなく、異他なるものとの接触や出会いを通して、自覚的に自己に立ち返り、自己省察的に自己を変革していくことこそ、異文化体験の真の妙味であって、本格的な海外留学はこのような自己省察・自己変革への絶好の機会なのである。真なる自己の自覚、つまり漱石いうところの「自己本位」は、他者との直面・対決によってのみ可能なのである。

　われわれが本書に取り上げた二十八名の人物は、いずれもこの課題を見事に成し遂げた人たちである。大きな障碍を克服してはじめて留学を実現したケース、留学中に資金的あるいは精神的に危機に晒されたケース、留学によって自文化を忘れるほどに異文化に適応してしまったケース、留学を通して自己の使命に目覚め大きな方向転換を図ったケース、留学が結果的に棄教への呼び水となったケース、留学を通して憧れが幻滅に変わったケース、留学中に生涯の伴侶と巡り合ってゴールインしたケース、留学中の大恋愛が種々の柵《しがらみ》によって引き裂かれたケース（国際結婚が一般化した今日では、もはやおそらくあり得ないであろう）などいろいろあるが、いずれも欧米留学の体験から自分自身、自文化、あるいは自国へと立ち返り、日本人としての自己の立ち位置をしっかりと定めた人たちである。

明治維新も終戦もすっかり遠のき、第三の開国の必要性が叫ばれるグローバル化の現代、われわれは日本人としていかに世界の趨勢に対処していくべきなのか。もはや日本人としてではなく、世界人として立つべきだという意見もあろう。しかしエスペラント語のような人工的言語が実際には役立たないように、自らが立脚する言語・文化・歴史の特殊性を自覚しない人間は、所詮は国籍不明のエトランジェであって、普遍人間的な課題の任に耐えないであろう。われわれは日本あるいは日本人の来し方行く末について、自覚的に深く反省しながら、広い心と学識をもって世界の問題に対処する能力を磨かなければならない。そのためには、われわれは自分の身を外国に晒して先進欧米の文化・文明を摂取してきた、わが国の先人の体験に学ばなければならない。自文化の来歴を脚下照顧しつつ、世界を目指すべきなのである。というのも、大地に足を据えない普遍主義とかグローバリズムの唱道は、空疎な空念仏の如きものであって、普遍人間的な理念や価値に資するものではないからである。一般に、自己のアイデンティティの確立は、自己と他者との不断の折衝・対決のなかでのみ可能であり、他者を排除しても、あるいは自己を喪失しても、真の自己実現には至れない。われわれは自己に内向しつつ世界へと反転・外向し、世界を志向／思考しつつ自己に再帰すべきなのである。欧米留学体験の一番の利点は、〈自〉と〈他〉の二方向の認識の交錯と相乗作用による自己アイデンティティの確立である。

筆者自身は今回の執筆作業を通して、多くのことを学ぶことができた。一番痛感したことは、わが国の戦前の知識人の教養の幅の広さとその深さである。戦後はおしなべて、東洋系の学者は東洋のことのみ、西洋系の学者も西洋のことのみを扱い、東洋と西洋の両方の知的伝統に掉さす人は皆無に近い。儒教的教育が廃れてしまったことと、学問がどんどん専門化したために、とりわけ西洋の学問に従事する筆者のような人間の、日本や東洋の伝統に対する無知識は憂うべきものがある。自分自身がそのことに気づいたのは、実は留学中のことではあったが、帰国後も久しく足元（日本や東洋）のことを学ぶ機会はなかった。欧米に関する目先の研究に汲々として、日本や東洋の伝統を見つめ直すことを怠り続けてきた。しかし北海学園大学に赴任してきて、大濱徹也先生のような異色の知性――この種の知性はいまや絶滅状態に近い――との出逢いによって、等閑に伏してきた課題と漸く取り組むようになった。

戦前までのように、東洋と西洋の両方の伝統をマスターすることは、もはや普通の人にはなし得ぬことである。それどころか、東洋であれ西洋であれ、哲学・歴史学・文学の諸領域を分野横断的に学ぶことも、学問の専門化が極度に進んだ現在では、もはや現実的には不可能である。にもかかわらず、このような蛸壺的な知のあり方は克服されなければならない。それゆえ、俯瞰的・総合的な知をいかにして身につけるかということが、二十一世紀の大学教育の最重要な課題であらざるを得ない。グローバルな時代だからというわけではないが、とくにわれわれ日本の知識人は、東洋系と西洋系の双方に通じる努力をする必要がある。それは、わが国が東洋系と西洋系の遭遇の場として、人類の文明史上特異な位置を占めているからにほかならない。

本書で取り上げた二十八人の先達は、いずれも固有の個人的・時代的な制約のなかで、模範的な仕方でそうした努力をした人たちである。ここに紡ぎ出した欧米留学精神史から何を学び取るか、それは読者一人ひとりの判断に委ねられている。

# あとがき

欧米留学は小さいときからの夢であり、二十八歳でその夢を実現した自分であった。しかし留学体験を単に個人の特殊的体験に留めないで、より普遍的な集合的体験として考察することを思いついたのは、前著『人文学概論』を執筆中のことであった。その書を書き進めるなかで、「異文化との出会いと知的覚醒」や「原典と翻訳」について考えていたとき、わが国の学問が大部分は、古代においては中国からの、明治以降は欧米からの、知識や学問の翻訳・摂取によって成り立っていることを再確認するとともに、そこにおける留学生の存在がクローズアップされてきたのである。

もう一つのきっかけは、たまたま目下奉職している大学で、「大学史」の講義を一部担当することになり、中世ヨーロッパにおける大学の誕生から、ベルリン大学以降の近現代の欧米の大学、さらには近代日本の大学の成立までを、いわば通史的に講ずる機会が与えられたことである。日本人の欧米留学は、欧米の大学制度とその存在を前提しているので、大学史と欧米留学とが自分の問題意識のなかで連結されるに至った。本書のところどころで、諸大学のなりたちや大学制度にまつわる問題に触れているのは、こうした問題関心があるからである。

ところで、最も苦心したのは、誰を取り上げて誰を取り上げないかという、いわば人選に関してと、叙述に際してどの程度主観をまじえるかという、叙述方法に関してであった。プロローグとエピローグを除いて、全体を十三話立てにして、基本的に「ドッペル・ポートレート」の手法を採用することに決めたので、扱う人数はせいぜい二十六〜二十八名と決めた。その範囲内で具体的に誰を取り上げるのか、誰と誰をセットにしてどういうコンセプトで叙述するのか、試行錯誤するなかでいまの構成に落ち着いた。

当初はできるだけ客観的な叙述に徹しようと考えたが、それでは味気ないものにならざるを得ないので、最終的には、思い切って自分の主観を入れて叙述することにした。つまり、語り手の個性が表面に出るような語り口を採用した。筆者はキリスト教学と西洋思想史を専門としており、また大学史や大学問題にも関心をもっているので、あえてそういう問題意識や専門的知識をまじえながら、筆者の個人的色彩が同時に滲み出るような叙述方法を採った次第である。

かなり短時日のうちに集中的に書き上げたが、自分の意識の底に長く澱《おり》のように溜まっていたものを、この際一気に吐き出して攪拌し、それに表現を与えてみたので、自分としては結構面白い内容になっていると思っている。しかし読者の方々がどう判断されるかは別問題である。望むらくは読者の方々にとっても興味深い物語であって欲しい。

この仕事をやり終えて、あらためてわれわれ現代人は「巨人の肩の上にのる矮人《わいじん》」（nani

gigantum umeris insidentes）であるとの感を強くしている。その肩の上からより遠くを見渡すことができるとしても、それは先人たちの巨大な労苦とその偉業に支えられてのことである。とりわけ人文学は、たえず過去の知的遺産へと立ち返り、それを根源的に問い質すことによって、新しい意味を見出そうと努める、いわゆる「温故知新」の学である。それゆえ『人文学概論』の姉妹篇である本書を、そうした人文学の一つの実践としてお読みいただき、人文学を再考する機会にして貰えれば幸いである。

最後に、本書の執筆にあたって、とくにご協力くださった方々に感謝申し上げたい。ドイツのホルスト・レンツ博士は、波多野精一に関するアーカイブズ資料の入手に、格別にご尽力くださった。レンツ博士とはドイツ留学以来のつき合いであるが、こういう国際的な研究連携がとれるのも、留学のお蔭である。博士には三十年来の友情に心から感謝したい。日本生産性本部のもと上司の谷口恒明氏は、郷司浩平に関する資料の提供を本部秘書室の建部淳子さんに依頼してくださった。お蔭で郷司をこの書に加えることができ、この書に格別の趣きを与えることができただけでなく、筆者としても多少の恩返しができたように思う。お二人にはこの場を借りて心からの感謝を申し上げたい。

もう二十年も昔に金子晴勇先生から頂戴した『三木清全集』は、久しく活用する機会がなかったが、今回ようやく役立てることができた。長年にわたって受けた学恩に対して、金子先生に心から感謝したい。筆者が館長を務める北海学園大学図書館の職員の方々、とりわけ中井龍、佐々木哲彦、秋田七恵さんには、資料の手配や収集に関して特にお世話になった。同僚の郡司淳先生には、データベース利用に関してお世話になったし、常日頃から話し相手になっていただき、構想を具体化する上で示唆を与えられた。大濱徹也先生にこの書の構想を少し話したとき、即座に賛意を示して励まして下さった。大濱先生にもこの場を借りて感謝したい。三ヵ月余りにわたる異常な精神集中のなかで執筆に没頭した筆者を、陰で支えてくれた家族にも感謝したい。

最後に、知泉書館の小山光夫社長と高野文子さんには、今回も格別の支援と援助を賜った。商業ベースに乗らない本ばかり執筆する筆者にとって、このような学問的良心をもった出版社の存在はとても貴重である。本書がその信頼と期待に沿える内容に仕上がっていることを願っている。

安酸敏眞

平成二十八年一月

# 注

## プロローグ

（1）但し、筆者は「世界の大学ランキング」の順位そのものに、あまり一喜一憂する必要はないと考えている。順位付けの指標として何を基準にするかで、順位はおのずから変動する。たとえば上海交通大学高等研究所の「世界大学学術ランキング」（Academic Ranking of World Universities, 略称 ARWU）によれば、東京大学（二十一位）、京都大学（二十六位）、名古屋大学（七十七位）、大阪大学（八十五位）の四大学が、百位以内に入っている。それだけでなく、THEの最新のランキングのトップテンに入っているのが、カリフォルニア工科大学（一位）、スタンフォード大学（三位）、マサチューセッツ工科大学（五位）、スイス工科大学（九位）などであることからも分かるように、ランキングはIT関連企業などと密接な関係をもつ工学系や医学・薬学系の学部に有利になるような配点に基づいている。

（2）これについては、東野治之『遣唐使』岩波新書、二〇〇七年、森公章『遣唐使の光芒――東アジアの歴史の使者』角川選書、二〇一〇年などが参考になる。

（3）必ずしもその全体を網羅しているわけではないが、幕末から明治時代にかけて、どれだけの数の、どういう人物が海外渡航を企てたかを知る上では、手塚晃・国立教育会館編『幕末明治海外渡航者総覧』全三巻、柏書房、一九九二年、富田仁『新訂増補　海を越えた日本人名事典』日外アソシエーツ、二〇〇五年などが基本的な情報を提供している。

（4）これについては、梅溪昇『お雇い外国人――明治日本の脇役たち』講談社学術文庫、二〇〇七年、金井圓・吉見周子編著『わが父はお雇い外国人』合同出版、一九七八年などが参考になる。

（5）「ドッペル・ポートレート」（Doppelportrait）というこの手法は、筆者が監訳したF・W・グラーフ『キリスト教の主要神学者　下』教文館、二〇一四年から教えられることが大であった（同三八三頁参照）。
（6）粕谷一希『歴史をどう見るか――名編集者が語る日本近現代史』藤原書店、二〇一二年、一二頁。

第一話　福沢諭吉と西周

（1）以下の叙述は、おもに『福翁自伝』（岩波文庫）と会田倉吉『新装版　福沢諭吉』（人物叢書）吉川弘文館、一九八五年に基づいている。
（2）福沢諭吉、富田正文校訂『新訂　福翁自伝』岩波文庫、二〇〇八年、一二〇―一二一頁。
（3）前掲書、一三三頁。
（4）前掲書、一三七頁。
（5）前掲書、一三九頁。
（6）前掲書、一四三頁。
（7）福沢はこのように述べているが、使節団一行が迎えのイギリス艦オーディン号に乗って品川を後にしたのは、一八六一年（文久元年）一二月二二日、そのあと長崎に寄港してそこを出帆したのは、翌一八六二年（文久二年）の元旦のことであった。
（8）前掲書、一五一―一五二頁。
（9）前掲書、一五四頁。
（10）前掲書、一五六頁。
（11）前掲書、一五七頁。
（12）前掲書、一五八頁。
（13）前掲書、一五二頁。
（14）前掲書、二三六頁。

（15）石附実『近代日本の海外留学』中公文庫、一九九二年、三一頁。
（16）文久二年五月一五日の西周の手書きメモ。森鷗外「西周伝」、『鷗外全集』岩波書店、第三巻、七五頁所収。
（17）西は津田真道稿本『性理論』の跋文では、フィロソフィアを「希哲学」と訳しているが（『西周全集』第一巻、宗高書房、一九六〇年、一三頁）、『百一新論』ではそれを「哲学」と称している（前掲書、二八九頁）。
（18）西周「自伝草稿」、植手通有編『西周・加藤弘之』（中公バックス世界の名著34）中央公論社、一九八四年、二七一頁、および「和蘭紀行」『西周全集』第三巻、宗高書房、一九六六年、三四四頁参照。
（19）西周「自伝草稿」、二七二―二七六頁、および「西家譜略（自叙伝）」『西周全集』第三巻、宗高書房、一九六六年、七四〇―七四六頁参照。
（20）西周「自伝草稿」、二七九―二八〇頁、および「西家譜略（自叙伝）」、七五〇、七五三頁参照。
（21）津田道治著『津田眞道』東京閣、一九四〇年、七四―九七頁、および宮永孝「オランダにおける津田真道」、大久保利謙編『津田真道――研究と伝記』みすず書房、一九九七年、一二三―一四八頁参照。
（22）宮永孝、前掲書、一三四頁参照。
（23）フィッセリングについては、渡邊與五郎『シモン・フィッセリング研究』文化書房博文社、一九八五年がきわめて詳細な情報を提供してくれる。
（24）西周「和蘭より帰路紀行」『西周全集』第三巻、三六〇頁参照。西はこの箇所でパリで会った人物に言及し、「其次ハ森有礼君ナリ、余此時ヨリ知ヲ辱《はずかし》ウシタリ」と述べている。
（25）宮永孝、前掲書、一四五頁参照。
（26）この書簡の全文は板沢武雄によってオランダ語から翻訳されており、大久保利謙「津田真道の著作とその時代」、『津田真道――研究と伝記』、二六―二七頁に再録されている。
（27）西周「五科学習に関するフィセリングの覚書」、『西周全集』第二巻、宗高書房、一九六二年、一四二―

一四四頁。渡邊與五郎『シモン・フィッセリング研究』一七六頁参照。
(28) ヨハン・ホイジンガ、栗原福也訳『レンブラントの世紀――十七世紀ネーデルラント文化の概観』創文社、一九六八年参照。
(29) 西周の『百一新論』の成立の由来と、私塾での講義を書き取った山本覚馬その人については、松本健一『山本覚馬――付・西周『百一新論』』中公文庫、二〇一三年を参照されたい。
(30) 清水多吉『西周――兵馬の権はいずこにありや』(ミネルヴァ日本評伝選)ミネルヴァ書房、二〇一〇年、八五頁。
(31) 福澤諭吉『学問のすゝめ』岩波文庫、二〇〇八年、四六―四七頁。
(32) 森有礼「学者職分論の評」、『森有禮全集』第一巻、宣文堂書店、一九七二年、二三三―二三四頁参照。
(33) 西周「非学者職分論」、『西周全集』第三巻、二三九頁。
(34) 福沢諭吉『通俗国権論』、『福沢全集』第五巻、一〇五―一〇六頁。
(35) 武田清子「福沢諭吉の人間観」『人間観の相剋――近代日本の思想とキリスト教』弘文堂、一九五九年、三四頁。
(36) 福沢諭吉『通俗国権論二篇』、『福沢全集』第五巻、一六一―一六二頁。
(37) 福沢諭吉『覚書』、『選集』第一巻、二四五頁。
(38) 武田清子は、このような福沢の浅薄な宗教観に対する、内村鑑三と植村正久の厳しい批判を紹介している。内村は「宗教の大敵とは、自身宗教を信ぜずして之を国家、或は、社会の用具として利用せんと欲する者である。宗教を侮辱する者にして之に勝る者はない」と断じ(『内村鑑三全集』第一〇巻、講演上)、植村は「ベンジャミン・フランクリンにちょんまげをゆわせた位なものだよ」(『植村正久とその時代』、第五巻、九八四頁)と言って、福沢に対する深い失望を表明したという。武田清子、上掲書、三四頁参照。
(39) 守部喜雅『聖書を読んだサムライたち――もうひとつの幕末維新史』いのちのことば社フォレストブックス、二〇一二年、一三六―一四七頁参照。

（40）福沢諭吉『学問のすゝめ』、一一頁。
（41）「独立宣言」を起草したと言われるトマス・ジェファーソンや、初代大統領になったジョージ・ワシントンが口にする「神」や「創造主」の観念は、純粋に聖書的・キリスト教会的ではなく、むしろ啓蒙主義的・理神論的である、という見方が今日では一般的である。換言すれば、「独立宣言」における「創造の神」とは、ロバート・ベラー的意味での「市民宗教」（a civil religion）のそれなのである。
（42）同志社編『新島襄の手紙』、岩波文庫、二〇〇五年、四六頁。

第二話　森有礼と新島襄

（1）天野郁夫『大学の誕生（上）——帝国大学の時代』中公新書、二〇〇九年、七—一〇頁。
（2）「帝国大学令」（明治一九年三月二日勅令第三号）。http://www.mext.go.jp/b_menu/ hakusho/html/others/detail/1318050.htm 参照。
（3）同志社編『新島襄教育宗教論集』岩波文庫、二〇一〇年、二七—二八頁。
（4）犬塚孝明『薩摩藩英国留学生』中公文庫、一九七四年参照。
（5）大久保利謙編『森有禮全集』第二巻、宣文堂書店、一九七二年、三七八頁参照。
（6）犬塚孝明・石黒敬章『明治の若き群像——森有礼旧蔵アルバム』平凡社、二〇〇六年、三一頁。
（7）森有礼の横山安武宛ての一八六四年八月七日付けの書簡、『森有禮全集』第二巻、四八頁。
（8）森有礼の横山安武宛ての一八六四年九月朔日付けの書簡、『森有禮全集』第二巻、五〇頁。
（9）犬塚孝明『森有礼』（人物叢書）吉川弘文館、一九八六年、四四頁。
（10）五代才助の野村宗七宛ての一八六四年一一月一一日付の書簡、『森有禮全集』第二巻、四一四頁参照。
（11）森有礼の横山安武宛ての一八六四年一二月三日付けの書簡、『森有禮全集』第二巻、五〇—五一頁。
（12）ロシア旅行の記録は「航魯紀行」として、『森有禮全集』第二巻、三—三三頁に所収されている。
（13）弁務使とは、一八七〇年（明治三年）閏一〇月二日に置かれ、一八七二年（明治五年）一〇月一四日に廃された公使の称で、大・中・少の三等があった。森は一〇月五日に少弁務使に任ぜられ、一八七二年四月一八日に中弁務使、同年一〇月一四日に代理公使に昇任した。
(14)『国民之友』第四二号、明治二三年二月二二日刊。
(15) 同志社編『新島襄自伝——手記・紀行文・日記』岩波文庫、二〇一三年、一二七頁。
(16) 同志社編『新島襄の手紙』岩波文庫、二〇〇五年、四二—四三頁。
(17) 前掲書、四三—四五頁。
(18) 前掲書、四六頁。
(19) 前掲書、四九頁。
(20) Cf. *Biographical Record of the Alumni of Amherst College, during Its First Half Century 1821-1871*, edited by W. L. Montague, with an Introduction by Professor W. S. Tyler (Amherst, Mass.: Press of J. E. Williams, 1888), 462.
(21) 和田洋一『新島襄』岩波現代文庫、二〇一五年、一〇二頁。
(22) F・ルドルフ、阿部美哉・阿部温子訳『アメリカ大学史』玉川大学出版部、二〇〇三年、二二六頁参照。
(23) ハーディーについては、『新島襄自伝——手記・紀行文・日記』三八四—三九九頁所収の「『アメリカの父』ハーディー追悼説教」(一八八七年)に非常に詳しい追悼文が載っている。
(24) 宮部金吾博士思念出版刊行会編『宮部金吾』(伝記叢書　二三二)大空社、一九九六年、四〇—四一頁、井上勝也『新島襄——人と思想』晃洋書房、一九九〇年、一六四頁参照。
(25) クラークの日本への招聘は、一八七五年(明治八年)一一月初旬に初交渉が行われ、翌一八七六年(明治九年)三月三日、合意に至り契約書の締結。そして五月一五日、クラークはマサチューセッツ農科大学の卒業生ウィリアム・ホイラーとD・P・ペンハローを伴ってアマーストを出発した。逢坂信忢『黒田清隆とホーレス・ケプロン——北海道開拓の二大恩人——その生涯とその事蹟』北海タイムス社、一九六二年、六一五頁参照。

(26) 新島は一八七二年四月二四日、岩倉使節団に通訳として随行し、シーリーとクラークによってマウント・ホリヨーク大学を案内してもらっている。第二回目の外遊の際には、一八八五年三月二日と七月二日の両日、クラークの自宅を訪問しており、その間の四月九日には、札幌農学校の件でクラークに手紙をしたためている。『新島襄自伝』、一三七、二六八、二七五、二九六頁参照。

(27) 同志社編『新島襄の手紙』、七六―七七頁。

(28) 鐔田研一編『新島襄――わが人生』(人間の記録 一五一)日本図書センター、二〇〇四年、一二五―一二六頁。

(29) 『新島襄の手紙』、七九頁。

(30) 前掲書、八一頁。

(31) 前掲書、八二頁。

(32) 前掲書、八六―八八頁参照。

(33) 同志社編『新島襄教育宗教論集』、二八―二九頁。

(34) わが国の大学史については、天野郁夫『大学の誕生(上・下)』中公新書、二〇〇九年が最も信頼できる情報を提供している。

(35) 但し、植民地時代のハーヴァードとイェールは、今日的意味での「州立」大学ではなかったものの、実際には、政府や議会および教会と密接な結びつきを有する「政府＝教会立カレッジ」であった。それゆえ、このような歴史的経緯を無視して、ハーヴァードやイェールを単純に「私立」大学と見なすとすれば、重大な過誤を犯すことになる。なぜなら、「まったくのところ、政府の支援がなければハーヴァードもイェールもコロンビアも植民地時代を生き残ることができたはずはない」からである。F・ルドルフ、阿部美哉・阿部温子訳『アメリカ大学史』三七頁および一八七頁参照。

第三話　日本初の女子留学生─山川（大山）捨松、永井（瓜生）繁子、津田梅子

（1）　鍋島は一八六九年（明治二年）七月一三日から八月二五日までのわずかひと月半しか長官職を務めなかった。東久世は同年八月二五日から一八七一年（明治四年）一〇月まで、二年余り長官を務めたが、この間の一八七〇年（明治三年）五月九日に黒田が次官に就任したので、このあとは一八八二年（明治一五年）二月まで、黒田──一八七四年（明治七年）八月、第三代長官に就任──が北海道開拓に対して名実ともに責任を担った。

（2）　山川健次郎はイェール大学で物理学を学び、粉骨砕身の努力をして、一八七五年（明治八年）優秀な成績でそこを卒業し、のちに帝国大学総長に上りつめた立志伝中の人物である。詳細は星亮一『明治を生きた会津人 山川健次郎の生涯──白虎隊士から帝大総長へ』ちくま文庫、二〇〇七年参照。

（3）　寺沢龍『明治の女子留学生──最初に海を渡った五人の少女』平凡社新書、二〇〇九年、五一頁より借用。「開拓使建議書」の原文は、『津田梅子文書』津田塾大学、一九八〇年、〔日本文〕八一頁に所収。

（4）　これに加えて、岩倉使節団の「事実上の立案者」であるオランダ系アメリカ人宣教師フルベッキ（Guido Herman Fridolin Verbeck, 1830-98）が、女子留学生の派遣に間接的に果たした役割を示唆する研究者もいる。古木宜志子『津田梅子──人と思想』（Century Books 116）清水書院、一九九二年、一七頁、および高橋裕子『津田梅子の社会史』玉川大学出版部、二〇〇二年、二七頁参照。

（5）　『津田梅子文書』、〔日本文〕八三頁。

（6）　前話で引用したハーディー夫妻宛の一八七二年（明治五年）三月八日付の書簡を参照のこと。

（7）　高橋裕子『津田梅子の社会史』、七四頁。

（8）　フェアヘブン（Fair Haven）はニューヘブンの内部にあって、その東部の一角に位置する地区。ジョン万次郎のゆかりのフェアヘブンは、マサチューセッツ州の町で、これとは異なるので要注意。

（9）　古木宜志子『津田梅子──人と思想』、二一、五二頁。

（10）　久野明子『鹿鳴館の貴婦人 大山捨松──日本初の女子留学生』中公文庫、一九九三年、六六頁。な

お、山川浩と山川健次郎の兄弟については、中村彰彦『山川家の兄弟　浩と健次郎』（人物文庫）学陽書房、二〇〇五年、および先に引用した星亮一『明治を生きた会津人 山川健次郎の生涯――白虎隊士から帝大総長へ』ちくま文庫、二〇〇七年を参照のこと。

（11）生田澄江『瓜生繁子――もう一人の女子留学生』文藝春秋企画出版部、二〇〇九年、二四頁。三年という年数が誤植でないとすれば、兄の孝は繁子を説得するために、このように語ったのかもしれない。

（12）古木宜志子『津田梅子』、四七―四八頁参照。

（13）久野明子『鹿鳴館の貴婦人 大山捨松』、一〇五―一〇六頁参照。

（14）久野明子、前掲書、一〇九―一一〇頁（但し、整合性をとるため一部変更を加えた）。

（15）鳩山和夫は現在の東京大学の前身、大学南校でつねに首席で通すという俊才で、一八七五年（明治八年）七月には、文部省最初の留学生として法学研究のため、五年間の米国留学を命ぜられた。イェール大学で法学博士の学位を得て、一八八〇年（明治一三年）七月に帰国、同年の専修学校（現、専修大学）設立に大きな貢献を果たした。衆議院議長、東京専門学校（現、早稲田大学）校長、東京弁護士会会長などを歴任した。高橋洋二編『早稲田百人』（別冊太陽 日本の心29）、平凡社、一九七九年、四一頁、および板垣英憲『鳩山家の使命――民主党・鳩山由紀夫の夢と構想』サンガ新書、二〇〇八年、八一―八四頁参照。

（16）生田澄江『瓜生繁子――もう一人の女子留学生』、六六頁。

（17）生田澄江、前掲書、五三―五四頁参照。

（18）米国の醸造業者マシュー・ヴァッサー（Matthew Vassar, 1792-1868）が提供した基金によって、一八六一年に設立された大学（もとは女子大だったが、一九六八年から共学になった）で、Seven Sisters と呼ばれる名門女子大学の一つだった。ちなみにこれに属するのは、Barnard、Bryn Mawr、Mount Holyoke、Radcliffe、Smith、Vassar、Wellesley の七校である。卒業生には、『菊と刀』を書いたルース・ベネディクトや女優のメリル・ストリープなどがいる。鶴見俊輔の姉の和子も一九四一年（昭和一六年）、この大学から修士号を取得している。

(19) 繁子の入試成績は他のアメリカ人の受験生と比べて遜色がないどころか、はるかに優れていたことが判明している。捨松についてのデータは持ち合わせないが、入学後の活躍ぶりから判断しても、同様のことが言えるであろう。生田澄江、前掲書、七八—八二頁参照。
(20) 生田澄江、前掲書、八四頁参照。
(21) 久野明子、前掲書、一二六—一二七頁。
(22) 生田澄江、前掲書、一一二頁。
(23) 生田澄江、前掲書、一一三頁。
(24) 留学延長の措置が承認された背景には、開拓使長官の黒田清隆の特段の尽力があった。亀田帛子『津田梅子 ひとりの名教師の軌跡』双六出版社、二〇〇〇年、五二—五四頁参照。
(25) 生田澄江、前掲書、一一九頁。
(26) 久野明子、前掲書、一三八頁参照。
(27) 亀田帛子、前掲書、六一頁参照。
(28) 芳賀矢一「外遊日記」(大正五年)、芳賀檀編『芳賀矢一文集』冨山房、一九三七年、七八四頁。

第四話　北海トリオー内村鑑三、新渡戸稲造、宮部金吾

(1) 加藤武子・寺田正義『マイグランパ新渡戸稲造』朝日出版社、二〇一四年、六三頁。
(2) 『内村鑑三全集』第三十六巻、岩波書店、一九八三年、一一二頁。原文は英語につき、訳文は山本泰次郎編『内村鑑三日記書簡全集』第五巻『書簡集1(一八八〇—一八九六)』、九八頁の訳文を借用。
(3) 太田(新渡戸)稲造の太田時敬宛ての一八七七年一〇月二七日付の書簡。
(4) 宮部金吾博士記念出版刊行会『宮部金吾』岩波書店、一九五三年、六〇頁。なお、同書は伝記叢書一二三二として、一九九六年に大空社から再版されている。
(5) 前掲書、七五頁参照。

（6）内村鑑三、鈴木俊郎訳『余は如何にして基督信徒となりし乎』岩波文庫、一九五八年、二九頁、および『宮部金吾』七九、八四参照。
（7）『宮部金吾』、七六―七七頁。
（8）前掲書、八三―八四頁。
（9）内村鑑三の宮部金吾宛の一八八三年六月八日の書簡、『内村鑑三全集』第三十六巻、岩波書店、一九八三年、六一頁。
（10）内村鑑三『余は如何にして基督信徒となりし乎』、三三頁。
（11）秋月俊幸編『書簡集からみた宮部金吾――ある植物学者の生涯』北海道大学出版会、二〇一〇年参照。
（12）新渡戸稲造の宮部金吾宛の一八八四年一〇月五日付の書簡、『新渡戸稲造全集』第二十二巻、教文館、一九八六年、二四九―二五〇頁参照。
（13）佐藤昌介「旧友新渡戸博士を憶ふ」、『新渡戸稲造全集』別巻、教文館、一九八七年、三四頁。なお、人名、地名などの表記は原文のまま。
（14）F・ルドルフ、阿部美哉・阿部温子訳『アメリカ大学史』玉川大学出版部、二〇〇三年、二五七―二六二頁、および潮木守一『アメリカの大学』講談社学術文庫、一九九三年、一四九―二〇五頁参照。
（15）佐藤昌介「旧友新渡戸博士を憶ふ」、三四頁。（原文を一部訂正）
（16）新渡戸稲造の宮部金吾宛の一八八四年一一月一三日付の書簡、『新渡戸稲造全集』第二十二巻、教文館、一九八六年、二五四―二五八頁。ここにはのちに設立される「遠友夜学校」の構想もすでに打ち出されており、教育者新渡戸の面目躍如たる一面が窺える。
（17）佐藤昌介「旧友新渡戸博士を憶ふ」、三五頁。
（18）一八八九年の正月元日、ベルリン滞在中の新渡戸はボストンの宮部に手紙を書き送り、現地の様子を伝えている。ベルリン大学にはのちに多くの日本人留学生がやって来るので、参考までに新渡戸によるベルリンの街の印象を以下に記しておく。新渡戸によれば、「ベルリンは勉強するにはすばらしく重要な場所だが、道徳的な風潮はすこぶる低劣です。その上、われわれは、教授たちと個人的に接触することができません。それに、気候もどちらかといえば、ぼくの体質に合わないように思います。……ここベルリンには、五十名前後の日本人がおります。今まで、彼らについて、お世辞にもよい噂を聞いたためしがありません。〝ドイツのこのソドム〟で、高い道徳心を欠いた若者たちのよくない世評があるのは、決して不思議なことではありません」(新渡戸稲造の宮部金吾宛の一八八九年一月一日付の書簡、『新渡戸稲造全集』第二十二巻、二九六頁)。ここにはピューリタン的キリスト教に培われた新渡戸のメンタリティと、世俗的ヨーロッパの道徳的頽廃とのギャップが、鋭く描き出されている。

(19) 明治期にドイツで学んだ日本人留学生の学籍登録簿にあたって統計的な研究をした森川潤によれば、新渡戸は一八八七/八八年の冬学期と一八八八年の夏学期をボン大学で、一八八八/八九年冬学期をベルリン大学で、一八八九年夏学期をハレ大学で、一八八九/九〇年冬学期をボン大学で過ごしている。森川潤『明治期のドイツ留学生――ドイツ大学日本人学籍登録者の研究』雄松堂出版、二〇〇八年、二五六―二五七頁参照。

(20) 『内村鑑三全集』第三十六巻、岩波書店、一九八三年、一一一―一一三頁。原文は英語につき、訳文は山本泰次郎編『内村鑑三日記書簡全集』第五巻『書簡集I(一八八〇―一八九六)第一―一六〇信』教文館、一九六四年、九八―九九頁に若干手を加えたもの。

(21) 内村鑑三の新渡戸稲造宛の一八八五年三月一日の書簡、『内村鑑三全集』第三十六巻、一三八―一三九頁。原文は英語につき、訳文は『内村鑑三日記書簡全集』第五巻『書簡I(一八八〇―一八九六年)』、一二二頁より借用。

(22) 新島の外遊記には、「五月八日(金)〔フィラデルフィア〕朝早く、朝食前に内村がホテルに私を訪ねてきた。非常に愉快な会話をし、彼の将来の計画について話した。聖書を読んで祈る。彼の告白と、キリストのために働く決意。」とある。同志社編『新島襄自伝』岩波文庫、二〇一三年、二八四頁。

(23) 新島襄の内村鑑三宛の一八八五年八月七日の書簡、同志社編『新島襄の手紙』岩波文庫、二〇〇五年、

一九九―二〇一頁参照。新島の外遊記によれば、八月一三日にシーリーから「内村を受け入れて下さるとの」来信があり、新島は九月七日に、「内村を大学で受け入れて頂いたことを感謝する」返信をしたためた。『新島襄の手紙』、三〇二―三〇三頁。

(24) 内村鑑三『余は如何にして基督信徒となりし乎』、一五四―一五五頁参照。

(25) 内村鑑三の内村宜之宛の一八八五年九月二七日付の書簡、『内村鑑三全集』第三十六巻、二〇六―二〇七頁。

(26) 内村鑑三『余は如何にして基督信徒となりし乎』、一六三頁。

(27) 鈴木範久『内村鑑三の人と思想』岩波書店、二〇一二年、七一―七二頁。

(28)『宮部金吾』、一六五―一六六頁参照。

(29) 山県五十雄は内村鑑三の卒業式に関する興味深いエピソードを紹介しているが、その通りであったかどうかはたしかではない。山県五十雄「予の二恩師」、鈴木範久編『内村鑑三を語る』(内村鑑三選集　別巻) 岩波書店、一九九〇年、六五―六六頁参照。

(30) 内村鑑三『余は如何にして基督信徒となりし乎』、一〇九頁。

(31) 鈴木範久編『新渡戸稲造論集』岩波文庫、二〇〇七年、七二―七三頁。

第五話　北里柴三郎と森鷗外

(1) 森川潤『明治期のドイツ留学生――ドイツ大学日本人学籍登録者の研究』雄松堂出版、二〇〇八年、一三五頁参照。

(2) 前掲書、一六頁。

(3) 前掲書、一〇七頁参照。なお、興味深い事実を指摘しておけば、一八七〇年夏学期から一八九三／九四年冬学期までの全期間を通じて、ドイツの大学の神学部に留学した日本人はわずか一名しかいない。それは仙台出身の Otatsume Paul という人物で、一八八六年から一八八八年にかけてイェーナ大学神学部に在籍している。同二〇八—二一〇九頁参照。
(4) 北里記念室編『北里柴三郎——生誕百五十年』、福田眞人『北里柴三郎——熱と誠があれば』(ミネルヴァ日本評伝選)ミネルヴァ書房、二〇〇八年、五三—五四頁よりの孫引き。
(5) 内務省資料(明治一七年一一月一七日付「秘第一八二号」)。
(6) 森鷗外「独逸日記」、『鷗外全集』第三十五巻、岩波書店、一九七五年、一三一頁。
(7) 北里柴三郎と森鷗外の因縁的な関係については、山崎光夫『明治二十一年六月三日——鷗外「ベルリン写真」の謎を解く』講談社、二〇一二年、三一—六〇頁を参照のこと。
(8) 『鷗外全集』第三巻、岩波書店、一九七二年、四五—一三六頁所収。
(9) 相沢英二郎「西周男《だん》と鷗外博士」『心の花』第三〇巻第六号、四七頁。
(10) 相沢英二郎「竹馬の友」、西川弘子『松岡壽先生』(復刻版)中央公論美術出版、一九九五年、一〇二頁。
(11) このあたりの経緯については、中井義幸『鷗外留学始末』岩波書店、一九九九年、七四—八一頁に詳しい説明が載っている。
(12) 森鷗外『キタ・セクスアリス』、『鷗外全集』第五巻、岩波書店、一九七二年、一一三頁。
(13) 森鷗外『細木香以』、『鷗外全集』第十八巻、岩波書店、一九七三年、六七頁。
(14) 森鷗外「独逸日記」、『鷗外全集』第三十五巻、岩波書店、一九七五年、八七頁。
(15) 前掲書、八八頁。
(16) 森鷗外「日本兵食論大意」、『鷗外全集』第二十八巻、一九七四年、一二頁。
(17) 前掲書、一一頁。
(18) 森鷗外「独逸日記」、『鷗外全集』第三十五巻、岩波書店、一九七五年、一〇二頁。
(19) 井上哲次郎は、一八八四—九〇年ハイデルベルク大学とライプツィヒ大学に留学して、日本人で初めて東京大学の哲学教授になった人物。しかし「井の哲」と綽名された彼は、東京帝大哲学科を駄目にした張本人として、後世頗る評判が悪い。たとえば、安倍能成は、つぎのような手厳しい言葉で「井の哲博士」を扱き下ろしている。「井上博士によつて創められた東大文学部の哲学科が、京都大学に比して萎靡不振を極めた原因は、井上さんが哲学者でも学者でもなく、又真面目な人間生活の追究者でも何でもなかつたのに基づく。しかもそれにには、井上さんをして長い間その地位を独占して、それに安んぜしめた後進の責任をむしするわけにはゆかない。学を愛する者であるならば、自分の無知を自覚しなければならない。井上氏の如き自己の無知を恥ぢず、真を追求する志がなくして、たゞ年少時代の才気と粗笨な博学とによつて、文学部の長老を惰性的に続けることを許したのは、たしかに東大文学部の屈辱といはなければならない。私は私の同学だつた伊藤吉之助が学才を持ちながら、さうして後輩に対しては好悪を露骨に横暴に発揮しながら、井上氏に屈従して御用を務めた忍耐力を尊敬する気にはなれない。」安倍能成『我が生ひ立ち――自叙伝』岩波書店、一九六六年、四一一―四一二頁。

(20) 小堀桂一郎『西学東漸の門――森鷗外研究』朝日出版社、一九七六年、一五九―一六〇頁参照。

(21) Rintaro Mori, "Die Wahrheit ueber Japan,"『鷗外全集』第二十六巻、岩波書店、一九七三年、六〇五―六二〇、六六六―六七一頁参照。なお、ナウマンはいわゆる「お雇い外国人」の一人で、日本における近代的地質学の基礎を築くとともに、日本初の本格的な地質図を作成したことで知られる。このドイツの地質学者は、ナウマンゾウの名称にいまでもその名をとどめている。

(22) 森鷗外「独逸日記」、一六二頁。

(23) 前掲書、一六三頁。

(24) 前掲書、一六四頁。なお、隈川宗雄は東京大学医学部で北里と同期であった。

(25) 前掲書、一六五頁。

(26)『北里柴三郎伝』北里研究所、一九三三年、三九―四〇頁参照。

(27) 例えば、山崎光夫『明治二十一年六月三日――鷗外「ベルリン写真」の謎を解く』講談社、二〇一二年は、北里と鷗外の誌上での応酬を紹介した上で、「鷗外は基本的に脚気細菌説を返上していない。このかたくなで非科学的な態度は生涯変わらなかった。東大医学部で長く内科を担当したお雇いドイツ人教師・ベルツが脚気を伝染病としていたため、その呪縛からも逃れられなかった」（四九―五〇頁）と結論づけている。しかし「鷗外と脚気論争」については、鷗外のひ孫で医学者の森千里が、巷間に流布している一面的な捉え方を是正し、曾祖父の冤罪を晴らしている。森千里『鴎外と脚気――曾祖父の足あとを訪ねて』NTT出版、二〇一三年、三―五八頁参照。

（28）福田眞人『北里柴三郎――熱と誠があれば』、一〇四―一〇五頁。

（29）これは"Great men know each other."の意味で、日本語ではしばしば「英雄相知る」と訳される。

（30）森鷗外「妄想」、『鷗外全集』第八巻、岩波書店、一九七二年、一九九―二〇七頁。

## 第六話　芳賀矢一と夏目漱石

（1）小宮豊隆『夏目漱石（上）』岩波文庫、一九八六年、一八七―一八八頁参照。なお、漱石枕流とは、晋の孫楚が「石に枕し流れに漱ぐ」と言うべきところを、「石に漱ぎ流れに枕す」と言い誤り、「石に漱ぐ」とは歯を磨くことであり、「流れに枕す」とは耳を洗うということだと強弁した故事に因む。そこからこじつけて言い逃れること、負け惜しみの強いことを意味する。

（2）小宮豊隆編『寺田寅彦随筆集』第三巻、岩波文庫、一九六三年、二八六頁。

（3）芳賀矢一「留学日誌」（明治三十三年）、芳賀檀編『芳賀矢一文集』冨山房、一九三七年、六一〇―六一一頁、および芳賀矢一選集編集委員会編『芳賀矢一選集』第七巻、学校法人国学院、一九九二年、一四五頁。

（4）実は、一九〇六年（明治三九年）に開設された京都帝国大学文科大学では、藤代の独逸文学教授と夏目の英文学教授就任が内定していたが、のちに夏目がある事情で辞退したために、代わりに上田（柳村）敏が就任することになったのである。『京都帝国大学文学部三十年史』京都帝国大学文学部、一九三五年、二一―二二頁参照。

（5）夏目漱石『漱石全集』第十九巻「日記及断片　上」、岩波書店、一九九五年、二五頁。

（6）前掲書、二五―二六頁。
（7）芳賀矢一「留学日誌」（明治三十三年）、『芳賀矢一文集』六三四―六三五頁、および『芳賀矢一選集』第七巻、一六四―一六五頁。
（8）前掲書、六三六頁、および『芳賀矢一選集』第七巻、一六五―一六六頁。
（9）Erich Schmidt, *Lessing. Geschichte seines Lebens und seiner Schriften*. 4. Aufl. (Berlin: Weidmannsche Buchhandlung, 1923; Nachdruck, Hildesheim: Georg Olms Verlag, 1983).
（10）芳賀矢一「留学日誌」、六四六、六八九頁、および『芳賀矢一選集』第七巻、一七四、二〇八頁。
（11）この第一部を訳したのが、拙訳のアウグスト・ベーク『解釈学と批判――古典文献学の精髄』知泉書館、二〇一四年である。
（12）芳賀矢一「国学とは何ぞや」『芳賀矢一文集』五〇―五一頁、および『芳賀矢一選集』第一巻、一四七頁。
（13）前掲書、五三頁、および『芳賀矢一選集』第一巻、一四九頁。
（14）前掲書、五五―五六頁、および『芳賀矢一選集』第一巻、一五一―一五二頁。
（15）前掲書、五九―六〇頁、および『芳賀矢一選集』第一巻、一五五頁。
（16）前掲書、六一頁、および『芳賀矢一選集』第一巻、一五六頁。
（17）村岡典嗣『増補　本居宣長１・２』（前田勉校訂）平凡社、二〇〇六年参照。
（18）前掲書、第二巻、一五―一六頁。
（19）Ａ・ベーク『解釈学と批判――古典文献学の精髄』参照。
（20）夏目漱石『漱石全集』第十九巻「日記及断片　上」、二六―二八頁。
（21）夏目漱石『倫敦塔・幻影の盾 他五篇』岩波文庫、一九三〇年、六頁。
（22）夏目漱石『漱石全集』第二十二巻「書簡　上」、岩波書店、一九九六年、一九八―一九九頁。
（23）夏目漱石、前掲書、二〇二―二〇三頁。

(24) 前掲書、二〇六―二〇七頁。なお、漱石は一九〇一年(明治三四年)八月二日にも矢一に葉書をしたためている。同二三五頁参照。
(25) 前掲書、二〇八―二一一頁。
(26) 前掲書、二二三頁。
(27) 前掲書、二二六頁。
(28) 前掲書、二三〇―二三一頁。
(29) 夏目漱石『漱石全集』第十六巻「評論ほか」、岩波書店、一九九五年、五九二―五九三頁。
(30) 前掲書、五九三―五九四頁。
(31) 前掲書、五九四頁。
(32) 前掲書、五九五―五九六頁。
(33) 小宮豊隆『夏目漱石(中)』岩波文庫、一九八七年、一〇四―一五八頁参照。

第七話　有島武郎と寺田寅彦

(1) 有島武郎「第四版序言(『リビングストン伝』の序)」、『有島武郎全集』第七巻、筑摩書房、一九八〇年、三六三頁。
(2) 前掲書、三六四頁参照。
(3) 有島武郎「観想録　第三巻」(明治三十三年十二月九日――明治三十六年二月十二日)、『有島武郎全集』第十巻、筑摩書房、一九八一年、二二五―二二六頁。
(4) 前掲書、二二六頁。
(5) 同上。
(6) 前掲書、二三三頁。
(7) 前掲書、二三四頁参照。

（8）佐々木信子（佐々城信子）（一八七八―一九四九）は、国木田独歩の最初の妻であったが、独歩の貧困と身勝手な生き方に耐えかねて離婚。一九〇一年（明治三四年）、農務省の農業研修生として米国留学中の森廣と結婚するために、鎌倉丸に乗って渡米するも、船の事務長で妻子もある武井勘三郎と恋に落ち、シアトルに到着後、そのまま同船で帰国して、武井と同棲・結婚した。この事件は「鎌倉丸の醜聞」として『東京日日新聞』に掲載され、世間の話題をさらった。

（9）有島武郎「観想録　第五巻」（明治三十六年六月十六日――明治三十七年三月二十九日）、『有島武郎全集』第十巻、筑摩書房、一九八一年、四四六頁。

（10）ちなみに、当時皇太子であった少年時代の明仁親王（今上天皇）の家庭教師をしたことで知られるヴァイニング女史（Elizabeth Janet Gray Vining, 1902-92）は、ブリンマー大学の卒業生（一九二三年のクラス）である。

（11）有島武郎「米国学生の生活」、『有島武郎全集』第一巻、一九八〇年、四八九―四九〇頁。

（12）有島武郎「観想録　第五巻」、『有島武郎全集』第十巻、四五〇頁参照。

（13）有島武郎「『リビングストン伝』の序」、『有島武郎全集』第七巻、三七〇頁。

（14）有島武郎「書簡二」、『有島武郎全集』第十三巻、筑摩書房、一九八四年、八二頁。

（15）有島武郎「観想録　第五巻」、『有島武郎全集』第十巻、四五五頁参照。

（16）有島武郎「書簡一」、『有島武郎全集』第十三巻、九〇―九一頁。

（17）有島武郎「観想録　第六巻」（明治三十七年七月十九日――八月十八日）、『有島武郎全集』第十巻、筑摩書房、一九八一年、四六〇頁。

（18）有島武郎「観想録　第七巻」（明治三十七年八月二十九日ヨリ）、『有島武郎全集』第十巻、筑摩書房、一九八一年、四八七頁。

（19）有島武郎「『リビングストン伝』の第四版序」、『有島武郎全集』第七巻、三七一―三七二頁。

（20）「本格小説」作家有島武郎の誕生に関しては、亀井俊介『有島武郎』（ミネルヴァ日本評伝選）ミネルヴァ書房、二〇一三年が秀逸な分析を行っており、そこから大きな示唆を得たことを記しておく。

(21) 有島武郎「観想録　第八巻」（明治三十八年一月一日――明治三十九年七月一日）、『有島武郎全集』第十巻、筑摩書房、一九八一年、五二一頁。

(22) 有島はホイットマンを「稀代のローファー」と見なし、このローファーとしての自由詩人の生き方に、いまや依って立つべき自らの範を見出したのである。有島武郎「ホヰットマン詩集　第二輯」、『有島武郎全集』第六巻、筑摩書房、一九八一年、四三八―四五六頁、および有島武郎「ホイットマンに就いて」、『有島武郎全集』第八巻、筑摩書房、一九八〇年、五四〇―五四三、五五七―五六〇頁参照。ちなみに、宗教社会学者のロバート・N・ベラーは、有島がloaferとみなしたホイットマン的生き方を「表現的個人主義」(expressive individualism)と名づけつつ、それが「聖書的系譜《ストランド》」、「共和主義的系譜」、「功利主義的個人主義」と並ぶ、アメリカ人のモーレス（習律）の四大系譜の一つだと述べている。ロバート・N・ベラー、島薗進・中村圭志訳『心の習慣――アメリカ個人主義のゆくえ』みすず書房、一九九一年参照。

(23) 有島武郎「ホヰットマン詩集　第二輯」、『有島武郎全集』第六巻、三五三頁。

(24) 前掲書、五三三―五三四頁。

(25) 星亮一『明治を生きた会津人 山川健次郎の生涯――白虎隊士から帝大総長へ』ちくま文庫、二〇〇七年、一九三―二三〇頁参照。

(26) 寺田寅彦のここまでの略歴に関しては、大森一彦『寺田寅彦』（人物書誌大系36）日外アソシエーツ、二〇〇五年、二四一―二四二頁によっている。

(27) 寺田寅彦「伯林大学（1909-1910）」、『寺田寅彦全随筆』第五巻、岩波書店、一九九二年、二九三―二九四頁。

(28) 前掲書、二九四―二九五頁。

(29) 前掲書、二九六―二九八頁。

(30) 明治四二年六月五日付の寺田利正宛の書簡、『寺田寅彦全集』第二十五巻、岩波書店、一九九九年、一〇三―一〇四頁。
(31) 明治四二年六月二五日付の小宮豊隆宛ての葉書、前掲書、一〇九頁。
(32) 明治四二年八月二日付の小宮豊隆宛ての書簡、前掲書、一三四―一三五頁。
(33) 寺田寅彦『寺田寅彦全集』第十九巻、岩波書店、一九九八年、一二九―一三七、二四一―二四九頁参照。
(34) 明治四二年七月二六日付の夏目金之助宛ての葉書、『寺田寅彦全集』第二十五巻、一二四―一二五頁。
(35) 寺田寅彦「伯林大学（一九〇九―一九一〇）」、『寺田寅彦全随筆』第五巻、三〇五頁。
(36) 明治四三年一〇月一三日付けの野並亀治宛ての葉書、前掲書、二五七頁。
(37) 明治四三年一〇月一八日付の寺田利正宛ての書簡、前掲書、二五八頁。
(38) 明治四三年一〇月二二日付けの寺田利正宛ての葉書、前掲書、二六二頁。
(39) 明治四三年一〇月二五日付の佐々木惣一宛ての葉書、前掲書、二六三頁。
(40) 寺田寅彦「先生への通信（ゲッチンゲンから）」、『寺田寅彦全随筆』第一巻、岩波書店、一九九一年、一五九―一六〇頁。
(41) 明治四四年一月一日付の寺田利正宛の書簡、『寺田寅彦全集』第二十五巻、二八一頁。
(42) 明治四三年一〇月一八日付の寺田利正への書簡、前掲書、二五九頁。
(43) 高辻玲子『ゲッティンゲンの余光――寺田寅彦と高辻亮一のドイツ留学』中央公論事業出版、二〇一一年、一七四―一八三頁参照。
(44) 内村鑑三『内村鑑三全集』第二十七巻、岩波書店、一九八三年、五二七頁。
(45) 上掲書、五三一頁。
(46) 上掲書、五三〇頁。
(47) 久山康編『近代日本とキリスト教――大正・昭和篇』創文社、一九五六年、五二―五七頁、および岡本道雄「有島武郎の自殺とキリスト教――近代日本思想史の一断面」、神戸女学院大学『論集』第九巻第三号（一九六三年）、三九―六四頁参照。

(48) 「旧有島農場のおいたちと農場解放」については、有島記念館編『有島武郎と北海道』アイワード、二〇〇二年、一六—二三頁参照。

## 第八話　原勝郎と西田直二郎

(1) 新村出「序文」、原勝郎『日本中世史』（東洋文庫　一四六）、平凡社、一九六九年、三頁参照。
(2) 『官報』第五七八五号、二六〇頁（一九〇二年一〇月一四日）。
(3) 『官報』第七一二二号、七八九頁（一九〇七年三月三〇日）、『官報』第七七一九号、五六一頁（一九〇九年三月二三日）、および『官報』第七七二三号、七〇一頁（一九〇九年三月二七日）。京都帝国大学文学部『京都帝国大学文学部三十周年史』一九三五年、二九二頁参照。
(4) 内藤湖南『東洋文化史』中公クラシックス、二〇〇四年、三八九頁。
(5) 内藤湖南、前掲書、三八六—三八八頁。
(6) 京都大学文学部『京都大学文学部五十年史』一九五六年、一七〇—一七一頁。
(7) 前掲書、一七〇頁。
(8) 京都大学大学院文学研究科・文学部『京都大学文学部の百年』二〇〇六年、一六二頁
(9) 原勝郎『西洋中世史概説・宗教改革史』同文館、一九三一年、八三頁。
(10) 前掲書、三五〇頁。
(11) 渡部昇一「監修者によるまえがき」、原勝郎、中山理訳『原勝郎博士の「日本通史」』祥伝社、二〇一四年、三—八頁、および渡部昇一『名著で読む日本史』育鵬社、二〇一四年、九三—一一〇頁参照。
(12) Katsuro Hara, *An Introduction to the History of Japan* (New York & London: G. P. Putnam's Sons, 1920), xiv-xv. 原勝郎、中山理訳『原勝郎博士の「日本通史」』祥伝社、二〇一四年、一二—一三頁。
(13) 濱田青陵「故博士の事ども」『藝文』（京都文学会）第一五号の三、六七—六八頁参照。
(14) 新村出「原博士の追懐」『藝文』（京都文学会）第一五号の三、七二—七三頁。

(15) 坂口昂「吾がデルブリュック」『藝文』(京都文学会) 第一五号の三、五十七頁参照。
(16) 坂口昂「吾がデルブリュック」『藝文』(京都文学会) 第一五号の三、五八—五九頁参照。デルブリュックはドイツの戦争史家で、トライチュケの後任として、一八八三—一九一九年の長きにわたって、ベルリン大学の歴史学教授を務めた。主著は『政治史の枠内における戦争技術の歴史』全七巻 *Geschichte der Kriegskunst im Rahmen der politischen Geschichte* (1911-36) や『世界史』全五巻 *Weltgeschichte* (1931) など。
(17) 濱田靑陵「故博士の事ども」『藝文』(京都文学会) 第一五号の三、六四頁 (古い漢文調の表記に関しては、平易な現代的表記に改めた)。
(18) 西田直二郎「史学科の開講」、京都帝国大学文学部『京都帝国大学文学部三十年史』一九三五年、二一八—二二一頁、および西田直二郎「史学科創設のころの歴史学を思う」、京都大学文学部『京都大学文学部五十年史』一九五六年、四五七—四六四頁。
(19) 柴田實「西田直二郎——日本文化史論」、柴田實・西村朝日太郎『西田直二郎・西村眞次』(日本民俗文化大系10) 講談社、一九七八年、三九頁。
(20) 大正一〇年二月一六日付の道子宛の書簡、西田圓我編『しのび草』私家本、一九七六年、一二—一四頁。
(21) 大正一〇年二月十二日付の道子宛の書簡、『しのび草』、一〇頁。
(22) 同上。
(23) 大正一〇年三月一五日付の道子宛の書簡、『しのび草』、一八頁。
(24) 大正一〇年四月一一日付の道子宛の書簡、『しのび草』、二〇—二二頁。
(25) 柴田實「西田直二郎——日本文化史論」、四一頁。
(26) 西田直二郎「序」、池田源太『歴史の始源と口誦伝承』綜芸舎、一九五六年、一—二頁。
(27) 西田が述懐するところによれば、史学科創設時の「京都大学史学の特色とも言うべきは、文化史的な研究に進んでいたことであった」。そこでは「国史といわず東洋史、西洋史、また考古学、そして新たに設けられていた地理学にあっても、文化史的な方面に多く関連し、それにおいて進みを見せていた」という。

西田直二郎「史学科創設のころの歴史学を思う」、京都大学文学部『京都大学文学部五十年史』一九五六年、四六〇頁。

(28) 大正一〇年四月一一日付の道子宛の書簡、『しのび草』、二三頁。

(29) ランプレヒトは、一八九一年から一九一五年までライプツィヒ大学で教鞭を取ったドイツの歴史家。歴史における進化の理念を強調し、文化史・精神史の叙述に重きを置いた。主著『ドイツ史』十二巻 *Deutsche Geschichte* (1891-1909) 以外に、『文化史的方法』*Kulturhistorische Methode* (1900) や、『近代歴史学』*Moderne Geschichswissenschaft* (1905) などの著作がある。

(30) 大正一一年三月三日付の道子宛の書簡、『しのび草』、二五頁。

(31) 前掲書、二四頁。

(32) 『摩訶衍』第三巻第二号、一九二二年、一二〇頁。

(33) 西田直二郎『日本文化史序説』改造社、一九三二年、『日本文化史序説（一）』講談社学術文庫、一九七八年、七頁。

(34) 柴田實「西田直二郎——日本文化史論」、柴田實・西村朝日太郎『西田直二郎・西村眞次』（日本民俗文化大系10）講談社、一九七八年、一六頁。

第九話　波多野精一と石原謙

(1) 波多野八重「石原先生と父との思い出」『石原謙著作集月報1』岩波書店、一九七八年、八頁。

(2) 高橋洋二編『早稲田百人』（別冊太陽 日本の心29）、平凡社、一九七九年、九四—九五頁参照。なぜ波多野が井上哲次郎に土産を持ち帰ったのかは不明であるが、安倍能成がこれに対するヒントを与えてくれる。「波多野さんは明治三十二年の東大卒業であり、学生時代から秀才の誉れは高く、大学院の卒業論文として、スピノザ哲学に関する学位論文を提出したのであるが、世説によると波多野さんがクリスチャンであり、又主任教授に愛されなかつた為に、その論文は長い間放置となり、波多野さんは当然はいるべき東大には志を得ず、早稲田大学に就職し、洋行留学もそちらでしたといふことである。これは事実であらうと思ふ。……波多野さんが文学博士号を与へられたのは、明治四十二年七月であつた。」ここに示唆されている「主任教授」とは、明らかに恩師ケーベル以外のある有力教授で、それは「井ノ哲」を措いてほかになかろう。安倍能成『我が生ひ立ち——自叙伝』岩波書店、一九六六年、四一二頁参照。

（3）石原謙「序説　生涯と学業」、石原謙・田中美知太郎・片山正直・松村克己『宗教と哲学の根本にあるもの——波多野精一博士の学業について』岩波書店、一九五四年、一〇—一一頁。

（4）石原謙「波多野精一先生」、松村克己・小原國芳編『追憶の波多野精一先生』玉川大学出版部、一九七〇年、三頁。

（5）Großherzoglich Badische Universität Heidelberg, "Studien- und Sittenzeugnis," Universitätsarchiv Heidelberg.

（6）Cf. Horst Renz (Hrsg.), *Troeltsch-Studien*, Band 2, *Ernst Troeltsch zwischen Heidelberg und Berlin* (Gütersloh: Gütersloher Verlagshaus, 2001), 261.

（7）Ernst Troeltsch, *Kritische Gesamtausgabe*, Bd. 19: *Briefe II (1894-1904)*, herausgegeben von Friedrich Wilhelm Graf in Zusammenarbeit mit Harald Haury (Berlin & New York: De Gruyter, 2014), 351, 443.

（8）石原謙によれば、「私は……兼ねて約束してあった神学の老教授レンメ博士の宅の一室に、十月の初めに移った。……レンメ博士というのは多年組織神学を担当して今は既に退職の身であったが、バーデン国教会には功績のある人で、老婦人と令嬢と三人で静かに暮らしていられる様子であった」（石原謙「学究生活五十年」『石原謙著作集』第十一巻『回想・評伝・小論』岩波書店、一九七九年、三六頁）。レンメは神学的・教会政治的に穏健な立場の人で、一八九二—九五年、中道的な立場の幅広い神学者に呼びかけて、新しい神学雑誌『ドイツ神学新年報』*Neue Jahrbücher für Deutsche Theologie* を刊行している。Cf. Friedrich Mildenberger, *Geschichte der deutschen evangelischen Theologie im 19. und 20. Jahrhundert* (Stuttgart: Verlag W. Kohlhammer, 1981), 247.

（9） Seiichi Hatano, "Anmeldung für das Winter=Semester 1904/05, den 17 Okt. 1904," Universitätsarchiv Heidelberg.

（10） 新村出「おもひで」、京都帝国大学文学部『京都帝国大学文学部三十年史』一九三五年、一九七頁参照。

（11） 新村出「五十年前の回想」、京都大学文学部『京都大学文学部五十年史』一九五六年、四二九頁。

（12） 小山鞆絵「波多野先生の思出」、松村克己・小原國芳編『追憶の波多野精一先生』玉川大学出版部、一九七〇年、一四六頁。しかし内田は一八九六年（明治二九年）から一九〇二年（明治三五年）まで母校の東京専門学校（のちの早稲田大学）で講師を務めていたし、波多野も一九〇〇年（明治三三年）から一九一七年（大正六年）まで同校で教鞭を執っていたので、内田と波多野の交流はハイデルベルク留学以前に遡ると見るべきであろう。

（13） 波多野精一『基督教の起源』警醒社、一九〇八年、一―三頁（初版の序文）。

（14） 山谷省吾「解説」、『波多野精一全集』第二巻、岩波書店、一九六八年、四八〇頁。

（15） 石原謙「波多野先生の横顔」、松村克己・小原國芳編『追憶の波多野精一先生』玉川大学出版部、一九七〇年、一八頁。

（16） 朝永三十郎「波多野博士の思い出――早稲田から京都へ転任のこと」、松村克己・小原國芳編『追憶の波多野精一先生』玉川大学出版部、一九七〇年、一四四―一四五頁。

（17）『波多野精一全集』第六巻、岩波書店、一九六九年、一五頁。

（18） 石原謙「波多野先生の横顔」、松村克己・小原國芳編『追憶の波多野精一先生』玉川大学出版部、一九七〇年、一八―一九頁参照。

（19） 松村克己「波多野精一の哲学」（京大哲学の源泉七）『京大学生新聞』第十一号（昭和四九年二月二〇日）、第二面所収。

（20） 有賀鐵太郎は石原を追悼して、「石原先生はまさに定冠詞 the を付して呼ばるべき先達であられた」と述べている。有賀鐵太郎「石原謙先生追悼――偉大なる先達として」『日本の神学』（日本基督教学会）第十六号、一九七七年、一一頁。
(21) 石原謙「学究生活五十年」『石原謙著作集』第十一巻『回想・評伝・小論』岩波書店、一九七九年、二七頁。
(22) 前掲書、二九―三〇頁。
(23) 前掲書、三七―三八頁。
(24) 石原謙「回想(Iドイツ留学の旅から)」、『石原謙著作集』第十一巻、岩波書店、一九七九年、一一九―一二〇頁。
(25) 阿部次郎『游欧雑記　独逸の巻』第二版、改造社、一九四八年、六五頁。
(26) 三木清「讀書遍歴」、『三木清全集』第一巻、岩波書店、一九六六年、四二一―四二二頁。
(27) 有賀鐵太郎「ヘブライ思想に於ける神と智恵」『哲学研究』(京都哲学会)第三十五巻第八冊、一九五二年、三一頁。
(28) 石原謙「波多野精一先生――その生涯と学業」、『石原謙著作集』第十一巻、岩波書店、一九七九年、三九二―三九三頁。
(29) 波多野と石原の特別の師弟=友人関係は、石原が一九二三年(大正一二年)一〇月四日、ヨーロッパ留学――この留学中に関東大震災が発生し、これによって留守宅の蔵書類はすべて焼失した――から帰朝したのち、ほどなく「京都西浦町の波多野精一のところに滞在(留学中の報告と挨拶のためならん――筆者〔石原謙〕、注)」している事実によっても端的に示されている。「石原謙年譜」、『石原謙著作集』第十一巻、岩波書店、一九七九年、六一六頁参照。
(30) 三木清「波多野精一著『宗教哲学序論』」、『三木清全集』第十七巻、岩波書店、一九六八年、四六五頁。
(31) 松村克己「波多野精一の哲学」(京大哲学の源泉七)『京大学生新聞』第十一号(昭和四九年二月二〇日)、第二面。

第十話　村岡典嗣と阿部次郎

（1）佐佐木弘綱は村岡典嗣の遠縁にあたる。弘綱の子息の佐佐木信綱の説明によれば、両者の関係は以下の通りである。「君の父君は、丹波山家の藩士の家に生れ、心の正しい人、母君は武蔵忍の藩士佐藤氏の女で、心のやさしい人であつた。しかして佐藤氏の夫人は、予の母の姉であるので、君の叔父なる佐藤宗次君と予とは特に親しく、従つて予は、村岡君をその幼時から知つてをつた。君が一時、予の小川町の家に寄宿してをつたのは、さうした縁故のためである。」佐佐木信綱「序」、村岡典嗣『日本思想史研究　第三』岩波書店、一九四八年、一頁。

（2）『季刊　日本思想史』第六十三号（二〇〇三年）は、「日本思想史学の誕生：津田・村岡・和辻」という特集を組み、津田左右吉、村岡典嗣、和辻哲郎の三人について掘り下げた考察をしている。『季刊　日本思想史』第七十四号（二〇〇九年）では、さらに「村岡典嗣：新資料の紹介と展望」という特集が組まれており、こちらも村岡典嗣を論ずる際に欠かすことのできない貴重な資料や情報が満載されている。

（3）村岡　哲『史想・随筆・回想』太陽出版、一九八八年、二三四頁。二五五頁も参照のこと。

（4）村岡　哲『史想・随筆・回想』、二八三頁。

（5）吹田順助「村岡典嗣君を憶ふ――覚え書き風に」、『民間伝承』改題『学芸手帖』第二号（一九五七年六月）、三〇頁。

（6）昭和二一年四月二五日付の波多野精一の香川鐵藏宛の書簡、『波多野精一全集』第六巻、岩波書店、一九六九年、三七〇―三七一頁、および前田勉「解説――日本思想史学の生誕」、村岡典嗣、前田勉編『新編　日本思想史研究――村岡典嗣論文集』（東洋文庫　七二六）平凡社、二〇〇四年、四一八頁、および吹田順助「永遠の青年――故村岡典嗣君を憶ふ」『随筆』昭和二一年一一・一二月合併号（矢代書店）、六五頁参照。

（7）高橋洋二編『早稲田百人』（別冊太陽　日本の心29）、平凡社、一九七九年、六四、八一、九五、一一七―一一八頁参照。

（8）村岡　哲『続　史想・随筆・回想』、三一九頁参照。

（9）村岡典嗣が寄稿した論文は、「明治維新の教化統制と平田神道――信仰の自由の公認まで」と題されており、当該書の末尾（五六七―五九〇頁）に収録されている。

（10）高橋章則「村岡典嗣の「文献学」と聚書」によっても、池上隆史作成の「村岡典嗣訪書年譜」によっても（『季刊日本思想史』第六十三号、二〇〇三年、九六頁、及び一二一頁参照）、ワリンヤヌが何を意味しているのか判然としない。筆者の推測では、これは一五七九年七月二五日に初来日したイタリア人のイエズス会士アレッサンドロ・ヴァリニャーノ（Alessandro Valignano, 1539-1606）のことではないかと思われるが、しかしそうなると「千五百二十四年版」という記載と明らかに矛盾する。この点に関して、識者のご教示を願いたい。

（11）村岡典嗣「伯林より」『心の花』第二十六巻第十号（大正一一年一〇月）、六一―六二頁。

（12）森於菟（一八九〇―一九六七）は、森鷗外と最初の妻・登志子（海軍中将赤松則良の長女）との間に生まれた長男。一九二二年（大正一一年）三月一四日、夫の山田珠樹がヨーロッパ留学中であった異母妹の茉莉に同行して洋行、当時ベルリン大学で医学の研究に従事していた。一九二四年に帰朝後、母校の東京帝国大学医学部助教授を経て、一九四五年の終戦まで、台北帝国大学（現、台湾大学）医学部教授を務めた。

（13）Karl Adolf Florenz (1865-1939)。ドイツの日本学者。一八八九年（明治二二年）来日して、東京大学でドイツ語・ドイツ文学・比較言語学を講じ、また日本書紀をはじめとする日本の詩歌集などを翻訳した。

（14）村岡典嗣「ドレスデンより」『心の花』第二十七巻第四号（大正一二年四月）、一六五―一六六頁。

（15）村岡典嗣、前田勉校訂『増補　本居宣長２』（東洋文庫　七四八）平凡社、二〇〇六年、一四―三一頁参照。

（16）村岡典嗣「ドレスデンより」『心の花』第二十八巻第一号（大正一三年一月）、七三頁。

（17）『ぎや・ど・ぺかどる』日本古典全集刊行会、一九二七年、三―八頁参照。

（18）イギリスの言語学者で、一八七三年（明治六年）に来日し、一八八六年から一八九〇年まで東京大学で講義し、近代国語学のために貢献した人物。
(19) 村岡典嗣「日本学者としての故チャンブレン教授」、前田勉編『新編　日本思想史研究――村岡典嗣論文選』(東洋文庫　七二六) 平凡社、二〇〇四年、三一七頁。
(20) 吹田順助も一九二二年(大正一一年)六月に、ハレで開催されたカント学会において、トレルチの講演を聴いている。吹田順助『旅人の夜の歌――自伝』講談社、一九五九年、一三〇、一五五頁参照。
(21) 阿部次郎『游欧雑記　独逸の巻』第二版、改造社、一九四八年、八―九頁。同じころ留学した阿部と村岡の共通の友人吹田順助によれば、「私たちがベルリンに着いた頃は、その後の一、二年後には収拾すべからざる程度にまで進んだインフレーションがソロソロ始まりかけた時分である。日本を出発する前に、ドイツのマルク(正規の価格は当時の日本価の約五十銭に相当していた)が安く買えるというので、同行の友人たちと共に正金かどこかに買いに行ったら、一マルク二銭であったのが、ドイツへ着いた頃は一銭に低下していた。そのくらいはまだよかった方で、それから暫くすると、日に日に、月に月に、マルク(従ってオーストリアのクローネも)の為替相場は下がる一方、毎朝披いてみる新聞の第一面の見出しに、マルクのヴァルータが英貨のポンドとの対比において大活字でもって印刷されていた。銀行へ行って信用状か何かによって金を引き出しに行った連中は、分厚なマルク紙幣を持ち合わせの新聞か何かで包み、紐か縄かでゆわえて持って帰るような始末であった。外国人には頗る都合がよく、とりわけアメリカ人などは大分ドイツへつめかけて来て、ぜいたく三昧をやっていたらしく、日本からも官吏、会社員、教授連の観光や視察や留学でやってくる者、ひきも切らず……」であった。吹田順助『旅人の夜の歌――自伝』、一二七頁。
(22) この女中Gは、阿部がベルリンを出立してから十日も立たないうちに、女主人と悶着を起こして解雇されてしまったが、村岡は彼女の一件で阿部に一通の書簡をしたためている。一九二二・八・一七のベルリン局消印の封筒に入った村岡の書簡は復刻されて、池上隆史「村岡典嗣年譜――東北帝国大学文化史学第一講座着任から日本思想史学会成立まで(下)」『年報日本思想史』第三号(二〇〇四年)、一一―二五頁の一部として、二三頁に掲載されている。

（23）前掲書、六一―六二頁。
（24）前掲書、六二頁。
（25）石原謙「学究生活五十年」『石原謙著作集』第十一巻『回想・評伝・小論』岩波書店、一九七九年、三三五頁。
（26）阿部次郎『游欧雑記　独逸の巻』、一五五頁。
（27）石原謙「回想（1ドイツ留学の旅から）」『石原謙著作集』第十一巻『回想・評伝・小論』岩波書店、一九七九年、一二三頁。
（28）阿部次郎『游欧雑記　独逸の巻』、六八、一五六―一五七頁。
（29）上掲書、一六一頁。
（30）上掲書、一九六頁。
（31）上掲書、二二五―二二六頁。
（32）紙幅の制約上割愛した阿部の留学体験の他の要素に関しては、北住敏夫『阿部次郎と斉藤茂吉　上』桜楓社、一九八四年、三二六―三四七頁所収の「阿部のヨーロッパ留学――『游欧雑記独逸の巻』その他」が参考になる。同書の三四八―三八二頁には、「茂吉のヨーロッパ留学――『遠遊』『遍歴』滞欧随筆」も収録されている。
（33）吹田順助『旅人の夜の歌』、一六六頁。
（34）前掲書、一六六―一六七頁。
（35）前掲書、一四〇―一四九頁所収。
（36）前掲書、一五九―一六〇頁。

## 第十一話　九鬼周造と三木清

（1）竹田篤司『物語「京都学派」』中央公論社、二〇〇一年、一〇六頁参照。

（2）高橋眞司『九鬼隆一の研究——隆一・波津子・周造』未来社、二〇〇八年、一七―四四頁参照。
（3）福沢諭吉の明治二九年一月一五日付の岡本貞休宛の書簡、高橋眞司『九鬼隆一の研究』、四六―四七頁よりの孫引き的引用。
（4）高橋眞司『九鬼隆一の研究』、六八頁。
（5）九鬼周造「岡倉覺三氏の思出」、『九鬼周造全集』第五巻、岩波書店、一九八一年、二三三―二三四頁。
（6）前掲書、二三五頁。
（7）前掲書、二三六―二三七頁。
（8）前掲書、二三七頁。
（9）前掲書、二三八頁。
（10）九鬼周造「一高時代の旧友」、『九鬼周造全集』第五巻、一〇四―一一二頁参照。
（11）粕谷一希『反時代的思索者——唐木順三とその周辺』藤原書店、二〇〇五年、二八〇頁。
（12）二人の美しい交友関係については、九鬼周造「岩下壮一君の思出」、『九鬼周造全集』第五巻、岩波書店、一九八一年、一四二―一五〇頁参照。ちなみに、岩下壮一は日本のカトリックを確立した人で、田中耕太郎や吉満義彦は彼の洗礼によってカトリックの信者になった。岩下には『信仰の遺産』と『中世哲学思想史研究』という二冊の遺著がある。
（13）周造がパリで詠んだ歌のなかに、「加特力《カトリク》の尼となりにし恋人も年へだたりぬ今いかならん」という一首がある。ここにこの悲恋の余韻を確認することができる。九鬼周造「巴里心景」、『九鬼周造全集』第一巻、一九二頁。
（14）高橋眞司『九鬼隆一の研究』、三〇六―三〇七頁。
（15）九鬼周造「一高時代の旧友」、『九鬼周造全集』第五巻、一〇五頁。
（16）九鬼周造「藍碧の岸の思ひ出」、同七頁参照。われわれが本書で扱った人物たちのなかで、最長の留学期間を誇るのは、第三話で取り上げた山川（大山）捨松と津田梅子の二人であるが、九鬼周造のヨーロッパ留学は、永井（瓜生）繁子を含めた「ザ・トリオ」に次ぐ長さである。わが国初の女子留学生の場合には、特別な使命を帯びての官費留学であったが、九鬼はこれとはまったく事情が異なる。

(17) 九鬼周造「一高時代の旧友」、『九鬼周造全集』第五巻、一〇五頁、および「藍碧の岸の思ひ出」、同七頁参照。

(18) 高橋眞司『九鬼隆一の研究』、二九二頁。

(19) 同上。

(20) 九鬼周造「一高時代の旧友」、一〇六頁。

(21) 前掲書、一〇八頁。

(22) 天野貞祐「結語」、『九鬼周造全集』第五巻、岩波文庫、一九八一年、一五五頁。

(23) 九鬼周造「巴里心景」、『九鬼周造全集』第一巻、岩波書店、一九八一年、一七五、一八四頁、および「短歌習作（パリ時代）」、『九鬼周造全集』別巻、岩波書店、一九八二年、一二一頁。

(24) 九鬼周造『「いき」の構造』、『九鬼周造全集』第一巻、岩波書店、二三頁。

(25) 前掲書、一八〇頁。

(26) 周造と縫子の結婚生活の破綻は、一つには、縫子自身が証言しているように、「〔周造と〕子どもとの板ばさみ」（『九鬼隆一の研究』、三〇二頁）、もう一つには、中橋謹二が証言しているように、「中西きくえ〔祇園の福一〕と周造が親しくなって、それに姉〔縫子〕が焼餅を焼いた」（同三〇七頁）ことが原因であった。

妻縫子との離縁という事態に直面した周造は、つぎのような短歌を作っている。

憎からず思へる妻に別れぶみつきつけられてさすが惑へり
弁護士が勝手な文句かきつらね印を捺せよとわれに迫りぬ
今日までの妻よそびとになりしかな縁《えにし》たち切るふみに印おす
ふるさとも妻も子もなしわが骨は犬のくはへて行くにまかせん

触れながらまことのこころ掬みもせで別れゆくよりさびしきはなし
（『九鬼周造全集』別巻、岩波書店、一九八二年、一六三―一六五頁）

(27) 九鬼周造「巴里心景」、『九鬼周造全集』第一巻、一七四、一七五、一七八、一八五頁（順不同）。

(28) 九鬼周造「GEISHA」、『九鬼周造全集』第一巻、二四一―二四二頁、およびその訳文の「芸者」、同四五五―四五六頁参照。またこの点については、桑原武夫「九鬼先生の遊び」、『九鬼周造全集』月報九（一九九一年六月）が出色の分析を行っている。

(29) 高橋眞司『九鬼隆一の研究』、一八四頁。

(30) 日本から来た「漂泊の魂」（小浜善信）の持ち主は、一歳若い新進気鋭のドイツ哲学者に対して、深い刻印を残しており、われわれはそれをM・ハイデッガー、高田珠樹訳『言葉への対話』平凡社ライブラリー、二〇〇〇年のなかに見出すことができる。

(31) このフランス語の著作は、『九鬼周造全集』第一巻に日本語翻訳付きで収録されている。

(32) 高橋眞司『九鬼隆一研究――隆一・波津子・周造』、三〇八―三〇九頁、とくに注五を参照のこと。

(33) 三木清「我が青春」、『三木清全集』第一巻、岩波書店、一九六六年、三六四―三六五頁。

(34) 上掲書、三六六頁。

(35) 三木清「読書遍歴」、『三木清全集』第一巻、岩波書店、一九六六年、三九六頁。

(36) 前掲書、三九九―四〇〇頁。

(37) 三木清は有島武郎についてつぎのように語っている。
「有島氏はその時分京都の同志社大学にときどき来て講演をされてゐた。谷川等に誘はれて有島氏の宿を訪ねたこともある。私も一時は有島氏の熱心な読者であつた」（「読書遍歴」、四〇二頁）。

(38) 前掲書、四〇六頁。

(39) 友人の死を悼んだトレルチは、一九二二年六月二九日、「一九一四年ドイツ協会」で、「暗殺された友、ヴァルター・ラーテナウ」という記念講演を行っている。E・トレルチ、西村貞二訳『ドイツ精神と西欧』

筑摩書房、一九七〇年、二七〇―二七六頁参照。

(40) 三木清「読書遍歴」、前掲書、四一三頁。

(41) Cf. Wolfgang Seifert (Hrsg.), *Japanische Studenten in Heidelberg – ein Aspekt der deutsch-japanischen Wissenschaftsbeziehungen in den 1920er Jahren* (Archiv und Museum der Universität Heidelberg Schriften 19 herausgegeben von Werner Moritz) (Heidelberg: Verlag Regionalkultur, 2013).

(42) 三木清「読書遍歴」、四一四頁参照。

(43) 前掲書、四一八頁。

(44) 三木清「ハイデッゲル教授の想ひ出」、『三木清全集』第十七巻、岩波書店、一九六八年、二七四頁。

(45) ここに紹介した三木清の留学中の書簡は、『三木清全集』第十九巻、二一九―三〇九頁に収録されている。

(46) 竹田篤司『物語「京都学派」』、九三―一〇〇頁参照。

(47) 山田宗睦『昭和の精神史――京都学派の哲学』人文書院、一九七五年、一二五―一三〇頁参照。

(48) 安倍能成『岩波茂雄伝』岩波書店、一九五七年、一六六―一六七頁。

(49) エーバーハルト・ブッシュ、小川圭治訳『カール・バルトの生涯』新教出版社、一九八九年、二六三―二六五頁、およびヴィルヘルム&マリオン・パウク、田丸徳善訳『パウル・ティリッヒ　1生涯』ヨルダン社、一九七九年、一一一―一二〇頁参照。

(50) Cf. Reinhold Niebuhr, *The Nature and Destiny of Man: A Christian Interpretation*, vol. 1: *Human Nature* (New York: Charles Scribner's Sons, 1941), 169-240.

(51) ヘーゲルもリッカートも非常に自尊心が強く、同僚や学生に対する奢り高ぶった態度がしばしば指摘されている。ハイデッガーに関しては、ハンナ・アーレントとの不倫関係の問題と、フライブルク大学長時代のナチズムへの加担問題とが、大きな論議を呼んだことは記憶に新しい。ヴィクトル・ファリアス、山本尤訳『ハイデガーとナチズム』名古屋大学出版会、一九九〇年、およびエルジビェータ・エティンガー、大島かおり訳『アーレントとハイデガー』みすず書房、一九九六年参照。

(52) 敬虔なキリスト者の家庭に育ったオリゲネスが、「マタイによる福音書」第五章二十八―二十九節の聖句を字義通りに受け取って、自ら去勢して閹人となったというのは有名な話である。エウセビオス、秦剛平訳『教会史』第二巻、一九八七年、一六二頁参照。

第十二話　有賀鐵太郎と郷司浩平

(1) 安酸敏眞「遠い日の語らい」『本のひろば』第六一三号（二〇〇九年九月四日）、一頁参照。
(2) 有賀鐵太郎「ひとつの回想――父と私」『同志社時報』第十五号（一九六五年）、五五頁。
(3) 有賀鐵太郎、前掲書、五五―五六頁。北一輝は明治末期から大正初期にかけて文八郎と交流があり、有賀邸をしばしば訪問していたので、鐵太郎とも親しくしていた。
(4) 有賀鐵太郎『歩みは光のうちに』（永眠記念版）、私家本、一九三―一九四頁。
(5) 浅野順一「六十年来の交友」『有賀鐵太郎著作集』第一巻、月報一、一―二頁。
(6) 有賀鐵太郎「ひとつの回想――父と私」、五七頁。
(7) 四戸潤弥「アフマド有賀文八郎（阿馬土）――日本におけるイスラーム法学の先駆者としての位置づけ」『宗教研究』三四一（第七十八巻第二輯）、二〇〇四年、三〇四―三一三頁。
(8) 有賀文八郎『日本に於けるイスラム教』東方書院、一九三五年、一―二頁。
(9) 有賀鐵太郎は一九三〇年（昭和五年）に同志社大学教授になり、初代の神学部長に就任している。
(10) 有賀鐵太郎『有賀鐵太郎著作集』第五巻『信仰・歴史・実践』創文社、一九八一年、二二七頁。
(11) Cf. https://clio.columbia.edu/catalog/4717921. なお、有賀は英語の修士論文に手を入れて、「近世におけるキリスト教本質論の沿革と問題――トレルチ研究の序論として」と「トレルチにおけるキリスト教本質論」として、『基督教研究』に発表している。この二篇の論文は現在では『有賀鐵太郎著作集』第五巻に収録されている。

（12） 有賀鐵太郎「故魚木忠一博士略歴」『基督教研究』第二十八号三―四（一九五五年）、二頁。
（13） Cf. *Union Theological Seminary Allumni Catalogue 1836-1947*, ed. Harold H. Tryon (New York: Union Theological Seminary, 1948), 228, 231.
（14） 有賀鐵太郎「米国に於ける学生生活――II」『同志社新報』第三十号（昭和一二年五月一五日）、第五面。有賀はここで、アメリカのセメスター制の大学では、秋学期は九月末から、春学期は二月から開始すると述べているが、筆者の経験では、現在は半月かひと月くらい前倒しになっていると思う。
（15） 有賀はユニオン神学校からS.T.M.とTh.D.を取得したが、両方の学位ともマッギファートのリーダーシップの下で誕生したものである。前者はB.D.ののち一年間の大学院での勉学を終えた者に授与され、後者は厳格な語学試験、最低三年間の大学院在籍、および内容のある刊行物を必須条件として授与された。Cf. Robert T. Handy, *A History of Union Theological Seminary in New York* (New York: Columbia University Press, 1987), 152.
（16） 昭和二三年一一月一日付の波多野精一の田中秀央宛の書簡、『波多野精一全集』第六巻、岩波書店、一九六九年、三八七頁。
（17） 若干敷衍しておけば、有賀の恩師マッギファートはハルナックの弟子であり、のちにユニオン神学校でマッギファートの跡を継ぐヴィルヘルム・パウクは、ベルリン大学におけるハルナックとトレルチの弟子であった。そのパウクがユニオン退職後に、そこでの弟子ジャック・フォーストマンと一緒に作ったのが、筆者が留学したヴァンダービルト大学大学院の「キリスト教思想史」（History of Christian Thought）の講座であり、フォーストマンは筆者の博士論文の指導教授の一人であった。こうして、筆者は期せずして有賀やマッギファート、さらにハルナックやトレルチの学統の末席を汚す者との自覚をもつに至ったのである。
（18） "Union Theological Seminary Archives 1: Arthur Cushman McGiffert, Sr. Papers, 1880-1926." The Burke Library Archives, Columbia University Libraries, Union Theological Seminary, New York.
（19） Harry Emerson Fosdick, "Teacher and Friend," in *In Memoriam. Arthur Cushman McGiffert 1861-1933*,

Alumni Bulletin of Union Theological Seminary, vol IX, no. 1 (October, 1933), 11.

(20) 有賀鐵太郎『歩みはひかりのうちに』(永眠記念版) 日本基督教団出版局、一九七七年、三〇四―三一四頁。

(21) マッキントシュは *Types of Modern Theology: Schleiermacher to Barth* (London: Nisbet and Co., 1937) の著者としてのみならず、シュライアマハーの『信仰論』の英訳書 *The Christian Faith* (Edinburgh: T. & T. Clark, 1928) の監訳者としても名高い。

(22) 郷司慥爾編『日本基督白金教會十五年史』日本基督白金教會、一九三四年参照。

(23) 田口英爾「郷司浩平伝」、郷司浩平、田口英爾編『郷司浩平・生産性とともに』日本生産性本部、一九九〇年、二〇七頁。

(24) 平林武雄「青春伝説」、郷司浩平追悼集刊行会『追悼・郷司浩平』日本生産性本部、一九九〇年、一八〇―一八二頁。

(25) 森鷗外「槌一下」『鷗外全集』第十巻、岩波書店、一九七二年、一一四頁。

(26) 前掲書、一一五頁。

(27) 雷鳥社編集部編『わが道をゆく・人生随談』雷鳥社、一九七四年、一二〇頁。

(28) この書簡は、田口英爾「郷司浩平伝」、郷司浩平、田口英爾編『郷司浩平・生産性とともに』日本生産性本部、一九九〇年、二三五―二三七頁に全文引用してあるが、ここではその一部を抜粋して紹介した。ここには、のちに日本経済同友会を立ち上げ、日本生産性本部を設立するに至る郷司浩平の人間性と眼識が、驚くべき明瞭さで示されている。

(29) 田口英爾「郷司浩平伝」、二四〇頁。

(30) 郷司浩平「私の転機――大暴落のウォール街で」『朝日新聞』一九八一年三月一七日夕刊。『郷司浩平・生産性とともに』、一八四―一八六頁に再録。

(31) 郷司浩平「財界の〝司祭役〟」『讀賣新聞』一九八二年六月八日夕刊。

（32）田口英爾「郷司浩平伝」、二四一頁。
（33）雷鳥社編集部編『わが道をゆく・人生随談』、一二一頁。但し、ファーストネームが「ラインハルト」と間違っている。
（34）ニーバーの文献目録（D. B. Robertson, *Reinhold Niebuhr's Works: A Bibliography*, Boston, 1979）にも、彼の伝記（Richard Fox, *Reinhold Niebuhr: A Biography*, New York, 1985）にも、彼がウォール街の株価暴落の出来事に衝撃を受けたことを窺わせるものは一切含まれていない。
（35）郷司浩平『文明の片隅から』東京書房、一九六〇年、三六二頁。
（36）郷司浩平「フォー・アザーズ（人のために）」『宗教新聞』昭和五七年一一月一日、第四面。
（37）郷司浩平「曖昧さをバネに伸びた日本の生産性」、『郷司浩平・生産性とともに』、八六頁。
（38）郷司浩平『文明の片隅から』、一三七頁、および雷鳥社編集部編『わが道をゆく・人生随談』、一三一頁参照。

第十三話　武田清子と鶴見俊輔

（1）武田清子『出逢い——人、国、その思想』キリスト新聞社、二〇〇九年、一四頁。
（2）前掲書、一五頁。
（3）前掲書、二六頁。
（4）前掲書、三〇頁。
（5）武田清子『わたしたちと世界——人を知り国を知る』岩波ジュニア新書、二〇一三年、八頁。
（6）武田清子『出逢い——人、国、その思想』、三九頁。
（7）ハーツホーンはなかなか立派な学者だったようで、*The Promise of Science and Power of Faith* (The Westminster Press, 1958), *The Faith to Doubt: A Protestant Response to Criticisms of Religion* (Prentice-Hall, 1963), *Kierkegaard, Godly Deceiver: The Nature and Meaning of His Pseudonymous Writings* (Columbia

University Press, 1990), *Hartshorne Speaking Words of Hope and Meaning* (Colgate University Press, 2003) といった著作を残している。
（8） 武田清子『出逢い――人、国、その思想』、四〇頁。
（9） 前掲書、四一頁。
（10） Nathan A. Scott, Jr., “Introduction,” in *The Legacy of Reinhold Niebuhr*, ed. Nathan Scott, Jr. (Chicago: The University of Chicago Press, 1975), ix.
（11） 武田清子、前掲著、四七―四八頁。
（12） 前掲書、四八頁。
（13） 前掲書、六六頁。
（14） 武田清子『人間観の相剋――近代日本の思想とキリスト教』、二頁。
（15） 前掲書、三―五頁。
（16） 武田清子「キリスト教受容の方法とその課題――新渡戸稲造の思想をめぐって」、武田清子編『思想史の方法と対象――日本と西欧』創文社、一九六一年、二七三頁。この論文は若干の変更を加えて、武田清子『土着と背教――伝統的エトスとプロテスタント』新教出版社、一九六七年、三―六一頁に収録されている。引用箇所は同五頁。
（17） Cf. Helmut Richard Niebuhr, *Christ and Culture* (New York: Harper & Brothers, 1951). 若干敷衍しておけば、第一類型は「反文化論者」（anti-culturalists）で、その代表はテルトゥリアヌス、第二類型は「順応主義者」（accommodationists）で、その代表はリッチュルや「文化プロテスタンティズム」、第三類型は「総合主義者」（synthesists）で、その代表はトマス・アクィナス、第四類型は「二元論者」（dualists）で、その代表はルター（兄ラインホールドもここに含められる）、第五類型は「回心主義者」（conversionists）で、その代表はアウグスティヌス、カルヴァン、そしてジョナサン・エドワーズである（リチャード自身はこの類型に属する）。

(18) 武田清子「キリスト教受容の方法とその課題」、三一三頁、および『土着と背教』、五六頁。
(19) 武田清子『天皇観の相剋——一九四五年前後』(岩波同時代ライブラリー　一五四)岩波書店、一九九三年、七頁、および『出逢い』、一九九—二〇〇頁。
(20) 武田清子『出逢い』、五五—五六頁。
(21) 鶴見俊輔『思い出袋』岩波新書、二〇一〇年、一六一—一六三頁。
(22) 鶴見俊輔・黒川創『不逞老人』河出書房新社、二〇〇九年、五八頁。自分は帰らないと言っていた姉の和子が、最後には「日米交換船」に乗って帰国した動機は、「『親父がかわいそうだ』、という、それだけだった。自分がこのまま日本へ帰ってこなかったら、非国民の親ということで、親父が迫害されるだろう。彼女の動機はそれだけです。彼女は私と違って、父の娘なんですよ」。俊輔はそう語っている。鶴見俊輔・上野千鶴子・小熊英二『戦争が遺したもの——鶴見俊輔に戦後世代が聞く』新曜社、二〇〇四年、三八頁。
(23) 鶴見俊輔『期待と回想——語り下ろし伝』朝日文庫、二〇〇八年、四四二頁参照。
(24) 鶴見俊輔『思い出袋』、一八五頁。
(25) 前掲書、一八六頁。
(26) 鶴見俊輔・上野千鶴子・小熊英二『戦争が遺したもの』、三六、二〇一、二二二頁。
(27) 鶴見俊輔『思い出袋』、一八八頁。『期待と回想』によれば、「それで十日ほどして退院して教室に行ったら、英語が全部わかるんだよ。これにはおどろいた。ジキル博士とハイド氏のように、人間が変わっちゃった。……言語を一挙につかんだんだ。ぜんぜんわからないと思っていた英語が、ちゃんと自分に入ってた。その代わりに日本語がなくなった。それが三ヵ月目です」。鶴見俊輔『期待と回想』、二〇頁参照。
(28) 東郷文彦(一九一五—八五)は、鶴見祐輔同様、一高を首席で卒業したのち、東京帝国大学法学部政治学科をトップクラスで卒業。そして外務省に入省して、一九三九年(昭和一四年)、文部省在外研究員としてハーヴァード大学に留学してきた。俊輔とはすぐに親しくなり、やがて二人で、ハーヴァード大学講師に就任していた都留重人に内弟子を願い出て、一週間に二度食事をしながら教えを乞うた。東郷はのちに外務省事務次官、駐米大使などを務め、戦後外交におけるアメリカンスクール外交官の重鎮の一人となった。

(29) 鶴見俊輔『日米交換船』、二七―二八頁。

(30) 前掲書、二八―二九頁。

(31) 前掲書、三〇―三一頁。

(32) 前掲書、二九四―二九五頁参照。『期待と回想』によれば、鶴見は、自分は帝国主義戦争のどちらにも加担しない、強いて言えば、より多くアメリカの戦争目的が正しい、という趣旨の発言をし、シュレジンガーもその方向で弁護をしてくれたが、アメリカ人はアナーキストと無神論者を同一視しているために、有罪判決となったと記している。鶴見俊輔『期待と回想』、三八頁参照。

(33) 前掲書、二九五頁。

(34) 前掲書、四七―四八頁。

(35) 前掲書、二九八頁参照。

エピローグ

(1) 六草いちか『それからのエリス――いま明らかになる鷗外「舞姫」の面影』講談社、二〇一三年、八八、一〇〇頁参照。

(2) 航路は横浜―神戸―門司―香港―シンガポール―ペナン―コロンボ(スリランカ)―スエズ(エジプト)―ポートサイド(エジプト)―マルセイユ(フランス)―ロンドン(イギリス)―アントウェルペン[アントワープ](ベルギー)。

(3) 「明治~平成　値段史」(http://homepage3.nifty.com/~sirakawa/Coin/J077.htm) 参照。なお、一八九五年の時点では、京都帝国大学すらまだ存在しておらず、東京の帝国大学のみが大学だったので、「大卒」といっても今とはまったく異なることに要注意。

(4) ゲーテ、大山定一訳『ゲーテ格言集』、小牧健夫編『ゲーテ全集』第十一巻、人文書院、一九六一年、一六四頁。

（5）　Ernst Troeltsch, *Der Historismus und seine Probleme* (Tübingen: J. C. B. Mohr [Paul Siebeck], 1922), 170. トレルチ、近藤勝彦訳『歴史主義とその諸問題』上巻（『トレルチ著作集』第四巻）ヨルダン社、一九八〇年、二五五頁。

（6）　拙著 *Ernst Troeltsch: Systematic Theologian of Radical Historicality* (Atlanta: Scholars Press, 1986; Oxford & New York: Oxford University Press, 2000)、および *Lessing's Philosophy of Religion and the German Enlightenment* (New York: Oxford University Press, 2002) 参照。

# 参考文献

## プロローグ

東野治之『遣唐使』岩波新書、二〇〇七年。

森公章『遣唐使の光芒――東アジアの歴史の使者』角川選書、二〇一〇年。

手塚晃・国立教育会館編『幕末明治海外渡航者総覧』全三巻、柏書房、一九九二年。

富田仁『新訂増補　海を越えた日本人名事典』日外アソシエーツ、二〇〇五年。

石附実『近代日本の海外留学史』中公文庫、一九九二年。

渡辺實『近代日本海外留学生史』全二巻、講談社、一九七七―七八年。

福田秀一『文人学者の留学日記』武蔵野書院、二〇〇七年。

厳安生『日本留学精神史――近代中国知識人の軌跡』岩波書店、一九九一年。

森川潤『明治期のドイツ留学――ドイツ大学日本人学籍登録者の研究』（広島修道大学学術選書46）雄松堂出版、二〇〇九年。

金井圓・吉見周子編著『わが父はお雇い外国人』合同出版、一九七八年。

F・W・グラーフ、安酸敏眞監訳『キリスト教の主要神学者　下』教文館、二〇一四年。

粕谷一希『歴史をどう見るか――名編集者が語る日本近現代史』藤原書店、二〇一二年。

## 第一話　福沢諭吉と西周

〈福沢諭吉〉

福沢諭吉『福沢諭吉全集』全二十一巻・別巻一、岩波書店、一九六九—七一年。

福沢諭吉『学問のすゝめ』岩波文庫、一九四二年。

福沢諭吉『新訂　福翁自伝』岩波文庫、一九七八年。

会田倉吉『福沢諭吉』（人物叢書）吉川弘文館、一九八五年。


〈西周〉

西周『西周全集』全四巻、宗高書房、一九八一年。

森鷗外「西周傳」、『鷗外全集』第三巻、岩波書店、一九七二年、四五—一三六頁。

清水多吉『西周——兵馬の権はいずこにありや』ミネルヴァ書房、二〇一〇年。

高坂史朗「新しい世界を求めて——西周とオランダとの出会い」、島根県立大学西周研究会編『西周と日本の近代』ペリカン社、二〇〇五年、四四—七二頁。

津田道治『津田眞道』東京閣、一九四〇年。

大久保利謙編『津田真道——研究と伝記』みすず書房、一九九七年。

渡邊與五郎『シモン・フィッセリング研究』文化書房博文社、一九八五年。

ヨハン・ホイジンガ、栗原福也訳『レンブラントの世紀——十七世紀ネーデルラント文化の概観』創文社、一九六八年。

松本健一『山本覚馬——付・西周『百一新論』』中公文庫、二〇一三年。

守部喜雅『聖書を読んだサムライたち——もうひとつの幕末維新史』いのちのことば社、二〇一〇年。

## 第二話　森有礼と新島襄

〈森有礼〉

大久保利謙編『森有禮全集』全三巻、宣文堂書店、一九七二年。

犬塚孝明『薩摩藩英国留学生』中公新書、一九七四年。

犬塚孝明『若き森有礼――東と西の狭間で』ＫＴＳ鹿児島テレビ、一九八三年。

犬塚孝明『森有礼』（人物叢書、新装版）吉川弘文堂、一九八六年。

犬塚孝明・石黒敬章『明治の若き群像―森有礼旧蔵アルバム』平凡社、二〇〇六年。

井上勝也『国家と教育――森有礼と新島襄の比較研究』晃洋書房、二〇〇〇年。

〈新島襄〉

新島襄全集編集委員会編『新島襄全集』全十巻十一冊、同朋舎出版、一九八三―九六年。

同志社編『新島襄の手紙』岩波文庫、二〇〇五年。

同志社編『新島襄 教育宗教論集』岩波文庫、二〇一〇年。

同志社編『新島襄自伝――手記・紀行文・日記』岩波文庫、二〇一三年。

新島襄『わが若き日――決死の日本脱出記』毎日ワンズ、二〇一三年。

鑓田研一編『新島襄――わが人生（人間の記録）』日本図書センター、二〇〇四年。

*Biographical Record of the Alumni of Amherst College, during Its First Half Century 1821-1871*. Edited by W. L. Montague, with an Introduction by Professor W. S. Tyler/ Amherst, Mass.: Press of J. E. William, 1888.

逢坂信忢『黒田清隆とホーレス・ケプロン――北海道開拓の二大恩人―その生涯とその事蹟』北海タイムス社、一九六二年。

天野郁夫『大学の誕生』全二巻、中公新書、二〇〇九年。

F・ルドルフ、阿部美哉・阿部温子訳『アメリカ大学史』玉川大学出版部、二〇〇三年。

## 第三話　日本初の女子留学生――山川捨松、永井繁子、津田梅子

〈山川（大山）捨松〉


寺沢龍『明治の女子留学生――最初に海を渡った五人の少女』平凡社新書、二〇〇九年。

久野明子『鹿鳴館の貴婦人　大山捨松――日本初の女子留学生』中公文庫、一九九三年。

中村彰彦『山川家の兄弟――浩と健次郎』（人物文庫）学陽書房、二〇〇五年。

星亮一『明治を生きた会津人 山川健次郎の生涯――白虎隊士から帝大総長へ』ちくま文庫、二〇〇七年。


〈永井（瓜生）繁子〉

生田澄江『瓜生繁子――もう一人の女子留学生』文藝春秋企画出版部、二〇〇九年。

〈津田梅子〉


吉川利一『津田梅子』中公文庫、一九九〇年。

古木宜志子『津田梅子』（Century Books―人と思想）清水書院、一九九二年。

津田塾大学編『津田梅子文書』津田塾大学、一九八〇年。

亀田帛子『津田梅子――ひとりの名教師の軌跡』双文社出版、二〇〇四年。

高橋裕子『津田梅子の社会史』玉川大学出版部、二〇〇二年。

板垣英憲『鳩山家の使命――民主党・鳩山由紀夫の夢と構想』サンガ新書、二〇〇八年。

第四話　北海トリオ――新渡戸稲造、内村鑑三、宮部金吾

〈新渡戸稲造〉

新渡戸稲造『新渡戸稲造全集』全二十三巻・別巻一、教文館、一九八三―八七年。

新渡戸稲造『武士道』岩波文庫、二〇〇七年。

鈴木範久『新渡戸稲造論集』岩波文庫、二〇〇七年。

新渡戸稲造『東西相触れて』タチバナ教養文庫、二〇〇二年
須知徳平『新渡戸稲造の生涯』熊谷印刷出版部、一九八三年。

加藤武子・寺田正義『マイグランパ新渡戸稲造――ただ一人の生き証人が語る』朝日出版、二〇一四年。

〈内村鑑三〉

内村鑑三『内村鑑三全集』全四十巻、岩波書店、一九八〇―八四年。

山本泰次郎編『内村鑑三日記書簡全集』全八巻、教文館、一九六四年。

内村鑑三『余は如何にして基督信徒となりし乎』岩波文庫、一九五八年。

内村鑑三『代表的日本人』岩波文庫、一九九五年。

新保祐司編『内村鑑三　一八六一―一九三〇』（別冊『環』一八）藤原書店、二〇一一年。

鈴木範久『内村鑑三』岩波新書、一九八四年。

鈴木範久『内村鑑三の人と思想』岩波書店、二〇一二年。

関根正雄『内村鑑三』（Century-Books―人と思想）清水書院、新装版、二〇一四年。

富岡幸一郎『内村鑑三』中公文庫、二〇一四年。

〈宮部金吾〉

宮部金吾博士記念出版刊行会編『宮部金吾』（伝記叢書232）大空社、一九九六年。

秋月俊幸編『書簡集からみた宮部金吾――ある植物学者の生涯』北海道大学出版会、二〇一〇年。

藤田正一『日本のオールタナティブ――クラーク博士が種を蒔き、北大の前身・札幌農学校で育まれた清き精神』銀の鈴社、二〇一三年。

## 第五話　北里柴三郎と森鷗外

〈北里柴三郎〉


宮崎幹之助編『北里柴三郎伝』（北里学園創立二十五周年記念復刻版）北里研究所、一九八七年。

砂川幸雄『北里柴三郎の生涯――第一回ノーベル賞候補』NTT出版、二〇〇三年。

福田眞人『北里柴三郎――熱と誠があれば』（ミネルヴァ日本評伝選）ミネルヴァ書房、二〇〇八年。


〈森鷗外〉


森鷗外『森鷗外全集』全三十八巻、岩波書店、一九七一―七五年。

森鷗外『舞姫・うたかたの記　他三篇』岩波文庫、一九八一年。

森鷗外、井上靖訳『現代語訳　舞姫』ちくま文庫、二〇〇六年。

小堀杏奴『晩年の父』岩波文庫、一九八一年。

小金井喜美子『鷗外の思い出』岩波文庫、一九九九年。

小金井喜美子『森鷗外の系族』岩波文庫、二〇〇一年。

山崎一穎『森鷗外　明治人の生き方』ちくま新書、二〇〇〇年。

小堀桂一郎『森鷗外――日本はまだ普請中だ』ミネルヴァ書房、二〇一三年。

中井義幸『鷗外留学始末』岩波書店、一九九九年。

森千里『鴎外と脚気――曾祖父の足あとを訪ねて』ＮＴＴ出版、二〇一三年。

山崎光男『明治二十一年六月三日―鷗外「ベルリン写真」の謎を解く』講談社、二〇一二年。

山崎一穎監修『森鷗外　近代文学界の傑人（生誕一五〇年記念）』（別冊太陽　日本のこころ193）平凡社、二〇一二年。

六草いちか『鷗外の恋――舞姫エリスの真実』講談社、二〇一一年。

六草いちか『それからのエリス――いま明らかになる鷗外「舞姫」の面影』講談社、二〇一三年。

清田文武編『森鷗外『舞姫』を読む』勉誠出版、二〇一三年。

西川弘子『松岡壽先生』（復刻版）、中央公論美術出版、一九九五年。

相沢英二郎「西周男と鷗外博士」『心の花』第三〇巻第六号、四七頁。


安倍能成『我が生ひ立ち――自叙伝』岩波書店、一九六六年。

## 第六話　夏目漱石と芳賀矢一

〈夏目漱石〉


夏目漱石『漱石全集』全二十八巻・別巻一、岩波書店、一九九三―九六年。

三好行雄編『漱石文明論集』岩波文庫、一九八六年。

夏目漱石『倫敦塔・幻影の盾　他五篇』岩波文庫、一九九〇年。

塚本利明『増補版　漱石と英国――留学体験と創作との間』彩流社、一九九九年。

福田秀一『文人学者の留学日記』武蔵野書院、二〇〇七年、一―七五頁。

小宮豊隆『夏目漱石（中）』岩波文庫、一九八七年。

山本順二『漱石のパリ日記――ベル・エポックの一週間』彩流社、二〇一三年。

〈芳賀矢一〉

芳賀矢一選集編集委員会編『芳賀矢一選集』全七巻、学校法人国学院、一九八二―九二年。

芳賀矢一『芳賀矢一文集』冨山房、一九三六年。

福田秀一『文人学者の留学日記』武蔵野書院、二〇〇七年、一―七五頁。

Boeckh, August. *Encyklopädie und Methodologie der philologischen Wissenschaften.* Herausgegeben von Ernst Bratuscheck. Zweite Auflage besorgt von Rudolf Klussmann. Leipzig: Druck und Verlag von B. G. Teubner, 1886.
〔A・ベーク、安酸敏眞訳『解釈学と批判――古典文献学の精髄』知泉書館、二〇一四年〕

## 第七話　有島武郎と寺田寅彦

〈有島武郎〉

有島武郎『有島武郎全集』全十五巻・別巻一、筑摩書房、一九八〇―八八年。

遠藤祐編『有島武郎』（新潮日本文学アルバム）新潮社、一九八四年。

有島記念館編『有島武郎と北海道』アイワード、二〇〇二年。

亀井俊介『有島武郎』（ミネルヴァ日本評伝選）ミネルヴァ書房、二〇一三年。

尾西康充『『或る女』とアメリカ体験――有島武郎の理想と叛逆』岩波書店、二〇一二年。

〈寺田寅彦〉

寺田寅彦『寺田寅彦全集』全三十巻、岩波書店、一九九六年。

寺田寅彦『寺田寅彦全随筆』全六巻、岩波書店、一九九一―九二年。

大森一彦編『寺田寅彦』(人物書誌大系36)日外アソシエーツ、二〇〇五年。

福田秀一『文人学者の留学日記』武蔵野書院、二〇〇七年、一三五—一九三頁。

髙辻玲子『ゲッティンゲンの余光——寺田寅彦と髙辻亮一のドイツ留学』中央公論事業出版、二〇一一年。

中谷宇吉郎『寺田寅彦　わが師の追想』講談社学術文庫、二〇一四年。

### 第八話　原勝郎と西田直二郎

〈原勝郎〉


原勝郎『西洋中世史概説・宗教改革史』同文館、一九三一年。

原勝郎『日本中世史』(東洋文庫146)平凡社、一九六九年。

原勝郎、中山理訳『原勝郎博士の「日本通史」』祥伝社、二〇一四年。

Hara, Katsuro. *An Introduction to the History of Japan.* New York & London: G. P. Putnam's Sons, 1920.

坂口昂「吾がデルブリュック」『藝文』(京都文学会)第十五号の三、五七—六二頁。

濱田青陵「故博士の事ども」『藝文』(京都文学会)第十五号の三、六三—六八頁。

新村出「原博士の追懐」『藝文』(京都文学会)第十五号の三、六八—七五頁。

彙報　那波利貞「文學部長原勝郎博士訃」『藝文』(京都文学会)第十五号の三、七五—七九頁。

彙報　狩野直喜「故原勝郎博士追悼會」『藝文』(京都文学会)第十五号の四、六九—七〇頁。

谷本梨庵「原勝郎君を偲ぶ」『藝文』(京都文学会)第十五号の七、五一—五五頁。

永原慶二・鹿野政直編『日本の歴史家』日本評論社、一九七六年。

今谷明他編『20世紀の歴史家たち(1)日本編 上』(刀水歴史全書)刀水書房、一九九七年。

山内昌之『歴史学の名著三〇』ちくま新書、二〇〇七年。

渡部昇一『名著で読む日本史』育鵬社、二〇一四年。

〈西田直二郎〉

西田直二郎『日本文化史序説』全三巻、講談社学術文庫、一九七八年。

西田直二郎「史学科の開講」『京都帝国大学文学部三十年史』二一八―二二一頁。

西田直二郎「史学科創設のころの歴史学を思う」、京都大学文學部『京都大学文学部五十年史』四五七―四六四頁。

西田直二郎「序」、池田源太『歴史の始源と口誦伝承』綜芸舍、一九五六年、一―二頁。

西田円我編『しのび草』私家版、一九七六年。

『京都大学文学部の百年』京都大学大学院文学研究科・文学部、二〇〇六年。

柴田實「西田直二郎　日本文化史論」『日本文化史大系10』講談社、一九七八年、一一一―一七六頁。

斉藤利彦「西田直二郎とヨーロッパ留学」『佛教大学宗教文化ミュージアム研究紀要』第五号（二〇〇九）、二五一―五七頁。

内藤湖南『東洋文化史』（中公バックスＪ22）中央公論新社、二〇〇四年。

内田銀蔵『史学理論』同文社、一九二二年。

『京都帝国大学文学部三十年史』京都帝国大学文学部、一九三五年。

『京都大学文學部五十年史』京都大学文学部、一九五六年。

## 第九話　波多野精一と石原謙

〈波多野精一〉

波多野精一『波多野精一全集』全五巻、岩波書店、一九六八―六九年。

石原謙・田中美知太郎・片山正直・松村克己『宗教と哲学の根本にあるもの』岩波書店、一九五四年。

『哲学研究』第一〇六号（第三十五号第八冊）「波多野精一博士追悼号」京都哲学会、一九五二年三月。

松村克己・小原國芳編『追憶の波多野精一先生』玉川大学出版部、一九七〇年。

松村克己「波多野精一の哲学」（京大哲学の源泉七）『京大学生新聞』第十一号（昭和四九年二月二〇日）、第二面。

新保祐二「波多野精一論序説――上よりの垂直線」『批評の測鉛』、構想社、一九九二年、一一―四九頁。

安酸敏眞「村岡典嗣と波多野精一―響応する二つの「学問的精神」」『人文論集』（北海学園大学）第三十九号（二〇〇八年三月）、一九九―二三八頁。

高橋洋二編『早稲田百人』（別冊太陽　日本の心29）平凡社、一九七九年。

Hatano, Seiichi. "Anmeldung für das Winter=Semester 1904/05, den 17 Okt. 1904." Universitätsarchiv Heidelberg.

Großherzoglich Badische Universität Heidelberg. "Studien- und Sittenzeugnis." Universitätsarchiv Heidelberg.

〈石原謙〉

石原謙『石原謙著作集』全十一巻、岩波書店、一九七八―七九年。
有賀鐵太郎「石原健博士追辞――偉大なる先達として」『日本の神学』（日本基督教学会編）第十六号（一九七七年）、一一―一三頁。
Renz, Horst (Hrsg.). *Troeltsch-Studien*. Band 2: *Ernst Troeltsch zwischen Heidelberg und Berlin*. Gütersloh: Gütersloher Verlagshaus, 2001.
Troeltsch, Ernst. *Kritische Gesamtausgabe*. Bd. 19: *Briefe II (1894-1904)*. Herausgegeben von Friedrich Wilhelm Graf in Zusammenarbeit mit Harald Haury. Berlin & New York: De Gruyter, 2014.

Mildenberger, Friedrich. *Geschichte der deutschen evangelischen Theologie im 19. und 20. Jahrhundert.* Stuttgart: Verlag W. Kohlhammer, 1981.

## 第十話　村岡典嗣と阿部次郎

〈村岡典嗣〉


村岡典嗣『日本思想史研究』全四巻、岩波書店、一九七五年。

村岡典嗣『日本思想史研究Ⅰ-Ⅴ』全五巻、創文社、一九五六—六二年。

村岡典嗣「伯林より」『心の花』第二十六巻第十号（大正一一年一〇月）、六一—六二頁。

村岡典嗣「ドレスデンより」『心の花』第二十七巻第四号（大正一二年四月）、一六五—一六六頁。

村岡典嗣「倫敦より」『心の花』第二十八巻第一号（大正一三年一月）、七三頁。

吹田順助「永遠の青年——故村岡典嗣君を憶ふ」『随筆』（矢代書店）昭和二一年一一・一二月合併号、六一—六六頁。

吹田順助「村岡典嗣君を憶ふ——覚え書き風に」、『民間伝承』改題『学芸手帖』第二号（一九五七年六月）、二二一—三三一頁。

村岡哲「村岡典嗣」『史想・随筆・回想』太陽出版、一九八八年。

村岡哲「八十余年の回顧」『続　史想・随筆・回想』太陽出版、一九九八年。

前田勉「解説——日本思想史学の生誕」、村岡典嗣『新編　日本思想史研究——村岡典嗣論文選』平凡社、二〇〇四年、四一三—四四三頁。

池上隆史「村岡典嗣年譜——東北帝国大学文化史学第一講座着任から日本史学会成立まで（上・下）」『年報日本思想史』第二・三号（二〇〇三・四年）。

安酸敏眞「村岡典嗣と波多野精一——響応する二つの「学問的精神」」『人文論集』（北海学園大学）第三十九号（二〇〇八年三月）、一九九—二三八頁。

『季刊　日本思想史』第六十三号「特集——日本思想史学の誕生：津田・村岡・和辻」ぺりかん社、二〇〇三年。

『季刊　日本思想史』第七十四号「特集——村岡典嗣：新資料の紹介と展望」ぺりかん社、二〇〇九年。

〈阿部次郎〉

阿部次郎『游欧雑記　独逸之巻』改造社、一九三三年。

新関岳雄『光と影　ある阿部次郎伝』三省堂、一九六九年。

北住敏夫『阿部次郎と斉藤茂吉』全二巻、桜楓社、一九八四年。

吹田順助『旅人の夜の歌——自伝』講談社、一九五九年。

## 第十一話　九鬼周造と三木清

〈九鬼周造〉

九鬼周造『九鬼周造全集』全十二巻、岩波書店、一九八一—八二年。

九鬼周造『偶然性の問題・文芸論』（京都哲学撰書　五）燈影社、二〇〇〇年。

九鬼周造『エッセイ・文学概論』（京都哲学撰書　三〇）燈影社、二〇〇三年。

田中久文『九鬼周造——偶然と自然』ぺりかん社、二〇〇一年。

粕谷一希『反時代的思索者——唐木順三とその周辺』藤原書店、二〇〇五年。

粕谷一希「九鬼周造」、『粕谷一希随筆集　Ⅱ　歴史散策』藤原書店、二〇一四年、三一四—三六〇頁。

〈三木清〉

三木清『三木清全集』全十九巻、岩波書店、一九六六―六八年。

三木清『パスカル・親鸞』（京都哲学撰書第二巻）燈影社、一九九九年。

三木清『想像する構想力』（京都哲学撰書第一八巻）燈影社、二〇〇一年。

赤松常弘『三木清――哲学的思索の軌跡』ミネルヴァ書房、一九九四年。

安倍能成『岩波茂雄伝』岩波書店、一九五七年。

粕谷一希「三木清覚え書」、『粕谷一希随筆集　II　歴史散策』藤原書店、二〇一四年、三〇六―三一三頁。


竹田篤司『物語「京都学派」』中央公論社、二〇〇一年。

山田宗睦『昭和の精神史――京都学派の哲学』人文書院、一九七五年。

E・トレルチ、西村貞二訳『ドイツ精神と西欧』筑摩書房、一九七〇年。

エーバーハルト・ブッシュ、小川圭治訳『カール・バルトの生涯』新教出版社、一九八九年。

ヴィルヘルム&マリオン・パウク、田丸徳善訳『パウル・ティリッヒ　1生涯』ヨルダン社、一九七九年。

ヴィクトル・ファリアス、山本尤訳『ハイデガーとナチズム』名古屋大学出版会、一九九〇年。

エルジビエータ・エティンガー、大島かおり訳『アーレントとハイデガー』みすず書房、一九九六年参照。

エウセビオス、秦剛平訳『教会史』第二巻、一九八七年。

Niebuhr, Reinhold. *The Nature and Destiny of Man: A Christian Interpretation*, 2 vols. New York: Charles Scribner's Sons, 1941-43.

Seifert, Wolfgang (Hrsg.). *Japanische Studenten in Heidelberg – ein Aspekt der deutsch-japanischen Wissenschaftsbeziehungen in den 1920er Jahren* (Archiv und Museum der Universität Heidelberg Schriften 19 herausgegeben von Werner Moritz). Heidelberg: Verlag Regionalkultur, 2013.

## 第十二話　有賀鐵太郎と郷司浩平

〈有賀鐵太郎〉

有賀鐵太郎『有賀鐵太郎著作集』全五巻、創文社、一九八一年。

有賀鐵太郎『歩みは光のうちに』日本基督教団出版局、一九七七年。

有賀鐵太郎「ひとつの回想――父と私」『同志社時報』第十五号（一九六五年）、五四―五七頁。

浅野順一「六十年来の交友」『有賀鐵太郎著作集月報Ⅰ』創文社（一九七七年一二月「光によって光を」と題されてなされた説教より「有賀先生の思い出」部分を抜粋）、一九八一年。

武藤一雄「有賀鐵太郎先生追悼」『日本の神学』（日本基督教学会編）第十七号（一九七八年）、九―一二頁。

水垣渉「故有賀鐵太郎先生の学問的道程」『日本の神学』（日本基督教学会編）第十七号（一九七八年）、一三―二二頁。

安酸敏眞「トレルチと「キリスト教学」の理念」『基督教学研究』第二十五号（二〇〇五年）、一九一―二一二頁。

〈郷司浩平〉

郷司浩平『文明の片隅から』東京書房、一九六〇年。

郷司浩平『ＭＩＳ革命――経営戦略の新武装』講談社、一九六八年。

生産性運動三〇周年記念『郷司浩平画集』日本生産性本部、一九八六年。

日本生産性本部郷司浩平追悼集刊行会『追悼・郷司浩平』日本生産性本部、一九九〇年。

田口英爾編『郷司浩平・生産性とともに〈付・郷司浩平伝〉』日本生産性本部、一九九〇年。

田口英爾「生産性とともに――郷司浩平伝」『生産性新聞』（平成八年一〇月五日号―平成一〇年五月一五日号）、日本生産性本部、一九九六―九八年。

中山伊知郎・郷司浩平ほか『わが道をゆく――人生談義』雷鳥社、一九七四年。

安酸敏眞「遠い日の語らい」『本のひろば』第六百十一号（二〇〇九年三月）、一頁。

郷司慥爾編『日本基督白金教會十五年史』日本基督白金教會、一九三四年。

Handy, Robert T. *A History of Union Theological Seminary in New York*. Columbia University Press, 1987.
*In Memoriam. Arthur Cushman McGiffert 1861-1933*. Alumni Bulletin of Union Theological Seminary New York City Vol. IX, No. 1 (October, 1933).
*Union Theological Seminary Allumni Catalogue 1836-1947*. Edited by Harold H. Tryon. New York: Union Theological Seminary, 1948.
"Union Theological Seminary Archives 1: Arthur Cushman McGiffert, Sr. Papers, 1880-1926." The Burke Library Archives, Columbia University Libraries, Union Theological Seminary, New York.
Robertson, D. B. *Reinhold Niebuhr's Works: A Bibliography*. Boston: G. K. Hall, 1979.
Fox, Richard. *Reinhold Niebuhr: A Biography*, New York: Pantheon Books, 1985.

### 第十三話　鶴見俊輔と武田清子

〈武田清子〉


武田清子『人間・社會・歴史――ニーバーの人と思想』（フォルミカ選書）創文社、一九五三年。

武田清子『人間観の相剋――近代日本の思想とキリスト教』弘文堂、一九五九年。

武田清子編『思想史の方法と対象――日本と西欧』創文社、一九六一年。

武田清子『土着と背教――伝統的エトスとプロテスタント』新教出版社、一九六七年。

武田清子『背教者の系譜――日本人とキリスト教』岩波新書、一九七三年。

武田清子編『日本文化のかくれた形』（同時代ライブラリー84）岩波書店、一九九一年。

武田清子『天皇観の相剋——一九四五年前後』（同時代ライブラリー154）岩波書店、一九九三年。

武田清子『私の敬愛する人びと——考え方と生き方』近代文芸社、一九九七年。

武田清子『出逢い——人、国、その思想』キリスト新聞社、二〇〇九年。

武田清子『わたしたちと世界——人を知り国を知る』岩波ジュニア新書、二〇一三年。

〈鶴見俊輔〉

鶴見俊輔・上野千鶴子・小熊英二『戦争が遺したもの——鶴見俊輔に戦後世代が聞く』新曜社、二〇〇四年。

鶴見俊輔・加藤典洋・黒川創『日米交換船』新潮社、二〇〇六年。

鶴見俊輔『期待と回想——語り下ろし伝』朝日文庫、二〇〇八年。

鶴見俊輔・上野千鶴子『不逞老人』河出書房新社、二〇〇九年。

鶴見俊輔『思い出袋』岩波新書、二〇一〇年。

粕谷一希「鶴見俊輔」、『粕谷一希随筆集Ｉ　忘れえぬ人びと』藤原書店、二〇一四年、二〇九—二四三頁。

エピローグ

ゲーテ、大山定一訳『ゲーテ格言集』、小牧健夫編『ゲーテ全集』第十一巻、人文書院、一九六一年。
Troeltsch, Ernst. *Der Historismus und seine Probleme.* Tübingen: J. C. B. Mohr (Paul Siebeck), 1922.〔トレルチ、近藤勝彦訳『歴史主義とその諸問題』上巻（『トレルチ著作集』第四巻）ヨルダン社、一九八〇年〕

安酸 敏眞（やすかた・としまさ）
1952年生まれ。京都大学大学院博士課程およびヴァンダービルト大学大学院博士課程修了。Ph.D.，京都大学博士（文学）。現在，北海学園大学人文学部教授。
〔主要業績〕Ernst Troeltsch , Scholars Press, 1986; Oxford University Press, 2000,『レッシングとドイツ啓蒙』創文社，1998年，『歴史と探求』聖学院大学出版会，2001年，Lessing's Philosophy of Religion and the German Enlightenment. Oxford University Press, 2002, Frühes Christentum und Religionsgeschichtliche Schule,（共著），Vandenhoeck & Ruprecht, 2011,『歴史と解釈学―《ベルリン精神》の系譜学』2012年，『人文学概論』2014年，アウグスト・ベーク『解釈学と批判―古典文献学の精髄』2014年，シュライアマハー『「キリスト教信仰」の弁証―『信仰論』に関するリュッケ宛ての二通の書』2015年（以上，知泉書館），トレルチ『信仰論』教文館，1997年，グラーフ『トレルチとドイツ文化プロテスタンティズム』共訳，聖学院大学出版会，2001年，バルト『十九世紀のプロテスタント神学　中・下』共訳，新教出版社，2006-2007年，グラーフ編『キリスト教の主要神学者　下』共訳，教文館，2014年ほか。

〔欧米留学の原風景〕　ISBN978-4-86285-232-8

2016年5月20日　第1刷印刷
2016年5月25日　第1刷発行

著　者　安　酸　敏　眞
発行者　小　山　光　夫
製　版　ジ　ャ　ッ　ト

発行所　〒113-0033 東京都文京区本郷1-13-2
電話03(3814)6161 振替00120-6-117170
http://www.chisen.co.jp
株式会社　知泉書館

Printed in Japan　印刷・製本／藤原印刷

# 人 名 索 引

# 事 項 索 引

## ア 行

## カ　行

## サ　行

## タ　行

## ナ　行

## ハ　行

## マ　行

## ヤ　行



## ラ・ワ　行